编委会

主　　编： 常　宇
副 主 编： 杨立宪　黄克瀛　杨海滨　熊　卓　郭文杰　王洪涛　郭新保
执行主编： 郭文杰　李春玲
编　　委： 孙学伟　李雪红　张庆武　孙　明　郑品石　赵金艳　李海娟
　　　　　　张　楠　孙力强　郑　雄　杜新峰　代　兵　林　宇　张秀峰
　　　　　　任海宏　张　华　高　博　李　婧　陈炳具　王　赢　陈淑惠
　　　　　　杨　斌　钱蓉晖　刘炳全　田　丰
编　　辑： 李雪红　朱　贝　苗少敬　高振亚　昝莹莹　高月斯　刘　肃

流动青年群体研究报告 …………………………………… 216

外来务工人员随迁子女群体（流动人口二代）研究报告 …………… 227

创业青年群体研究报告 …………………………………… 247

外籍青年群体研究报告 …………………………………… 265

新闻媒体从业青年群体研究报告 ………………………… 278

网络从业青年群体研究报告 ……………………………… 292

"北漂"艺术青年群体研究报告 …………………………… 311

残疾青少年群体研究报告 ………………………………… 329

青年志愿者群体研究报告 ………………………………… 345

家庭贫困青少年群体研究报告 …………………………… 368

有不良行为青少年群体研究报告 ………………………… 387

第三篇 专题报告

北京青年就业人员的住房状况报告 ……………………… 403

北京青年收入状况研究报告 ……………………………… 417

北京青年压力状况研究报告 ……………………………… 438

北京青年团组织覆盖状况研究报告 ……………………… 471

青年自组织现象及其对社会态度的影响 ………………… 488

目 录

前言 ……………………………………………………………… 1

第一篇 总报告

北京青年1%抽样调查显示的当代城市青年的八个新特征 ……… 3
在国家治理体系和治理能力现代化的框架下思考共青团六方面改革 …… 13

第二篇 各群体报告

党政机关和事业单位青年群体研究报告 …………………… 25
市属国有企业青年群体研究报告 …………………………… 46
非公企业青年群体研究报告 ………………………………… 67
社会组织从业青年群体研究报告 …………………………… 84
农业青年群体研究报告 ……………………………………… 99
高校大学生群体研究报告 …………………………………… 123
中学生群体研究报告 ………………………………………… 145
小学生群体研究报告 ………………………………………… 160
中专职高学生群体研究报告 ………………………………… 182
高校青年教师群体研究报告 ………………………………… 190
中小学青年教师群体研究报告 ……………………………… 202

共青团北京市委员会
中国社会科学院社会学研究所 编
北京青年研究会

北京青年社会结构变化与共青团工作改革

THE CHANGES
IN THE SOCIAL STRUCTURE
OF THE YOUTH AND REFORM
OF THE COMMUNIST YOUTH LEAGUE
IN BEIJING

社会科学文献出版社
SOCIAL SCIENCES ACADEMIC PRESS (CHINA)

前　言

常　宇[*]

2013年6月，习近平总书记在与团中央新一届领导集体谈话时指出，当代共青团组织的两大历史任务是扩大团的基层组织的有效覆盖面和提高团工作的吸引力、凝聚力。习总书记指出，今天的青年人在哪里？除了党政机关、事业单位、国有企业、学校以外，现在很多青年人在新经济组织、新社会组织、社区里，在网络空间、虚拟社会里，在农民工群体、个体工商户、网民、"北漂"、"蚁族"里，尤其在那些自由职业者、网络意见领袖、网络作家、签约作家、自由撰稿人、独立演员歌手、流浪艺人等聚集的新兴群体里。

习近平总书记的讲话给各级共青团组织振聋发聩的警醒，如果共青团组织不去研究青年群体的新变化，不去结合这种新变化改革自身的组织体系和运行方式，将难以在新的形势下发挥好党的助手和后备军作用，将无法完成巩固和扩大党执政的青年群众基础的政治责任。为此，从2013年10月开始，北京团市委全员参与，历时一年半，动员北京共青团系统5000多名专兼职团干部开展了北京青年1%抽样调查。对22个青少年群体10万人发放问卷，面对面深访6000多人，完成了一次对北京青少年群体的全方位再认识，并在此基础上思考新时期共青团如何有效地实现首都青少年群体的"再组织"。

一　今天北京的青少年群体结构

在巨大的流动和社会结构变迁的背景下，北京作为中国的首都，一个

---

[*] 常宇，北京团市委书记。

拥有2100万常住人口的特大型城市，其青少年群体结构复杂和丰富了很多。总书记提到的各种传统和新兴领域的青少年群体几乎在北京一应俱全。我们选择了两个维度来解读当代北京青少年。根据990万青少年就学和就业情况，把北京青少年分为如下11类。

表1 北京青少年结构数据及测算依据

结构(万)	序号	分类	数量(万)	百分比(%)	数据来源及说明
学生 (229.11)	1	小学生	78.93	7.97	数据来源：《北京市教育事业统计资料(2013~2014年度)》等
	2	中学生	49.82	5.03	
	3	中专中职学生	14.87	1.50	
	4	大学生(含高职)	85.49	8.63	
从业青年 (671.80)	5	党政机关及事业单位(不含学校)	41.9	4.23	数据来源：中央机关单位、市人力社保局、市公安局等
	6	国有企业	188.29	19.01	数据来源：统计局三经普公有经济从业数，六普青年占比，中央相关单位、市国资委、市教委、市社工委等
	7	非公企业(含个体工商户)	400.40	40.43	数据来源：统计局三经普非公经济从业数，六普青年占比
	8	教育	24.27	2.45	1. 数据来源：统计局三经普分行业从业数，六普分行业青年占比 2. 其中大学青年教师2.68万人，中小学青年教师4.8万人
	9	社会组织	7.83	0.79	数据来源：民政相关部门
	10	农业青年	9.11	0.92	
其他 (89.55)	11	非正规就业、无业等	89.55	9.04	总人数－学生数－从业青年数

从上述数据我们可以看出，北京的青少年群体结构具有很多鲜明的特点。高校学生多（约85万），企业青年（约589万）中，国有企业青年约占1/3，非公企业青年约占2/3，农业青年数量极少（9.11万）等。这些特征与首都的功能定位密切相关，也与传统社会结构解体，青年分散化、原子化的生存趋势相一致。

与此同时，北京团市委此次还努力寻找总书记在讲话中提及的各种新兴群体，发现这些群体在北京的存在，分专题对在京的外来流动青年、流动人口二代、创业青年、新闻媒体从业青年、网络从业青年、"北漂"艺术青年、青年志愿者、残疾青少年、贫困家庭青少年、有不良行为青少年、外籍青年这11类青少年群体进行了调研，得到了大量的第一手数据。在这次调研中，很多原来北京团市委并不了解的新兴群体被我们找到，我们努力归纳他们的群体特征，了解他们的生活工作状态，问需于青年，努力将组织的工作手臂延伸到这些特征群体当中。

表2　北京青年1%抽样调查群体分类及定义

序号	全体青年	群体定义	序号	特征及新兴青年	群体定义
1	党政机关及事业单位青年	在党政机关或事业单位（不含学校）工作，具有公务员身份、公务员管理身份或事业编制的青年	1	外来流动青年	16～35岁，非京籍流动青年
2	公有经济从业青年	在公有经济性质的经济活动单位，包括企业法人、非企业法人、产业活动单位中工作的青年员工	2	流动人口二代	1980年以后出生，在义务教育阶段［16岁（含）］及以前来京的青少年
3	非公经济从业青年	在非公有经济性质的经济活动单位，包括企业法人、非企业法人、产业活动单位中工作的青年员工和青年个体工商户	3	创业青年	在北京工商管理部门注册登记不超过5年的企业法定代表人（含合伙人）
4	社会组织从业青年	在民政部门正式登记注册的在京社会团体、民办非企业单位和基金会中工作，取得工资或其他形式劳动报酬的专兼职青年	4	外籍青年	在京居住生活或工作6个月以上的非中国籍青年
5	农业青年	在北京农村生活、居住、工作半年以上，且直接从事农、林、牧、渔等第一产业的青年	5	新闻媒体从业青年	在北京地区新闻、出版、广播、电视单位工作，且直接从事与新闻或出版物内容相关工作的青年
6	大学生（含高职）	具有北京学籍并在本学年初进行学籍注册、全日制上课、接受学历教育的研究生、本科生、大专生、职高生	6	网络从业青年	在以网络业务为主的企业中从事公司管理、技术与内容、经营服务、职能支撑等类型工作的青年（不包括物流、安保等其他类型的工作以及在其他类型企业中从事网络技术支持类工作的人员）

续表

序号	全体青年	群体定义	序号	特征及新兴青年	群体定义
7	中学生	在北京接受中等教育的学生	7	"北漂"艺术青年	在艺术类行业工作,有一定艺术追求和梦想的非京籍青年
8	小学生	在北京接受小学教育的学生	8	残疾青少年	视力、听力、言语、肢体、智力、精神等方面残疾的青少年
9	中专中职学生	具有北京学籍并在本学年初进行学籍注册、全日制上课、接受学历教育的中专中职学生	9	青年志愿者	在"志愿北京"平台进行实名注册、年龄在35周岁以下、居住在北京的志愿者
10	大学青年教师	在北京普通高校、民办高校及中专职高学校全职工作,由所在学校支付工资的在编或聘任制专任青年教师	10	贫困家庭青少年	家庭月人均收入低于850元的青少年,包括家庭困难大学生、家庭困难青年、家庭困难中小学生和流动少年儿童四类
11	中小学青年教师	在北京普通中学、小学全职工作,由所在学校支付工资的编制内专任青年教师	11	有不良行为青少年	包括京籍青少年犯罪嫌疑人、现阶段在北京未管所服刑的犯罪青少年、在北京普通中学及技校就读的有不良行为的青少年

对上述的22个青年群体,我们逐一调查了他们的群体总量、空间分布、10个左右最突出的群体特征和诉求。在掌握了这些客观情况之后,我们逐个研究了他们的群体特征和共青团开展工作的基础和现实情况,并针对每个群体,总结归纳10种左右的工作方法。我们重点强调工作方法必须与群体特征和需求相对应,并具有现实的可操作性,不求多,但求实。

二 把共青团改造成基于职业、居住、社会交往的三维青年组织

共青团是以思想引领为首要任务的青年政治组织。要想实现为党团结青年的目标,首先要适应青年群体的发展变化,将自身改造成一个适应当代特大型城市青年群体结构的组织。那么,什么样的组织格局能够适应今天的北京青年呢?经过这次北京青年1%抽样调查,我们形成了如下认识。

（1）基于职业、学习的战线组织。"战线"，是共青团的传统语言，是指我们通过一组工作方法对某一具有共同特征的群体开展工作的组织方式。一个青年的主业，不是处于学习阶段，就是处于就业阶段，他的主业单位对他的影响是非常重要的。我们要根据时代的发展改变机关、国企、大学等传统战线的工作方法，提升吸引力和凝聚力，同时要特别关注新兴群体的诞生，如非公企业青年、社会组织从业青年、网络从业青年等以及很多具有明显特征的群体，如流动青年、农民工二代等等，找到他们的存在，建立适当的组织联系，开展团组织与这些青年群体交流团结的工作。

（2）基于居住、生活的地域组织。随着单位的约束力减弱、社会流动性加强、新兴职业涌现、个体散在增多，仅靠传统的以单位为核心的"条的组织"难以适应与当今青年联系的客观要求。共青团要努力发展基于青年居住地的、以生活服务和地域性交往为手段的新型青年组织，形成共青团的外围组织。北京共青团从2011年开始在全市逐步建立了502家"社区青年汇"，由共青团对接属地党委政府，协调资源投入，派驻专职青少年社会工作者，开展联系、服务、引导属地青年的凝聚工作。从2013年开始，北京共青团在北京市青年居住的密集地区推出登载社区新闻和生活服务的"北青社区报"，目前已有100万份发行量，建立了120多家深入小区的为青年提供生活服务的"北青社区驿站"。2015年北京共青团推出"北青社区APP"，依据地域建立联系青年的新媒体渠道。随着"青年汇+社区报+驿站+APP"的地域性联系服务体系的完善，北京共青团将重新掌握一张基于居住、生活的地域性青年组织网络，将在这一新组织网络中努力开展青年的交流、团结和组织工作。

（3）互联网背景下的青年社会交往组织。互联网催生青年社会结构发生变化，当移动互联网迅速融入时尚生活后，青年的交往范围得到了无边际的放大，使原本主要限制在单位中、居住区里的人际交往扩展到久不见面、远隔千里，甚至从不相识但有共同特质的青年群体中。这种变化使原来并不很突出的社会交往关系，在当今的时代具有了比单位、地域组织更强有力的组织动员力。这种具有共同的群体特质、共同的兴趣爱好、共同的历史联系的青年人，喜爱交往、渴望寻求情感寄托和归宿。因此，以交往为核心目的的青年群体是共青团必须服务和联系的对象。在这次北京青年1%抽样调查中，同学是当代青年社会交往中最重要的对象，北京共青团开展了大量学长讲成长经历、校友基金捐助等基于同学关系的工作。同时，依据乡情的同乡关系也是重要的组织动员渠道，21家省级驻京团工委联系着70多万来京务工青年，他们与在京的"老乡网"共同组织了基于乡情交往的组织体系。北京共青团自2012年以来联系着8000多家青年社会组织，其中绝大部分是以共同兴趣爱好为特征的青年兴趣组织，他们或自发或在团组织的支持下开展数万场自组织活动。北京共青团的志愿服务中心联系着130万青年志愿者，他们服务于4万多个青年志愿者组织和爱心项目，这种以志愿、公益为共同兴趣的青年爱心组织，正在成为北京这个特大型城市最亮丽的风景线。共青团要以适当的组织或联系方式，渗入、联系和引导这些青年交往组织，因为在以互联网为生活底色的今天，这是无法忽视和回避的。

一个青年，生活在北京，一天24小时，总离不开这三个维度：要么在工作学习，要么在家生活，要么在与同学、同乡、共同爱好者一起聚会交往。作为党的青年组织，北京共青团要沿着这三个维度，构建组织和开展工作，努力为党团结住当代北京青年。

北京青年1%抽样调查，让我们找到了、认清了新时期首都青年群体组成，思考了、重构了共青团自身改造的框架，接下去我们要一个群体一个群体、一个社区一个社区、一个组织一个组织地联系下去，把共青团体系的重构、组织的再造、服务的加强、思想的引领做到每一个北京青年的身边、心里。

第一篇

总报告

北京青年1%抽样调查显示的当代城市青年的八个新特征

常 宇[*]

"北京青年1%抽样调查"是以北京青少年群体为样本，通过社会调查的专业方法，调查解析一个区域、一座城市的青年整体发展状况的首次实践。自2013年10月至2015年3月，北京团市委组织了专兼职团干部、社区青年汇社工5000余人，邀请12所高校、6所青少年研究机构进行专业指导，走进青年工作生活中，面对面地与青年交流、访谈，共调查10.8万个青年样本，得到1313组1661万条数据。经过多角度的统计分析，对当前北京青年群体的数量结构、区域分布、生活状况、思想意识和利益诉求有了进一步了解，形成了对当代城市青年时代特征的新认识。

一 北京青年的基本结构

北京，是一座青春的城市，6~35岁常住青少年人口990.46万，占北京市常住人口的47%。按照职业特征分类，北京青少年可以分成"学生群体"和"从业青年"共计11类群体。

---

[*] 常宇，北京团市委书记。

表 1 北京青少年结构及数量

结构(万)	序号	分类	数量(万)	百分比(%)
学生 (229.11)	1	小学生	78.93	7.97
	2	中学生	49.82	5.03
	3	中专中职学生	14.87	1.50
	4	大学生(含高职)	85.49	8.63
小计				23.13
从业青年及其他 (761.35)	5	党政机关及事业单位青年	41.90	4.23
	6	国有企业青年	188.29	19.01
	7	非公企业青年	400.40	40.43
	8	青年教职员工	24.27	2.45
	9	社会组织从业青年	7.83	0.79
	10	农业青年	9.11	0.92
	11	非正规就业、无业等	89.55	9.04
小计				76.87
总计			990.46	100

同时,作为经济发达的大城市,北京还聚集着许多备受国家和社会关注的新兴青年群体,如"蚁族",高校青年教师,网络从业青年,新闻媒体从业青年,以流浪歌手、青年画家、演艺人员为主的流动艺术青年,流动人口二代等。

表 2 北京市新兴青少年群体的定义及数量

分类	群体定义	数量
流动青年	16~35 岁,非京籍流动青年	约 400 万
流动人口二代	1980 年以后出生、在义务教育阶段[16 岁(含)]及以前来京的青少年	约 70 万
创业青年	在北京工商管理部门注册登记不超过 5 年的青年企业法定代表人(含合伙人)	约 57 万
外籍青年	在京居住生活或工作 6 个月以上的非中国籍青年	约 9 万
新闻媒体从业青年	在北京地区新闻、出版、广播、电视单位工作,且直接从事与新闻或出版物内容相关工作的青年	约 4.5 万
网络从业青年	在以网络业务为主的企业中从事公司管理、技术与内容、经营服务、职能支撑等类型岗位的青年	约 62 万
"北漂"艺术青年	在北京从事艺术类行业的非京籍青年	约 8 万

续表

分类	群体定义	数量
残疾青少年	视力、听力、言语、肢体、智力、精神等方面残疾的青少年	约10万
青年志愿者	在"志愿北京"平台进行实名注册、年龄在35周岁以下、居住在北京的志愿者	约130万
贫困家庭青少年	家庭月人均收入低于850元的青少年,包括家庭困难大学生、家庭困难青年、家庭困难中小学生和流动少年儿童四类	约14万
有不良行为青少年	包括京籍青少年犯罪嫌疑人、现阶段在北京未管所服刑的犯罪青少年、在北京普通中学及技校就读的有不良行为的青少年	

二 当代青年的八个时代新特征

当把22个青少年群体的数据放在一起比较和思考时,我们感到经过30多年的改革开放,随着经济发展和社会转型,当代青少年在流动特征、行业分布、群体类型、交往方式、思想状况、压力困扰、组织覆盖、发展希望8个方面呈现出明显区别于以往且时代性很强的新特征。这些特征成为我们认识和判断当代青年、开展党的青年群众工作的重要基础。

(一)新流动特征:流动青年群体庞大,城市融入程度差异明显

在京工作生活的非京籍流动青少年数量持续增长,到2013年底达534万,占全体青少年的54%。2014年,随着北京非首都功能的疏解,流动青少年持续增长的趋势得到了遏制。北京流动青少年来源省份前六位是河北、河南、山东、黑龙江、山西、安徽,共占总量的63.7%;其中来自河北的最多,占总量的25.7%。

从融入北京的程度看,北京青年已经分成了5个区别明显的圈层。

1. "原住型"户籍青年

出生在北京或儿童时期就取得北京市户籍的青少年约有312万,占青少年总量的31.5%。他们对北京的认同充分,接受较好的教育,在工作生活上能得到家庭支持。但职业分层不理想,由于城市拆迁,主体部分迁居

到五环附近及以外的城市边缘地区。

2. "迁入型"户籍青年

上大学及工作以后取得北京市户籍的青少年约有144万人，占青少年总量的14.5%，他们主要是具有较好的高等教育背景，在体制内单位工作的群体。他们整体上就业稳定，待遇良好，职业层次较高，主要集中在中央及北京市级机关事业单位。他们在社会交往圈、获得亲属的生活支援、未来带动父母迁入北京养老等方面均具有明显的优势。

3. "门槛型"流动青年

非京籍但在京拥有自购房，或虽无自购房，但在京居住8年以上，收入水平在整体青年平均收入水平线以上的青年群体，约有70万人，占青少年总量的7.1%。其中相当部分供职于新闻出版、媒体娱乐、非公科技企业、创业型企业等体制转轨型单位或其自身是自由职业者。他们总体上收入和住房状况良好，生活稳定，但受限于户籍门槛，在购房、购车，特别是子女教育方面遇到制度障碍。

4. "普通型"流动青年

流动青年的主体部分仍是来京时间较短、未有自购房、收入水平在平均线以下的青年，约有330万人，占青少年总量的33.3%。他们更具有一般流动青年的特征，尚处于职业发展初期，工作居住方式分散多元，流动性强。

5. 流动人口二代

非京籍青少年中约有68万人出生在北京或在接受义务教育阶段跟随父母到北京，这类群体占青少年总量的6.9%。他们的家乡观念淡漠，对北京有一定的文化认同，但生活、教育条件相对较差，在完成高中学业、参加高考、享受社保等方面存在困难，是"已经北京化"但又无法成为"完整北京人"的群体。

（二）新行业分布：2/3的从业青年聚集在传统单位以外

与以往北京青年主要分布在"体制内单位"不同，当前，分布在学校、党政机关、国有企业中的青少年占到全体青少年的48.8%。特别是在从业青年中，在非公企业就业的青年达到400万，是在国有企业就业青年人数的2倍，还有近90万的各类非正规就业青年及无业青年，而从事农业生产的青年萎缩至9万人。整体而言，在非公企业、新社会组织及近年来迅速发展的各类新型、非正规就业的青年共有506万，占从业青年总数的66.6%，即每三个从业青年中就有两个在"传统单位"以外就业。

从业青年的组织方式也发生了重大变化。以全市18~35岁的流动青年为例，他们当中，在工业园区中就业的青年产业工人约40.6万，在大型商场、市场中就业的青年销售人员约38.7万，相对集中管理的建筑业和保安业青年从业人员约37.5万，其他为分散就业和居住的流动务工青年。上述不同类型青年的人员来源、教育程度、工作方式、待遇水平、居住方式、组织化程度等都有很大区别，对于这类群体很难用传统的青年工作组织体系、单一化的工作手段进行有效的联系和服务。

（三）新群体类型：众多意识形态影响力大的新兴青年群体在北京聚集

如"蚁族"（流动大学毕业生），2014年底在北京约有90万1980年以后出生、大专以上学历的流动青年，主体居住在西北四环至西北六环路之间城乡结合部的社区和村庄中。他们初入社会，工作流动性大，生活相对艰苦，文化层次较高，引起各界高度关注。如"网络从业青年"，互联网公司在北京高度聚集，网络从业青年约有61.9万，主要是分布在中关村"一区十六园"及朝阳区传媒走廊的"小编"和"码农"们。这一群体以流动青年为主，工作生活高度依赖网络、对网络舆论有较强的影响力，自我提升意愿强烈，生活状态不稳定。又如"流动艺术青年"，在北京从事美术创作、音乐、舞蹈、戏剧、影视的流动青年约有8.4万人，其中62%集中在通州区宋庄、朝阳区798、怀柔中影基地等区域。他们是文化发展中不可或缺的活跃群体，也是崇尚艺术、追求自我、敢于批判社会、意识形态影响力较大，又面临较大生活压力、思想辨识能力不高的青年自由职业者群体。再如"高校青年教师"，在北京有90所高等院校（211高校26所，985高校8所），高校青年教师约有2.6万人。他们学历层次高，价值观趋向多元，自身又面临"职称拥堵"、科研压力、住房困难等现实问题，其自身的成长进步和对北京85万大学生的思想影响受到社会的高度关注。

此外，活跃在各高校、创业孵化器、创业空间中的"创业青年"，聚集在新闻媒体单位的"媒体从业青年"，数以十万计国别分布明显的"外籍青年"，广受社会关注的"残疾青少年""贫困家庭青少年"等群体，都成为青年工作者必须特别联系服务的新兴群体。

（四）新交往方式：青年交往圈以同学同事为主，互联网催生大量青年自组织

调查显示，北京青年的朋友交往圈不大，最紧密的交往对象是同学（65.5%）、同事（15.7%）、同乡（9.4%），与亲戚、邻居的日常交往较少。但当青年遇到困难时，69.8%的人认为帮助最大的还是家庭及亲戚，在对创业青年的调查中发现，目前青年在创业的起步阶段主要依靠家庭支持。网络生活成为常态，北京青年中每天上网5小时及以上的占21.3%。青年的网络行为总体理性，遇到网络声讨、网络签名等群体性网络行动时，表示通过发帖或跟帖参与讨论的仅占3.9%、转帖传播的仅占2.9%、表示可能在现实中开展行动的仅占0.9%。

随着即时通信工具的普及，青年的交往方式也转向网络，55.6%的青年选择微信和QQ作为与朋友沟通、参加组织活动最主要的联系方式。同时互联网使远距离、陌生人的长时间、持续性交流成为可能，这一特征迅速改变着青年自组织的运行方式。青年主要参加的自组织有同学组织（22.8%）、同乡组织（7.2%）、网络组织（10.7%）、兴趣组织（19.2%）、公益志愿组织（12.7%）。目前，青年的社会交往尚未延展到公共事务的社会参与中，通过学校或单位（43.2%）、社区（14.7%）进行社会参与、意见表达，仍是主要渠道。

（五）新思想状况：青年价值观总体健康向上，部分群体的政治认同态度值得关注

青年思想倾向调查显示，北京青年总体上有着积极健康的价值观，对"人生价值在于奉献""别人需要时主动伸出援助之手"的认同度普遍较高，但对"社会公平"的认可度则较低。对于"作为中国人你是否自豪、中国梦一定能实现、没有共产党就没有新中国、共产党一定能领导中国走向强大、相信政府发布的信息"等考察政治倾向的问题，中小学生、青年农民、创业青年和青年教师持认同态度的比例较高，大学生处于中游，新闻媒体从业青年的认同度普遍相对较低，而网络从业青年在各方面的认同度几乎都是最低的。中央企业青年、"北漂"艺术青年、非公企业青年、网络从业青年、市属国有企业青年中"相信政府发布的信息"的比例均未过半。

（六）新压力困扰：职业发展不确定和住房压力，成为城市青年的突出困扰

青年的压力和困扰具有时代性。20世纪五六十年代物质匮乏，家庭出身和政治表现是青年的主要压力来源，七八十年代，就业不充分、社会思潮复杂多元，在思想及工作生活上对青年造成不同程度的困扰。调查显示，与以往不同，当代城市青年的压力和需求，主要集中在职业发展的不确定性、房价攀升所带来的生活压力方面。

总体而言从业青年就业比较充分，即使是社会资源相对匮乏的"蚁族"（流动大学毕业生），其就业稳定性也很强，调研显示该群体中暂时未就业人员仅占6.9%，就业间隔时间为一个月左右，普遍表示找工作并不困难。但在从业青年的职业发展方面，由于传统单位体制和职称晋升体系逐渐解体，从业青年的发展希望、向上流动的前景与以往相比更加模糊和不确定。从业青年对自己工作前景的满意度较低（总分5分，得分3.23），"满意"或"非常满意"的仅占35.9%，而其中农业青年（25.1%）、新闻媒体从业青年（30.1%）、市属国有企业青年（31.5%）表现出迷茫。

调查显示，从业青年的月平均收入为4536元，月平均支出为3244元，占到月平均收入的71.5%，普遍呈现"收支相抵、盈余不多"的状况。住房是所有从业青年普遍关心的问题，也是支出最多的项目。约30%的从业青年拥有自购房，月均偿还房贷3438元。约340万的从业青年租房居住，月均房租1730元。文化层次较高的高校青年教师群体中自购房比例为34.4%，稍高于所有从业青年的平均值。高昂的房价成为当代城市青年最重要的经济压力来源。

（七）新组织覆盖：党团组织资源在青年群体中分布不均，青年之间希望党团组织开展的活动差异性大

青年党员在各群体中的分布呈现明显差别，"北漂"艺术青年、非公企业青年、创业青年、农村青年中党员比例最低。调查显示，在学生和职业青年群体中，团员平均占全体青年的38.4%，但基层团组织覆盖不均，调查中非公企业青年中有54%表示本单位"没有团组织"和"不知道有没有团组织"，57.3%表示"没有参加过团组织的活动"、农业青年的这一比例分别为31.7%和41.9%、社会组织从业青年为37.3%和38%、市属国有企

业青年为21%和31.6%，这四类群体的比例明显高于其他群体。而这四类青年群体也是党员比例偏低的群体。非公企业青年、国有企业青年这两个群体基数较大，是今后共青团工作要着力加强的领域。

表3　青少年群体中的党员比例

青少年群体	党员比例（%）	青少年群体	党员比例（%）
高校青年教师	77.2	市属社会组织从业青年	31.4
中央党政机关及事业单位青年	66.4	大学生	27.5
市级党政机关及事业单位青年	57.3	网络从业青年	20.3
中央企业青年	53.9	市属国有企业青年	19.9
中央社会组织从业青年	45.7	农村青年	19.0
新闻媒体从业青年	50.4	在京创业青年	16.7
中小学青年教师	38.4	非公企业青年	9.5
青年志愿者	33.1	"北漂"艺术青年	9.2

在"您最希望参加哪些活动"的调查中，运动健康活动、志愿公益活动、学习培训活动是各类青年都比较喜欢的活动，体现出当代城市青年健康向上的积极状态。但群体间的需求也有明显差异，除上述三类活动外，学生群体和教师群体更喜欢文艺比赛活动、参观实践活动，市属国有企业青年、非公企业青年更喜欢就业创业活动，农业青年更喜欢普法维权活动。

（八）新奋斗精神：青年奋斗精神突出，对未来发展充满希望

尽管面临着生活和工作压力等诸多问题，但仍有80%的北京青年坚定地认为"奋斗一定能成就人生"，86.3%的人表示"我的家庭会过得越来越好"，85.3%的人表示"我的生活会越来越好"。正是因为看重未来，所以当代北京青年能够正确看待当前生活，尽管多数青年正处于事业生活起步阶段，但"关于自己的状况，您是否觉得满意"，只有9.3%的青年表示不满意或非常不满意。

当代青年对北京的未来发展寄予厚望，并表现出了坚定的信心。71.4%的青年认为北京这座城市的发展会越来越好，55.7%的青年选择未来五年仍留在北京上学、工作或创业。从职业流动方面看，北京青年认为最向往的就业单位是中央级单位,中央国有企业、中央事业单位、中央党政机关占据前三名,比例分别为14.2%、12.4%、10.2%。对于"客观来说,您是否喜欢北京"这个问题,只有17.8%的选择了不喜欢或非常不喜欢。

三 几点思考

(一) 北京是大城市和人口流入地的缩影,青年群体的新特征具有典型意义

城市,逐步成为我国发展的中心节点,未来生产要素、人才就业、社会矛盾等都会集中在城市地区。因此,研究城市青年的新群体、新特点、新问题,成为做好新时期群众工作的重要任务。整体性地研判北京青年的特征变化、未雨绸缪地解决好青年发展中的问题,对于坚持中国特色社会主义群团道路、切实做好党的青年群众工作具有重要意义。

(二) 当代青年总体积极向上,是国家未来发展可以依靠的力量

虽然新时期的青年在成长发展过程中遇到了各种各样新的困惑和问题,但调查也让我们更加相信,当代青年在国家认同、理想信念、责任担当上是坚定和积极的,心怀梦想又脚踏实地,勇于创新又追求卓越。北京青年,必将成为建设国际一流和谐宜居之都的生力军,也必将是实现中华民族伟大复兴征程中的重要力量。

(三) 青年工作应当把握青年的时代需求,从增强青年"获得感"入手深化改革

应当高度重视系统解决当代青年工作、生活中的矛盾和困难,既把青年群体当成改革的重要力量,也帮助青年在事业生活的起步期企稳走好,在住房、就业、创业、生活福利等方面制定针对青年的扶持性政策,增强青年的获得感和主人翁精神。同时,通过"参与和体验"等当代青年更容易接受的方式开展青年的思想引导和教育工作,为党的事业培养合格的建设者和可靠的接班人。

（四）改革应跟上青年的时代变化步伐，努力构建起当代青年新的熟人社会

党的青年工作和青年组织的改革发展，必须适应青年思想意识、工作生活方式，组织方式的变化，在职能定位、组织体系、团员管理、运行机制、领导机构和干部队伍等方面综合改革，切实跟上青年社会结构发生的巨大变化，重新构建起青年群体的熟人社会，通过强有力的组织体系为党做好青年的团结凝聚工作。

在国家治理体系和治理能力现代化的框架下思考共青团六方面改革

常 宇[*]

十八大以来的全面深化改革,正在努力构建起中国共产党领导的现代化国家治理体系。回顾历史,我国的治理体系从新中国成立伊始的党政全面主导,到改革开放以来党领导的"政府+市场"的两元治理机制,再到党的十八大后正在形成的党领导下的"政府+市场+社会"的三元治理机制,国家治理体系发生了深刻的变化。

贯彻落实中央党的群团工作会议精神和习近平总书记对共青团工作的重要指示,适应北京青年1%抽样调查所呈现出的青年新时代特征,推进共青团的全面改革,就要努力克服机关化、行政化、贵族化、娱乐化的问题,坚决落实党在新的国家治理体系中要求共青团所发挥的作用,推动机构设置、基层组织、团员标准、工作领域、运行机制和干部队伍六方面的体制改革,把共青团改造成为党领导"社会"领域的"国有组织"和党的事业的助手和后备军。

一 落实联系青年的体制机制,开展以"强化团的委员会代表性"为主线的机构改革

切实发挥共青团北京市委员会的集体领导和委员的代表性作用,是克

---

[*] 常宇,北京团市委书记。

服共青团行政化、机关化的重要手段。共青团北京市委员会现有人员组成仍是以体制内的机关、高校、国企团干部为主。下一步将按照全体青年的十万分之二的基本比例，结合组织隶属关系和基层组织发展状况，扩大委员会规模，建立20多个具有代表性的青年群体分委员会，特别重视将体制外新兴青年群体纳入团的领导决策机构。同时建立社会调查、社会教育、创新教育、青年服务、权益维护、对外交流等职能专委会，负责决策和指导实施青年工作中的重点职能。

在党委组织、统战部门的指导下，认真确定每个分专委会组成人员的来源，形成"青年代表、青年工作者、青年干部相结合"的委员会结构。严格遴选委员，对委员联系青年、调研走访、反映民意等做出制度性规定，确保委员的履职能力和代表性。建立分委员会、专委会双月工作例会制度，明确议事规则，让委员会有职有权，能够代表青年对团工作的目标、工作内容、开展方式、资金使用具有决策权，并对常设机构人员具有评价权。

序号	青年群体分专委会	序号	青年群体分专委会
1	党政机关和事业单位青年专委会	11	流动青年专委会
2	公有经济从业青年专委会	12	流动人口二代专委会
3	非公经济从业青年专委会	13	创业青年专委会
4	社会组织从业青年专委会	14	外籍青年专委会
5	农业青年专委会	15	新闻媒体从业青年专委会
6	大学生（含高职）专委会	16	网络从业青年专委会
7	中学生专委会	17	"北漂"艺术青年专委会
8	少先队员专委会	18	残疾青少年专委会
9	中专中职学生专委会	19	青年志愿者专委会
10	青年教师专委会	20	贫困家庭青少年专委会
	中小学青年教师专委会（并入10）	21	有不良行为青少年专委会

以委员会改革为核心，精简团市委机关综合部门设置，将更多的力量配置在联系青少年的分专委会常设部门上。团市委只保留部分综合部门，对应党政部门，开展统筹协调工作。其他部门转型为青少年群体分委员会的常设机构，常设机构工作人员参加分委员会工作，共同联系青少年，参与决策。团属事业单位调整为事业中心，作为职能专委会日常工作机构，

以事务性、项目化、长期性的工作方式保证团工作的连续性、有效性。

作为党的青年组织，我们希望通过机构改革，引导团内领导体制逐步形成青年推选委员、分专委会讨论决策、书记班子把关、常设机构落实、青年评价效果的工作链条，努力纠正机关化、行政化问题。

二 积极适应首都青年社会结构的变化，推进"职业+地域+社会交往"三维基层组织改革

基层组织的分布与活跃程度，是确保团的有效覆盖，增强团的凝聚力的关键因素。北京青年1%抽样调查显示，当代北京青年呈现出数量集聚、流动频繁、群体多样、分布松散的新特点，因此，难以仅用传统上的基于职业的一维组织体系联系覆盖。作为执政党的青年组织，共青团必须努力实现对全体青年的组织覆盖。青年在哪里聚集，团工作就要开展到哪里，青年以什么方式聚集，团的基层组织就要适应这种方式的变化。青年总会存在于这三个空间里：学习工作空间、家庭居住空间、社会交往空间，当代青年的这三重空间在一定程度上相互分离。本次改革要努力构建"职业+地域+交往"三个维度、交错覆盖的复合型基层组织体系。

（一）做实做细基于工作学习关系的职业型组织

在继续加强机关、国有企业、学校、农村等传统领域基层组织的基础上，根据北京青年1%抽样调查结果，在非公企业青年、创业青年、青年教师、北漂艺术青年、新闻媒体从业青年、网络从业青年等具有北京特征的青年群体中逐步建立团的基层组织。这种基于职业关系的基层组织，要针对各个群体不同的单位结构、党组织的健全程度、人员流动特征等，因地制宜地确定基层组织的构建方式和工作要求。

（二）继续巩固基于居住生活关系的地域性组织

持续推进区域化团建，以街道乡镇为组织单元，加强地域团工委建设。北京从2011年开始在城市社区中建设联系服务住区青年的社区青年汇，目前已经运行500家，正在向着深入社区的、以共青团为核心的、以属地生活服务和活动为主要联系方式的地域性青年群众组织发展。这些地域性青

年组织，已经成为共青团联系服务青年的重要形式，并在北京市党政中心工作中成为一个重要的青年动员渠道。北京共有 2000 个大型居住社区，我们将进一步提升社区青年汇的组织功能，扩大覆盖面，形成"街乡团组织＋青年汇"的团的地域性基层组织体系。

（三）构建基于社会联系关系的交往性组织

社会交往是人的基本需求，除工作、生活之外，北京青少年依托乡情关系、同学关系、共同兴趣、志愿公益等非工作生活机理，正在形成很多新的社会交往组织。互联网的出现，迅速扩大了这种交往型组织的联系范围和动员能力。通过基层组织改革，共青团要努力联系这些青年同乡同学组织、兴趣组织、志愿公益组织，有针对性地开展工作，把这些组织的基层单位也作为团的基层组织看待，进行经常性的工作联系，向他们传递党的思想和声音，提供参与机会和经费支持，在有条件的组织中推动党团建设，逐步把他们建成党联系青年的重要渠道。

三 组织北京团员重新登记，深化以"提高团员先进性"为目标的团员管理改革

增强团员的团员意识、发挥团员的模范带头作用，是保持和增强共青团先进性的基础工作。

（一）重新登记

在北京市范围内将组织共青团员在"北京市共青团员云平台"上重新登记注册，进一步摸清人员结构，并实现团员基础信息电子档案网络化。重点研究流动团员重新登记办法，处理好三维基层组织体系重复登记问题，允许特定新兴领域团员每年对支部分配进行调整，形成一套符合当代城市青年特点的团员管理系统。

（二）规模控制

在小学少先队中，实行一至三年级分三批入队。将目前北京市初高中毕业班团青比例适当调减，制定在大学生、从业青年中发展团员的年度计划和实施办法，逐步将团员总数控制在适龄青年的 30% 左右。

（三）征信系统

建立团员青年终身征信系统。探索由团支部按标准考核评价团员日常品行、工作参与情况和组织能力的机制，每半年对团员履职情况进行考核，将考核结果记入电子档案系统，终身记录，形成年度、学习工作阶段性档案，并进入人事档案管理，纳入国家个人征信体系，以此作为青年升学、就业、信贷等征信评价的参考。

（四）严格标准

分群体制定适应当前时代特点的团员发展标准，把志愿服务、社会实践等纳入入团的前提条件。规范入团的程序和教育，明确团员的履职内容。加强对基层组织团员管理的监督考核，根据团员发展工作质量、团员履职情况、团员对组织的认同、社会对团组织的评价等对基层团组织进行综合考核，统一分配下一阶段新团员发展以及各类评比表彰名额。

四　在国家治理体系现代化的框架下，重新明确新形势下北京共青团的工作领域

按照党章和团章规定发挥好共青团的职能作用，是体现共青团政治性的根本所在。当前，共青团的工作领域中存在因无法定依据而带来的稳定性不够、与政府部门职能有交叉重复、职能与资源和能力不匹配、长期工作与临时工作时有冲突等问题。本次改革，要科学确定职能，逐渐构建起边界清晰、连续稳定、社会认同、效果明显的北京共青团"4＋1＋N"的工作领域，努力克服团的工作浮于表面、朝令夕改、娱乐化倾向等问题。

"4"是指四项常项工作。第一，社会化的体验式教育。北京青年1%抽样调查发现，"参与和体验"是新时期思想政治工作的重要方法。充分利用团组织体系、社会资源的优势，立足于学校、单位以外的组织，通过"参与和体验"的方法，在学生群体中重点开展创新、国情、国防、户外、志愿公益等工作，在从业青年群体中重点开展国情、国防、职业精神、社会融入、志愿公益等工作，将党的理论、历史，社会主义核心价值观教育融入其中。第二，承接政府的青年服务。积极发挥群团组织体系庞

大和社会化动员的特长，在生活福利、学习培训、就业创业、成长发展、交友联谊、普及宣传等方面，通过承接政府购买服务，协助党政落实面向青年的各项政策，满足青年需求、促进青年成长。共青团不做"自己"的服务，主要承接政府的青年服务事务，做政府青年服务的一线具体工作落实者。第三，弱势青少年的权益维护。针对家庭困难青少年、残疾青少年、不良行为青少年、涉诉未成年人、服刑青少年、服刑人员未成年子女等群体，开展以个案帮扶为主的、人对人或组织对个人的、社会动员式的青少年权益维护工作。动员社会力量参与青少年权益维护工作。第四，组织青年有序的社会参与。开展青年民意调查，在热点问题上代表青年发声，组织青年参与社区建设、社会建设，培养青年的有序社会参与、政治参与意识，通过党委、政府、人大、政协的体制渠道协助制定有关青少年的公共政策，发挥好共青团在民主参与、民主监督和汇集民意方面的桥梁纽带作用。

"1"是指一项北京特色工作，即国家、北京重大活动的组织、动员。服务好国家的重大活动是首都功能的重要体现，也是北京工作的特殊要求。北京共青团要发扬圆满完成北京奥运会、国庆60周年、APEC系列会议、烈士纪念日广场献花、9·3阅兵等重大活动青年群众组织动员任务的光荣传统，组织动员广大青少年积极在国家和北京市重大活动和各项中心工作中发挥作用、做出贡献、接受锻炼。

"N"是阶段性的专项工作。根据中央、市委的工作部署，认真落实好不同时期的重点工作。现阶段北京共青团在青年社会问题调查研究、青年创业就业帮扶、网络舆论引导与斗争、对港青少年交流、对口援助新疆西藏等地区、青少年社会工作的推动发展等方面，接受各级党委的专项工作指导。这些工作任务具有阶段性特点，一定时间内是重点任务，随着形势的发展变化，专项工作任务可能增加或变化。

五 建立资源力量下沉基层的体制机制，深化"一切为了基层支部"的运行机制改革

团支部是共青团最基层的组织单元，支部的活跃是共青团有活力的最终体现。上述职能，要落实到基层支部的工作和活动中，让青少年在组织里学习进步，成长发展。

（一）明确基层支部可考核的工作标准

改革当前对团支部工作职责宏观描述的状况，把新时期团支部的工作标准简化、明确为"6+2"的基本工作任务。"6"即一个团支部一年需要完成6项基本工作：召开1次团员发展大会，召开1次民主生活会开展批评与自我批评，结合国家大政方针组织1次集体学习分享，在五四青年节、七一建党节、十一国庆节各自主组织1次具有思想教育意义的支部活动。"2"是每年在适龄青年中组织支部评议，向党组织推荐入党积极分子，同时，每年向上级团组织书面提出1次意见、建议。

（二）形成全团资源全面下沉基层支部的机制

团的干部要下沉到支部，建立专职干部每年定量到支部帮助对接资源、开展工作的机制，这一机制作为青年干部日常联系基层的主要形式。经费要下沉到支部，改革现有的群团经费管理办法，打破财政层级限制，以基金方式确保支持基层支部开展工作。社会资源要下沉到支部，把各级团组织掌握的社会资源梳理整合，形成可供团支部选择的资源菜单，全部面向团支部投放。

（三）建立扁平化的"支部生活管理信息系统"

适应"互联网+"发展趋势，利用互联网和新媒体平台，以200~300个基层支部为一个管理单元，将全市8万左右的团支部分为市管和区县局级单位管两个层级，进行扁平化管理。完善团支部工作记录、监督考核、资源对接、青年评价等功能，建立向团支部和上级组织的实时记录反馈机制，形成资源支持、科学高效的支部管理体制。

六 改革干部来源和管理方式，把共青团改造成为党政干部学习群众工作能力的大学校

干部队伍是推进共青团工作的重要力量，努力克服贵族化倾向，把团干部队伍建成培养青年干部群众工作能力、为党吸纳体制外优秀青年的重要渠道。

（一）优化干部来源

选任，由组织部门与团市委共同组织，选配机关、高校、区县、国企等单位优秀青年干部到共青团的岗位工作，实行任期管理，双向交流。兼职，从高校教师、社会工作者、专业人士、军队中选配人员，以兼职方式参与到团的工作中来，明确岗位职责，给与相应的工作保障。聘任，从体制外单位、非公企业、自由职业者、新社会组织中，聘用部分热心于青少年工作的人士参与工作。挂职，选拔体制内各领域的年轻干部到团的工作机构协助工作，锻炼培养。最终形成各种身份、不同经历、具有代表性和专业能力的青年工作者，共同联系服务青年的新工作局面。

（二）加强政治训练

为实现共青团"群众工作大学校"的目标，针对不同来源的干部，通过团校集中学习、专题科目培训、岗位实践实习等方式，使每名团干部每年至少参加相当1个月的学习，重点学习党的历史、党的理论、团的历史、政治纪律，专题学习青年群众工作方法、案例，就重点意识形态问题进行专题研究讨论，不断强化团干部的政治素质和工作能力。

（三）常态联系基层

团市委统一安排每名干部，每年到一个下级团委兼任班子成员，参加会议、承担具体工作，并按年度在不同领域的基层团组织中轮换，全面接触基层，了解青年。每名干部定量协助基层支部开展工作，严格考核落实。建立团干部到青年群众中宣讲党的理论、政策，时事热点问题的制度，作为干部常态联系基层的重要形式。

（四）灵活考核管理

实施弹性工作制，严格记录考勤，将周末、晚上等青少年便于参与活动的时间确定为上班时间，在确保8小时工作制的前提下，根据工作需要灵活安排工作时间，超时工作计入倒休，也可计入志愿服务时间。确保人在基层，协助工作，了解青年的时间超过50%。

（五）吸纳优秀人才

在一线群众工作中认真观察、努力发现兼职、聘任、挂职干部中的优秀青年人才，特别是分布在体制外，具有较高工作能力，德才兼备的优秀分子。在工作期满后，根据组织意图和个人的工作表现及意愿，有计划地吸纳部分优秀人才到党政机关等体制内岗位上来，使共青团成为党源源不断吸纳体制外青年人才的畅通渠道。

上述六项改革，既有各自侧重，又相互联系形成改革的整体框架。共青团需要自我革新的勇气，要全力克服自身存在的"四化"问题，积极适应青年群体的新时代特征，采用切实有效的方式建组织、做工作，广泛联系群众，团结青年跟党走中国特色社会主义道路。

第二篇

各群体报告

党政机关和事业单位青年群体研究报告

黄克瀛 孙 明 郑 雄 田强华[*]

在当代北京青年中,党政机关、事业单位中的青年是一个熟悉而又陌生的群体。党政机关、事业单位从成立到今天,其中始终有青年人的身影,他们不断与时俱进、常存常新。落实习近平总书记对首都城市战略定位的要求,建设和谐宜居之都,是他们的时代使命。以动态的眼光,科学地掌握该群体的新特点、新需求,进而有针对性地加强机关事业战线共青团和青年工作,是共青团围绕中心服务大局、扩大有效覆盖面的核心任务之一。

一 抽样方法

2013年12月至2014年3月,北京团市委面向全市35周岁(含)以下的公务员(含参公管理)和事业编制的工作人员开展了抽样调查。根据市人力社保局、公安局等相关部门提供的机关事业单位青年群体的总量和结构数据,采用分层抽样方法,按5%的比例(公安系统按1%的比例),向市级机关事业单位、十六区县及所属街乡机关事业单位,全口径随机抽取分配样本。

青年公务员问卷调查以年龄(1978~1979年出生、1980~1982年出生、1983年以后出生)和机关类别(党委机关、政府机关、人大机关、政

---

[*] 黄克瀛,北京团市委副书记、北京市少工委主任;孙明,时任北京团委机关工作部部长,现任北京团市委宣传部部长;郑雄,北京团市委机关工作部部长;田强华,北京团市委机关工作部干部。参与课题人员:刘念、张哲伟、魏爱云、赵帆、吴江、顾智锦、兰颖、石晶、于飞、郭尧、王鹏。

协机关、法院机关、检察院机关、民主党派和工商联机关、参公管理单位）为两个主要维度，以单位层级为一个次要维度，有效涵盖公务员中综合管理类、行政执法类和专业技术类以及法官检察官类等不同群体。

事业编制青年群体的调查问卷以单位层级和单位类别（纳入工资规范管理、全额拨款、差额拨款、自收自支事业单位）为两个主要维度，以岗位类别（管理类、专业技术类、工勤类）为一个次要维度，有效涵盖事业单位中的青年群体。

本次调研共发放调查问卷4939份，回收有效问卷4712份，访谈199人次。

二 群体特征

（一）家庭社会背景来源广泛

籍贯来源多样，初始户籍（即出生地户籍）非北京籍的占44.2%。其中，来自京外各直辖市或省会城市的较少，仅占全体的8.2%；而来自二、三线城市乃至更低层级的占到了36.0%（京外地级市、县或县级市、乡镇村分别占11.8%、12.3%和11.9%），这表明北京机关事业单位的工作人员来自"五湖四海"，为青年提供了跃迁发展的机会。该群体父母从事的行业也呈多元化格局，父母在机关事业单位工作的不到1/3，体现了家庭对子女择业的影响。

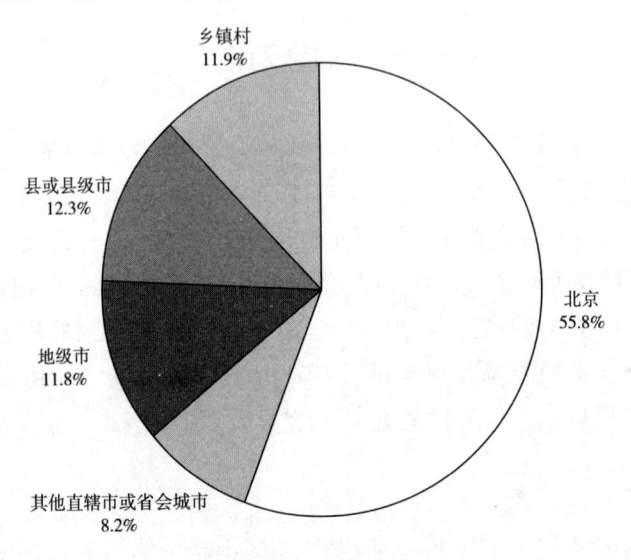

图1 出生户籍所在地分布

(二) 高学历化趋势凸显

79.1%的受访者毕业于北京高校。超过六成的受访者拥有本科以上学历，研究生学历达27.4%，高学历化态势已形成。他们的专业背景主要为法学（24.2%）、管理学（20.9%）、电子信息及相关的理工学科（11.6%）、经济学（11.1%）等，符合机关事业单位的工作需要，与职业匹配度较高。

(三) 经济压力、住房困难最为突出

本次调研请近5000名受访者就"近一年的月平均收入和支出"进行了填答，统计结果显示，月平均收入为4350元；月平均支出为3910元，住房、吃饭、子女教育等生存性支出位列前三。

该群体对收入的不满意度达44.1%，六成人认为与同龄人相比，自己是低收入群体。住房困难、经济困难是他们最主要的困难，1/3的受访者表示压力主要来自经济方面，29.4%的受访者表示经常得到父母的帮助，从外地来京工作的年轻人经济压力更为突出。经济压力与该群体的"家庭状况"有关，他们平均初婚年龄为27.29岁，大多数人（64.5%）已建立稳定家庭，已婚有子女的比例在各从业青年群体中最高（40.4%）。同时，住房也与经济压力有直接关系，机关事业单位的青年有户口、工作稳定、长期在京居住，他们追求与身份地位相一致的稳定生活，但在住房保障转轨的大背景下，他们只能通过市场化的方式解决住房问题，于是背上了沉重的房贷负担。60.6%的受访者每月用于住房的费用在2000元以上。

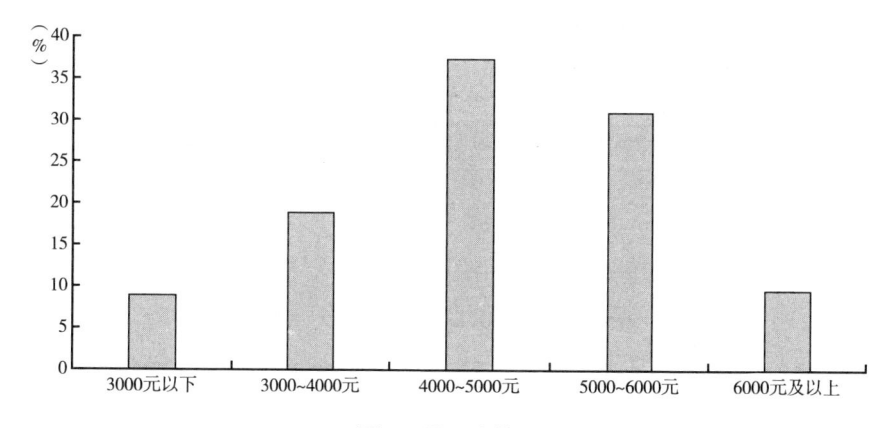

图2 月平均收入

（四）工作压力较大，健康满意度不高

该群体平均每天工作时长为 8.66 小时，超过 10 小时的占 21.6%。住房大多距离单位较远，通勤时间较长，上班时间大于 1 小时的占 33.7%，0.5~1 小时的占 37.2%。工作和通勤时间较长，特别是工作责任较重，导致他们当中有 41.9% 的人感觉工作压力很大。业余时间少，体育锻炼没有保障，他们的健康满意度不高，只有 38.6% 的人认为自己健康状况良好，13.6% 的人认为自己健康状况较差。

（五）社会交往面狭窄，业余生活比较单调

该群体平均每人有 5 名朋友，朋友圈主要集中于同学、同事（89.4%）。平常业余生活比较单调，家庭感强，大多"宅"在家里上网（52.9%）、看电视（29.0%）或照顾子女（26.8%）。与狭小的社交圈和较少的社交活动相呼应，他们的社会支持信任感呈以亲人为中心的差序格局，虽然 58.3% 的人认为遇到问题时可以从单位得到帮助，但普遍认为亲人的帮助是最大的（76%）。

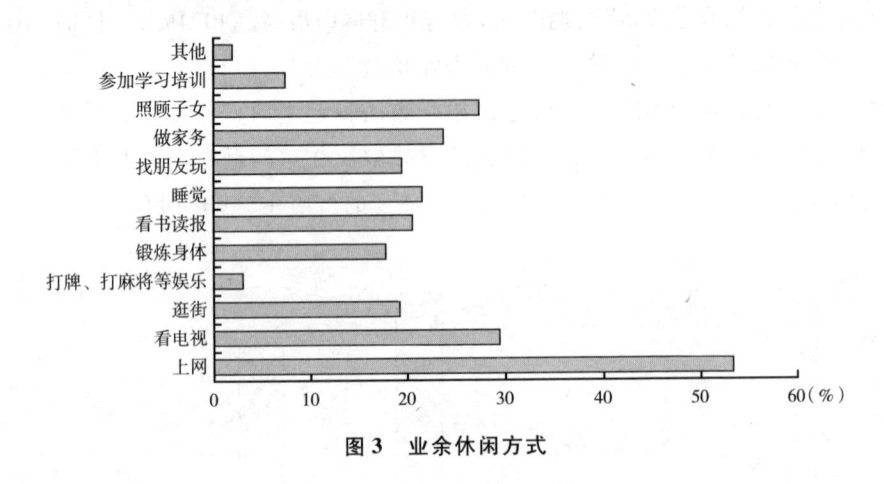

图 3　业余休闲方式

（六）职业认同度较高，职业规划呈多元化期待

该群体的职业自豪感和认同感很强，以满分 5.0 分计算，平均得分分别为 3.84 和 3.91。他们能较好地适应机关事业单位的文化和人际关系，74.2% 的人认可年轻人应主动从"打水扫地"等小事做起，61.4% 的人认

为在单位中工作愉快，89%的人能够谦虚谨慎地接受同事的优点。但是，仅有58.5%的人认可机关"办文办会"的工作内容的重要性，这说明随着群众路线教育的逐步深入开展，机关中的青年公务员是推动提高工作效率、改革工作方式的重要力量。

该群体职业规划趋于稳定，超过六成的人选择一直在机关事业单位工作下去，也有14.8%的受访者考虑未来选择创业/自由职业，7.6%的人考虑选择学业深造。通过访谈发现，他们"离职"的想法大多只是一种抱怨，但对未来职业发展的多元化期待值得关注，是否转为现实有待观察。

（七）工作胜任度较高，期待提高治理能力

86.4%的人都认为自己"能够胜任自己的本职工作"，62.1%的人认为"能够抓住问题的症结所在并有效地解决问题"。青年公务员是自身最努力的群体，与企业、社会组织、农业等领域的就业青年相比，该群体业余读书学习时间相对较长，每周累计读书学习3小时及以上的占23.9%，1~3小时的占43.5%。受访者平均工龄约为5年，自入职以来平均转岗次数约为1.5次，在公务员遴选等制度安排下，市级机关公务员经过2个及以上岗位历练的占57.1%。

该群体有较强的主动创新意愿，75.3%的人会自觉地为了更好地完成本职工作、基于自身创新追求和兴趣去推动工作创新。希望通过提高沟通协调能力（78%）、执行能力（72%）和创新能力（55%）提升自己的治理能力。

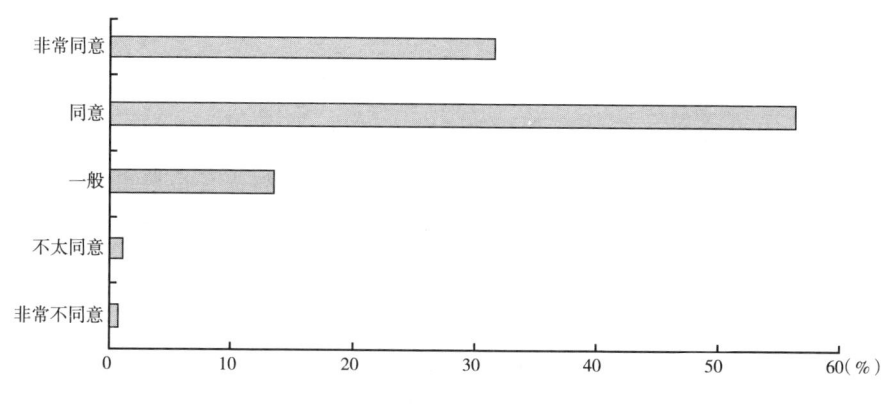

图4 对自己工作胜任度的认识

(八) 思想积极向上,勇于投身改革

该群体政治面貌好:66.5%为中共党员,20.1%为共青团员,两者合计接近九成。他们对党和国家的事业、对未来的生活充满信心,普遍认为在中国共产党的领导下"中国梦"一定会实现。他们对未来充满信心,78.4%的人相信"北京的发展会越来越好",87.9%的人相信"我的家庭会过得越来越好"。他们最关注与民生相关的改革问题,特别是计生(16.1%)、楼市(15.1%)和反腐(12.8%)。在改革与个人的关系上,该群体表现出较强的担当意识,73.1%的人认为"年轻人要有投身改革的使命感和紧迫感""年轻人大显身手的机会来了"。

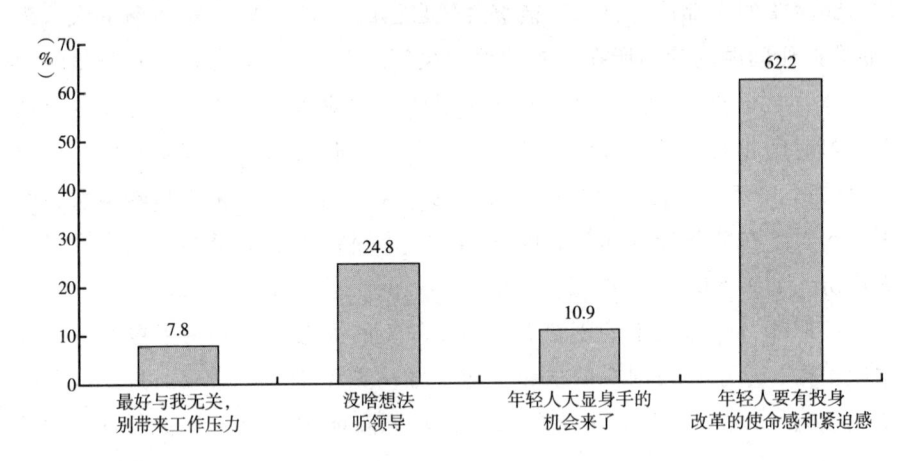

图5 对待改革的态度

(九) 利益诉求基本理性,拥护"转职能、改作风"

受访者的社会地位满意度加权得分为3.11分,介于"一般"和"满意"之间。收入和社会舆论是主要影响因素,收入和福利待遇更好,更被社会尊重,对人民、国家和社会贡献更大,最能让该群体自我感觉社会地位上升。

增加收入、解决住房问题和职级晋升,是该群体目前最渴望解决的问题。他们认可机关事业单位的晋升公平度,74.2%的人认为自己将来的晋升速度和别人差不多,这反映了在相对公平的晋升环境中,青年人形成了较为平和的心态。同时,他们普遍认为努力工作才有晋升空间,认为单位

中影响晋升的最主要因素是"工作能力"。

"转职能、改作风"成为他们对行政体制改革的期待,46.5%的人希望"转变政府职能,提供更加优质的公共服务",38.3%的人更希望"政府作风更加廉洁高效"。

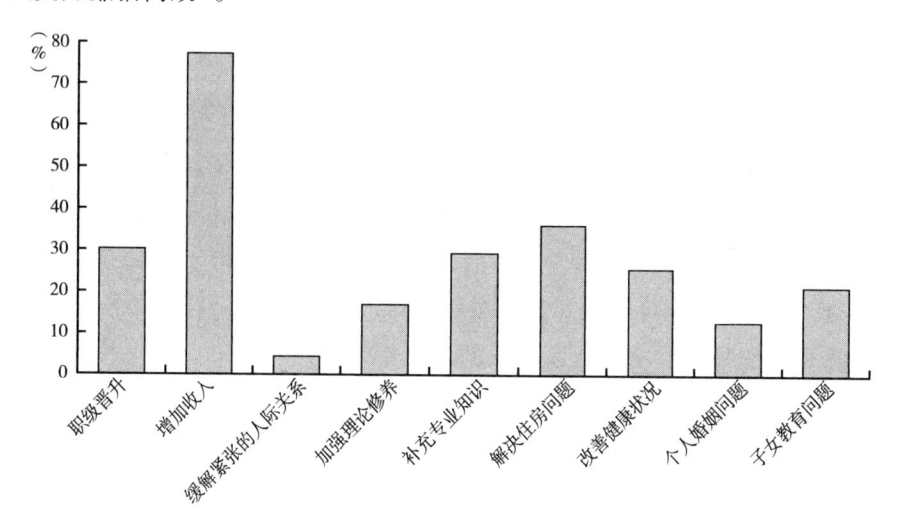

图 6 最想解决的问题

(十) 存在"网络集体失语"现象

该群体网络使用频繁,微信(67.3%)和微博(18.9%)的使用频率较高。43%的人认为网上舆论在较小程度上能够代表整体民意,35.3%的人认为在较大程度上代表,绝大多数人(94.1%)不认可负面言论的合理性。但他们的网络参与度有限,虽然68.5%的受访者认为社会舆论对公务员"批评比赞扬多",期待赢得社会理解,但明确表示愿意引导网络舆论的只占36.3%;33.8%的人认为"与本人无关"、24.1%的人因"怕惹麻烦""怕说错话""担心遭到网络攻击而无人保护"等理由不予以理会,这导致了该群体的"网络集体失语"现象。

三 工作思考

(一) 该群体是社会转型中的"单位人"、单位里的"新生代"

他们在机关事业单位工作,"单位"决定了他们的社会地位、工作方式、收入待遇。但在市场经济浪潮冲刷传统社会格局的背景下，他们的经济生活是通过市场化购买的方式实现的，利益诉求、思想观念、职业认同都打上了社会转型的烙印。作为"80后"，这种社会转型的烙印是与生俱来的，他们既融入机关文化，又在压力、创新等方面表现出鲜明的代际特征，希望参加共青团组织的、具有鲜明青年特点的活动。

（二）团组织在机关事业单位处于相对边缘化的位置

机关事业单位是行使党政职能、从事社会服务的机构和组织，团组织并非直接承担这些业务工作的职能处室，因此在单位中处于边缘状态。调研显示，青年认为，机关事业单位的共青团工作面临的最主要问题是"经费不足""团组织地位不高"和"领导不够重视"，这充分说明了这种"体制中心的边缘化"状态。从团组织的覆盖率来看，北京市市级党政机关事业单位中，团组织的覆盖率为69.6%，尚未达到完全覆盖。其中，团员人数小于10人的有34家，开展活动已经比较困难。从团干部队伍来看，团组织负责人兼职化明显，兼职比例达68.0%；职级较低，目前按照中层干部配备的比例为34.0%，其他均为科级及以下干部。

（三）共青团工作要善于对机关事业单位的中心工作做"正回应"

机关事业单位中心工作责任重、压力大，与党政中心工作结合的程度是衡量机关共青团工作贡献率的第一指标。在工作定位上，要坚持围绕中心、服务大局的工作主线，把握好共青团工作与本单位业务工作的关系，善于对党政中心工作进行正回应。在工作节奏上，也要本着"宜精宜专不宜多"的原则，最好"一段时间集中精力开展一项工作"，做到"帮忙不添乱"。

（四）共青团要为处于职业初级阶段的青年搭建提升治理能力、展现发展潜力的出彩舞台

青年在机关事业单位中职级普遍较低，六成为一般工作人员，副科级和正科级共占38.3%，副处级及以上干部的比例很小。他们现阶段主要从事事务性工作，但他们学历高，富有干事创业、改革创新的活力，具有"议大事"的潜能。共青团要立足他们的发展阶段特征为他们搭建成长成才平台，提供学习培训、实践锻炼的机会，在研讨重大问题、推动重要政策

举措中提供展现综合能力和发展潜力的机会，提供展现的舞台，引导他们迈好投身首都治理的第一步。

四　工作方法

（一）"我为改革献一策"活动

针对机关事业单位青年创新创造、建功成才的迫切愿望，机关团组织边缘化的基本现状，共青团要对中心工作做"正回应"，开展青年敢于改革创新、敢于担当碰硬、具有发展潜力的全市统一工作项目。努力在"市委有要求、各单位认为可行、青年乐于参与"之间找到结合点，依托机关事业单位熟悉的自上而下的动员机制，跨单位统一开展，在全市范围形成声势，赢得党政领导的重视；引导青年拓宽视野，围绕改革创新的不同方面，从微观到宏观的不同层面，大胆探索、展示才华；与党委、人事部门协调联动，充分发挥考核奖励的激励促进作用，提升通过工作项目发现人才、培养人才的意识，建立健全共青团服务人才成长的工作机制。

（二）青年岗位技能竞赛

针对青年不断提高工作胜任力、减轻工作压力的需求，把提升青年岗位工作技能作为服务青年成长成才的重要领域。提升技能应立足岗位职责，以实用、实践为导向，加快从"课堂学"向"日常用"的转化。团组织开展的技能提升活动，要具有青年特点，彰显青春活力，通过比赛比武等形式，增强青年学习提高的趣味性，展示青年岗位风采。

（三）提高治理能力读书会

针对青年不断适应新形势新任务、提高治理能力的要求，广泛开展学习培训活动，开阔青年视野，提升综合素质。市级统一学习活动注重精品化和示范性，基层团组织积极探索与机关党组织学习活动相辅相成、具有单位特色和青年特点的学习品牌。广泛开展青年大讲堂、读书分享会等形式多样、丰富多彩的学习活动，发动青年结合单位中心工作学习研讨，形成机关事业单位团员青年崇尚学习、通过学习凝聚发展共识、促进本职工作的良好氛围。

图片 1　"我为改革献一策"

说明：2014 年 5 月，召开北京市机关事业单位青年"我为改革献一策"活动动员部署会。"我为改革献一策"活动立足全面深化改革和明确首都功能定位的背景，鼓励市级机关事业单位青年围绕制约首都可持续发展的重大问题、群众关心的热点难点问题、"城市病"治理难题、本单位本岗位改进方法 4 个方面，进行规划创新、管理创新、服务创新和技术创新。青年踊跃参与，共征集到 476 个创新项目，各委办局选送到活动组委会 112 个创新项目。通过严格的评审立项、中期检查、成果验收等程序，评选出"研究推进北京市中期预算管理"等 A 类项目 26 项、B 类项目 33 项，为项目提供了导师、经费等支持，并开展"国家治理课堂""导师茶座""善治沙龙"等学习交流活动，推进项目的研究、孵化，增强承担项目的青年骨干与团组织之间的黏性。

图片 2　北京市直机关青年技能大赛

说明：2013年6月，北京市直机关团工委主办的北京市直机关第一届青年技能大赛总结表彰大会暨汇报演出在长安大戏院顺利举行。本次技能大赛以"践行中国梦，岗位建新功"为主题，历时两个月，面向市直机关各单位45岁以下在职干部职工开展，设立公文写作和公务礼仪两项竞赛。活动自开展以来，93个单位参加公文写作竞赛，报送公文2022篇；52个单位参加公务礼仪竞赛，报送情景剧作品65个；75个单位组织各类培训295次，上交公文写作调研问卷1000余份；142名局级领导、1829名处级领导参加了各项比赛，充分展示了机关青年朝气蓬勃、奋发有为、爱岗敬业的青春风采。

图片 3　北京市直机关青年公务员读书大讲堂

说明：2014年6月，"北京市直机关青年公务员读书大讲堂"开展"以历史为镜，解析西方'民主'"主题讲座，讲座介绍了世界各国的民主进程，用古今对比的方式揭示了民主的内涵和实质。"北京市直机关青年公务员读书大讲堂"由市直机关工委联合市新闻出版广电局、商务印书馆共同举办，旨在围绕首都工作大局，深化机关学习型团组织建设，活动着眼于机关团员青年的工作需求，定期推荐精品图书、举办专家讲堂、进行读书交流。讲堂自开办以来，70多个单位的千余名青年现场聆听讲座，场场座无虚席，成为广受机关青年欢迎的学习品牌活动。

（四）跨系统青年工作交流会

针对机关事业单位共青团工作基础相对薄弱，与党政要求、团员青年需求不匹配的问题，围绕增强基层组织活力、提升基层工作水平的目标，跨系统组织召开"月度团委书记学习沙龙""团青工作战略策划会"，引入其他战线共青团工作经验，启发机关单位分析问题所在、改进工作思路，为机关共青团提供经验支持和智力支持；利用共青团的组织优势，密切战线间合作，促进机关事业单位工作项目在社会面上的宣传策划和推广应用，为各单位团组织服务中心工作建设提供组织网络支持，推动跨领域的资源整合与协同创新。

（五）机关青年职业精神分享交流会

针对青年思想政治素质整体较好但仍有提升空间的这一现状，大力加强以职业精神教育为重点的思想政治教育。以学习习近平总书记系列重要讲话精神、开展党的群众路线教育为重要契机，教育青年做"信念坚定、为民服务、勤政务实、敢于担当、清正廉洁"的好干部；聚焦培育职业精神，搭建青年自我教育、同伴教育的新平台，通过青年沙龙分享、一线岗位体验、基层实践锻炼等多种形式凝聚共识，增强职业认同感和职业自豪感，深化青年对中国特色社会主义的认识，坚定道路自信、理论自信、制度自信。

（六）传递正能量网评员队伍

机关青年"走在前、做表率"，首先应体现在网络空间上。针对"网络集体失语"现象，在网管部门、机关党组织的支持下，提升机关事业单位青年"敢用网、会用网、善用网"的新媒体素养，鼓励、引导他们在网络空间积极发声，用"网言网语"向群众传递实用惠民的政策信息、宣传建设发展成果、培育和践行社会主义核心价值观，助力网络空间的清朗和正面声音的壮大，营造理性客观的舆论氛围。

（七）创新机关青年工作的组织设置

根据市级机关事业单位众多、较为分散的现状，按照地域位置、系统行业等因素建立片组，由片组成员单位民主协商推选产生组长单位。片组作为日常联络的协调机构，承担加强片组内成员单位的交流联系、开展团青活动等职能。

图片 4　团委书记月度学习沙龙

说明：2014 年 7 月，北京团市委组织机关事业系统团委书记、环保社会组织负责人以及节水护水志愿者赴北京市自来水集团第九水厂、北京节水展馆学习贯彻习近平总书记关于保障水安全的重要讲话精神，研讨交流共青团和青年工作。市水务局团委负责人介绍了发动团员青年投身节水护水工作的有效经验，环保社会组织负责人交流了本系统开展节水志愿互动的特色做法，交流会引发机关事业单位团委书记对如何正面回应党政中心工作、直面新形势新任务的持续讨论，使团委书记形成了跨系统资源整合的工作思路。

图片 5　首都公安青年沙龙

说明：为进一步加强青年民警思想引导，强化忠诚教育，2013年11月，北京市公安局团委在北京警察学院举办了"首都公安青年沙龙"第一期活动，此次活动由朝阳分局团委书记担任主持人，以"我和百姓的快乐故事"为主题，深入交流青年民警做群众工作的方法心得，畅谈参与群众路线教育活动的体会感悟。通过现场访谈、交流互动等形式，让身边人说身边事，在细节处得真体会，缩短了"嘉宾"与"观众"之间的距离，增强了亲切感、真实感，让青年民警在"心悦诚服"中吸收正能量，使思想教育更具亲和力、感召力和说服力。

图片6　青年公务先锋"网络正能量传递行动"

说明：2014年4~12月，北京团市委开展了机关事业单位青年"正能量传递行动"。该活动以"网络群众工作能力提升"专题培训为先导，以"主题培训+实践演练"为主要内容，以"送学上门"的方式走进了52家市级机关事业单位，直接参与的青年达2600余人，覆盖青年30000余人，建立了一支1100余人的青年网评员队伍，在微博、微信平台上发起了35个正能量讨论话题。截至2014年底，围绕35个话题的发帖量达到2300余条，总阅读量超过170余万人次。

为应对机关单位团组织团员少、动员能力弱的问题，建立青年工作委员会，作为议事、协调机构，由主管局领导担任主任，党办、人事处等相关职能部门为成员单位，团组织负责人担任青年工作委员会的办公室主任,负责具体落实工作。

在团员太少不足以成立团组织而青年较多的单位,探索成立青年委员会。青年委员会是自我教育、自我管理和自我服务的青年群众组织,受上级团组织委托,在本单位同级党组织的领导下,行使组织青年、引导青年、服务青年、维护青年合法权益等职能。青年委员会可根据需要下设青年分会、青年小组等基层组织以及青年社团等兴趣类组织,以更好地覆盖青年、开展工作。青年委员会书记、副书记、委员的设置方式参照团组织执行。

鼓励各单位成立志愿服务队、兴趣小组等,根据机关事业战线统一开展的团青工作"宜精宜专不宜多"的要求,化整为零、化大为小地开展活动。

(八) 老干部"传帮带"成长教育

针对机关事业单位青年工作经验不够丰富、职业认同和工作能力有待提升等问题,构建"传帮带"工作机制,请工作业绩突出的老同志做年轻干部成长的引路人,"师带徒""老带新",帮助团员青年健康成才、少走弯路。工作中,把握传统节日、重大纪念日等有利时点,鼓励各单位根据自身实际情况,充分发挥首创精神,以灵活多样的形式,向前辈学习、为老同志服务,用老一辈工作者的先进模范事迹和宝贵工作经验教育广大青年,用身边人、身边事激励广大青年,用本单位的光荣传统和良好作风熏陶广大青年,增强青年投身首都经济社会建设的集体荣誉感和历史使命感。

(九) 党团员引领参与志愿服务

针对青年社会接触面小、服务群众载体不丰富的问题,贯彻落实《关于组织全市共产党员、共青团员积极参加学雷锋志愿服务活动实施意见》,发动机关事业单位青年广泛开展志愿服务活动。立足机关事业单位的特点推动学雷锋活动常态化、志愿服务活动制度化,团员全员注册,确定志愿服务项目,带领青年走出机关、走进社区、走向社会,以邻里守望、服务群众的生动实践树立青年改进作风的良好形象,以服务城市运行、促进生态文明与城乡环境建设的实际作为展现青年参与首都建设、

图片 7　北京市纪委青年委员会

说明：2013 年 7 月，北京市纪委监察局召开第一次青年大会，大会选举产生了第一届青年委员会委员。北京市纪委根据本单位青年多、团员人数不足的实际情况，决定设立机关党委青年工作部，青年工作部实行委员会体制，青年委员会的工作对象是市纪委机关、派驻机构和市委巡视机构 40 周岁以下的干部职工。青年委员会由 7 人组成，设书记 1 人，原则上由青年工作部部长兼任。青年委员会由青年大会选举产生，委员提名年龄一般不超过 35 周岁，书记提名年龄一般不超过 40 周岁，每届任期 3 年。青年工作部和青年委员会根据机关青年干部的兴趣爱好和实际，先后成立了环保宣传、读书、电影鉴赏、书画等 8 个兴趣小组，开展丰富多彩的青年活动。

图片 8　"青春致敬　共话重阳"

说明：2013年10月，按照北京团市委关于开展"青春致敬　共话重阳"主题活动的部署，围绕人民代表大会制度与党的群众路线的关系，北京市人大常委会机关团支部组织团员青年与离休老同志一起"共话重阳"。会上，老同志向青年同志传授了自己的革命工作经历和宝贵经验，团员青年在与前辈对话的过程中，熟悉了组织文化，提升了工作技巧，增强了职业认同。

提升治理能力的向上风貌，增进社会公众对机关和机关青年的"了解、理解、信任"。

（十）机关团青工作骨干培训班

针对团干部兼职化带来的工作经验不足、视野不够开阔等问题，分层级加强共青团和青年工作骨干培训。团市委与市直机关工委共同负责对市级单位团青组织负责人及区县直机关团工委负责人的培训，各市级单位团青组织、团区县委及区县直机关团工委负责对所属单位团干部和青年工作骨干的培训，每年均不少于1次。重点时期和重点内容的主题培训根据工作需要随时开展。培训应结合理论学习与工作实践，探索包括主题讲座、现场体验、行动学习等多种形式的教学活动，注重通过共同学习凝聚工作骨干、促进交流合作，引领系统风气、打造优秀团队，提升团干部和青年工作骨干的思想政治素养和团青工作水平。

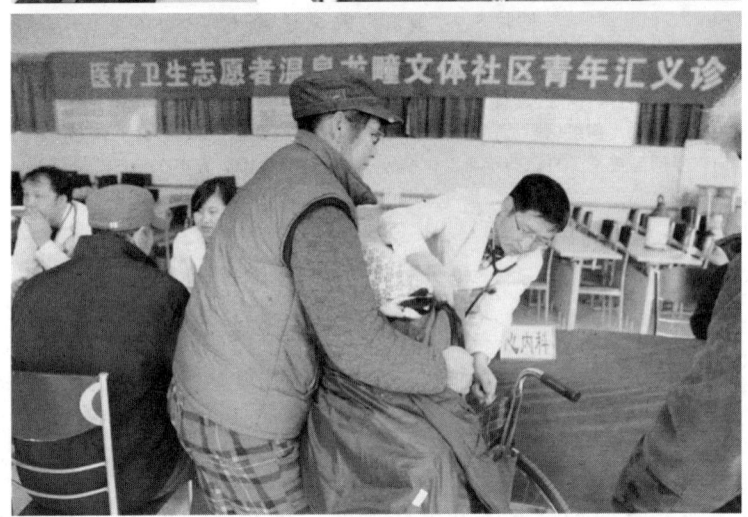

图片 9　"北京青年健康使者火炬行动"

说明：2013年12月，2014年北京青年健康使者火炬行动志愿服务工作会召开；会议总结了2013年火炬行动开展的情况和工作成效，交流了2013年火炬行动的工作经验，并对2014年北京青年健康使者火炬行动做了部署；当天下午，医疗卫生专业志愿者在海淀区温泉龙瞳文体社区青年汇开展了义诊咨询和健康讲座。北京青年健康使者火炬行动是团市委和市卫计委党委于2002年底启动的医疗卫生志愿服务活动，至今已开展了12年；该活动动员组织广大青年医务志愿者以远郊区县、城区困难群体和社区青年汇为服务对象，广泛开展送医、送药、送知识、送温暖等形式的卫生健康服务和扶贫助困工作。

党政机关和事业单位青年群体研究报告　45

图片 10　革命传统教育年度培训班

说明：2012年9月，北京市市级党政机关共青团和青年工作骨干培训班在全国青少年井冈山革命传统教育基地举行，全市 75 家市级党政机关的 133 名团组织负责人和青年骨干参加培训，时任中共中央政治局委员、中央书记处书记、中组部部长李源潮同志亲切看望了在井冈山参加培训的学员，并寄语大家要"把共青团工作搞好，也把机关的年轻人带好"。培训班包括理论学习、现场教学、专题研讨、工作交流等多个模块，对于增强机关事业战线团干部的归属感、凝聚力和综合素质，提高基层工作水平，发挥了重要作用。

市属国有企业青年群体研究报告

杨立宪 郭文杰 杜新峰 高振亚[*]

北京市国有企业青年（以下简称"国企青年"）是全市青年群体的重要组成部分。多年以来，国企青年在服务首都经济建设和社会发展方面，发挥着重要作用。2014年，按照团市委的整体安排，企业青年调研组对北京市国企青年进行了抽样调研，归纳研判新时期国企青年的群体特征和工作、生活、思想、诉求等方面的新特点，总结和思考共青团开展国企青年工作的针对性方法。

一 群体总量

按照市统计局《劳动工资统计报表制度》规定，从业人员指在本单位工作，并取得工资或其他形式劳动报酬的人员，是在岗职工、劳务派遣人员及其他从业人员之和，即国有企业青年包括在岗职工、劳务派遣人员及其他从业人员。按照第三次经济普查等数据测算，北京市从业青年671.8万人，其中国有企业青年188.29万人，占从业青年总数的28%。按照中央和地方归属划分，中央所属企业青年68.19万人，地方所属企业青年约120万人。

---

[*] 杨立宪，北京团市委副书记；郭文杰，北京团市委副书记；杜新峰，北京团市委企业部部长；高振亚，北京团市委研究室干部。
参与课题人员：时萍、陈凯诺、关锐。

二 抽样方法

本次调研的主要对象为北京市国有企业（以下简称"国企"）在岗青年职工，我们选调75名企业团干部和10名专家团队构成调研组，从北京市人保局社保中心提供的养老保险缴费人员数据库中进行抽样。为尽可能使抽样结构和市属国企青年结构一致，抽样方式为三级抽样：首先，按照不同行业青年从业人员人数占从业青年总数比例，确定各行业抽样样本数；其次，按照企业青年人数规模，抽出各行业大、中、小规模企业样本；最后，按照企业员工名册、工位等序抽样等方式，确定问卷对象。在调研实施中，共在市属国企回收有效问卷1172份，抽样比例为0.26%。

三 特征分析

本文从户籍学历、性别比例、收支状况、住房情况、时间支配、婚恋生育、择业考虑、思想状态、社会交往、网络习惯10个方面归纳了本次抽样调查出的市属国企青年群体特征，并与非公企业青年群体调查数据和群体特征进行了横向比较。

（一）并非都是高学历，多数为北京户籍或北京院校毕业

数据表明，市属国企青年本科及以上学历占39.5%，大专占36.4%，高中及以下学历占24%，人才结构和非公企业相似，这和进入国企必须高学历的常规社会认知有较大出入。和在京央企多是总部不同，市属国企承担了公共交通、给排水、供电供气供热等大量城市运营保障、公共事业服务工作，在需要管理型人才（俗称"白领"）的同时，也需要大量中专、技校、职高等学历的一线技术或服务型人才（俗称"蓝领"），单位负责人（1.6%）和中层管理人员（5.7%）仅占7.3%，办事人员（24.2%）、专业技术人员（17.3%）、一线工作人员（41.4%）和其他人员等占比92.7%。受岗位数量有限、进京指标紧缺等因素影响，加上北京地区高校数量多、质量高，市属国企更倾向于招收本地户籍或北京地区院校毕业的毕业生，毕业于北京地区院校的比例（62.2%）明显高于非公企业（34.1%）。

图 1　毕业院校情况

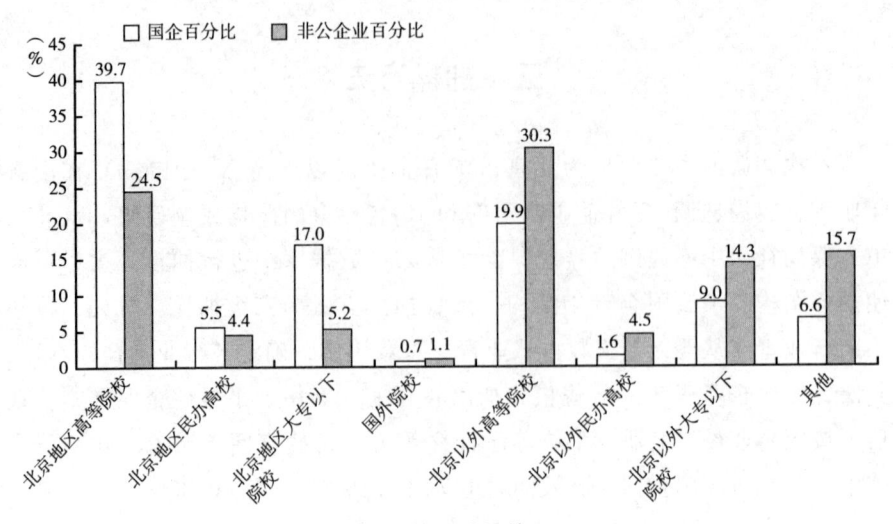

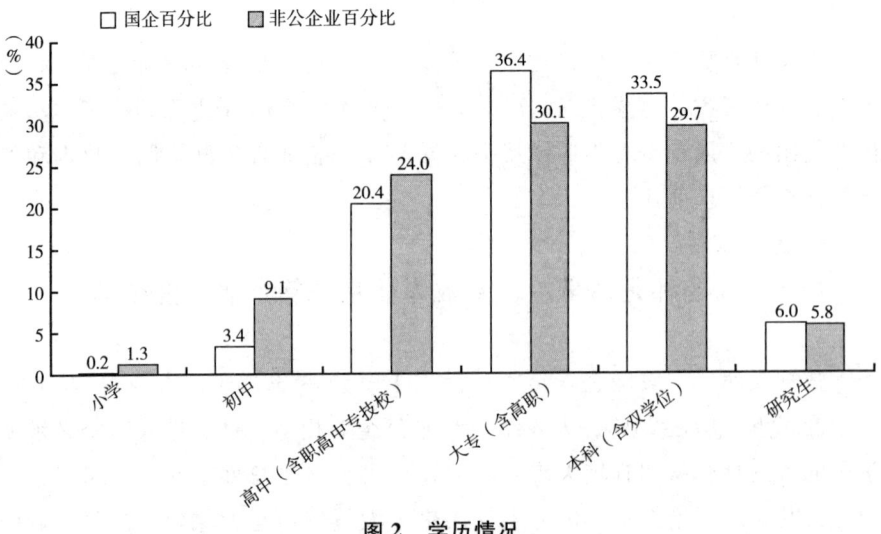

图 2　学历情况

（二）男性比例略高于女性，各行业性别占比差异较大

国企青年中总体上男性占51.2%，女性占48.8%。男性略多于女性，但行业区分差异较大，部分行业性别特征明显。女性较多的行业主要是：住宿和餐饮业（女性占81.0%）、批发和零售业（女性占67.6%）。男性较多的行业主要是：信息传输、计算机服务（男性占69.5%），制造业（男性占64.1%）。

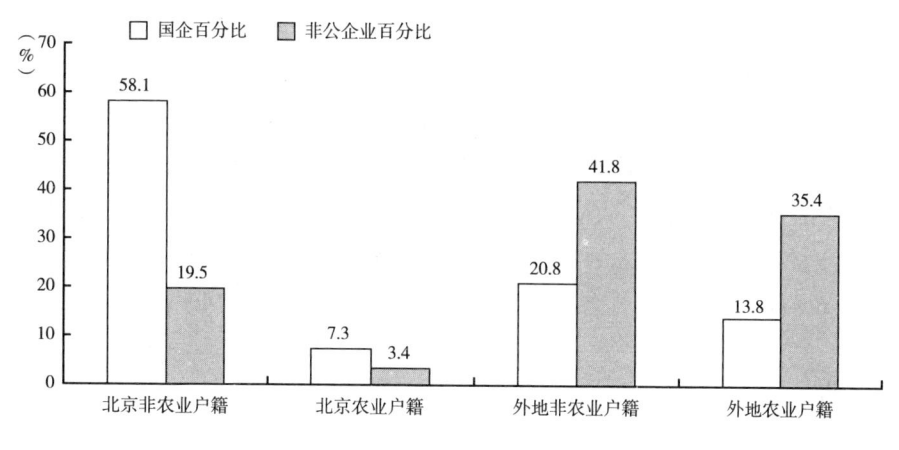

图 3 户籍情况

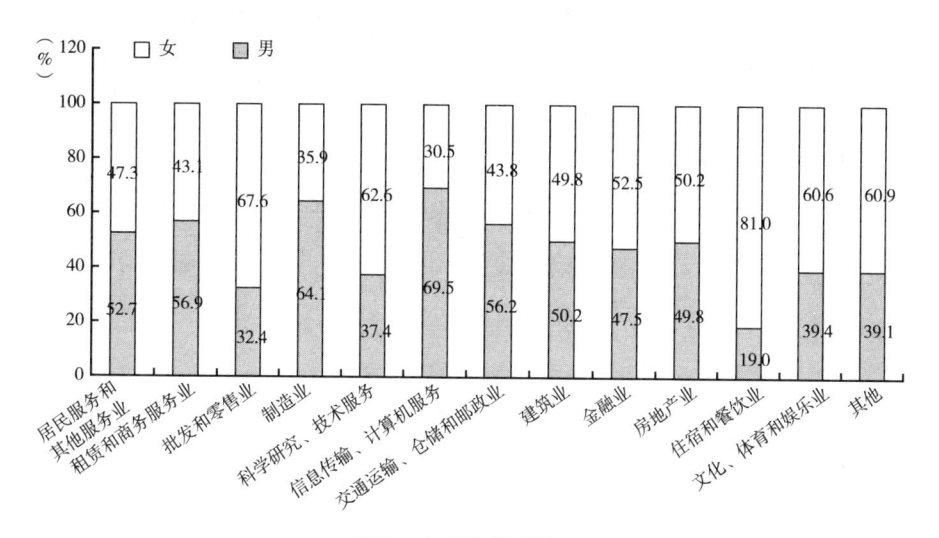

图 4 各行业性别情况

（三）收入行业差异大，结余不多，生存型支出占主体

市属国企青年月平均收入为 4261 元，略低于非公企业青年的月平均收入 4413 元，且行业间收入差异较大，收入最高的前三个行业是金融业（6223 元）、房地产业（6153 元）、建筑业（5409 元），收入最低的三个行业是批发和零售业（2622 元）、交通运输、仓储和邮政业（3510 元）、居民服务和其他服务业（3551 元），最高的金融业青年月平均收入是最低的

批发零售业青年的 2.4 倍。从支出来看，市属国企青年平均月支出为 2873 元，略低于非公企业青年的平均月支出 2974 元。支出中吃穿住行和家庭所需等生存型支出占 80% 左右，用于学习培训、社会交往等发展型支出明显不足。在收入满意度调查中，选择"满意"和"非常满意"的仅占 15%。在当前最主要的困难中，31.3% 的人选择了"经济困难"，排在首位，其次是住房（22%）和发展提升（18.7%）。在最需要得到的帮助中，"提高收入"选项以 48.6% 高居榜首，而排名第二的"稳定的生活"仅占 14.4%。

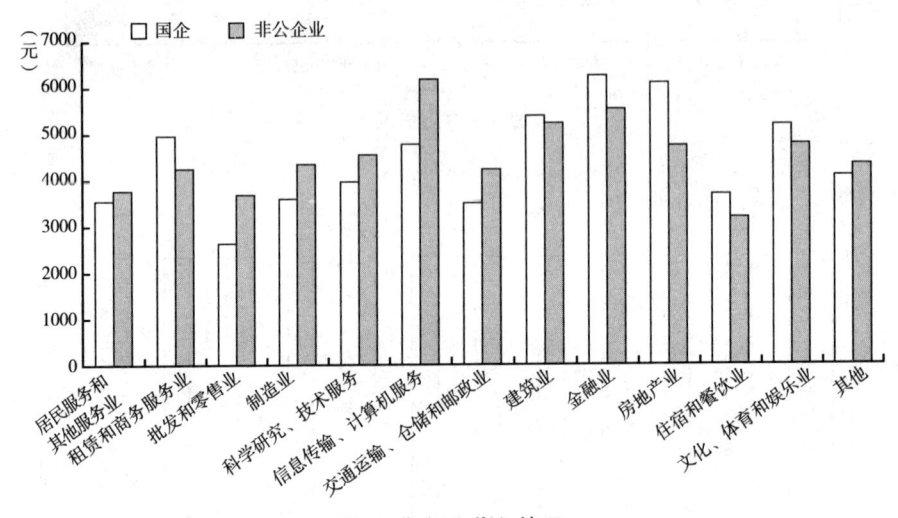

图 5　各行业收入情况

（四）住房压力总体较大，租房是住房的主要形态

当前，住房成为从业青年最主要的需求之一，也是最大的压力之一。有住房支出的市属国企青年每月用在住房上的费用（房租房贷）平均为 1940 元。在当前最主要的困难中，住房困难以 22% 的比例排名第二。租房成为最主要的住房形态，住在单位宿舍中的青年比例不高，和非公企业相差不大。市属国企青年中由于北京户籍比例高，他们无须买房或可以更多地得到来自家庭的支持和充分利用住房政策，自购房的比例为 40%，高于非公企业青年 20.9% 的自购房比例。国企青年合租的比例为也远低于非公企业青年合租的比例。53% 的市属国企青年近三年来没有搬过家，平均搬家次数 0.97 次，远低于非公企业的 1.3 次。综合来看，市属国企青年在住房开支、居住稳定性和环境上稍优于非公企业青年。

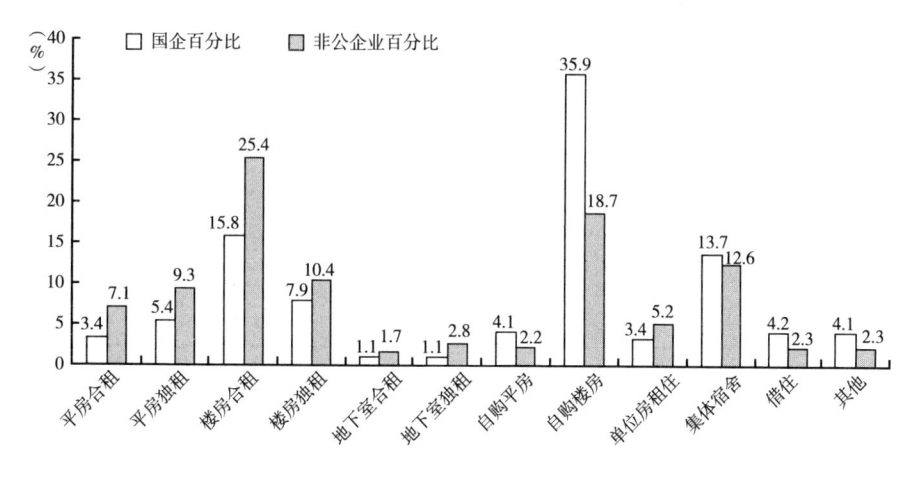

图6 住房情况

（五）工作时间正常，通勤时间长，学习和锻炼不足

市属国企青年平均每天工作8.78小时，平均每周工作43.9小时，工作时间还算正常，但平均每天用于通勤的时间为2.16小时。学习时间不足，每周学习时间平均仅为3.05小时；学习意愿不强，在当前最主要的困难中，18.7%的人选择了"发展提升"，排名第三，而在最需要得到的帮助中，"学习辅导"和"职业培训"仅占6.2%，排名靠后。锻炼次数不多，从不锻炼的人高达33.9%。业余闲暇时间主要用来上网、看电视、睡觉、逛街和交友。

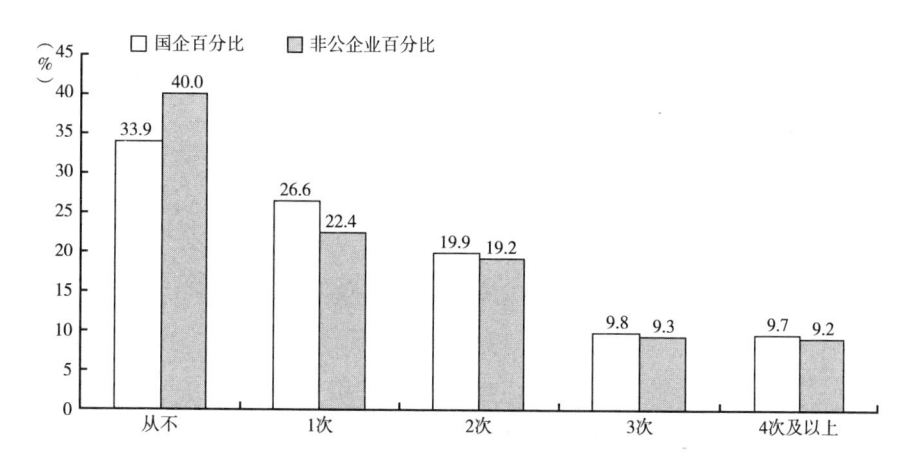

图7 每周锻炼的次数

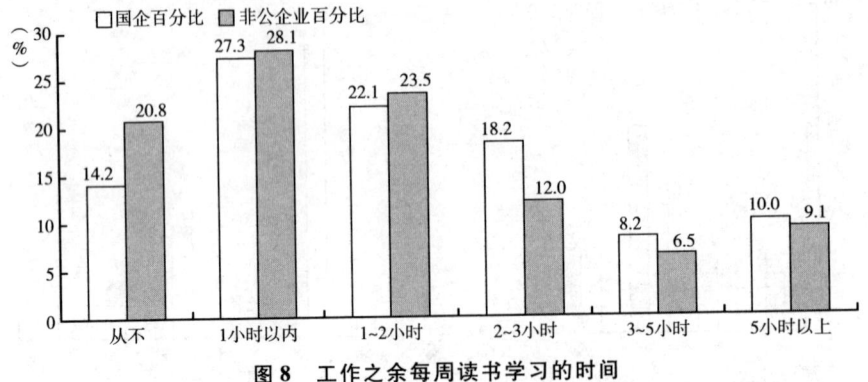

图 8 工作之余每周读书学习的时间

（六）婚恋观较为理性成熟，生二胎的意愿与收入正相关

市属国企青年平均（期望）结婚年龄 26.79 岁。国企青年择偶时最看重的因素主要是品行（46.3%）、感情（26.7%）和能力（12.6%），对外貌、房子、金钱、家庭背景等因素的选择比例均低于 5%，从数据上显示出较为理性成熟的择偶观。大部分国企青年有生育意愿，受生育观念、生活压力等因素影响，53.8% 的受访者愿意生育一个孩子，37.9% 的受访者希望生育两个孩子，生二胎的意愿与收入情况正相关，收入越高越愿意多生孩子。6.5% 的受访者选择不生育孩子。

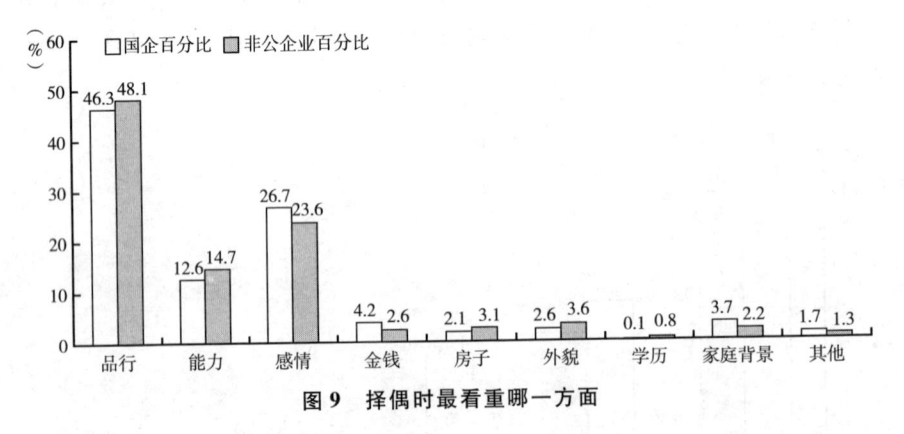

图 9 择偶时最看重哪一方面

（七）工作稳定是最大吸引力，职业满意度不算太高

市属国企青年对工作较为满意，满意度得分为 3.42（总分为 5 分），但相对中央单位（3.95）、学校老师（3.68）等要低，值得关注。接近半

图 10 愿意生育几个孩子

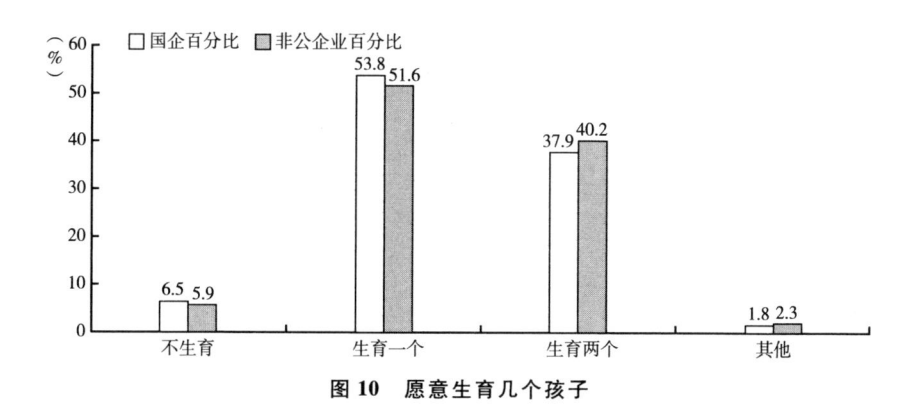

数的青年认为工作稳定是市属国企最大的吸引力，同时，在满意度调查中，工作稳定性也以3.68分高居首位，工作前景3.11分、职业声望2.98分、社会地位2.85分，一线青年的职业满意度有待提高。如果有机会再次择业，中央机关、企事业单位仍是第一选择。

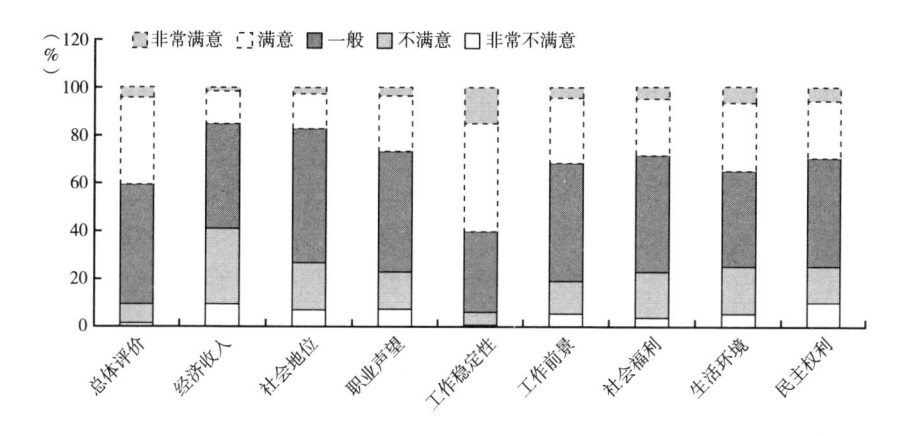

图 11 对自身状况的满意程度

（八）思想普遍积极乐观，对社会公平有更高期待

市属国企青年党员比例（19.9%）、团员比例（43.7%），高于非公企业（党员比例9.5%，团员比例32.1%）。相对于党政机关事业单位，国有企业党团组织也相对健全，但青年党员比例明显偏低，由于整体基数大，党员数量并不少。超过20%的受访者对单位发展党员方式、标准、程序等不太满意或不太清楚，27%的青年认为自己还需要努力。普遍认同主流价

值观，在满分 5 分的测评中，"作为中国人非常自豪""没有共产党就没有新中国""共产党一定能带领中国走向强大""中国梦一定能够实现"四个选项的分值最高，分别是 4.02 分、3.96 分、3.90 分和 3.80 分，普遍认同"奋斗成就人生"（4.08 分），愿意帮助他人（4.01 分）。对家庭和个人未来发展有信心，"生活会越来越好"的得分为 4.36 分，"这个社会很公平"的得分为 2.85 分，相较于其他青年群体，得分较低。关于单位组织思想教育方式，最乐于接受看书、看电影，参观访问和典型人物现身说法等方式。

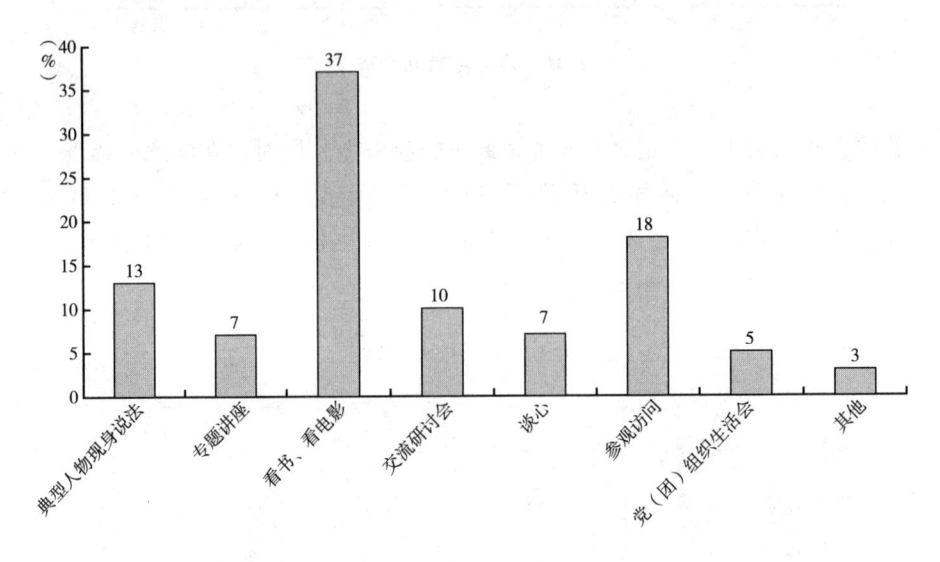

图 12　单位组织思想教育活动时最乐于接受的方式

（九）公共参与以工作和居住空间为主，社会交往多为学缘、业缘关系

市属国企青年公共事务的参与以单位（41.3%）、社区（14.5）、群团组织（12.3%）为主。50.9%的国企青年未参加过任何社会组织，21.7%、19.6%的国企青年参加同学组织、兴趣类组织，参加网络组织的为 11.3%、行业组织的为 9%、公益志愿组织的为 8.9%，总计不足 30%，参加同乡组织的不到 4%，参与组织的主要动力来自于"丰富的业余生活"。市属国企青年朋友中最多的类别依次为：同学（65.1%）、同事（13.4%）、同乡（9.1%）、亲戚（4.1%）、邻居（2.8%）。业缘关系的同学、同事，相较于亲缘关系的亲属、邻居，更成为青年社会交往的主要对象。

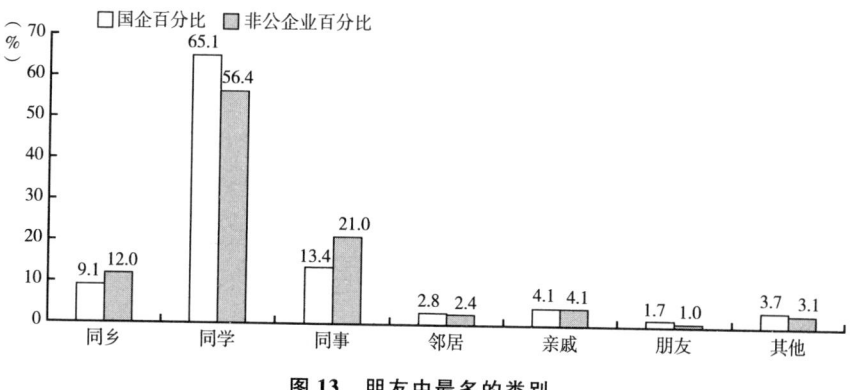

图 13 朋友中最多的类别

（十）上网已经成为生活和社交习惯，但网络情绪表达理性

上网已成为企业青年业余生活的首选，37.1%的受访青年每天上网时间在"四小时以上"。QQ、微信已经成为青年交往时最常使用的联络工具，市属国企青年的选择占比分别为32.1%和25.2%。网络社交软件的使用对传统交往模式产生了一定的冲击。交往手段的转变使青年的远距离交往变得更方便、更快捷，青年交往范围扩大，而传统的语言沟通和书面沟通不可避免地受到挤压。在网络信息来源渠道中，传统网站为52.2%，微信为22.9%，远高于微博的9.5%。

平时虽然关注网络负面信息，但是转发率较低，情绪表达较理性。在面对网络空间中例如"人肉搜索"等网络暴力信息时，五成国企青年会点击浏览，有16.8%的受访者会与人讨论相关消息，但转发和在线讨论此消息的比例较低。将消极情绪带到网络中跟帖宣泄的更是少之又少。

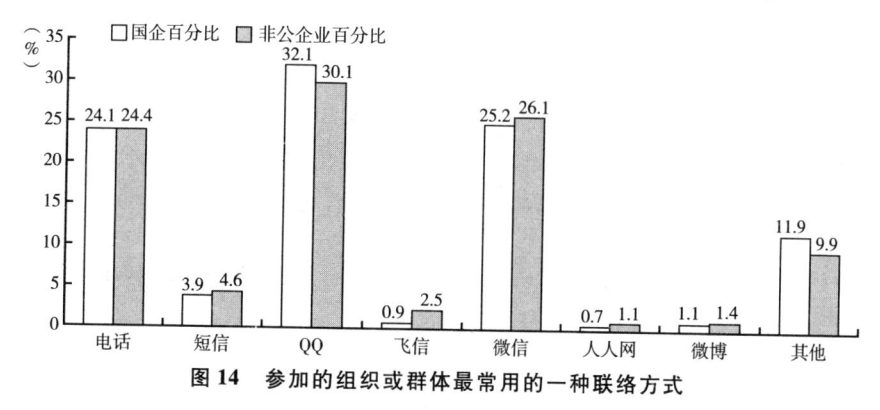

图 14 参加的组织或群体最常用的一种联络方式

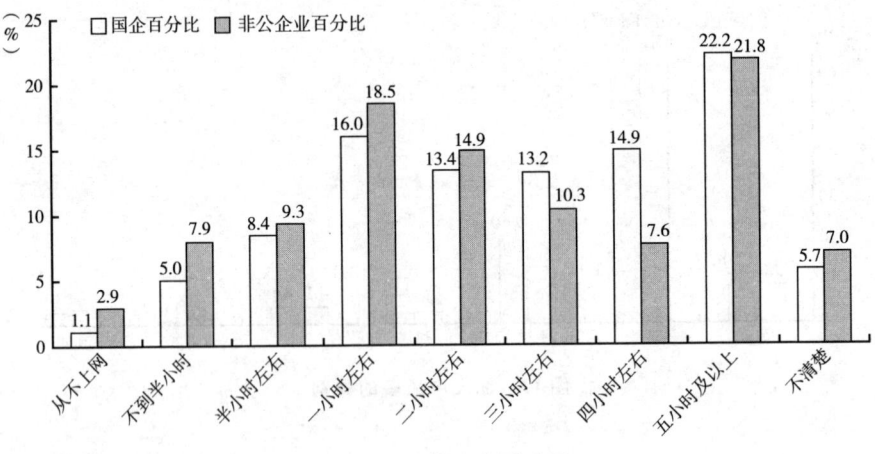

图 15 平均每天上网时间

四 工作思考

(一) 国企青年是服务首都经济社会发展、保障城市安全运行的一股重要力量,也是共青团的一支核心力量

市属国企可大致分为竞争类企业、特殊功能类企业和城市公共服务类三种。其中竞争类企业,指处于充分竞争性领域的企业;特殊功能类企业,指占有国家特殊资源、承担必要的国民经济发展和城市功能的企业;城市公共服务类企业,指主要承担人民生活服务的公用事业企业。在这个群体中92.7%是工作在一线的办事人员和专业技术人员,在首都经济社会发展、城市安全运行保障和人民群众生活服务的各个方面发挥着重要作用。

国企党团组织健全,积累了良好的组织文化,党组织重视青年工作和长期熏陶造就了国企青年政治可靠、敢于担当的品质,在重大活动和急难险重任务中,冲锋在前,勇担重任。在四川汶川地震、青海玉树地震发生时,国企青年以组建青年突击队等形式,参与抢险建设,涌现出一大批先进青年典型,展现了国企青年的良好形象和时代风采。

(二) 国企青年工作要发挥组织优势,坚持党建带团建,把青年成长成才和企业改革发展有效结合

长期以来,国企青年背负着高收入等光环,但从调研结果看,当前北

京市国企青年收入远低于中央企业青年，也低于在信息传输、计算机服务、制造业，批发和零售业等行业中工作的非公企业青年，这导致他们的职业前景、职业声望、社会地位得分较低，职业满意度不高。同时对于未来的发展性安排不足，如在学习培训上的时间、资金投入都较为缺乏，每周学习时间平均仅为3.05小时。另外，当前我国经济进入新常态，经济发展向形态更高级、分工更复杂、结构更合理的阶段演化，互联网技术融合应用、京津冀协同发展等都给国企带来了更多的机遇和挑战，对国企青年的成长成才提出了更高的要求。

共青团的根本任务是培养中国特色社会主义事业的建设者和接班人，在国企中就体现在青年成才和企业发展的有效结合上。做国企青年工作要紧紧抓住单位，充分发挥组织优势，坚持党建带团建，综合运用青年文明号、青年岗位能手、青年突击队、青年安全生产示范岗、青年创新工作站等传统团青品牌，将青年成长成才和企业改革发展有效结合，广泛开展职业设计、岗位培训、技能比武、人才选树等系列活动，帮助青年树立职业理想、提升职业技能、倡导职业文明、实现职业价值，引导青年立足岗位，创新创业，为企业的改革发展夯实人才基础。

（三）国企青年工作要探索社会化机制，满足青年多样化需求，在社会认知和社会参与上提供更多支持

当前国企青年需求呈现多样化趋势，既有休闲娱乐、强身健体的需求，也有人际交往、社会融入的需求，还有学习发展、充实自我等需求，层次丰富，种类多样。从形式和专业程度上对提供方提出了更高要求，如减压疏解中就有文体活动、交友联谊、心理辅导等不同方式，传统模式越来越难以适应当代青年需求。而随着单位体制改革的深入，除了工作以外的各项保障都充分社会化了，单位不能再满足以上需求。在此情况下，网络博客、微信群组、自组织社团、新型协会等层出不穷，依据业缘、趣缘、地缘形成的大量民间组织不断涌现，开放包容的社会为青年提供了广阔的舞台，国企青年工作也需要随之转变。

做好国企青年工作，就必须主动适应变化，延伸工作手臂，整合内外资源，创新活动形式，注重与社会融合、与社区接轨，不断建立健全社会化工作新机制。通过基于青年居住、工作聚集区域的新的组织形态，依托社区青年汇、商务楼宇，以青年城市融入、交友联谊、文体娱乐、教育培训、

志愿服务、法律心理服务以及青年自组织发育等为活动内容，为青年社会认知、社会参与提供有效支持，这是思想引领的基础，也是思想引领的有形化。

五　工作方法

（一）党建带团建：依托党组织加强国企青年的组织联系

组织建设是国企团青工作扎实开展的基础，党建带团建是多年来国企团组织建设不断完善的坚实保障和根本方法。与市国资委党委密切联系，落实《关于进一步加强和改进国有企业党建带团建工作的意见》文件，做到党团建设"五个同步"：组织同步建立，班子同步配备，工作同步规划，作用同步发挥，工作同步考核。依托各企业党委，保障和指导团组织按照《团章》规定按期换届，配齐、配强团的各级委员会，开展好青年的联系服务引导工作。

图片1　加强党建带团建

说明：从建立党团联动机制、建立保障和考核机制，加强团干部队伍建设、推动区域化团建等方面夯实国有企业党建带团建工作。

（二）网络新媒体：建设网络信息员和网络文明志愿者队伍

互联网已经成为各界青年重要的社会交往方式和平台，国企青年多数也属于"沉默的大多数"，引导青年在互联网上主动弘扬正能量、自觉抵制负能量、自觉增强网络文明素养，带动身边青年共同营造清朗网络空间尤为重要。要扩充建设国企网络信息源和网络文明志愿者队伍，及时传达党的信息，收集并反映企业青年思想动态，自主编写弘扬青春正能量的帖子，让青年在网上行动中自我教育、相互引导。建立微博、微信矩阵网络，定期发布原创内容，根据时事转发重要新闻，覆盖全体企业青年。探索新媒体手段引领青年思想。利用"北京青工"微信公共账号、青年开发的"倒班助手"等App软件进行信息推送，拓展新媒体工作项目对国企及非公企业青年的覆盖。

图片 2　通过多种新媒体手段凝聚青年

说明：首钢、北京铁路局、北京公交、北京农商行团委等的微信公众号，以丰富的信息、活泼的内容吸引青年。

（三）青字号品牌："青年文明号、青年岗位能手、青年突击队、青年安全生产示范岗"创建活动

青字号品牌是企业共青团工作的有力抓手，是多年来在相关领域形成

图片 3　通过多种新媒体手段凝聚青年

说明:"倒班助手"App 目前已有包括首钢、京煤等单位的 31757 名青年注册使用,日均活跃量 4700~4800 人,利用软件中的"信息推送"功能,做好青年思想引导工作。

的较为系统的工作方法集合。青年文明号是以青年为主体,在生产、经营、管理和服务中创建的体现高度职业文明,创造一流工作成绩的青年集体、青年岗位和青年工程。青年岗位能手活动是共青团组织牵头、组织协调,协同各部门一起实施,以提高岗位文明、岗位技能、岗位效益为基本内容,以培养为中心环节,以规范、考核、评定、奖励为主要手段的活动。青年突击队是在企业基层团组织的领导下,由青年自愿报名参加的一种青年突击性组织,是青年参与完成急、难、新、险、重任务的重要方式和力量。青年安全生产示范岗是发挥青年职工主体的作用,以安全生产示范岗为导向,以安全思想教育、安全技能培训为内容,实现提高安全生产管理水平、完成安全生产工作目标的青年活动。要联合有关委办局、行业团工委扎实推进创建工作,规范创建流程,创新活动方式,提高传统团青品牌的社会影响力和公信力,选树创建水平高、示范性强的优秀创建集体。

(四)公益志愿活动:"为毛主席站红岗""温暖衣冬"等

公益志愿活动是国企团组织承担社会责任、进行思想引导的有效方式,

图片4　各行业青年代表宣读倡议

说明：2014年度北京市青年安全生产示范岗在京哈高速白鹿收费站举行，对上年度青安岗优秀集体进行表彰，并启动新年度活动。

图片5　"青年文明号"创建集体在地铁灯箱公布
创建口号和监督电话

也得到了众多青年的认可和支持。近年来，北京市国企青年积极参与各项志愿服务活动，其中形成的长效机制包括"为毛主席站红岗"——毛主席纪念堂志愿服务和"温暖衣冬"——衣物捐献活动。毛主席纪念堂志愿服务项目，每年有十余家国有企业团组织参与，每批次46名青年服务14天，累计服务时长超过 2 万多小时；温暖衣冬活动中，每年有上百家企业团组织组织国企青年积极参与，捐献冬衣数万件。

图片 6　公益志愿活动中活跃着国企青年的身影

说明：企业系统参与温暖衣冬工作，捐衣 1 万件，其中 8000 件冬衣与首都师范大学、北京理工大学、北京航空航天大学等 10 所高校完成对接。同时，在北京城建集团、北京市政路桥集团、中铁建工集团等单位开展企业系统"温暖衣冬"活动。

（五）榜样选树："寻找最美青工"活动

典型引导的作用是无穷的，典型人物现身说法也是调研中国企青年最乐于接受的活动形式之一。在全市深入开展"寻找最美青工"活动，深入挖掘奋战在基层一线的青年典型，通过组织逐级推荐和自我推荐、他人推荐相结合的方式，寻找认定北京市"最美青工"，宣传他们带头践行社会主义核心价值观，在平凡岗位上爱岗敬业、学习进取、勤于奉献的职业品格，以榜样的事迹和精神促进广大青年成长成才，为首都经济社会发展增光添彩。

图片 7　"寻找最美青工"活动

说明：自 2015 年北京市"寻找最美青工"活动开展以来，已有 80 余名最美青工候选人在各局总公司的寻访工作中脱颖而出，获得组织推荐参加全市交流展示活动。

（六）技能比赛和交流："百万青工 岗位建功"行动

"百万青工 岗位建功"行动是北京企业共青团的重要活动，通过岗位大练兵、技能大比武和风采大检阅，分阶段开展内容丰富、特色鲜明的实践活动。调研中也发现技能培训和成长成才是青年最为迫切的需求之一，各级团组织需要拓宽渠道、搭建平台。要联合北京市人保局、国资委、总工会、安监局等部门，加强与河北、天津共青团交流联系，协同推进活动开展。建立京津冀三地青年技能人才交流成长机制，构筑国企青年人才培养工作体系。实施岗位大练兵，开展青工技能培训、现场学习会、青年创新大讲堂、青年建言献策等活动；开展技能大比武，联合三省市试点举办青年职业技能竞赛，同时帮助企业举办局总公司级、二级单位级、车间班组级技能竞赛。

图片 8　技能竞赛中青年显身手

说明：2014 年"百万青工 岗位建功"行动技能大比武阶段，共举办包括全国"振兴杯"北京赛区初赛在内的 9 项市级比赛，带动全市青年全面参与各层次技能竞赛，共有来自 40 余家局总公司的 2796 位青年积极踊跃参与，带动全市青年全面参与各层次技能竞赛。

（七）区域化团建：楼宇青年服务计划

国企青年中很大一部分工作于立体化的城市社区——商务楼宇中，他们工作压力较大、生活节奏较快，得到了社会各界的关注，也需要得到团组织的服务。联合市委组织部、市社工委等相关委办局，协同团市委社会工作部共同推进实施楼宇青年服务计划，通过政府购买服务的方式提供资金支持，整合社会团体专家提供专业服务，跨行业、跨领域满足青年需求，针对国企青年工作压力较大等问题开展心理疏解、减压讲座辅导等活动，针对国企青年锻炼不足的问题开展体育项目培训等活动，针对不同行业青年交流匮乏等问题指导举办多层次、多类型的交友联谊活动，提升国企青年的工作生活幸福指数。

图片 9　国企青年婚恋交友活动

说明："青春有约 幸福绽放"企业青年婚恋交友活动第二季在西四环的金泰海博大酒店举行，首钢、京煤、纺织、京城机电、保障房中心等 9 家国企青年参加，现场气氛相当热烈。

（八）参观考察：新青年城市体验营之走进企业活动

新青年城市体验营是北京共青团依托全市 500 家社区青年汇，组织青少年认识、了解北京的工作项目。通过开展这项活动，既让青少年对城市有了进一步的认知和理解，同时也宣传了企业，有助于提升国企青年的职业自我评价。

（九）生活服务：北京青年商店联盟

北京青年商店联盟是共青团组织服务企业、服务青年的有益尝试和探索，通过整合企业内部产品资源，向各界青年提供优惠的商品和服务，倡导时尚健康理性的生活方式。当前已吸纳北汽、纺织、移动、苏宁等在内的 14 家国企和非公企业团组织作为会员，2014 年开展了抢红米手机、优惠

图片 10 新青年城市体验营之"聚焦企业创新发展 助力首都节能减排"

说明：2014年6月28、29日由北京团市委、社区青年汇共同举办的新青年城市体验营之"聚焦企业创新发展 助力首都节能减排"活动在北汽新能源汽车、工美集团、北京京仪绿能、首钢总公司、北京三元、北京同仁堂等17家驻京大型企业举行，全市500家社区青年汇组织万名青年参与。

报青年驾校、金融自助终端进社区、爱在后备厢义卖等线上线下活动，联合北京国际婚博会开展了青年商店之新婚生活体验馆活动，现场吸引了全市5万多名青年参与，取得了较好的经济效益和社会效益。今后将进一步完善联盟机制建设，推广微信平台，开展青年商店进社区青年汇等活动，服务广大青年。

图片 11 青年商店联盟服务青年生活

说明：青年商店联盟部分成员单位。

图片 12　青年商店联盟世博会现场

说明：青年商店联盟婚博会主题展馆吸引了全市 5 万多名青年参与现场活动，邀请了多家社区青年汇在现场招募会员，活动全程零投入，体现了各方面对品牌的支持和认可。

图片 13　"爱在后备厢"活动现场

说明：青年商店联盟爱在后备厢公益义卖活动，活动中，成员单位首钢青年商店捐赠的 CBA 首钢签名球衣竞拍。

非公企业青年群体研究报告

杨立宪　郭文杰　时　萍　关　锐[*]

非公企业是指归我国内地公民私人所有或归外商、港澳台商所有的经济成分占主导或相对主导地位的企业。非公企业是发展社会主义市场经济的重要力量，面大量广，类型多样，也吸纳了大量就业人口，非公企业青年成为北京市各青年群体中数量最为庞大、分布最为广泛、差异最为显著的一个群体。非公企业团组织是团的基层组织的重要组成部分。近些年来，非公企业团建取得显著成绩，但相比国有企业，非公企业是新领域，新情况新问题多，工作基础薄弱，仍是共青团组织建设面对的最大挑战和难题之一。在首都明确功能定位、全面深化改革的新时期，重新认识北京非公企业青年的新结构，梳理群体特征，研究工作方法，是做好非公企业青年工作的前提保障。

一　群体总量

根据第三次经济普查数据测算，北京市非公企业青年约为400.4万人（含个体工商户），占全市从业青年的59.6%，占企业青年的68%（本次调研针对的是非个体工商户的13个行业非公企业青年）。非公企业青年中，按行业分类，青年人数排前五位的分别为批发和零售业71.42万人，租赁和

---

[*] 杨立宪，北京团市委副书记；郭文杰，北京团市委副书记；时萍，北京团市委企业部副部长；关锐，北京团市委企业部干部。
参与课题人员：杜新峰、陈凯诺、高振亚。

商务服务业 61.16 万人，信息传输、计算机服务 58.28 万人，制造业 52.34 万人，科学研究、技术服务 25.6 万人。

北京市企业青年大调研工作历时 10 个月。其间，团市委选调 75 名企业团干部和 10 名专家组成调研团队。抽样方式为三级抽样：首先，按照不同行业青年从业人员人数占从业青年总数比例，确定各行业抽样样本数；其次，按照企业规模，抽出各行业大中小规模企业样本；最后，按照企业员工名册、工位等序抽样等方式，确定问卷对象。调研实施中，共采集非公企业青年样本 9264 份，非公企业样本 746 家。

二 群体特征

（一）以非京籍青年为主

从户籍看，非公企业青年的外地户籍比例较高，77.2% 的非公企业青年为非北京户籍，城市户籍比例略高于农村户籍比例。从毕业院校看，非公企业青年毕业于北京以外院校的比例（50.2%）明显高于国企青年比例（31.2%），其他也多数是高中及以下外地进京务工青年。从学历结构看，非公企业青年学历比国企青年略低。非公企业青年平均在京居住时间较短，在京居住时间短于三年的非公企业青年比例（30.5%）明显高于国企（14.9%）。

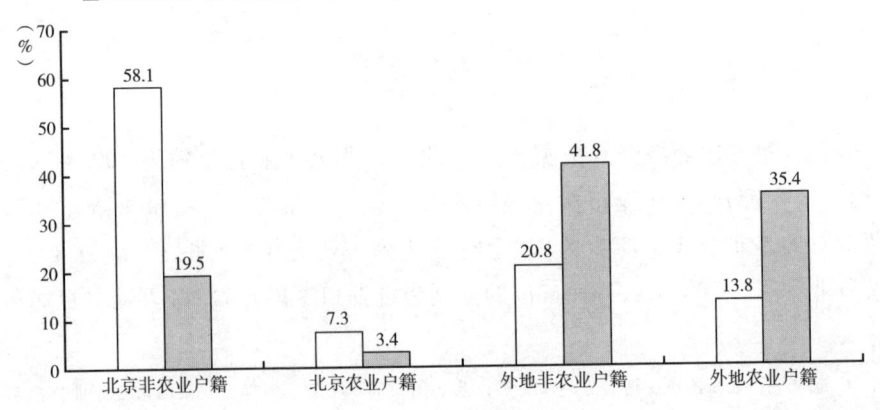

图 1 户籍情况

非公企业青年群体研究报告 69

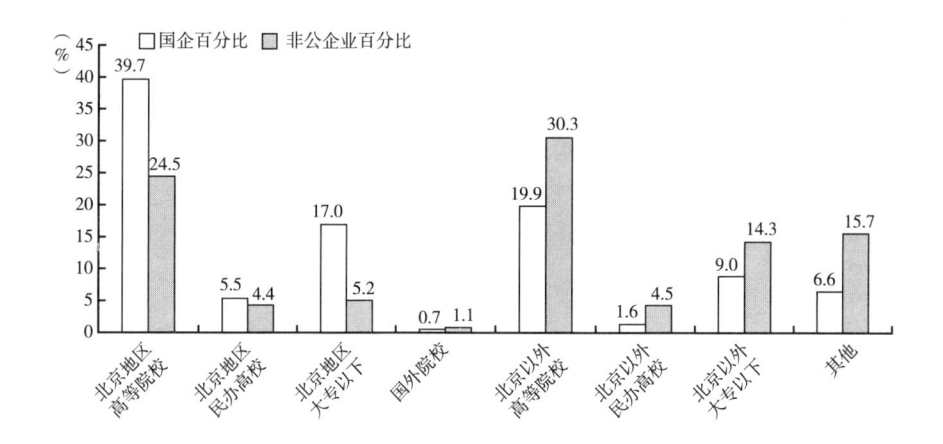

图 2 毕业院校情况

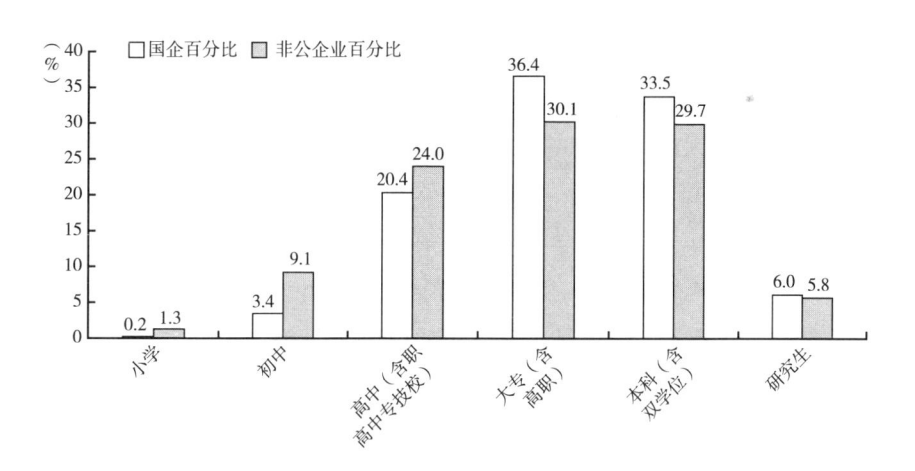

图 3 学历情况

（二）收入和国企差异不明显

非公企业青年月平均收入为4413元，略高于市属国企青年（平均收入为4261元）。国企和非公企业青年在收入上没有明显差异。行业收入差异较大，收入最高的前三个行业是信息传输、计算机服务（6224元），金融业（5614元），建筑业（5270元），收入最低的三个行业是住宿和餐饮业（3148元）、批发和零售业（3705元）、居民服务和其他服务业（3816元），最高和最低差距约2倍。受访者普遍表示，主要压力来源于经济方面,最希望获得的帮助是"提高收入"。据调研显示,部分青年劳动保障缺失。

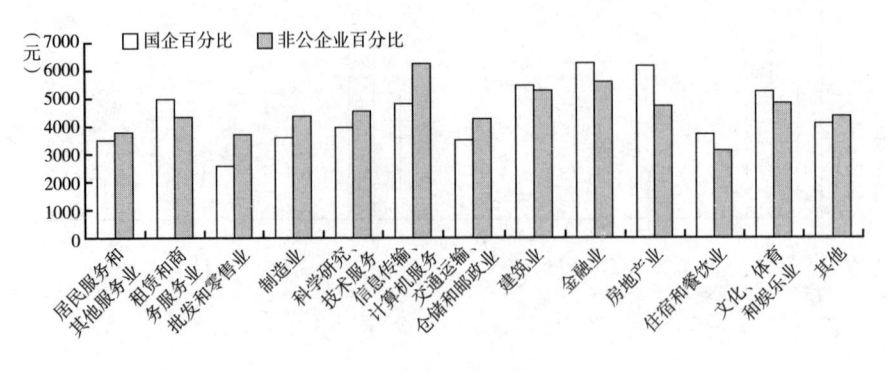

图4 各行业收入情况

(三) 住房压力较大

由于外地户籍比例高,租房成为非公企业青年在北京居住的主要方式,有74.5%的非公企业青年租房住。合租现象比较普遍,52%的非公企业青年与他人合租,其中25.4%的人为楼房合租,12.6%的人住集体宿舍,11.6%的人为平房合租或居于地下室。住房面积普遍不大,50.8%的非公企业人均住房面积低于20平方米。住房费用是支出中的主要部分,有住房支出的非公企业青年平均每月用于住房的费用为1805元,占该群体月平均收入的1/3以上。

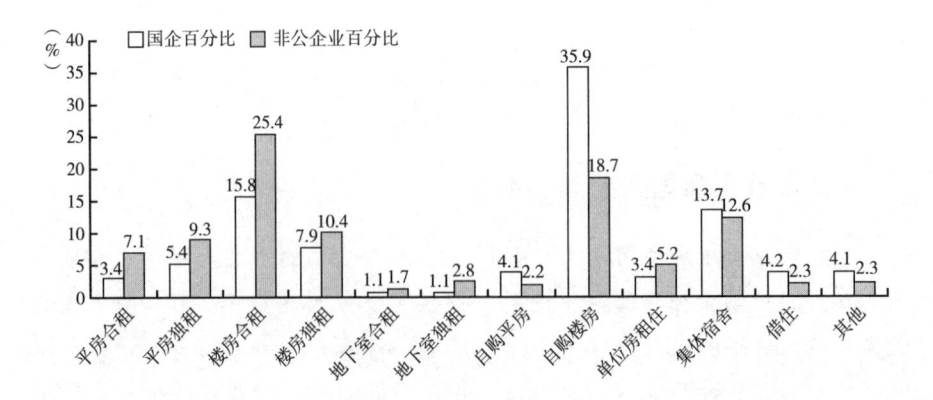

图5 居住情况

非公企业青年群体研究报告　71

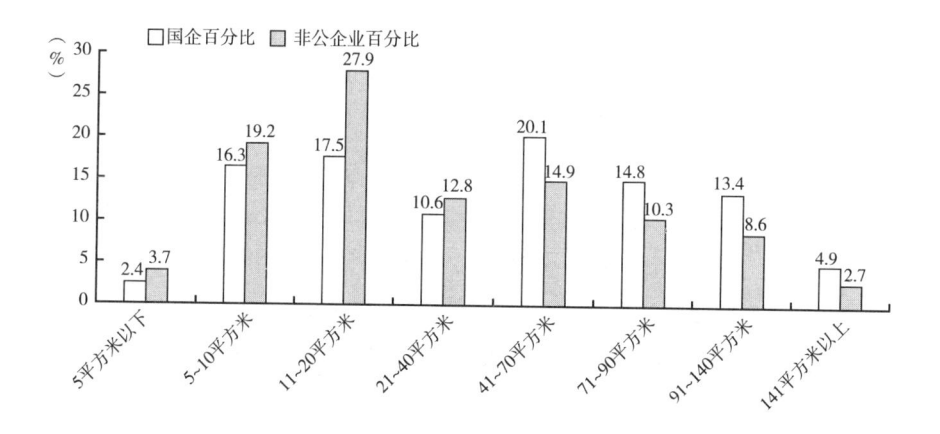

图 6　住房面积

（四）生存型支出比重高

从支出来看，有 25.4% 的受访者认为房租或房贷是日常开支中花费最大的方面，有 24.7% 的受访者认为吃饭是日常开支中花费最大的方面。27.3% 的受访者将经济困难列为自己最主要的困难，紧随其后的是住房困难（25.4%）。青年处于职业生涯的起步和人生财富积累的初级阶段，非公企业青年生存性支出比重高，这一点和国有企业青年差不多，也是整个青年群体的主要特征。

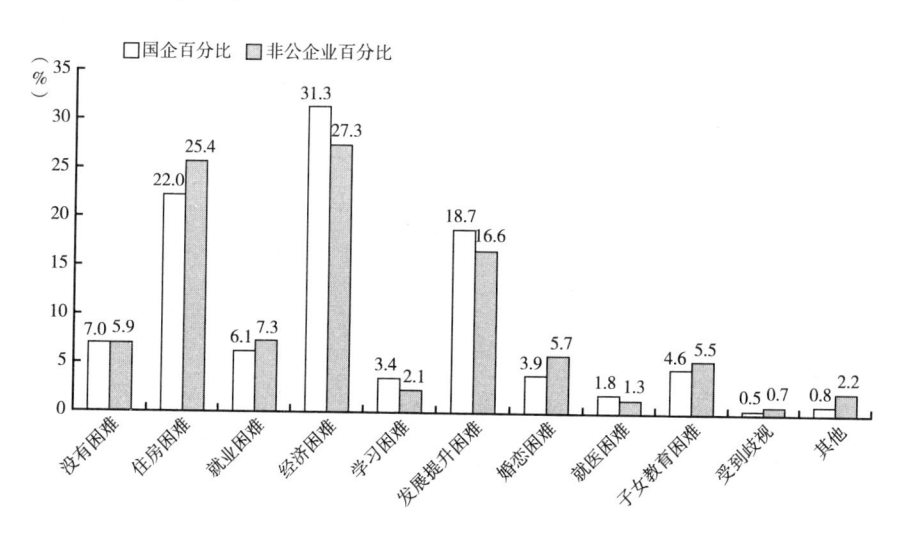

图 7　现在最主要的困难

（五）发展型生活安排不足

"生存时间"侵占"生活时间"。非公企业青年平均每天工作 8.8 小时，每天用于通勤的时间为 2.09 小时，两者相加约 11 小时，每天 24 小时，扣除吃饭、睡觉等琐事的时间，还有空余时间 3 小时，大部分青年表示上班比较累，上网（29.9%）、看电视（16%）、逛街（11%）是空余时间最常做的事情。可见，原本用于生活的休闲和充电时间，被"生存时间"挤占了。锻炼意识不强，学习动力匮乏。受访群体中每周锻炼 1 次以上的约占 60%，还有 40% 的受访者从不锻炼；受访群体中从来不读书学习的约占 20.8%，28.1% 的受访者每周花不到 1 个小时读书或者学习，仅有 9.1% 的受访者每周用于读书或者学习的时间超过 5 个小时。

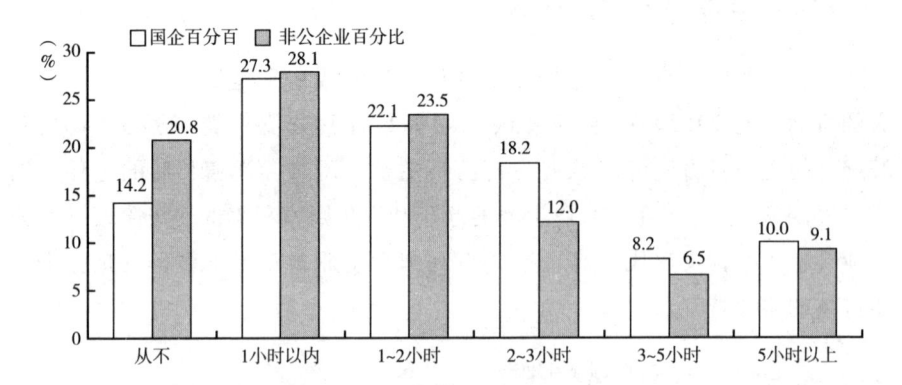

图 8　工作之余每周读书学习的时间

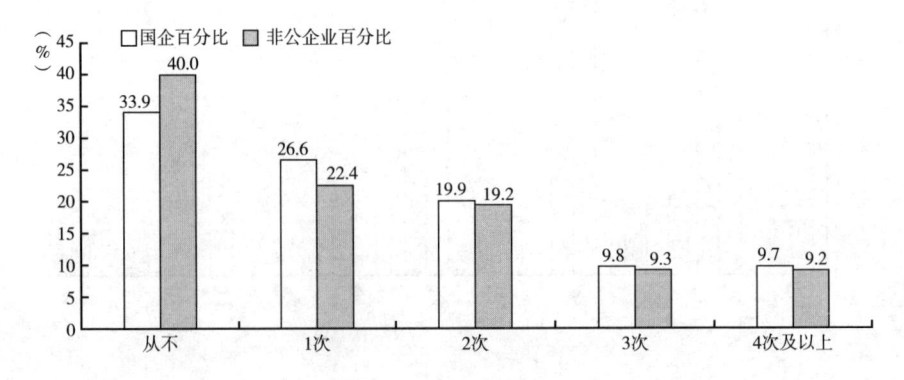

图 9　每周锻炼的次数

（六）对国企和机关就业心存向往

一是61.7%的受访者期望就业的单位是中央、市属的企事业机关单位。二是访谈中发现，受访者的就业意愿，与其对各群体存在的理想化印象相关，对不同类型企业贴有相应的"标签"。比如，外企青年的标签是"收入高"和"强度大"，央企和地方国企青年的标签是"生活安逸"，民营私企青年的标签是"工作强度大"和"工作琐碎"。实际上，调研显示北京市国企青年收入不高、晋升空间小、工作琐碎、工作压力大，并不是非公企业青年认识中的生活安逸、收入高的群体。

（七）认同奋斗是主流价值观

此次调研中，国企和非公企业青年都高度认同社会主流价值观，高度认同奋斗的意义。在对当前各种价值观的评价中，非公企业青年最认同"奋斗成就人生"（4.11分），愿意通过奋斗实现自我价值，努力拼搏，追逐梦想。"工作稳定"对受访者最有吸引力。工作吸引力是企业青年工作需求的直接体现，本次调查发现，"工作稳定"对受访者最有吸引力（37.6%），之后依次是"工作轻松"（14.4%）和"为社会进步做贡献"（11.5%）。整体来看，非公企业青年的工作诉求整体呈现出"求稳定、求贡献、求轻松"的特征。

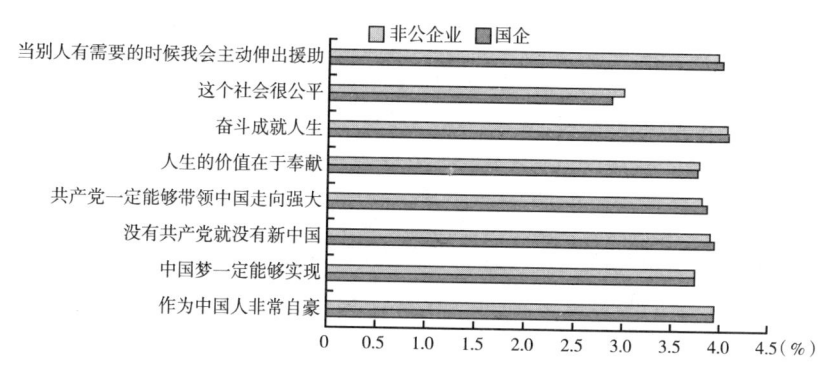

图10 非公企业和国企青年对主流价值观的同意程度

（八）和互联网关系密切

互联网作为非公企业青年思想引导的新渠道，其作用不可忽视。受访群体中选择将 QQ、微信作为最常用的联络方式的分别占比 30.1%、26.1%。1/5 左右（21.8%）的受访者每天的上网时间在"5 小时及以上"。

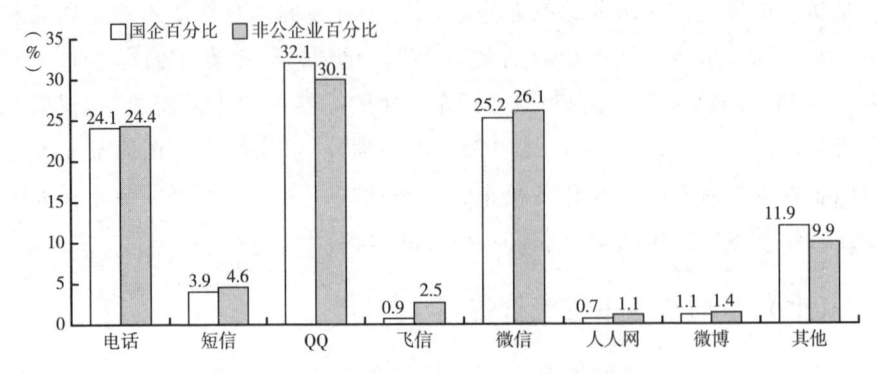

图 11　参加的组织或群体最常用的联络方式

联络方式	国企百分比	非公企业百分比
电话	24.1	24.4
短信	3.9	4.6
QQ	32.1	30.1
飞信	0.9	2.5
微信	25.2	26.1
人人网	0.7	1.1
微博	1.1	1.4
其他	11.9	9.9

（九）青年的发展规划不清晰

北京，究竟是临时的体验馆还是幸福的终点站？受访者中1985年以后出生的居多，外地户籍居多，职业生涯刚起步，未来还有很多的可能性。约九成（89.6%）的非公企业受访者都考虑过未来五年的发展规划，一半以上（51.9%）的受访者还是会留在北京打拼。不同学历群体选择存在差异。学历越高的受访者，打算"继续在北京上学/工作"的选择比例越高。本科及研究生学历选择留在北京的比例均超过60%，而大专学历的受访者选择继续留在北京的仅有48.8%，高中和初中学历的选择比例分别为45.9%和45.1%。此外，高中学历者希望在北京创业的意愿最高（14.5%），研究生学历者的创业意愿较低（6.2%）。一般来说，高学历的青年创业的机会成本更高，而且他们对创业的规划也会更清晰，因此他们对创业持相对谨慎的态度。不同行业群体选择存在差异。按照不同行业来看，住宿和餐饮业，科学研究、技术服务，居民服务和其他服务业选择继续留在北京发展的比例最低，选择留在北京的比例分别为44.3%、47.6%、48.1%，而房地产业，信息传输、计算机服务，文化、体育和娱乐业最愿意继续留在北京工作，选择留在北京的比例分别为60.4%、59.2%、57.4%。房地产业、金融业、住宿和餐饮业选择在北京创业的比例最高，分别为18.8%、14.1%、14.0%。

图 12　未来五年计划

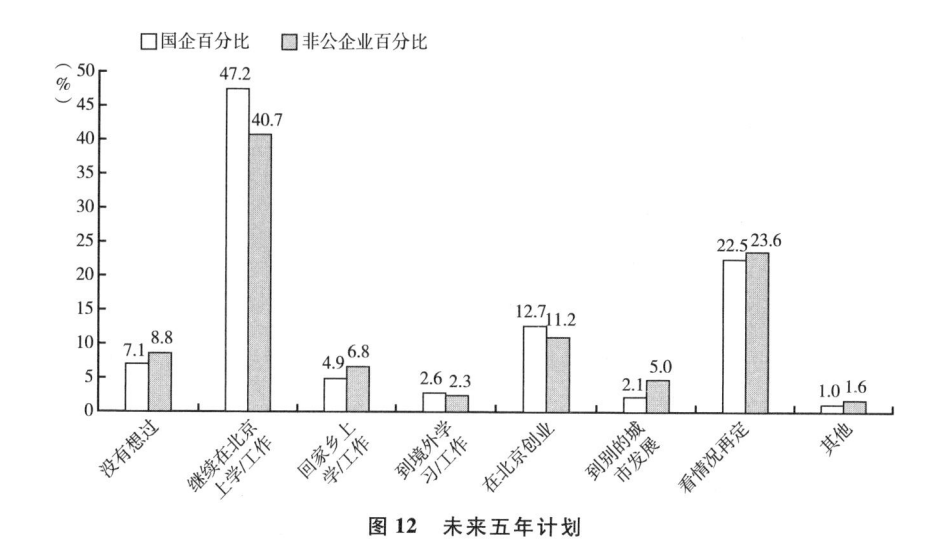

三　工作思考

（一）非公企业青年数量庞大，是首都经济社会发展的重要力量，结构和北京产业结构紧密相关

非公企业青年以外地户籍为主，近些年快速涌入北京，极大地改善了北京人口老龄化的趋势，在首都经济社会发展的各个战线发挥着重要作用，成为这个城市最具创新活力、最具吃苦精神、最具服务意识的群体之一。高学历群体多在信息传输、计算机服务，文化、体育和娱乐业等领域就业，为北京成为全国科技创新中心、文化中心发挥了重要作用，其中更有一批外来精英青年成功创业，用创新助力北京发展；高中及以下群体则多数在批发和零售业、餐饮和住宿业、居民服务和其他服务业等服务性产业就业，在服务中心、服务群众方面承担重任。非公企业青年结构和北京产业结构基本一致，随着北京人口规模调控和产业结构调整，非公企业青年的数量和结构分布也会进一步变化。

（二）非公企业青年是社会流动和分化的主要群体，需引起高度重视

以"80后""90后"为主的现代青年本身就是传统单位体制解体与新经济组织成熟之间"夹缝中的一代"，是人口红利消失、老龄化、城镇化过

程中"拐点上的一代"。非公企业青年展现出跨地区、跨产业、跨所有制的流动和身份认知、生活方式的分化趋势。他们和单位的关系进一步解构，自主和独立意识更加明显，被"炒鱿鱼"和自己"跳槽"都不是新鲜事，更换工作的次数更加频繁，在成才与发展需求上呈现出更加明显的社会化特征；他们多数从农村流入城市，但受制度和生活成本所限，无法完全融入北京，又无法回到家乡，情感漂泊，内心纠结；非公企业多数是竞争性行业，从业青年普遍肯吃苦，能奋斗，竞争的意识更加强烈，改善生活、实现自我价值的动力更加充足；由于分布在各行各业，他们的生活方式、话语表达和利益诉求差异很大。流动和分化可以促进经济社会进步，也会带来各种社会矛盾和社会问题。目前，非公企业青年约占全市企业青年的2/3，是北京市各青年群体中数量最为庞大、分布最为广泛、差异最为显著的一个群体，对于非公团建和非公企业青年工作需要引起高度重视。

（三）针对非公企业青年工作要探索新方式，按照交流、团结、组织的路径，通过组织和工作创新，实现从情感认同到组织认同的过渡

十几年来，非公团建在曲折中前进，不断破解新问题，开拓新局面，做了大量有益的探索，初步形成了工作体系，累积了一定的工作成果。新形势下，非公团建必须从组织和工作上进行创新。要顺应行业差异，从行业入手分领域开展团青工作，对不同行业从业青年采用不同的工作项目；要探索社会化的组织方式，依托青年居住空间，从地域上构建青年身边的组织终端；要按照交流、团结、组织的路径，深入青年群体中，加强交流，抓住青年成长发展、学习生活、情感交流和社会参与的具体需求，整合资源，提供帮助，给予支持，实现从情感认同到组织认同的过渡。

四 工作方法

（一）从行业入手，推动行业团建

加强外企团工委、外施团工委（全称"共青团北京市外地进京建筑施工企业工作委员会"）、金融团工委、商务团工委的联系，在工作项目、资金经费、活动内容、人力支持等各方面，加强对行业团工委的工作指导和帮扶。

加强与保安协会、美发协会、电子商务协会、快递业协会、注册会计师协会、连锁经营协会、商务服务业联合会、饮食行业协会等行业协会的联系，按照"建立行业团委，实行归口管理，加强专业指导，把团建融入行业管理服务"的指导思想，探索有效扩大团组织覆盖面、提升青年工作活力的方法。

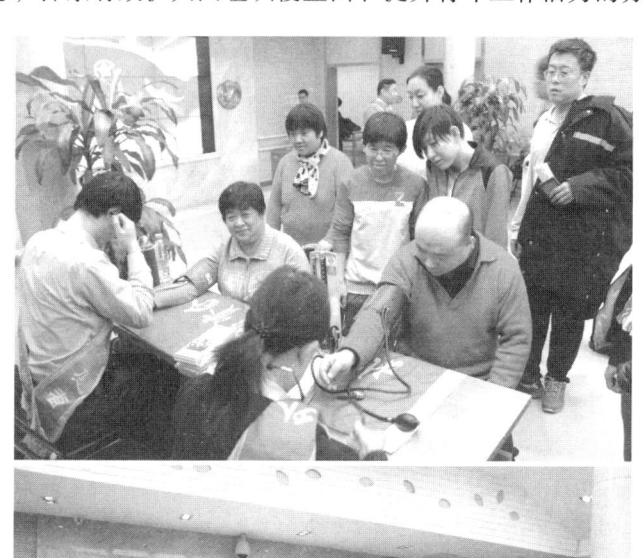

图片1 "外企携手社区关爱残障人士"活动

说明：2015年3月3日上午，北京市投资促进局党委、北京外企团工委、北京外商投资企业志愿服务联合会联合金融街街道团工委赴金融街残疾人联合会，开展"外企携手社区关爱残障人士"学雷锋志愿服务活动。来自博世力士乐、港澳中心、仲量联行、慈爱嘉、威斯汀酒店、萨奇水庄、中业建安等数十家非公企业的60多名志愿者参加了此次活动。

（二）从工作地域入手，推动园区团建

联合中关村团工委、北京经济技术开发区团工委和各区县团委，加强中关村一区十六园和其他市、区两级开发区建团工作。依托园区，开展青

年"创业手拉手""成长手拉手""生活手拉手""公益手拉手"等活动。特别是，发挥中关村互联网企业云集的优势，以互联网企业为载体，建立"青春 e 站"，搭建互联网企业服务青年的新型青年社会组织发展平台。

图片 2 "温暖衣冬爱心捐赠"活动

说明：北京经济技术开发区团委举办"温暖衣冬爱心捐赠"活动，北京京东世纪贸易有限公司、乐天（中国）食品有限公司等 30 家企业参与了此次活动，共收集衣物 3000 多件。

（三）从居住区域入手，推动区域化团建

指导各区县将非公团建纳入区域化团建和乡镇实体化大团委工作的整体部署，指导街道、乡镇摸清辖区内非公企业底数，充分发挥社区青年汇在社区动员、服务和组织青年方面的优势，有效对接资源，设计符合区域特点和青年要求的活动，实现对非公企业青年的地域化覆盖和组织。

（四）开展青字号品牌创建

青字号品牌是企业共青团战线工作的有力抓手，进一步规范青年文明号、青年岗位能手、青年突击队、青年安全生产示范岗、青年创新工作站的创建流程，创新活动方式，提高传统团青品牌的社会影响力和公信力，选树一批创建水平高、示范性强的优秀创建集体，创建活动向非公企业倾斜。

（五）加强青年企业家组织建设

非公企业人员流动性大、更替快，团干部不自信甚至"隐形"，仅仅做好非公企业团干部的交流培训是远远不够的，必须抓企业领导，抓企业出资人，

图片3　比赛现场

说明：朝阳区深化区域机制、丰富联合活动，联合区域内众多共建单位，通过点钞、插花、水果拼盘、服装设计等比赛形式，为辖区内广大非京籍企业青年搭建技能展示、交流沟通的平台。

图片4　演示现场

说明：在2014年5月的"筑梦青春甲子相承"青年突击队成立60周年主题教育活动中，作为外地在京施工企业的代表，邓蓉青年突击队队员展示突击队精神，演示钢筋捆扎技能。

提高其对团建工作的认识和支持力度。充分发挥青企协、青商会等组织对企业负责人的凝聚力和影响力，营造出资人重视党团建设、支持党团建设的氛围。

图片 5 "看英雄儿女看美丽北京活动"

说明：北京团市委、北京青年商会与北京军区某部联合建立"首都青年爱国长城基金"，连续三年开展"看英雄儿女看美丽北京活动"。希望通过共同努力，发挥优势资源，为部队官兵解决实际困难，促进军地青年相互学习交流。

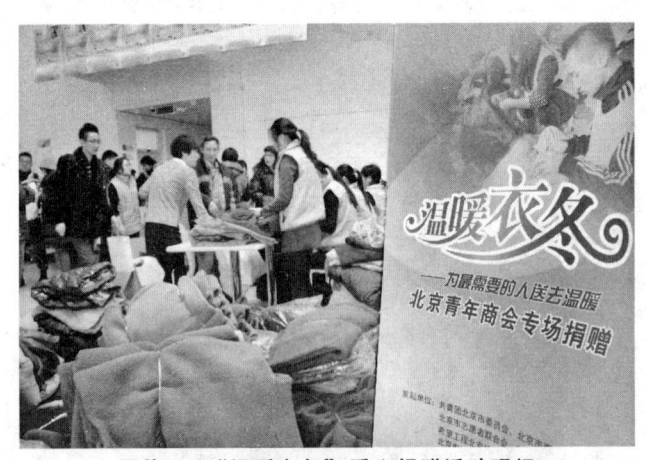

图片 6 "温暖衣冬"爱心捐赠活动现场

说明：2014 年 12 月 20 日"温暖衣冬"爱心捐赠北京青年商会专场在东城区海巢 HOT·社区青年汇举行，不到半天的时间里，参与企业 50 余家，共收到捐赠爱心衣物 1000 余件。

（六）非公团干部培训班和骨干训练营

开展骨干非公企业示范培训，扩展非公团干部的社交平台，促进其社会关系构建，丰富其理论素养和知识体系，进一步增强其对组织的情感认同，提高其做好非公企业青年工作的能力。

图片 7　活动现场

说明：自2014年8月19日至22日举办了全市企业系统团干部培训班，非公团干部占比20%以上，国企非公团干部手拉手深入交流；自10月16日至18日举办了全市非公企业团干部培训班，120余名非公团干部参加，本次培训班除安排传统团队破冰、室内授课外，还特意安排了野外拉练项目。

（七）推广青年商店联盟

共青团要善于搭平台，找准团青工作与企业生产经营的结合点，利用市场化手段，打通青年工作和企业经营的"任督二脉"，只有这样才能在非公企业内"借势上位"。建团难的根本原因是企业领导认为团组织与经济效益无关，或团组织与企业文化格格不入。要继续做好青年商店联盟，吸收更多的非公企业作为成员单位，如可口可乐、世纪佳缘、青商会，丰富项目品种，让企业增加销售额，让青年得到实在的好处。

（八）楼宇青年服务计划

开展楼宇青年服务计划，依托政府购买社会服务项目，依托各社会组织，跨行业、跨领域地满足非公企业青年需求，开展各类文体活动。针对白领青年工作压力，开展心理疏解、减压讲座、职业心理辅导等活动。针对楼宇内企业性别比例失衡问题，举办多层次、多类型的交友联谊活动，为企业青年的幸福生活护航。为楼宇内的非公企业青年，提供身心健康、婚恋交友、职业发展、公益参与、社会融入等方面的帮助。

图片 8　北京青年商店联盟品牌展示活动现场

说明：2014年2月，北京青年商店联盟品牌展示会暨360°新婚生活体验馆活动在北京展览馆开幕。活动现场，联盟的成员单位利用优势资源和产品，在现场搭建一个了真实的"新房"，展现出新婚生活的美好场景。北京青年商店联盟力求通过"北京青年商店联盟"微信公众号等信息发布渠道，对接供需双方，减少中间环节，为全市青年提供价格优惠、品质保障的商品和服务。

图年 9　地铁一号线庆单站灯箱公益广告

说明：2015年初25个北京市青年文明号集体形象出现在地铁一号线东单站灯箱公益广告上。2014年北京市各系统共申报493个创建集体，其中非公企业60家，最终顺丰快递望京分部、中天运会计师事务所审计四部等32个非公企业通过评选，约占入选企业总数的13%，阳光海天停车管理公司是其中的优秀代表。

（九）加强全媒体引导

加大共青团品牌的全媒体建设。一是借助公交车身广告、地铁灯箱等系列广告资源；二是借助新媒体平台、微信公众号、网络宣传员队伍力量；三是借助各类品牌活动植入式宣传，形成示范辐射效应，整体提升共青团工作的影响力。通过信息化、电子化的共青团平台,更多非公企业青年能接触到活动信息。加强典型宣传,通过开展青字号品牌和百优项目评选,甄选一批优秀青年和非公企业典型,广泛宣传优秀非公企业青年的成长路径,分享优秀非公企业团组织的先进经验。

社会组织从业青年群体研究报告

郭文杰　孙力强　李国武　孙夏男*

近年来,在京青年社会组织迅速发展,对青年的影响力日益增强,并已经成为当前首都青年社会结构的重要组成部分。深入调研,准确把握青年社会组织发展的特征、规律和诉求,是做好青年社会组织战线工作的重要基础。按照团市委总体部署,社会组织青年调研团队对在京已登记的社会组织从业青年群体进行了调查研究,重点了解、分析了群体特征,并结合几年来的实践与思考提出了相应的工作方法,形成本调研报告。

一　群体总量与抽样方法

据测算,目前在北京各类已登记的社会组织,包括社会团体、民办非企业单位以及基金会中从业的35周岁以下青年,总计约8万人;调研团队采取简单随机抽样、等比例分配样本,结合等比例分层抽样等方法,抽取了1347名专职从业青年作为样本,进行了问卷调查。

---

* 郭文杰,北京团市委副书记;孙力强,北京团市委社会工作部部长;李国武,中央财经大学社会发展学院教授;孙夏男,北京团市委社会工作部副部长。
参与课题人员:余跳、张亮、王朔、倪爽、孙晓纯、高雪天。

二 群体特征

本调研从群体结构、生活状况、职业发展、思想状态、群体诉求、网络使用六个方面,对在京社会组织从业青年群体的重点特征做了分析与概括,如下所示。

(一)群体结构特征:女性多、党团员多,学历高,京籍与非京籍各占一半

在京社会组织从业青年群体中,女性占62.1%,男性占37.9%,女性高出男性约24个百分点。党团员多达78.5%,其中党员占46.5%,团员占32%。学历以本科以上为主,高达75%,学历为研究生的占20.22%。户籍结构上,京籍与非京籍各占一半,其中,京籍占58%,非京籍占42%。

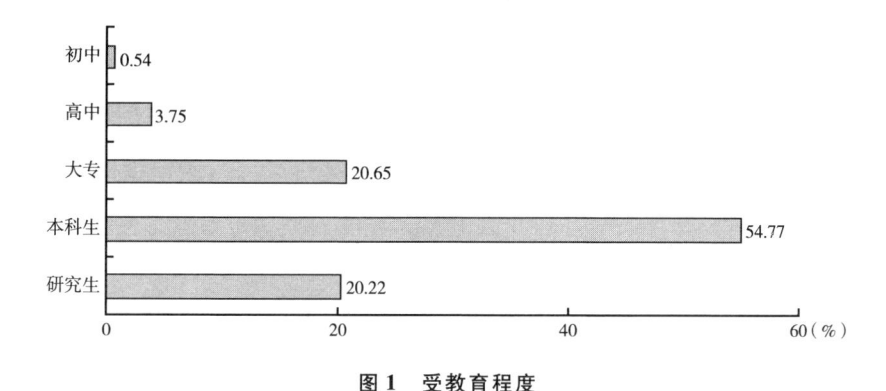

学历	比例(%)
初中	0.54
高中	3.75
大专	20.65
本科生	54.77
研究生	20.22

图1 受教育程度

(二)生活状况特征:收入不高,结余不多,发展型支出不足,住房负担重

社会组织从业青年收入水平不高,月平均收入为4056.7元,而支出相对较大,月平均支出为3188.7元,月均结余不足千元。

社会组织从业青年住房负担较重,每月用于住房的平均费用是2268.9元,占到月平均收入的56%,且大部分社会组织从业青年没有自购房,很多人处于合租状态,拥有自购房的比例仅占36.1%,甚至2.5%的人居住面积在5平方米以下。相对而言,社会组织从业青年的发展型支出明显较

少，学习培训和社交应酬比例仅占 6.3%。

此外，有少数社会组织从业青年未签订劳动合同、无任何社会保险，未签订劳动合同的比例为 10.7%，无任何社会保险的比例为 5%。

（三）职业发展特征：兴趣爱好是从业动力，职业化程度较低，多数有转行意愿

调查显示，兴趣爱好（43.4%）是促使大部分从业青年选择在社会组织就业的主要动因，且从业动机多元化，选择因暂时解决就业、因社会组织大有可为和因公益精神而从业的比例为 15%~20%，较为平均。

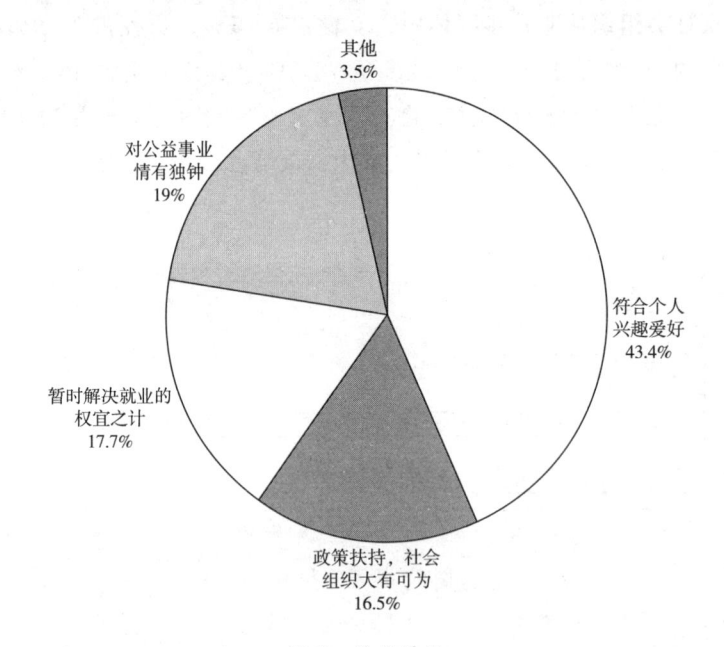

图 2 从业动机

该群体普遍认为职业能力提升方式有限，主要通过学历教育（34.4%）、自我教育（22.2%）等行业外途径，组织内的专业培训严重短缺，职业化专业化程度较低。

调研发现，收入水平偏低、社会保障体系不完善、职业上升空间受限等现实因素影响了社会组织从业青年的职业稳定性和持续性：有近一半的社会组织近三年的青年员工流动率超过 20%，且只有 52.6% 的从业青年愿意在社会组织领域继续工作。大部分社会组织从业青年的工作首选并不是

社会组织。促使从业青年离开社会组织的主要原因是对薪酬福利不满意（51.4%）和认为无法实现自身价值（30.8%）。

与此形成对比的是以兼职为主体的在京未登记青年社会组织核心骨干群体：有61.2%的组织负责人和56.4%的骨干成员没有从社会组织获得任何收入，且是在工作之余从事或积极参与社会组织活动，并不以在社会组织中就业、获得收入为目的，呈现显著的社会参与活动与工作相分离的倾向。同时，绝大多数核心骨干成员继续参与所在社会组织活动的意愿强烈，只有3%的负责人、5.1%的骨干成员随时准备离开所在组织；而且，分别有50.7%和40.2%的负责人与骨干成员把社会组织作为最理想的就业单位，这明显有别于包括已登记社会组织从业青年在内的其他青年群体。

而且，未登记青年社会组织负责人中，有50%是为了满足某类社会需求，42.6%是基于个人兴趣爱好创办、管理社会组织。骨干成员参与组织也主要是由于符合个人兴趣爱好（45.3%）和喜欢该组织的公益活动（43.6%）。

（四）思想状态特征：整体积极乐观，认同主流价值观，最关注民生和社会组织发展，高度关注社会公平

调查显示，大多数社会组织从业青年认同主流价值观（平均分为3.9，总分值为5）。对于中国共产党的历史贡献和未来表现呈现了高度认可，普遍认同没有共产党就没有新中国，普遍认为中国共产党一定能带领中国走向强大。

社会组织从业青年比较认同奋斗成就人生，75%的人认为"北京的发展会越来越好"，91%的人相信"我的家庭会过得越来越好"，愿意对别人的困难主动伸出援助之手，但对于人生价值是不是奉献有不同的考虑。整体来看，对于通过努力改变自身状况的信心要高于对于社会整体的信心；社会组织从业青年高度关注社会公平，也对社会公平有着更高的期待。

表1 社会组织从业青年的价值观

作为中国人非常自豪	4.0
中国梦一定能够实现	3.8
没有共产党就没有新中国	4.0
共产党一定能带领中国走向强大	4.0
人生的价值在于奉献	3.9
奋斗成就人生	4.1
当别人有需要时，我会主动伸出援助之手	4.1

(五)群体需求特征:诉求集中于收入和住房,发展提升诉求也较为迫切

在十八大提出的各项改革内容中,社会组织从业青年最关注与民生相关的改革问题,特别是计生(14.9%)、楼市(14.4%)和环保(12.9%)。该群体当前面对的最主要困难是经济(25.3%)、住房(23.4%)和发展提升(18.4%),最希望得到的帮助是提高收入(42.4%)、获得稳定生活(11.2%)、职业技能培训(7.2%)、租金低廉的住房(6.4%)。

该群体对所在社会组织的发展现状有较为理性的认知,普遍认为需要提升社会组织能力,排名靠前的是服务社会公益的影响力(47.2%)、行业管理和行业自律能力(42.7%)、承接政府职能转移能力(29.7%)、承接政府购买服务项目执行能力(26.7%);加强人才队伍建设(24.4%),加大政府购买公共服务力度(24.2%),完善税收减免等优惠政策(17.5%),发挥理事会的作用,加快建立现代社会组织体制(12.8%)等优惠政策是该群体认为政府最应该进行的改革内容。

项目	百分比
服务社会公益的影响力	47.2
承接政府购买服务项目执行能力	26.7
行业管理和行业自律能力	42.7
承接政府职能转移能力	29.7

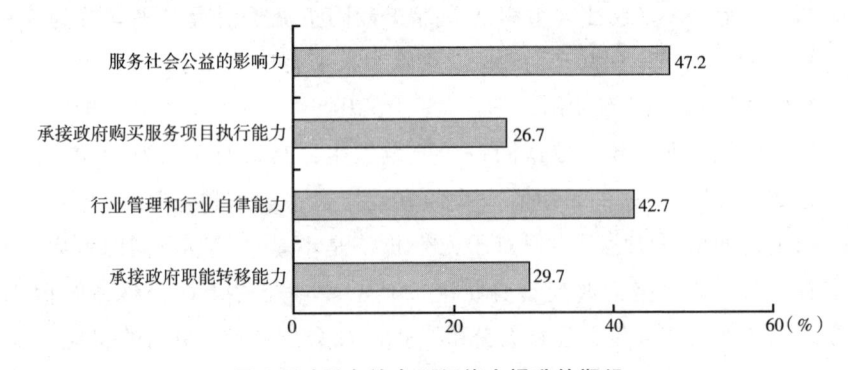

图3 对所在社会组织能力提升的期望

(六)网络使用特征:网络使用率、互联网参与度高,实体组织网络化、网络组织实体化,线上线下结合发展倾向日趋显著

互联网已经成为在京社会组织从业青年群体闲暇活动、信息获取和日常联络的主要方式:社会组织从业青年中,有58.3%把上网作为最主要的闲暇活动,37.4%日均上网的时间超过5小时。另据相关调研,在京未登

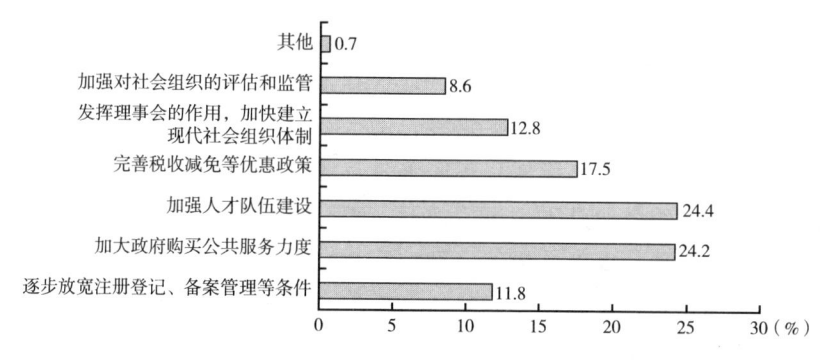

图 4 希望政府推进的社会组织管理体制改革

项目	百分比
其他	0.7
加强对社会组织的评估和监管	8.6
发挥理事会的作用,加快建立现代社会组织体制	12.8
完善税收减免等优惠政策	17.5
加强人才队伍建设	24.4
加大政府购买公共服务力度	24.2
逐步放宽注册登记、备案管理等条件	11.8

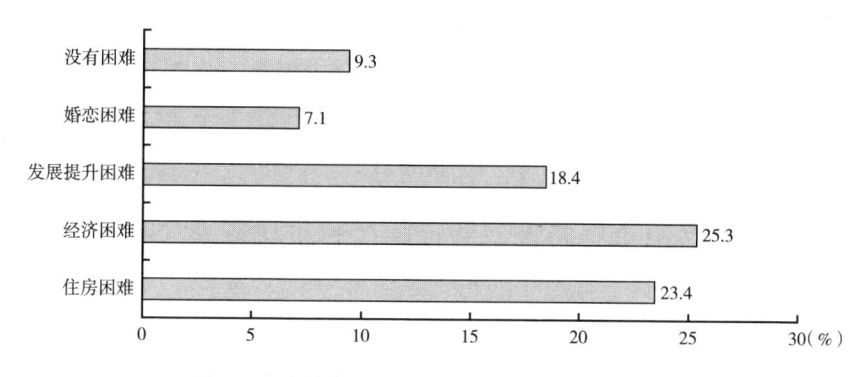

图 5 在京社会组织从业青年面临的最主要困难

项目	百分比
没有困难	9.3
婚恋困难	7.1
发展提升困难	18.4
经济困难	25.3
住房困难	23.4

记青年社会组织也很善于使用互联网,有58.2%以网络宣传作为发展会员、成员的主要方式,62.7%设有组织的微博、博客、微信等社交网络账户,56.7%建有组织的网站。

由于互联网的普及大大降低了协调和活动组织成本,社会组织依托互联网技术进行信息传播、赢得公众关注、组织线下活动变得越来越普遍;也有大量基于网络平台的草根青年社会组织涌现,甚至将实体组织机构与虚拟社区结合起来。传统草根组织由实体化向网络化发展,新兴的网络类社会组织向实体化发展,社会组织线上线下相结合的倾向日趋显著。

三 工作思考

(一)身份认同是社会组织从业青年当前的主要困惑

首先是现实身份:社会看部分社会组织像政府或代表政府,政府看部分社会组织是社会或代表社会。工作性质像政府,比如一些政府部门下属的协会,却没有政府工作人员的社会评价和地位;工作性质像企业,比如一些民非组织,收入比企业又低得多,甚至不如机关事业单位;社会地位不高、收入偏低、社会保障体系不完善是造成他们困惑的主要因素。一部分青年在社会组织就业是出于谋生需要,暂时缓解找不到期望中理想工作的就业压力;一部分青年是为了照顾家庭和自己的爱好,选择一份牺牲收入、发展空间相对不大、较为轻松的工作作为折中。其次是未来选择:社会组织虽然在我国得到了一定程度的发展,但由于其发展的政策环境不够完善、自身的能力建设尚需提升、社会对其认可度有待提高,所以社会组织对于广大青年的就业吸引力远未达到理想状态。

进一步完善社会组织发展的"职业化"制度设计,提高社会组织自身能力,增加收入,提高工作稳定性,加强在职技能培训,让这批青年不再动摇,是做好这个青年群体工作的前提条件。

(二) 社会组织中的人才队伍是社会治理体系中不可或缺的力量

社会建设滞后于经济发展是我国当前及未来一段时间的突出问题,而在构建"政府主导、社会协同"的社会治理体系过程中,社会组织是一支不可或缺的力量。社会组织在承担政府转移职能,提供公共服务、改善社会治理、加强社会建设、激发社会活力、吸纳民众就业等方面都发挥着积极作用。而且,在逐步放宽社会组织登记条件的背景下,会有越来越多的社会组织涌现出来。

社会组织健康蓬勃发展需要职业化、专业化和稳定的人才队伍;而另据其他调查显示,人员老化和专业化程度不高是全国很多地区社会组织面临的突出问题。在这种背景下,青年更是社会组织中尤为宝贵的人力资源。根据本次调查,在京社会组织从业青年的受教育水平普遍较高,然而工作稳定性并不高,且缺少有针对性的在职教育培训。因此,对在京的社会组织而言,虽然因地处北京而拥有大量高素质青年作为潜在的人力资源供给,但如何引进、留住和用好青年有生力量仍是困扰社会组织发展的突出问题。

(三) 团组织应陪伴社会组织从业青年成长

在京的各类社会组织总体上仍处于发展的初期阶段,专业化与规范化程度相对不足，人才队伍的专业资质水平、组织内部治理机制与财务规范化程度均有待提高，与承接政府转移职能，补充公共服务不足，满足北京这一特大型城市的市民、青少年群体多样化需求，尚有较大差距。共青团组织应积极协调党政部门资源、公益慈善资源，支持、引导社会组织从业青年群体提升专业资质水平与服务能力，陪伴社会组织及其中的从业青年成长，帮助社会组织提升专业化、规范化程度。

缺乏资金与办公场所是制约社会组织发展最突出的问题；而且不同社会组织的筹资渠道差别很大、资金来源集中度不一，包括企业赞助及捐赠、开展服务的收入、政府项目经费资助、会员费收入和基金会资助等。

四 工作方法

社会组织成立快、变化快、人员流动快，这使得团组织对社会组织及其从业青年的联系、服务和引导工作也必然处于循环往复、不断积累的动态过程之中。基于调研发现以及北京共青团近几年工作中的实践与思考，我们总结和设计工作方法十种。

（一）实施"伙伴计划"，联系覆盖社会组织

从2010年开始，我们推出了"伙伴计划"项目，一方面多渠道主动挖掘并联系社会组织；另一方面搭建平台或举办活动吸引社会组织找到团组织。我们成立了北京青少年社团发展促进中心，举办"社团文化季"活动，开办"社团青泉汇"官方微博、微信，通过平台推介共青团发展思路和文化理念，举办有意思、易参与的活动项目，吸引青年社会组织主动前来找到我们。经过近4年的努力，我们基本摸清了全市社会组织的情况，初步建立了对青年社会组织的动态备案制度，形成了"日常联系＋活动联系"相结合的联络机制，扩大团青工作的有效覆盖面。

（二）举办"骨干训练营"，凝聚培育核心力量

由于社会组织尤其是社会自发生成的社会组织建立时间短，规模大多偏小，组织负责人与组织存续、发展休戚相关，多数是创办人不干了，组织就解散了。调研中也发现，社会组织认为亟待改进的方面依次是提高资

图片 1　伙伴计划

说明：秉持"合作、发展、尊重、共享"理念，积极联系、孵化、培育志愿服务类、公益实践类、创新创业类、兴趣爱好类组织，整合资源，给予资金、场地、专家、政策、宣传等方面支持，引导组织健康发展。通过"伙伴计划"，团市委与30类、近1000家青少年社会组织建立起"伙伴关系"，辐射带动8000余家组织，推出100个社会组织示范项目。

金筹募能力、形成特色项目、完善管理、加强与其他组织的合作、提高成员能力和素质，这些都可以通过提供培训和交流来帮助其实现。为加强对组织负责人的凝聚和培养，我们针对组织负责人推出了"青年社会组织骨干训练营"项目，已举办4期，累计培训300余人。在训练营中发现那些在同类型社会组织中动员力和号召力较强的组织负责人，对其加强联系，着重扶持，进行专业化、规范化培训，陆续打造了100家示范青年社会组织，既凝聚了核心力量，又形成了示范引领作用。

图片 2　青年社会组织骨干训练营

说明：训练营以"提升青年社会组织骨干能力、促进青年社会组织规范化发展"为目标，邀请社会组织骨干、区县街乡团干部参加，由高校、党政职能部门、社会组织孵化培育机构的资深专家，设计内容丰富、务实管用的课程，增进团干部与青年社会组织骨干的相互了解，搭建团组织主导，青年社会组织协同联动开展项目建设、资源整合、宣传展示的平台。

（三）举办"职业培训班"，提升社会组织人才专业化水平

开办职业能力提升培训班，鼓励引导社会组织青年参加继续教育和职业资格考试，比如"社会工作师"资格认证考试，以提升组织核心骨干成员的专业化水平。同时，聘请专家，开设新社工入职、实务操作、职业资质等培训课程；与高校合作进行社会工作专业专升本培训、开设社会工作

专业硕士班，经由团市委、社工事务所推荐，通过相应考试的优秀专职社工，可以在高校进一步深造。

（四）开展"选树榜样表彰激励"活动，增强归属感和影响力

对表现优秀的社会组织骨干通过推荐其参加团中央、北京市各系统的评优评选，如"北京青年五四奖章""北京青年岗位能手""北京榜样"等，还可以给他们提供参与诸如国庆游行、奥运会、APEC 等大型赛会和重要活动的机会，增强其个人自豪感和社会影响力，进而增强其归属感。

（五）策划推动"主题活动"，引导社会组织参与社会治理

在党委政府迫切需要解决、首都群众重点关注的如交通、环保、减灾应急等重点领域策划推出主题活动，引导青年社会组织发挥作用。如在解决城市交通拥堵问题上，我们策划并持续推动的"3510 绿色出行"项目，倡导"3 公里步行、5 公里骑车、10 公里公交、远距离绿色驾驶"，动员 4 类 200 余家青年社会组织共同参与，共同策划；比如骑行方面，就和自行车类青年社会组织共同策划了"激情北京·3510 绿色骑行赛""穿越北京·3510 绿色骑行风"等 4 个系列的品牌项目共计近百场活动。3510 行动在北京掀起了绿色出行的新风尚，对倡导环保也做出了贡献。另如在治理大气污染方面，我们推出"清洁空气青年行动计划"，开展徒步长走、骑行植树、定制公交、生态驾驶等活动，倡导广大青年、市民参与大气污染及雾霾治理，形成职能部门、社会组织、广大公众多元参与，共同推动首都环境保护、提升城市管理水平的良好社会氛围。

（六）加强"政府购买"社会组织服务力度，支持组织发展

一方面由共青团结合团组织基本职能与青少年实际需求，面向青年社会组织直接购买服务项目，支持其在特定领域有针对性地提供具体服务；另一方面，团组织可以结合政府职能转变、强化公共服务职能，创新公共服务供给模式，面向社会力量购买服务的改革进程，推荐青年社会组织申报社工委、民政局等委办局和区县街道的购买服务项目。以此帮助社会组织把不固定的活动变成固定、可持续的项目，得到相对稳定的经费来源。

图片 3　3510 行动

说明：3510 行动由北京团市委联合全市百家青少年社会组织于 2010 年 11 月共同发起。行动以"和谐交通·绿色出行——3510 在行动"为主题，以"3 公里步行、5 公里骑车、10 公里公交、远距离绿色驾驶"为动员口号，推出"高考日（开学日）畅通计划"、"9·22 无车日行动"、"全民健走总动员"、3510 绿色骑行系列活动、绿色驾驶训练营、"清洁空气青年行动计划"等多个示范子项目，联系发动青年社会组织数百家，累计开展活动 500 余次，多家国内外媒体进行了宣传报道。

（七）开展"联合劝募"，拓展资源渠道

推动青年社会组织同具有全国公募资质的北京青少年发展基金会等平台合作，面向青少年群体各种细分类型需求与特定社会问题解决需要，策

图片 4　购买青年社会组织服务项目

说明：为引导在京青年社会组织参与首都社会建设，团市委自 2010 年起，每年策划、推荐青年社会组织申请市级社会建设专项资金购买服务项目，负责青少年事务相关项目的申报、组织、协调、审查工作；在社会基本公共服务、社会公益服务、社区便民服务、社会管理服务、社会建设决策研究信息咨询服务 5 大方面、40 个类别进行申报。自 2010 年至今，团市委指导、推荐、监管的青年社会组织服务类项目已累计达 104 个，项目资金总额达 1600 余万元。

划服务项目，并由青年社会组织与基金会联合向公众募集资金，支持项目组织实施，由基金会管理募得善款并对项目执行情况予以监督。以此倡导"参与式公益"、创新公益资助模式，拓宽青年社会组织募集资源渠道，搭建捐赠人与优秀青年社会组织之间的桥梁。

（八）建立"孵化基地"，推动组织向正规化、实体化发展

通过建立"社团之家"等青年社会组织孵化基地，完善共青团联系、引导、服务青年社会组织的工作平台、丰富工作内容，为有需要且达到准入条件的青年社会组织提供注册地和办公、会议、活动空间，努力培育具有示范性、影响力、青年喜爱、公众认可的青年社会组织。同时，依托孵化基地打造一批优秀的公益服务项目、便民服务品牌，帮助青年社会组织

图片 5　党团建设培训班

说明：北京青年社会组织党员、团干培训班，学习党中央、市委精神，围绕加强社会建设、创新社会服务管理和加强基层组织建设主题，发挥共青团枢纽作用，通过选拔青年社会组织中的党员代表和团组织负责人开展培训，全面提升青年社会组织领域中的党、团建设工作水平。

加强能力建设,促进其在工作团队、品牌项目、内部治理机制、财务管理规范等方面逐步达到登记要求,并推动条件成熟的草根青年社会自组织独立或联合登记,帮助其向正规化、实体化发展。

(九)建立"党团组织",增强组织凝聚力

在条件成熟且确有需求的青年社会组织中推动党团组织建设,进一步增强党团组织对青年社会组织的凝聚力。近几年,我们筛选组织稳定、活跃度高、关系密切、认同感强、意愿明确、条件成熟的90家青年社会组织,探索建立团组织,举办"党团建设培训班",指导其开展组织生活。

(十)统筹"行业推动",促进社工行业整体发展

在新兴的社会工作领域中,青少年社会工作是一个重要的行业分支,在促进青少年发展、解决成长问题方面,发挥着日益重要的作用。团市委发起并推动成立了北京青少年社会工作协会,制定青少年事务社会工作领域的工作标准和规范,建立职业准入、薪酬待遇、督导、培训、考核激励等标准和制度体系,组织青少年社会工作机构开展学习培训、交流研讨等活动,进而研究青少年社会工作发展动态和趋势,探索青少年社会工作服务体系建设,并为政府制定青少年社会工作发展规划提供意见、建议,以此加强青少年社会工作队伍建设力度,提升青少年社会工作的专业化、规范化程度,更好地推动北京青少年社会工作行业的整体发展。

农业青年群体研究报告

黄克瀛 代兵 许斌 高海娜[*]

农业是国民经济的基础。在首都发展都市型现代农业的大趋势下，现代首都农业青年呈现出新特点。2015年中央一号文件提出加大改革创新力度，加快农业现代化建设。农业青年作为现代农业的生力军，对其进行系统的研究和分析，了解该群体的新现象、新特点、新思维、新发展，有针对性地加强农业青年战线共青团和青年工作，帮助其尽快融入农业现代化进程，也是农村共青团围绕中心、服务大局的应有作为。

一 群体总量

北京农业青年调研对象是指生活、居住、工作在北京乡村、从事第一产业的青年。包括四个要素：①年龄：16~35岁；②地域：生活、居住、工作在北京乡村；③时间：生活、居住、工作的时间在半年以上；④行业：直接从事农、林、牧、渔第一产业。

根据有关部门及相关统计材料，全市2012年底从事第一产业人口（不包括服务业）56.33万人。其中，16~35岁青年占16.17%，北京农业青年为9.11万人。

---

[*] 黄克瀛，北京团市委副书记、北京市少工委主任；代兵，北京团市委青农部部长；许斌，北京科技大学文法学院教学院长；高海娜，北京团市委青农部干部。
参与课题人员：郑品石、李婧、张腾、邢朝国、纪斌、赵鹏飞、郝振宇、高硕、贾思博、齐鸣、杨雪洲、陈凯、牛晨潆、张道娟、王骁、胡妍霏、陈甜、佟亚娟。

二　抽样方法

调研采用问卷调查和访谈相结合的方式。本次调研共发放问卷2885份，回收2820份，有效问卷2574份，有效回收率为91.3%。问卷发放涵盖北京13个涉农区县、115个乡镇、213个村庄。访谈在每个涉农区县抽取一个村进行，在调研期间开展，150余人参加座谈交流，深度访谈60余人。

抽样方式：将北京市3938个村作为样本框（以《2012年北京农村一产就业人口统计表》每个村的农、林、牧、渔各行业从业人数为参考标准），采取整群抽样和随机抽样相结合的方法。对驻村调研的13个村庄采取整群抽样的方式，选择13个涉农区县每区县从业人数居中的村庄。调查问卷的选择和发放采取随机抽样的方式：去除第一产业从业人口为0、整群抽样的13个村庄，剩下的村庄为基本样本库，从中抽取200个村。按照行业分布，基于农、林、牧、渔行业比例，将四个行业人数分别从多到少排列，每次删除上一行业抽取的村庄，依次按照不同间隔抽出：146个村、32个村、20个村、2个村。

问卷发放方式：对213个村按照从业人数比例设定不同的问卷数。发放问卷随机抽样，调研员列出符合条件并且在村人员，给每人编号，并得出总数，算出抽取间隔数，随机抽取参加调研人员。

三　群体特征

（一）农业人口减少，农村青年外流，农业从业青年户籍结构多元

统计数据显示，北京市从事一产的人口从1978年至2012年逐年下降，1981年117.2万，1991年90.8万，2001年71.2万，2011年59.1万，2012年56.3万。农业人口减少主要与计划生育、从业意愿、城镇化进程中农村消失、耕地减少、外出打工等有关。调研发现，被访农业青年为独生子女的比例超过一半，63.1%的被访青年想生育1个孩子，计划生育政策的严格执行使北京农村人口出生率大大降低。农业青年对于自己未来3~5年的职业发展方向，选择继续从事农业生产的比例仅为18.1%。随着北京城市化进程的加快，部分近郊农村变为城镇，大量农民上楼。有40万左右

的农村户籍青年不再从事农业生产，选择在外就业或上学。在外就业的农村户籍青年当中，从事第二产业的占42.7%，从事第三产业的占46.2%。农村青年外流趋势明显，村里的年轻人越来越少。

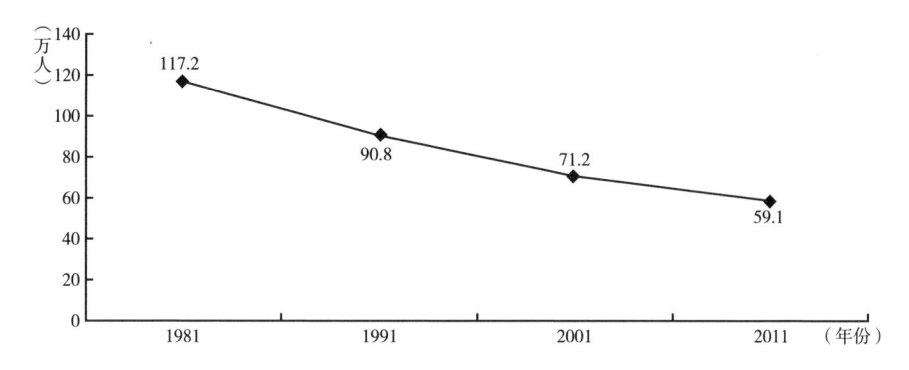

图1 北京从事第一产业的农民数量

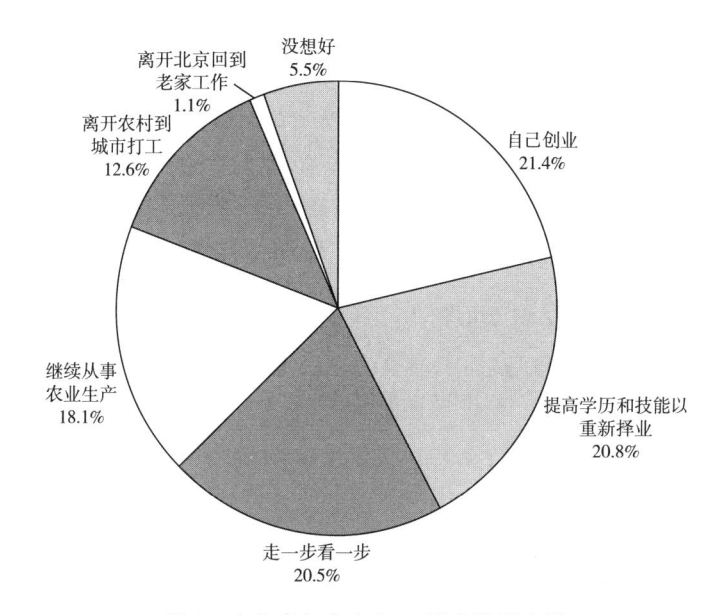

图2 农业青年未来3~5职业发展意愿

调研数据显示，全市从事第一产业的农业青年当中，北京农业户籍占54.0%，北京非农户籍占38.4%，外地农业户籍占3.3%，外地非农户籍占4.3%。2003年北京实施农转非政策，京郊农民新生子女可以登记为城镇户口，18岁以下各类在校学生可以办理农转非户口，卫星城和中心镇中持北京市农村户口的居民可以办理城镇居民常住户口，在当时非农户籍人员的社保及医保标准明显高于农业户籍人员的背景下，部分农业户籍人员选择转为非农户籍。38.4%的北京非农户籍从事农业生产的青年主要包括三部分：一是出生在农村并从事农业生产，但登记为城镇户口的青年；二是在农村工作的农技员；三是少量到农村就业、创业的城市户籍青年。外地非农户籍农业青年主要包括两部分：一是嫁娶到北京农村的外地户籍人口；二是少量来京从事第一产业的外地户籍人口。

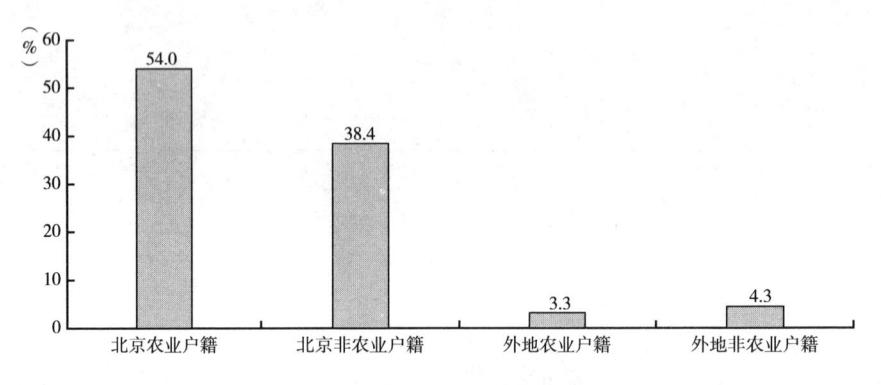

图3 农业青年户籍情况

（二）具有多重经济身份，收入来源呈多样化特征

调研显示，北京农业青年一年用于农业的劳动时间平均为142.66天，一年有近2/3的时间可以从事其他工作。随着首都城市化进程加快和北京新农村建设的发展，农业青年呈现集多重经济身份于一身的特点：农业青年通过将土地的经营权进行流转，获得土地的租金，成为"土地出租者"；参加村集体产业并获得股份分红，成为"股东"；将自有住房进行出租，成为"房东"；开展农家乐等个体经营，成为"私营企业主"；闲暇时间零散就业，成为"打工仔"，因此收入来源也呈现多样化的特点。

（三）从事种植业的居多，但传统粮食种植已不是主要收入来源

9.11万名农业青年中，从事种植业的6.63万人，林业的1.48万人，牧业的0.88万人，渔业的0.12万人。从事种植业的农业青年超过七成。但是农业生产中，传统粮食种植收入最低。受访者表示，致富途径中排在第一位的是农家乐（15.9%），其他依次是大棚特种栽培（12.8%），发展特种养殖

（12.5%）、农产品加工（12.5%）、种植水果蔬菜（12.1%）、加入合作社（9.6%）、出租土地（9.6%）、禽畜养殖（8.9%）和多种粮食（6.1%）。

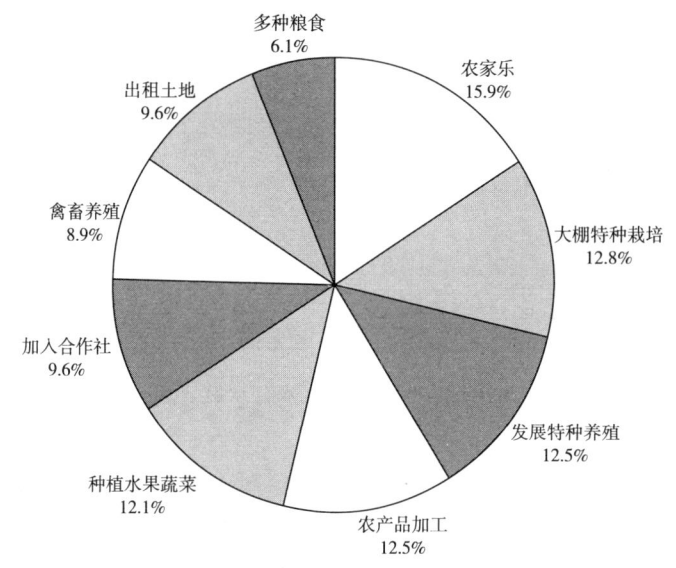

图 4 农业青年认为的致富途径

（四）收入水平不高，生活自由安逸，对生活现状满意而不满足

调研显示，农业青年生活压力较小。一是月结余比例超过月收入的1/3。农业青年月平均收入为2837.89元，支出为1826.48元，月结余1011.41元。日常支出中花费最大的三个方面是：吃饭（72.2%）、水电气及日常用品（42.6%）、抚养子女（32.7%）。

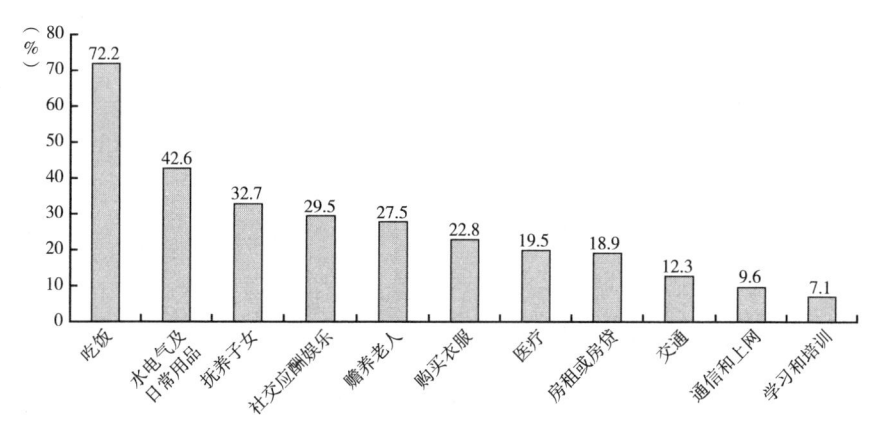

图 5 农业青年日常支出

二是自有住房超过一半。全市青年平均拥有住房率为29.2%，而农业青年拥有住房的比例达到56.1%，住房支出压力较小，仅有6.5%的人认为房租或房贷占月支出的比重大。

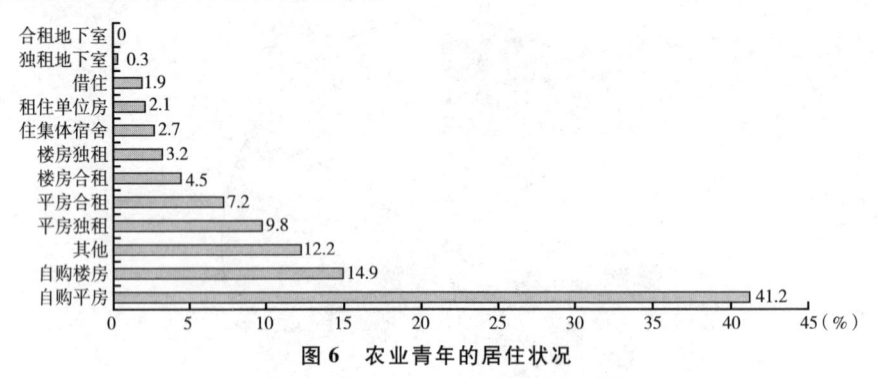

图6 农业青年的居住状况

居住类型	比例(%)
合租地下室	0
独租地下室	0.3
借住	1.9
租住单位房	2.1
住集体宿舍	2.7
楼房独租	3.2
楼房合租	4.5
平房合租	7.2
平房独租	9.8
其他	12.2
自购楼房	14.9
自购平房	41.2

三是社会保障水平日益提高。农村的基础设施日益完备，生活条件日益便利，社会保障水平日益提高。既有"普惠制"的粮食直补、养老保险、新农合医疗保险、低保政策等保障，还有部分农村集体通过股权分红、节假日发福利、大学入学奖励等方式给予补贴。这些福利和补贴尽管由于各地的经济状况不同而有差异，但对农村生活是重要补充。总体而言，92.6%的农业青年对目前的生活状况感到满意，但是他们仍然希望自身的社会地位、职业声望、工作稳定性及工作前景获得改善。农业青年中，对自身社会地位不满意的比例为19.5%；职业声望不满意的比例为21.1%；工作稳定性不满意的比例为19.8%；工作前景不满意的比例为22.7%。

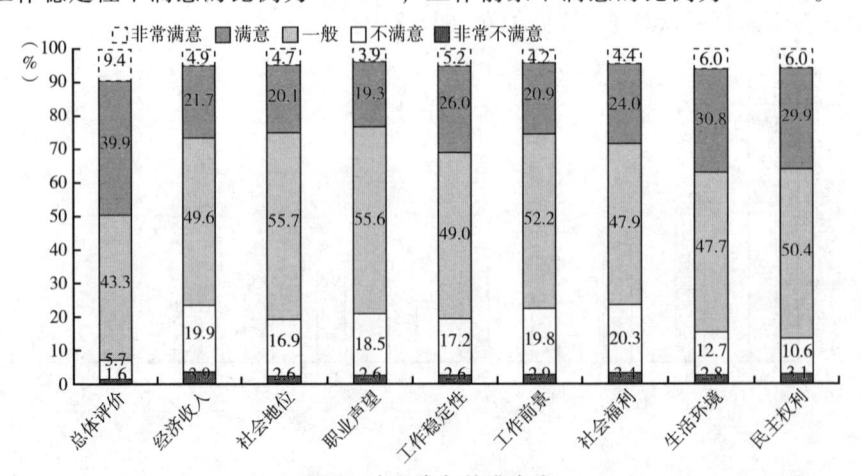

图7 农业青年的满意度

（五）网络生活有度，保持传统农村"熟人社会"的明显特征

由于生活和劳动都在村里，农业青年的社会交往相对局限，仍然保持着传统的生活方式，支持网络以血缘为基础。调研显示，被访的农业青年首选与本村村民经常打交道的比例为77.3%，显著高于其他交往对象。在遇到困难或紧急情况时，家人及亲戚给予最大帮助的比例为70.8%，排在其后的是朋友（14.3%）、同学（5.9%）、同事（3.3%）、老乡（2.6%）。

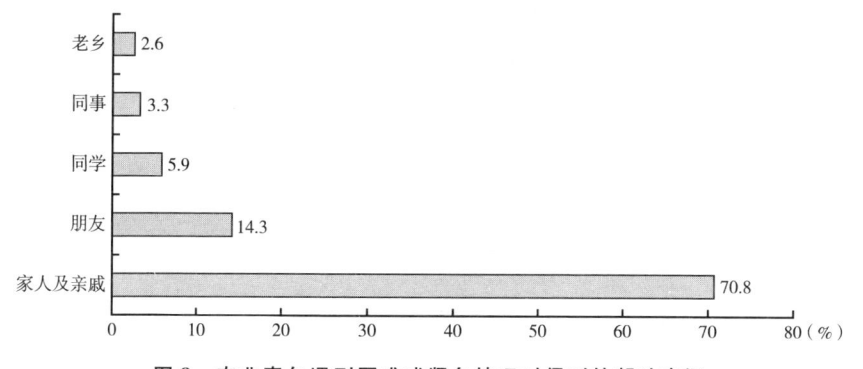

图8 农业青年遇到困难或紧急情况时得到的帮助来源

农业青年闲暇时间首选上网的比例明显低于其他各类青年。市属国有企业青年占60.2%，大学生占74.7%，农业青年占47.6%。每天上网时间明显少于其他群体，农业青年每天上网时间为一小时及以下的占47.5%，从不上网的占6.8%。选择一小时及以下的比例，市属国有企业青年占29.4%、大学生占29%。这些青年群体多数选择二小时及以上的上网时间。

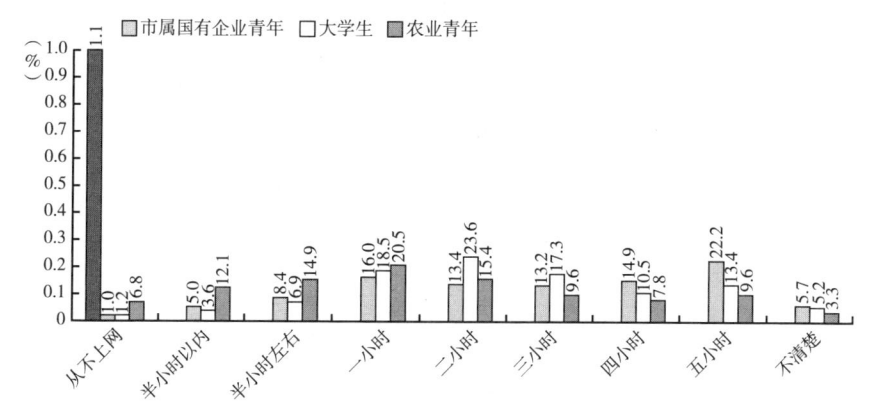

图9 农业青年与其他青年群体上网情况比较

农业青年最常用的联系方式，排在前两位的分别是电话（38.7%）和面对面交流（26%），通过 QQ、飞信、微信等网络工具交流的比例相对较低，依然保持传统的交流方式。

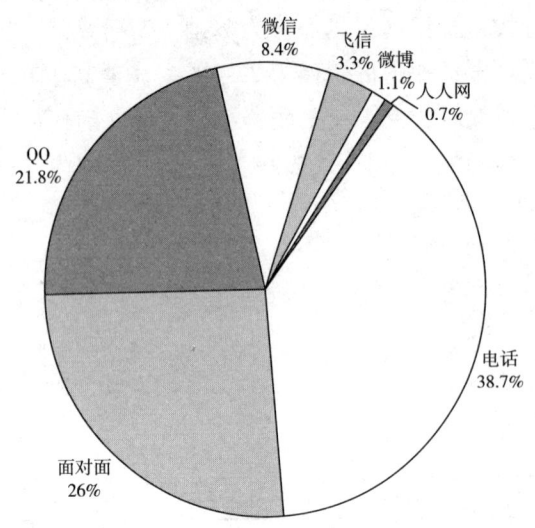

图 10　农业青年最常用的联系方式

农业青年群体的择偶观念也较为传统。择偶观念中排在前三位的是品行（44.7%）、感情（25.3%）和能力（16.8%），选择金钱（4.2%）、房子（2.6%）、家庭背景（2.4%）、外貌（2.1%）和学历（1.6%）的比例相对较低。

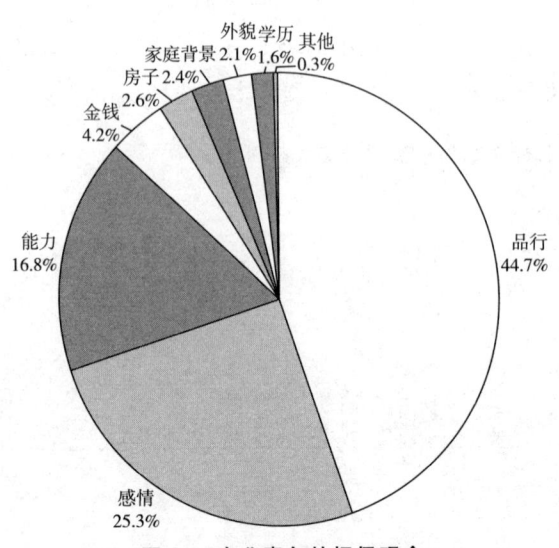

图 11　农业青年的择偶观念

（六）党员比例高，成为农村公共事务管理的重要力量

被访农业青年当中，有38%的人选择通过村"两委"参与公共事务管理，显示出农业青年对村"两委"事务有较高的关注度和参与度。农业青年中党员的比例达到19%，其中大专及以上学历占到50.1%。调研发现，农村的青年党员主要来自三个方面：在校期间入党毕业回乡务农的青年、当兵入党转业回乡务农的青年和在当地经推优入党的青年。农业青年中党员的比例高，一方面是因为农村基层党组织重视发展党员的年龄梯队和学历层次结构；另一方面是农业青年非常重视党员身份，只有成为共产党员，才能在村党支部换届选举中有选举权和被选举权，在村内公共事务的管理中有更大的话语权。

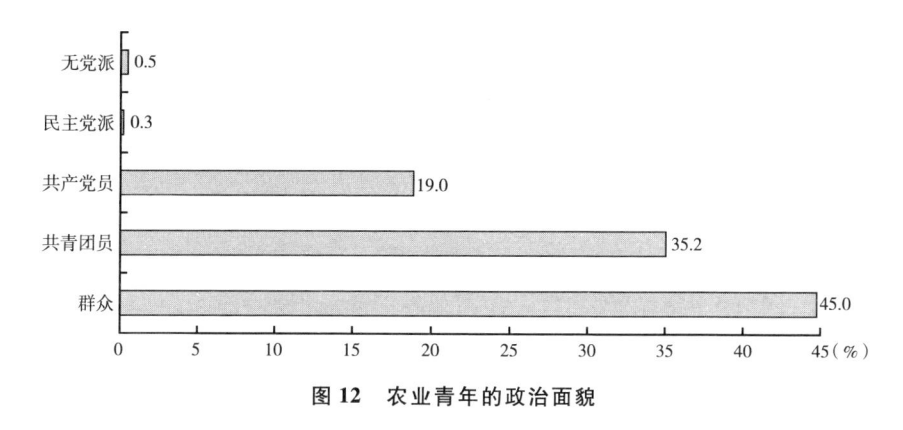

政治面貌	比例(%)
无党派	0.5
民主党派	0.3
共产党员	19.0
共青团员	35.2
群众	45.0

图12　农业青年的政治面貌

（七）不愿离开土地，高度关注涉农政策，但实际了解程度并不高

调研发现，户籍、土地、社保政策在农业青年中备受关注。被访的北京农业户籍青年中，近七成希望保留农村户口，与北京的农村土地附加值高、拆迁政策有高度的关联性；3/4的农业青年希望土地承包政策相对稳定，减少调整的频率；在对社会主义新农村建设的关注中，排在前三位的是：农业补贴（18.6%）、养老保障（18.4%）、医疗保险（17.2%）。通过访谈发现，尽管农业青年对关系切身利益的涉农政策高度关注，但实际了解程度并不高。约一半的农业青年对农业税减免、农村最低生活保障、粮食直补、化肥补贴、农机具补贴等政策的具体内容了解不多或一点都不了解，近三成对农村合作医疗制度内容了解不多或一点都不了解，近四成对农村义务教育阶段学杂费减免政策了解不多或一点都不了解。

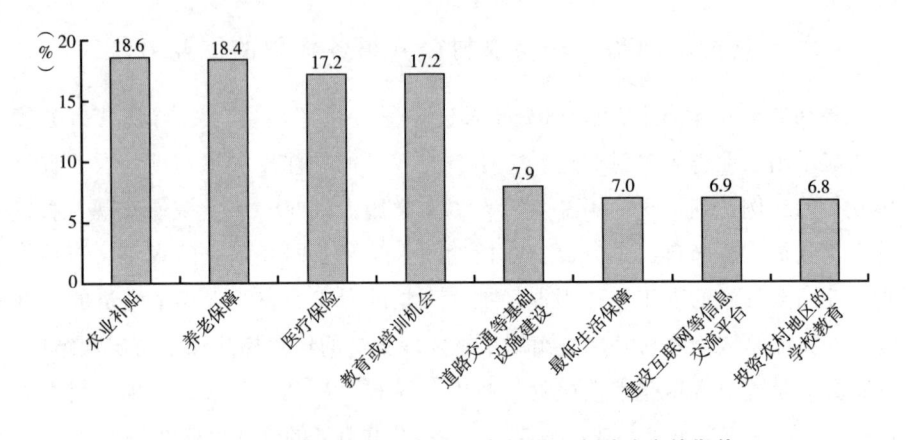

图 13　农业青年在社会主义新农村建设中对政府的期待

（八）从事农业生产的意愿偏低，未来发展方向模糊

调研发现，农业青年自己对农业感兴趣的比例较低，仅占 6.1%。近一半的农业青年由于家庭需要、个人能力不足等不得不从事农业。"家里劳动力少"所占比例最高为 21.5%，"父母要求"占到 10.3%，"只会种地不会干别的"占到 6.9%，"外地打工挣不到多少钱"占到 5.8%。

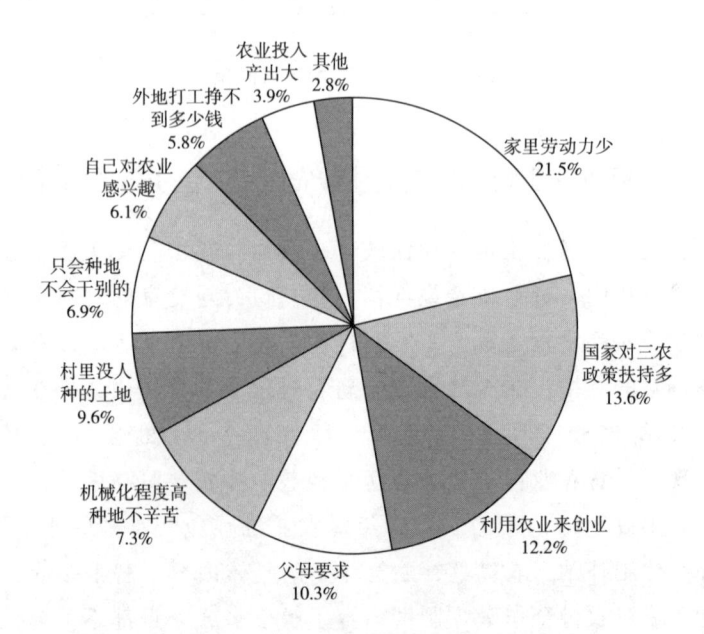

图 14　农业青年从事农业的原因

农业青年对于自己未来3~5年的职业发展方向，选择继续从事农业生产的比例仅有18.1%。农业青年对未来缺少思考，1/4的农业青年对未来发展比较茫然。对于自己未来3~5年的职业发展方向，农业青年选择"走一步看一步"的占到20.5%，"还没想"的占到5.5%。访谈发现，很多农业青年对近两年的发展还有所认知，但是对于三年之后的发展就非常茫然，甚至很多人对于明后年干什么都很模糊。

（九）职业技能不足，游走在城市乡村边缘

受访农业青年中，高中及以下学历占到49.8%，止步于职高、中专、技校等，在城里就业较难，生活习惯、交往习惯还保留传统农村色彩，他们当中有部分人将融入城市生活，成为游走在城市和农村的"边缘人"。随着北京城市化进程的推进和农业现代化的发展，农业青年正面临着向都市型现代农业转型和进入城市就业的新形势。农业青年从事农业缺乏现代技术，传统技能掌握在老一辈农民手里，而新技能并没有广泛被青年熟知，处于"农盲"或技能缺失状态，尤其缺乏农业现代化所需要的生产技术、经营技能、绿色环保技术、节水节能技术、电商销售渠道等，他们需要提高技能适应农业现代化趋势。农业青年参加城市就业缺乏竞争力，在城市就业中，缺少职业技能，绝大多数从事以体力劳动为主的服务业和简单制造业。由于学历层次较低，再学习再深造的机会较少，平台较窄，发展后劲不足。

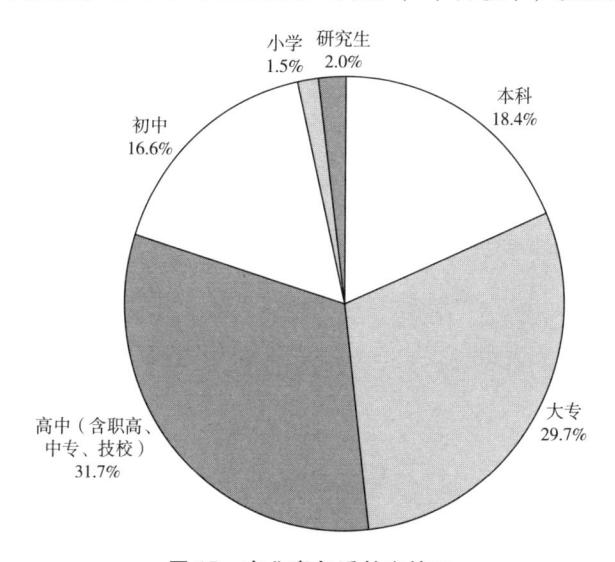

图15 农业青年受教育情况

农业青年希望提供相关技能培训,提高就业和致富能力。调研显示,农业经济类活动最受农业青年青睐,被访农业青年感兴趣的共青团活动前三位依次为农村青年创业项目大赛(31.6%)、京郊致富带头人评选和乡村青年文化节(26.7%)、"贷动青春"小额贷款(25.2%)。

活动	百分比(%)
长走行动	5.3
保护母亲河行动	9.1
农村青年信用示范户	12.0
社区青年汇	18.1
志愿服务	23.3
"贷动青春"小额贷款	25.2
乡村青年文化节	26.7
京郊致富带头人评选	26.7
农村青年创业项目大赛	31.6

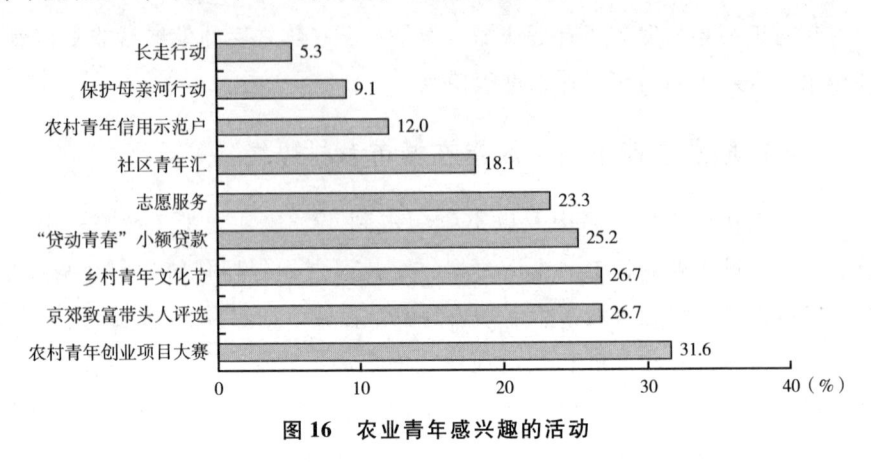

图 16　农业青年感兴趣的活动

在认为自己现在最需要学习的方面,农业青年选择各种技能培训班的比例最高,占到51.5%,其次是农业科技知识,占到21.9%。农业青年中有42.8%的人有强烈的创业意愿,对于未来3~5年的职业发展,排在第一位的是选择自己创业,占到21.4%,但只有4%的人有过实际的创业经历。

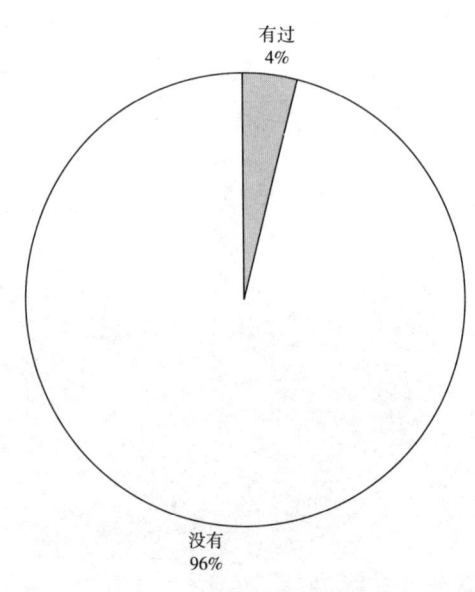

创业经历	百分比
有过	4%
没有	96%

图 17　农业青年的创业经历

农业青年创业遇到的困难前三类是：缺乏资金的占 28.9%，缺乏创业指导的占 17.7%，缺乏技术支持的占 15.4%。

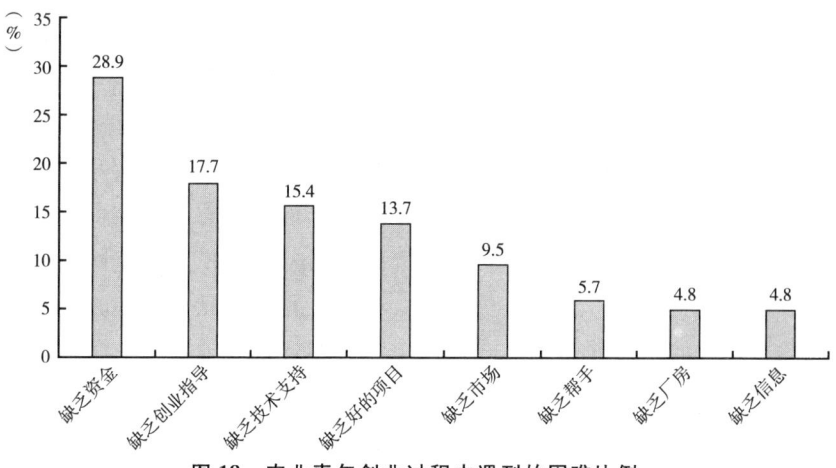

图 18 农业青年创业过程中遇到的困难比例

（十）业余生活单调，期待丰富的文化活动

农业青年业余生活比较单调，对于闲暇时间的安排，47.9% 的被访青年选择了上网，45.3% 的人选择了看电视，8% 的人选择打牌打麻将等娱乐。从横向比较来看，闲暇时间选择打牌打麻将等娱乐的农业青年比例高于其他青年群体，中央国有企业青年占 4.4%，市属国有企业青年占 7.2%，非公企业青年占 5.8%。这说明在农业青年的业余生活中缺乏健康的文化体育活动。在被访的农业青年对共青团感兴趣的活动中，选择乡村青年文化节的比例位列第二，占到 26.7%。

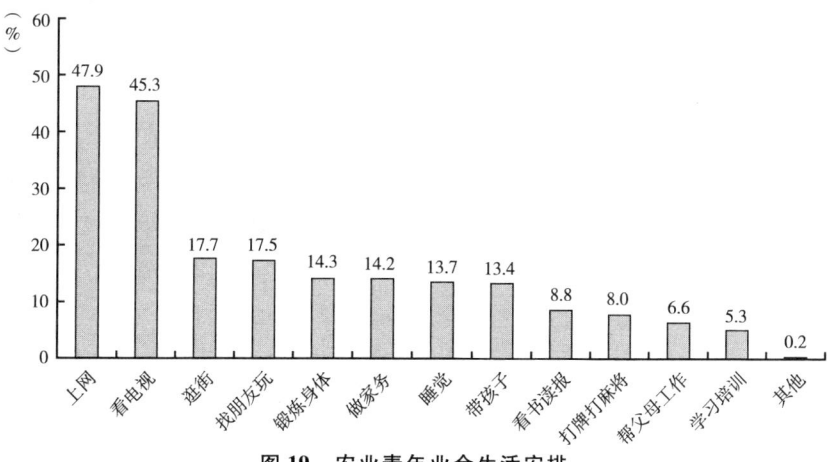

图 19 农业青年业余生活安排

四 工作思考

(一) 农业青年量小但对北京城市功能转型很重要

中央明确了北京是全国政治中心、文化中心、国际交往中心、科技创新中心的城市战略定位。首都农业具有应急保障、休闲生态、科技示范等功能，在城市功能转型中，未来农业发展的结构主要与首都功能定位相一致、与二、三产业发展相融合、与京津冀协同发展相衔接。坚持城乡一体化的发展方向，在一、二、三产业融合发展上挖掘新潜力，走一、二、三产业融合发展的现代农业发展道路，使都市型现代农业成为首都鲜活安全农产品供给的基础保障、宜居城市的生态景观基础保障和直接从事农业生产的农民增收的基础保障。要实现这一目标，关键是人，特别是从事农业的青年。近年来，北京实施土地流转起来、资产经营起来、农民组织起来的"新三起来"促进农村发展，涌现出部分优秀的现代农业发展青年带头人，如生态农业农场主、合作社社长、农产品加工企业经理等，他们已经在农业现代化的道路上迈出坚实的一步并取得成效。首都农业青年尽管只有9.11万，但在农业现代化和城乡一体化发展的进程中，他们是未来的希望和中坚力量。团组织要重视这支队伍，发挥青年人的优势和作用，带动农业青年融入北京城市功能转型的时代发展中。

(二) 要造就适应首都农业特征的新农民

都市型现代农业已经成为首都农业的主要发展趋势，需要有文化、懂技术、会经营的新型职业农民：他们既是生产者，还是投资者、经营者、决策者，同时也是市场风险和自然风险的承担者。调研发现，农业青年存在政策了解不足、现代技能缺失、未来发展不明的现象。农村共青团组织需要配合支持农业部门，带动农业青年走新型职业农民发展道路，深入了解现代三农政策，明确职业发展方向和路径，掌握现代农业技术，使其具备农业现代化所需要的农业、经济、管理、市场、法律等知识，提升农业青年综合素质，打造符合首都农业新特征的新型职业农民。

(三) 把握"熟人社会"特征，用"身边榜样"引领青年发展

调研发现，农村还是熟人社会，这种长久的毗邻而居，使得人们相互

关系亲近、往来联系密切、互相依赖，渐渐形成一套熟人社会里的诚信、互助的交往规则和行为规范。农业青年处在建立在血缘和地缘基础上的"熟人社会"中，信任互助成为与乡村熟人社会相对应的交往伦理。相比城市青年，农业青年更容易受身边人的影响，更容易模仿身边成功人士或者身边榜样。农村经常出现一个带头人致富之后很多人跟着从事类似行业的现象。目前，多数农业青年对未来的职业发展没有方向感，需要身边出现值得信任、可模仿可学习的带头人。团组织要着重培养生产生活中的身边榜样，用身边榜样引导青年思想，示范带动青年的行动。

五　工作方法

（一）树立社会主义核心价值观的主题活动

需要及时关注和引导农业青年生产、生活、发展中的思想状态。要对农业青年进行社会主义核心价值观教育，开展主题活动，传递正能量，培养农业青年积极健康向上的观念并使其转化为实际行动。推崇文明生活方式，弘扬社会美德，通过"我为核心价值观代言""我的中国梦""守望家乡　青春建功"等活动，引导青年形成理性正确的价值观、生活观、就业观。通过北京乡镇共青团信息管理系统"e团委""农青浓情"微信公共号，展现主题活动的各类优秀案例，各级团组织的先进风采、各类榜样人物的先进事迹，让新媒体成为信息传输渠道和沟通桥梁，润物细无声地引导青年思想。

（二）以乡镇为中心的农村团组织建设

农业青年呈现多业并举的从业方式，尤其农闲时多数到镇域打工或做个体经营。在乡镇地区就业和生活，形成两类聚集，一类是区域聚集，如商业街区、工业园区、集贸市场、农业产业化基地、居住社区等；另一类是功能聚集，如机关事业单位、农村专业合作组织、农业产业化企业、文体兴趣组织、社会组织等。农村团组织建设要抓住青年在镇域聚集的特点，以乡镇为中心，依托区域聚集载体和功能性聚集载体，运用青年社会化聚集的方式，以实体化大团委联系凝聚乡镇地区分散的就业青年，覆盖农业青年镇域就业圈。自2012年10月以来，北京181个乡镇立足村外镇内新建直属团组织5092个。团组织每月开展契合青年需求的各类活动，传递正能量，影响和带动团员青年。

图片 1 "乡土情 中国梦"结对共建主题团日活动

说明：北京理工大学机车学院 3093 团支部的团员青年与怀柔红螺食品有限公司团总支举办"乡土情 中国梦"结对共建主题团日活动座谈交流会。近 30 名团员青年共同参加了"青年突击队林"树木养护、红螺食品有限公司参访、专题座谈等活动。座谈会上，双方团支部的团员青年以"我的中国梦"为主题，结合个人实际，进行互动交流。通过交流，大家认识到必须把"我的梦"融入"中国梦"之中；只有把个人成长发展与国家经济社会发展、时代的大趋势相结合，"我的梦""中国梦"才能实现；要加强知识积累、脚踏实地、真抓实干，努力实现梦想。

（三）合作社建立团组织

农村合作组织是新型农业经营主体的主要形式、农村基本经营制度创新和农业适度规模经营的重要实现方式，从事农业的青年将更多地进入农村合作组织，通过市场、利益因素联结在一起。共青团要适应农村合作组织发展的要求，以合作社建团方式联系一产青年，覆盖农业青年生产圈。

图片 2　乡镇实体化大团委"渔街联合团支部"

说明：2012年10月，溪翁庄镇团委以乡镇实体化"大团委"建设为契机，成立了"渔街联合团支部"，现已成为一个组织有力、目标明确、管理规范、成绩突出的优秀集体。现有团员70人，其中外来务工人员59人，约占84.3%。制定了《渔街联合团支部工作职责》，规定了从事民俗旅游的青年团员的工作职责及服务宗旨。积极参与民俗旅游推介工作，将渔街密集的游客资源引入周边民俗村、民俗户。通过"服务水平提升培训""佩戴团徽上岗"等活动不断提高自身服务水平。倡导文明经营，团支部要求青年团员从各自所在民俗户做起，宣传积极向上的经营理念和以质取胜的竞争观念，自觉抵制招手揽客等不文明行为。为了提升餐饮企业青年的职业技能，团支部积极协调县、镇各种资源，邀请专业人员和老师对渔街内企业青年员工进行烹饪、接待礼仪、英语口语等方面的免费培训，满足了青年自我提升的需求，也得到了企业老板的认可。

发挥共青团和相关涉农部门各自的优势，集成政策、项目、工作载体和工作力量，通过服务促进农村合作组织和农村青年发展，示范带动更多农村合作组织建立团组织，促进农村合作组织团的工作整体活跃，为农村合作组织发展搭建平台、提供服务。

图片 3　北京谷氏獭兔养殖专业合作社团支部

说明：2010 年 1 月，在北京市科委、昌平区科委、流村镇政府、村领导、镇农经中心的支持下，昌平区獭兔养殖的行家齐静成立了北京谷氏獭兔养殖专业合作社。合作社形成了以獭兔养殖、繁育、储藏、生产、美食开发、兔皮深加工、销售为一体化的产业链实体，促进了科技成果转化和獭兔养殖技术进步。齐静带领合作社团员青年积极发挥作用，帮助残障人士、贫困户、低保户、农村剩余劳动力，提供技术支持和保障，帮助社员在养兔中逐渐找到致富门路，实现增收。合作社团组织每月开展培训交流，既提高了养殖技能，也促进了团员青年之间的交流沟通，提高了合作社的凝聚力。

（四）以工作月历方式具体指导村团支部工作

农业青年生活圈主要在农村，要发挥农村团组织的作用带动青年。农村共青团基础参差不齐，需要加强全市性的统一指导。设计制作村团支部月历，向全市农村团组织发放。月历包括每月的团建主题、工作重点、活动内容等，引导农村团组织做到月月有活动，充分利用各种资源，设计开展活动时有目标、有计划、有主题、有行动，引领和带动农村青年展现风采、增进交流、促进凝聚，发挥作用，夯实农村团组织基础，提高农村团组织的活跃度。

图片 4　北京村团支部工作月历

说明：一张月历成为指导农村团组织开展工作的重要载体，形式简单、内容全面、方便适用。既展现了全团年度工作，也起到激励督促的作用。每年年初依据团中央、团市委、青农系统的年度工作要点，制定村级团支部工作规划，以月历的形式呈现，向全市每个农村团组织发放一份，便于粘贴。月历上明确了每个月的团建主题、工作重点、活动内容等。设计督导考核机制，指导农村团组织每月开展活动后在北京乡镇共青团信息管理系统"e团委"及时上报信息，反馈活动开展情况。

（五）青年农民职业技能培训班

围绕农村农业发展定位，立足都市型现代农业发展和新型城镇化方向，开展新农村新青年职业技能培训，推动农业青年实现传统农业青年向现代农业青年和农业青年向城市青年两个转化。适应都市型现代农业需要，着力开展现代种植业、生态农业、观光农业、现代养殖业等现代农业技能培训，帮助农民提高收入。适应城镇化进程，开展城市就业技能培训，如插花技术、调酒技术、计算机技术等，帮助农业青年适应城市就业。

图片 5　全市优秀农村实用人才高级研修班

说明：从 2013 年 5 月底到 6 月上旬，市农委与团市委联合组织了全市优秀农村实用人才高级研修班。研修班包括四期，分别为农村合作社培训班、都市农业培训班、民俗旅游培训班及农村社区培训班。13 个涉农区县团委选拔推荐 60 名来自最基层的农村青年参加此次培训。培训班系统讲解了三农知识，青年表示培训具有针对性，拓展了视野，增长了知识。

（六）惠农政策宣讲会

针对农业青年关注农村政策但实际并不了解的问题，联合农林水等主管部门，加强惠农政策宣讲，对农业政策进行解读、分析，使农业青年真正理解和领会农业政策相关内容，带动农业青年积极投身都市型现代农业发展。发动区县、乡镇定期组织农业青年与政府工作人员面对面交流，帮助青年及时反映农业青年在生产、创业中遇到的资金、技术、组织等困难和问题并加以解决。组织开展政策下乡活动，组建政策宣讲员队伍及时将政策送到青年身边，帮助青年深入了解各项惠农政策，并及时运用到自己的生产生活中。

（七）青年农民创业致富大赛

农业青年创业存在资金、技术、资源等困难，需紧贴农业青年增收致富愿望，开展创业致富大赛，搭建载体和平台，为青年涉农创业创富提供有利条件，搭建广阔舞台，提供帮扶支持，用实实在在的行动赢得青年的认同与信任。共青团要发挥组织优势，与金融机构、商业机构、社会机构等合作开

图片6 村团支部开展"了解农村政策"主题团日活动

说明：昌平兴寿镇秦城村团支部开展"了解农村政策"主题团日活动。村团支部的成员学习了北京三农的最新政策，就农村的新变化和政策展开讨论。农村就业问题一直是国家关注的焦点。在讨论中，全体团员一致认为，农民要加强自我学习和自我教育，转变就业观念，提高思想认识，识大体顾大局，尽快融入市场经济大潮；大力推进乡村工业企业的二次创业，为农村富余劳动力提供更多的就业岗位；要教育农村富余劳动力转变择业观念。面对激烈竞争的劳动力市场，破除"等、靠、要"的思想惯性，培养农民的合作意识、投资意识和竞争意识，使其勇敢地走出农村，走向市场；充分发挥乡镇劳动就业服务所的作用，广泛调查劳动力需求信息和企业用工技术信息。通过本次活动，村团支部掌握了本村劳动力的实际需求，青年团员明确了就业方向与就业目标。

展活动，加大宣传推动，帮助创业青年进一步明确创业方向，提高创业本领，营造创业氛围；注重后续扶持，挖掘参赛项目在生产、销售、运营等各环节的发展潜力，提供信息共享、专题培训、信贷优惠、技术支持、宣传推广等持续帮助，激发农业青年热爱农村、投身创业，实现创业成功的梦想。

图片 7　创富大赛

说明：2014 年，团市委青农部联合邮政储蓄银行开展"邮青时贷"创富大赛，设置东部、西部、南部、北部四大赛区，近 120 家企业报名参赛，征集创富项目上千个。通过报名、初赛、复赛、决赛环节，5 家企业获奖并代表北京参加在广州举行的创富大赛全国总决赛。前三届创富大赛报名人数累计超过 4000 人，融资支持从 5.8 亿元增至 45 亿元，优秀项目将获得创富联盟提供的综合金融咨询服务与综合融资支持服务。创富联盟整合了创投机构、担保机构、律所、会计师事务所、商会协会等多方资源，能够让更多项目享有一系列"融资"与"融智"全方位服务。

（八）农村青年致富带头人评选

农业青年对未来的发展明显缺乏思考，通过榜样的力量可以让他们看到可学可效仿的身边能人，进而引导其成长成才。共青团要联合市农委、市农工委、市农业局、市人力资源和社会保障局等单位，联合开展致富带头人评选，树立创业致富榜样，加大宣传力度，扩大社会影响，提升带动力度。注重在四个领域挖掘和培育青年致富带头人：种植、养殖、林果、加工等生产行业农业领域，促进农村劳动力向非农产业转移的农村二、三产业工商领域，农业产前、产中、产后、农资服务等农业社会化服务领域，扎根农村带领农民群众发展致富的新农村建设领域。立足生产生活实际，通过评选农村青年致富带头人，为农村青年成长成才立标杆、做示范、指方向。

图片8　全国青年致富带头人张庆

说明：张庆，27岁，北京市房山区南河村村民，北京南河北星农业发展有限公司总经理，2013年被评为"北京郊区青年致富带头人"，2014年被评为"全国农村青年致富带头人"。大学毕业后，他没有选择繁华的城市，而是返乡务农。开阔思维，成功竞标国际快餐麦当劳二级供货商，与外资企业联手合作，建成一条现代化蔬菜深加工流水线，先后与北京吉野家快餐公司、一品三笑快餐公司、老家肉饼快餐公司建立了业务关系，每天生产吞吐量20余吨蔬菜，切实解决百姓种菜难销问题。建立"龙头企业＋基地＋农户"的生产模式，以"做给农民看、讲给农民听、带着农民干"的方式，既完成订单生产，又使农民学到了技术，这些菜农再将技术传导给千家万户。全村蔬菜种植面积已达1000余亩，农业种植收入已占到了群众农业收入的70%以上，在其辐射带动下，周边的乡村蔬菜种植面积不断扩大，已成为房山蔬菜产业最大的农业种植板块。

(九) 乡村青年文化节

针对农业青年丰富业余文化的需求，以乡村青年文化节为统领，引导青年积极参与乡村文化活动，激发青年对社会主义新农村的热爱之情。农村的发展离不开有生命力、创造力、活力的青年。农村有许多优秀的传统文化需要继承和发扬，农业青年是主体。通过乡村青年文化节，让各级组织都活跃起来，带动起来，既鼓励青年活跃日常生活，又助力传统文化的传播和传承，也提升基层组织的凝聚力和战斗力。

图片9　乡村青年文化节

说明：为丰富群众节日文化活动，弘扬中华传统文化，韩村河镇举行"新农村、新生活、新风采"2014年新春花会展示活动。韩村河镇团委将此次展示活动作为"乡村青年文化节"的重要组成部分，组织各村团支部积极参加，14个村20支队伍各展绝活儿，太平鼓、扭秧歌、霸王鞭、扇子舞等，好戏轮番上演，让观看的群众大饱传统文化眼福，把年味儿推向高潮，大家用欢歌笑语抒发了节日的喜悦和对美好未来的向往。乡村青年文化节展示了乡俗民风，丰富了青年的文化生活，营造了良好的节日氛围，促进了社会的和谐稳定。

高校大学生群体研究报告

杨海滨　张秀峰　佟立成　欧小琳[*]

一　群体总量

北京共有普通高等学校91所，包括：部委属院校37所（教育部25所，其他部委12所）、市属普通高校54所（公办39所，民办15所）。其中，211高校共26所（全国总计112所，北京占23%），985高校共8所（全国总计39所，北京占21%）。在校生总人数为81.4万人（不包括留学生），包括：本科生46.9万人，专科生10.8万人，研究生23.7万人；其中，普通高校在校生74.7万人，民办高校在校生6.7万人。北京高校总体呈现规模大、层次高、资源多的特点。报告中的描述和分析主要基于本次大调研的样本数据。

二　抽样方法

按照学校在校生人数的1%比例进行抽样，总样本数为8143个；其中，普通高校7466个，民办高校677个。同时，通过面谈、深访等发放问卷88

---

[*] 杨海滨，北京团市委副书记；张秀峰，北京团市委大学中专部部长；佟立成，时任北京团市委大学中专部副部长，现任北京团市委中少部部长；欧小琳，北京团市委大学中专部干部。参与课题人员：郭郦、范永胜、訾辛、黄宝琪、沈慧、江振滔、倪志远、富泽萌、王晓楠、陈琛、唐凯。

份,因此本次调研总样本量为8231个。

具体抽样方法以中国人民大学为例:中国人民大学在校生总人数为22945人,其中本科生11577人,研究生11368人,按1%抽样比例,总样本量为229个,其中本科生116个,研究生113个;本科生按照四个年级平均分配样本数,并参考各学院人数综合分配,最终抽取学号尾号为5的学生作为被调研对象。具体见表1。

表1 样本情况

第一级	第二级	第三级	第四级	第五级
总样本数 229 (在校生人数×1%= 22945×1%)	本科生 116 (本科生数×1%= 11577×1%)	大一 29	150人以上共6个学院,每学院2人;150人以下共17个学院,每学院1人	学号尾号为5的学生
		大二 29	150人以上共6个学院,每学院2人;150人以下共17个学院,每学院1人	
		大三 29	150人以上共6个学院,每学院2人;150人以下共17个学院,每学院1人	
		大四 29	150人以上共6个学院,每学院2人;150人以下共17个学院,每学院1人	
	研究生 113 (研究生数×1%= 11368×1%)	硕士 81	150人以上共6个学院,每学院5人;150人以下共17个学院,每学院3人	
		博士 32		学号尾号为5的学生

三 群体特征

(一)生源以非农户籍为主,并具有来源广泛、多元包容的特征

调查显示,受访者男女比例基本平衡,女性为50.1%,略高于男性的49.9%;汉族为91.4%,少数民族学生中以满族、回族为主,两者合计比例超过全部少数民族学生的一半;北京户籍学生为36.4%,大陆外省籍学生为63.6%;非农户籍为76.1%,农业户口占23.9%;在校学生中党员比例达到27.5%,团员比例近70%。在教育层次和教育资源上,北京市高等教育仍然呈现比较明显的性别差异。博士研究生中男性占62.4%,女性占37.6%;硕士研究生中男性占55.6%,女性占44.4%;本科生中男性占

49.0%，女性占51.0%；专科生中男性占39.4%，女性占60.6%，从博士研究生到专科生，性别比呈现逐步降低的趋势，男性学生在高层次教育，尤其是在博士教育中占据非常明显的优势。

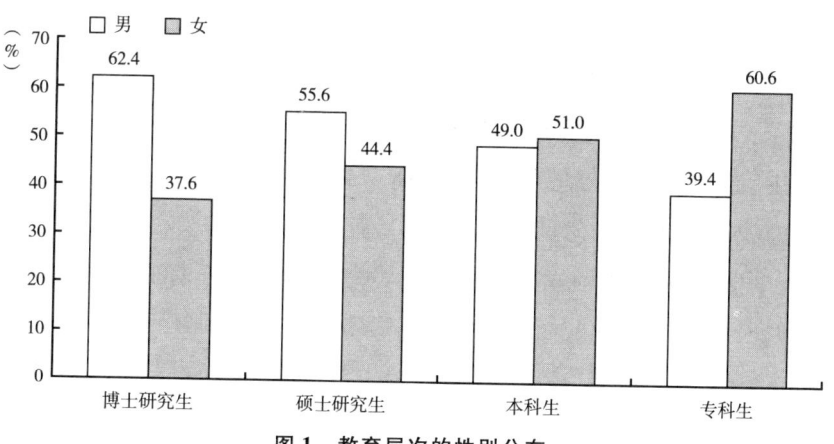

图1　教育层次的性别分布

（二）区域聚集程度高，区域性高校文化氛围浓厚

北京高校大学生区县分布和区域分布相对集中，从区县分布上看，主要集中在海淀区、朝阳区、昌平区，人数约为50万人，占总人数的58%；从区域分布来看，海淀中关村、学院路及周边一带则更为集中，人数约为40万人，占总人数的47%；此外，除学校自然分布特点外，因高校在昌平

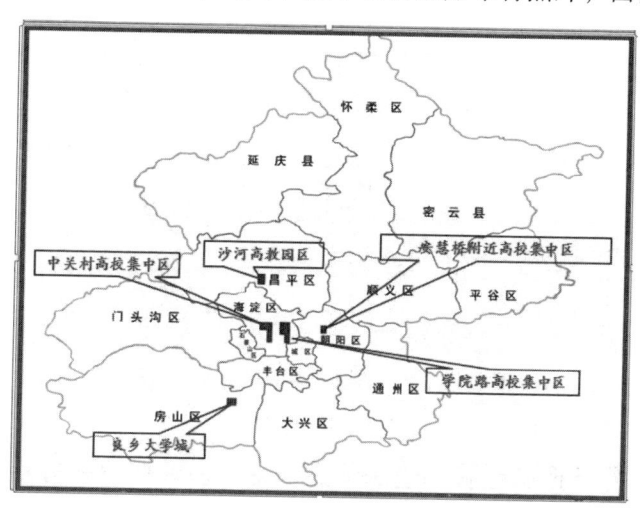

图2　在京高校区域分布

沙河高教园区、房山良乡大学城等设立分部,这一区域的人数在不断增多。总体来看,有从"一街一路"向"一区一城"分散的趋势。同时,在高校聚集区附近,事实上已经逐渐形成了一个以校园为中心的高校亚文化圈,有相当数量的北京高校和外地高校毕业生在离开学校之后的相当长一段时间内,仍然选择生活在这一区域内。

(三) 非农业户籍学生集中于优质教育资源,农业户籍、非京籍学生在学历层次上呈现"低—高—低"分布

优质教育资源存在明显的城乡差异,非农业户籍学生的比例明显高于农业户籍学生,越是优质的教育资源,这一差异越明显,在985高校、211高校和普通高校中,非农业户籍学生的比例均超过3/4;农业户籍学生更多地集中在大专院校中,比例达到35%;而在收费较高的民办高校中,农业户籍学生比例则再一次低于30%。从学历层次上看,本科生中农业户籍占22.4%,非京籍占64.9%;硕士研究生中农业户籍占26.2%,非京籍占72%;博士研究生中农业户籍占16.6%,非京籍占61%,可以看出,非农业与农业、京籍与非京籍学生在学历层次上特征明显,农业户籍和非京籍学生在本科、硕士、博士教育阶段比例均呈现"低—高—低"分布,即这两类学生在本科和博士阶段占比较低,而硕士阶段占比则明显高于本科和博士阶段。相当一部分外地户籍学生读硕士并不是作为考取博士的过渡,而是为了在就业市场中拥有学历优势。

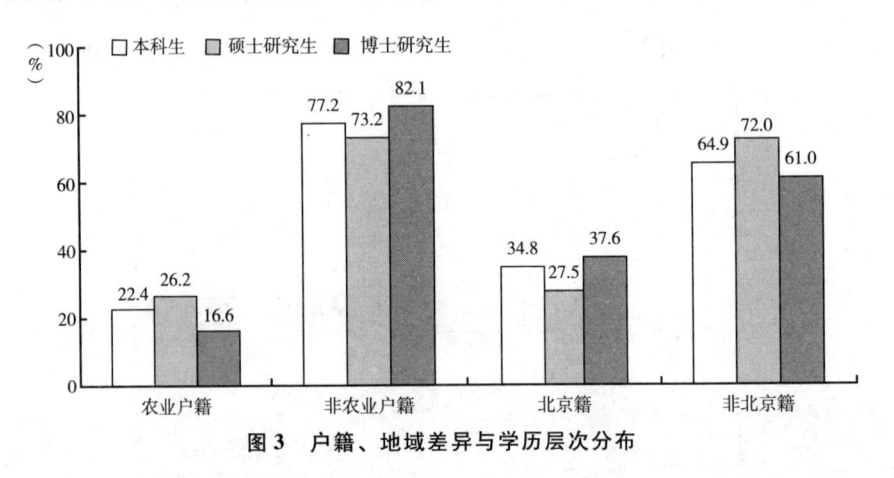

图3　户籍、地域差异与学历层次分布

	本科生	硕士研究生	博士研究生
农业户籍	22.4	26.2	16.6
非农业户籍	77.2	73.2	82.1
北京籍	34.8	27.5	37.6
非北京籍	64.9	72.0	61.0

(四) 普遍拥有理智的爱国情感,绝大多数拥护并肯定党的领导

绝大多数大学生对于十八大以来党的领导集体持有积极肯定的态度,

关注治国理政思想、党的政策方针，有60%的大学生"非常想或想加入共产党"，85%的大学生"以身为中国人而感到骄傲"，对国外文化产品和国际局势保持清醒的认识和判断。关于中国梦，有75%的大学生认为"中国梦一定能实现"。有76.6%的大学生认为"中国共产党一定能够带领中国走向强大"。当前，高校大学生思想意识和价值取向的独立性、选择性、多样性、差异性特征也日益明显，能否引导高校大学生把个人梦想和中国梦紧密结合在一起，是我们面临的重大课题。

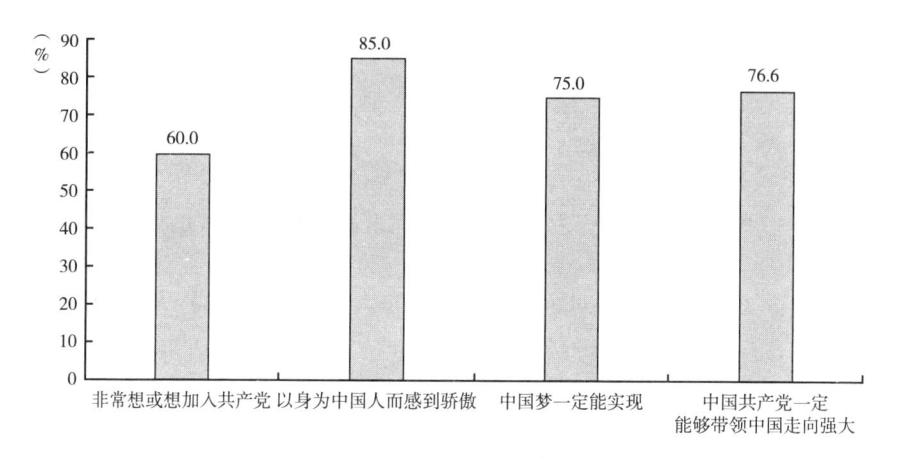

图4 高校大学生主流意识形态分布

（五）对"中国梦"充满信心，普遍肯定奋斗、诚信等优秀品质对于人生的意义，同样关注社会公平问题

对于"中国梦"，超过半数的学生表示"非常了解"和"比较了解"，但也有不到12%的学生"不太了解"，这些数据反映出大学生对中国梦充满信心，但对于12%的学生"不太了解"这一问题，高校作为思想教育的主阵地和大学生作为未来中国梦的践行者，值得我们关注并加以正确引导。大学生整体上表现出积极向上的人生观，对于艰苦奋斗、诚实守信、乐于助人等优秀品质都能传承和发扬，分别有40.3%和37.8%的大学生认为个人能力与自我奋斗、诚信等良好品质是一个人在社会生存和发展最主要的依靠，超过65%的大学生认为人生的价值在于奉献，超过80%的大学生同意在别人遇到困难时应该施以援手。虽然伴随着经济社会的发展，大学生受到不同信息的冲击，但绝大部分学生依然能够传承中华民族的优秀品质。

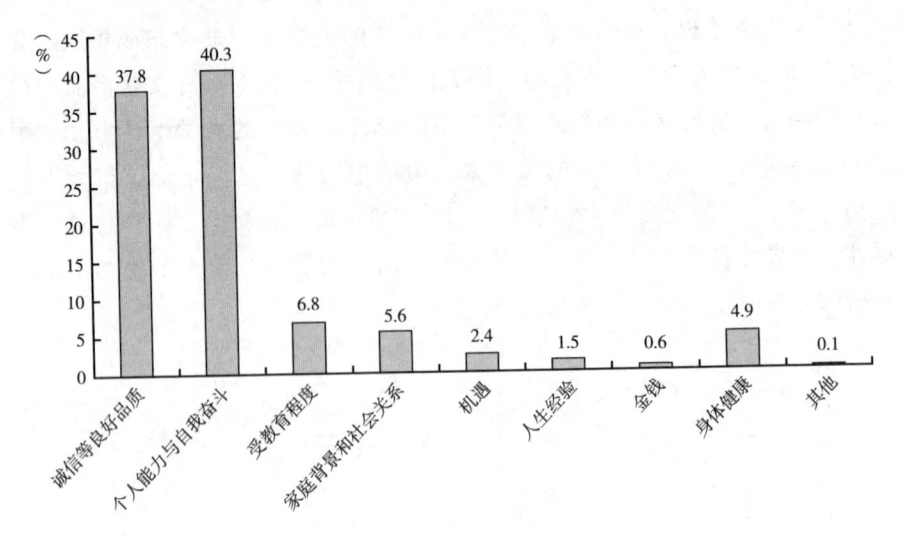

图 5　大学生对个人在社会生存与发展依赖条件的认识分布

大学生同样关注社会公平问题，48%的大学生认为收入高的人应该缴纳更多的税，这反映出大学生的社会责任感，他们对于社会公平问题有着清醒的认识，并不盲目。

（六）是与网络深度融合的新一代

随着网络信息技术的快速发展，新技术和新媒体在改变社会结构和人类生活的同时，也最大限度地改变了社会化过程中的大学生，微信、微博、数字音乐、在线视频、电子商务等已成为当代大学生生活中不可缺少的要素。从上网时间上看，74.14%的大学生主要将闲暇时间用于上网，66.1%的大学生平均每天用来上网的时间超过两个小时，其中，上网三小时左右的占 17.9%，上网四小时左右的占 10.7%，上网五小时及以上的占 13.1%；从学历分布上看，专科生和本科生主要通过网络获取信息和进行娱乐，而硕士和博士生主要通过网络获取信息和进行学习；从联络方式上看，最常用的网络联络方式是 QQ（占 32.8%）、微信（占 16.7%），并呈现大幅上升趋势。此外，58.5%的人会不同程度地将个人情绪带到网络世界中，19.3%的人认为网络自媒体是最可信的信息来源，网络自媒体成为在父母及亲戚提供信息之外的第二大最可信的信息来源。网络已经融入大学生的学习、生活和工作的各个方面，掌握先进的网络知识和新技术，也有利于他们更好地开展创新和创造，培养更多的高新技术和创新型人才。

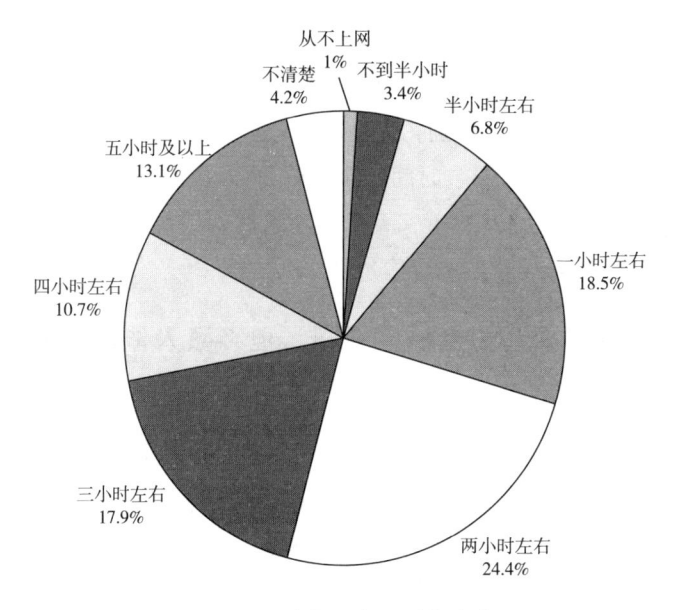

图 6　平均每天上网时长分布

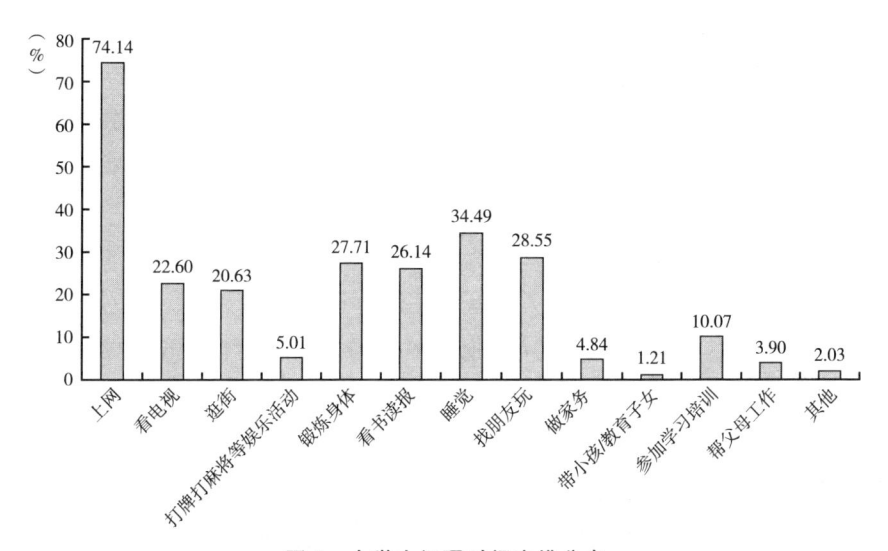

图 7　大学生闲暇时间安排分布

（七）课余时间安排不尽合理，日常体育锻炼偏少

由于大学学习方式和信息传递方式的改变，加之大学生活更加开放和丰富多彩，大学生活不再是传统的"三点一线"模式，课余时间相对宽裕

和自由，但是大部分业余时间用于上网或其他娱乐，用于参加学习培训的仅为 10.07%，不能合理做好业余时间安排。上网、睡觉和社交成为大学生课余活动取向的前三位，分别占 74.14%、34.49% 和 28.55%。调查显示只有 27.71% 的大学生将课余时间用来锻炼身体，而在锻炼身体的人中，男生占 69.07%，女生占 30.93%，大学生缺乏体育锻炼，尽管知道锻炼身体很重要，但就是不喜欢参加体育锻炼。

（八）面临多重压力且相互交织，但多数人能够找到合理的减压方式

当代社会的竞争越来越激烈，大学生面临着学习、经济、人际交往、情感等方面的压力，且相互交织，使当代大学生压力重重。感觉压力适中的人占 37.2%，感觉压力较大的人占 32.5%，觉得压力已经承受不了的人占 3.3%，这些压力所反映出的是大学生在学习和生活中面临的各种困难。调查显示，26.6% 的大学生面临学习困难，20.8% 的大学生感到就业困难；而在"最希望得到哪一方面的帮助"一题中，前三位分别为"需要稳定的生活"占 19.1%，"丰富的就业信息"占 16.2%，"学习辅导"占 12.4%。调研发现，96.67% 的大学生能够承受现实的压力，并且能够找到各自合适的减压方式，运动健身和读书听歌或看电影等成为最常使用的减压方式，分别占 33.04% 和 25.14%。

（九）消费水平普遍偏高，家庭是其经济主要来源

大学生作为一个庞大的消费群体，在消费市场上占据的比例越来越高。关于大学生的消费问题，800~1600 元的占 56.05%，800 元及以下的占 21.69%，1600~2400 元的占 14.48%，平均消费支出是 1481 元，除了吃饭等日常硬性支出外，社交、娱乐、购物等非必要性支出占较大比例，并呈上升趋势，与其他青年群体相比，月均消费水平普遍较高；从大学生的经济来源看，他们一般没有独立的经济来源，家庭往往是其主要经济来源，83.33% 的大学生靠家庭支持，5.45% 的大学生靠奖学金和助学金，4.47% 的大学生靠校内勤工俭学，4.23% 的大学生靠学校伙食与生活补助。此外，33.96% 的大学生校外兼职收入占其经济来源的 90% 以上，校外兼职收入是大学生第二大经济来源。

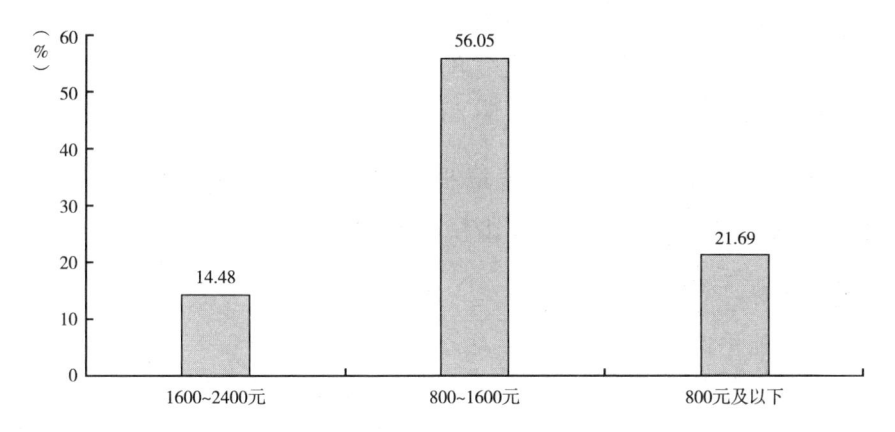

图 8　大学生月均消费状况分布

（十）社会关系中，与同学交往最为密切，同学关系成为未来稳定的朋友圈最重要的基础

大学生交往人群相对较为固定，且交往密切的群体主要是同学和宿舍舍友，其中，在交往比较密切和非常密切的人中，同学占83.1%，宿舍舍友占93.5%，可见，大学生具有良好的宿舍关系，逐渐形成拟亲人的同学关系，这对于大学生的学习和成长都将起到积极的促进作用。对于"您的朋友中最多的是哪一个类别？"的问题，回答同学的占87.9%，对比其他青年群体回答同学的比例，国家机关和事业单位青年为83.5%，市属党政

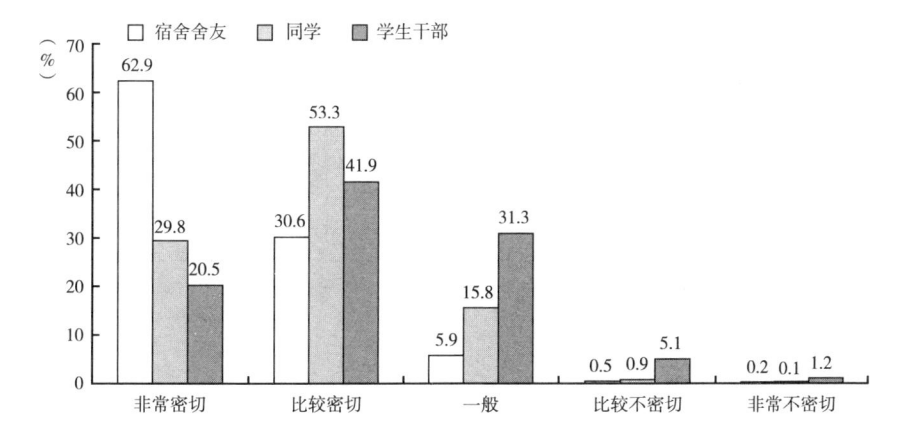

图 9　大学生交往对象（学生）分布

机关和事业单位为 77%，高校青年教师为 77.2%，由此发现，与其他几类青年群体相比，大学同学和舍友已经成为大学生群体结交朋友的第一选择，而大学阶段更成为其未来形成稳定朋友圈的重要时期。

（十一）就业期望值高，普遍提前进行职业规划，但对自身知识和能力储备的相对不足也有比较清醒的认识

大学生普遍希望留京工作，就业方面倾向于收入高、工作环境好的外企或国有性质单位，近半数人不愿意去西部和基层工作。在"毕业后最希望去什么性质的单位就职"的选项中，从高到低依次为：选择去外企或合资企业的为 16%、去党政机关的为 15%、去学校的为 14.8%、去大型国有企业的为 13.8%、去科研机构的为 12.1%、去其他国有企业或集体企业的为 10.9%。在造成就业困难的原因中，选择比例较高的为"期望值太高"和"知识能力储备不够"，分别占 22.73% 和 21.47%，此外，认为"学校教育与社会需求脱节"的占 19.96%，选择"专业问题"的占 13.6%，大学生在一定程度上认识到自身定位和知识储备对未来就业的影响。对于第一份工作的预期薪酬，平均为 6668 元/月，而 2013 届高校毕业生的初始平均月薪为 4746 元（引用数据），相差近 2000 元，过高的预期薪酬使得很多单位对大学生望而却步，一定程度上造成了大学生就业难

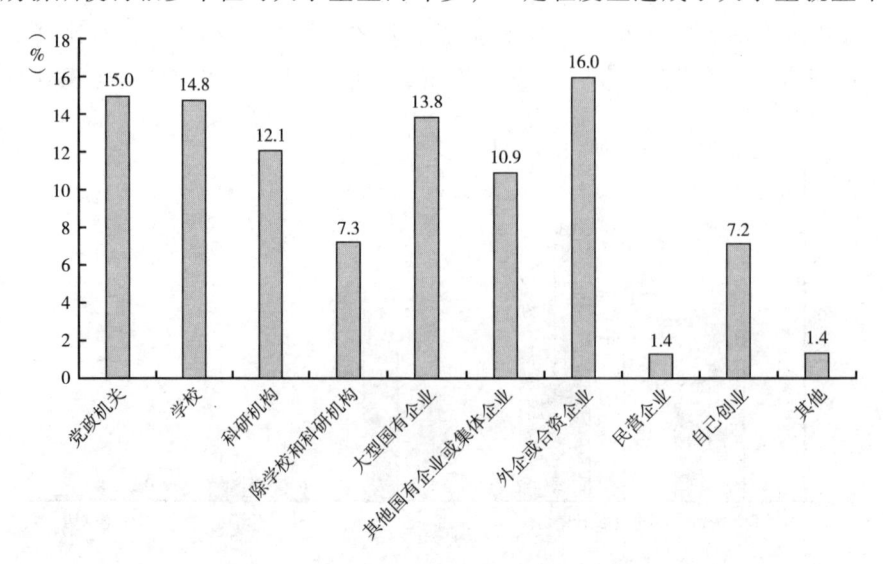

图 10 大学生就业单位性质的意愿分布

的现状。当然,高昂的生活成本是推高大学生预期薪酬的一大因素。可以说,大学生的就业选择游走于理想和现实之间,存在某种程度上"眼高手低"的现象,需要加以正确引导帮助他们树立正确的择业观,并做好充分的就业准备。

(十二)充分肯定创业的意义,对创业的认识相对前代大学生更为全面

大学生对创业总体持肯定态度,62.32%的大学生认为创业是一种积极的职业观,但也有27.69%的大学生认为只有少部分的人能够成功,表现出了他们对创业失败的担忧,还有6.04%的人认为创业是就业失败后无奈的选择。对于"创业会遇到一些困难和障碍"的回答,在创业的第一大障碍中,40.1%的大学生认为是自己缺乏经验,没有足够的能力创业,这表明,对于大学生创业中存在的障碍问题是大学生的一种"经验推理";在创业的第二大障碍中,36.8%的大学生认为缺乏资金,没有足够的资金支持作为后盾是创业的一大问题。创业已经成为解决大学生就业的重要渠道,需要充分尊重大学生创业意愿和选择,为他们的创业提供指导和支持。

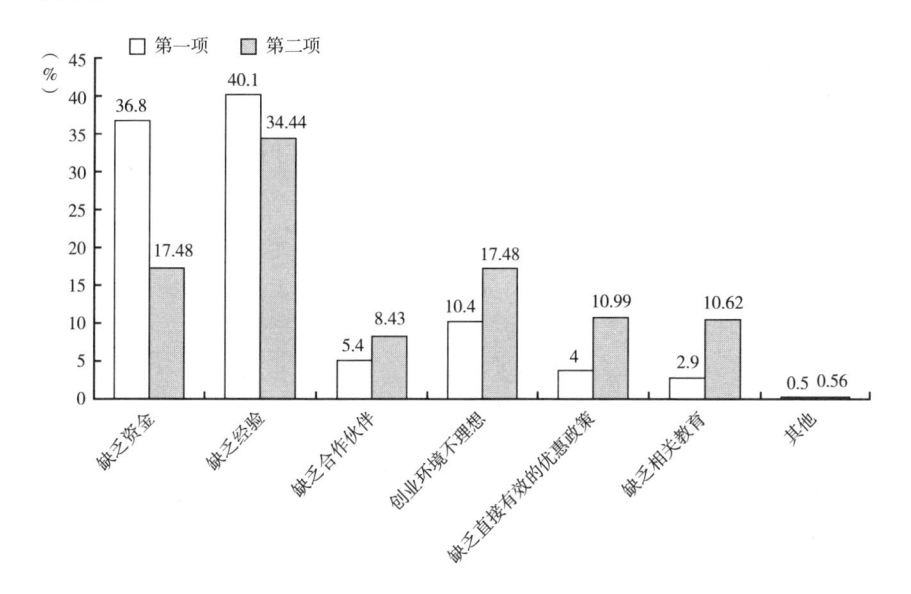

图 11 大学生对创业障碍的认识分布

四　工作思考

（一）当代大学生是继承"五四精神""可爱可信可贵可为"的一代青年，但新形势下的思想引导工作仍需长抓不懈

从"70后"计划经济时代、"80后"改革开放时代，到今天"90后"伴随网络成长的一代，从追求稳定到稳中求变、再到注意个人兴趣和自身价值实现，大学生思想特点和群体特征都发生了深刻变化。总体来看，当代首都大学生的思想状况良好，对未来发展充满信心，是爱国、务实、进取的一代青年，这种积极、健康的态势为首都高校的人才培养、和谐稳定提供了坚实基础，是首都未来发展的重要人才储备和积极力量。同时，随着网络信息技术的快速发展，当代大学生与社会的融入度日益加深，对改革开放时期凸显的一些社会矛盾和社会不公现象，由于大学生社会阅历较浅，其辨别真假、是非的能力还有待提升。共青团组织要高度关注大学生的思想变化和发展需求，加强对大学生的教育、引导和服务，始终把他们紧紧地团结在党团的周围。

（二）当代大学生追求个性解放、追求思想独立，排斥等级观念，容易受到各类社会思潮和明星、大V等社会名人的影响

当代大学生明显呈现出比前代更加追求个性解放和思想独立的特征。随着改革开放和城镇化进程的不断推进，平等、独立等思想在大学校园得到广泛接受，相当一部分大学生具有各类特长，能够充分展现个人特色成为众多大学生追求的目标。同时，没有真正的社会生活经验使得他们容易接受社会上更具媒体传播效应的内容，但大学生已经具备独立思考的能力和意愿，更多地关注社会焦点和热点人物并不意味着他们完全接受流行观点或主流判断。

（三）高校共青团在全团处于基础性、战略性地位，新常态下组织创新和工作创新亟待加强

高校是人才培养的重要阵地，高校共青团直接面向大学生开展工作。从对大学生的教育引导上看，大学阶段是青少年学习成长的黄金时期，也是大学生世界观、人生观、价值观形成的关键时期，更是大学生与社会衔接、即将步入社会的准备时期，帮助他们树立正确的思想观念和价值取向成为高校共青团的重要职责和艰巨任务；从共青团的组织体系来看，高校各级共青团具有健全的组织机构、齐整的团干部队伍和较为完善的工作机制，组织化动员能力更强，这些已经成为共青团在其他各领域开展工作的重要依托，因此，高校共青团在全团处于基础性、战略性地位。同时，在新形势下，与党的要求相比、与大学生活跃的思想实际相比，高校共青团还需要不断提升思想引导的吸引力和感染力，激发基层组织活力，通过加强组织创新和工作创新，不断提升团组织对大学生覆盖的广度、影响的深度和引导的力度。

（四）依托"第二课堂"实践活动开展思想政治工作是共青团组织在高校育人格局中提升贡献力的重要路径

人才培养是高校的根本任务，育人工作是高校的中心工作，高校共青团是服务人才成长的重要力量，必将承担重要职责。高校共青团在大学生科技创新、社会实践、志愿服务等第二课堂中发挥了主导作用，但这种作用的发挥还不够明显，不够突出。高校大学生正处在世界观、人生观、价值观形成的重要时期，但从"家门"到"校门"的简单成长过程使他们无法完全形成对中国社会全面、深刻的社会观察和思考，而正确认识中国社会问题的前提恰恰是具有一定的社会经历，为他们提供在实践中全面、深刻地观察社会、认识社会的平台是高校共青团的重要职责和重要工作路径。

五 工作方法

（一）"与信仰对话"——名人名家进高校讲述成长经历

针对当代大学生对于成长成才、实现人生价值的迫切需求与渴望，对于名人名家通过自我奋斗走向成功的崇敬以及对奋斗、诚实等优秀品质的普遍肯定，充分发挥名人名家关注度高、示范性强、影响力大的"名人"效应，引导大学生通过奋斗立志成才，建功立业。

开展"与信仰对话"名人名家进高校活动，邀请名人名家走进校园与大学生面对面交流，通过讲述他们自身的成长、成功经历，发挥名人名家在大学生思想引导中的典型示范和鼓舞作用,坚定大学生的理想信念,指引大学生努力奋斗的方向。2014年全年,"与信仰对话"名人名家进高校活动总计开展了40讲,大学生反响很好,目前正在组织力量汇编成书。

图片1 "与信仰对话"活动现场

说明:"与信仰对话"名人名家进高校活动邀请大学生喜爱、具有公众知名度和社会影响力的专家学者、党政干部、业界领袖、社会名人、文体明星等各界名人名家作为主讲,针对学生关注的社会热点和成长话题,结合自身的成长经历、分享人生体会,引导大学生拓展社会视野、坚定理想信念。

(二) 首都高校千名团委书记与大学生面对面活动

针对大学生与院系团委老师交往最密切、与任课教师交往最多的特点,充分挖掘院系团委老师工作力量,发挥基层团组织工作人员与大学生交往的独特优势,进一步改进工作方法,提升团干部与大学生交往的水平,拓宽团学工作的覆盖面。

开展首都高校千名团委书记与大学生面对面活动。建立活动长效机制和网络互动平台,组织高校团委书记和团干部深入教室、宿舍等学生经常活动的区域,与大学生面对面交流,深入了解他们的思想动态,着力解决遇到的问题,并将其作为落实党的群众路线教育、转变工作作风的基本工作方式和常态要求。

(三) 新闻发言人进高校讲解社会热点

针对大学生对党政时事的普遍关注以及对热点事件、社会问题等方面

图片 2　交流平台

说明：首都高校千名团委书记与大学生面对面活动，通过组织首都高校团委书记走进宿舍、食堂等与大学生面对面交流，释疑解惑，交流思想，了解需求，有针对性地设计团的工作和活动。在原有校级团委书记开展面对面交流的基础上，将既有的校团委一级活动交流平台（树状图网站）延伸至二级学院（系）团组织，扩大活动的覆盖面，推动高校团委副书记、二级院系团委书记参与活动，共动员全市 90 所高校近 1200 名团干部撰写、上传交流日志 5700 余篇，及时有效地了解了学生的思想动态，并有针对性地开展服务引导工作；搭建了交流平台，实现了工作内容的分享与互动，同时通过微信平台宣传各高校推荐的优秀日志，进一步推动了典型示范与学习交流。

的关注度和敏感性，用大学生易于接受、感兴趣的方式开展政策宣讲和思想引导工作，搭建大学生与政府、社会直接互动交流的平台，增强大学生对党和政府的了解，提升大学生群体对党和政府的信任感与满意度。

开展"新闻发言人进高校活动"。邀请国家部委和北京市各委办局新闻发言人走进高校做报告，介绍国家和北京市重点领域工作和新闻发布制度，分析当前社会热点，讲解相关政策，让大学生在增强对国家政策和政府工作机理深入了解的同时，加强党委政府和大学生群体的面对面交流和良性互动。截至目前，已经有 41 人次的新闻发言人走进北京高校开展"新闻发言人进高校活动"。

（四）"我的路"大学生职业价值观教育活动

针对当今大学生更加关注自身发展，个人选择更为务实和多元，倾向于体面、稳定的工作和生活方式的特点，进一步开展大学生职业教育活动，

图片 3 "新闻发言人进高校"活动现场

说明:"新闻发言人进高校"系列活动邀请北京市委办局和国家部委新闻发言人走进高校做报告,介绍党和政府的计划方针政策,让大学生深入了解改革发展的最新动态,加强政府与大学生的互动交流。

探索解决大学生就业选择中的困惑、自我定位的错位以及知识能力储备不足等诸多问题的方法,引导大学生把个人实际与国家、社会的需要结合起来,树立正确的择业观,选择适合的职业。

图片 4 "我的路 创业路"活动现场

说明:"我的路 创业路"职业发展主题分享活动,邀请创业嘉宾对自身创业经历和经验进行分享,引导大学生树立正确的择业观,加深对未来职业的了解,形成良好的就业观。

开展"我的路"大学生职业价值观教育活动。组织已经毕业的优秀校友返校和在校大学生分享职业选择经历，分析不同职业类型，增强大学生对职业知识的掌握，提升大学生对社会和自我的认知，帮助大学生树立正确的择业意识、职业素养，引导大学生形成正确的职业观、择业观。截至目前，市级和各高校层面开展的职业价值观教育活动已经达到80余场。

（五）借助新媒体鼓励大学生主动认识社会

针对当代大学生对于社会问题普遍关注的特点，通过大学生乐于接受、参与和传播的新媒体形式，鼓励大学生主动接触社会、认识社会，进一步提升大学生的社会责任感，增强对社会现状的理性认识，为解决当前我国存在的社会问题提供强有力的青年支持。

举办"青春的纪录"环太平洋地区大学生微纪录大赛。以微纪录的形式引导大学生运用新媒体技术，关注城镇化进程、环境保护、贫困地区基础教育等社会热点问题，并用大学生的视角去审视和思考社会问题，引导大学生进一步理性思考，并增强其社会责任意识和使命意识。为提升大赛的质量，组委会还专门在赛前开设"工作坊"，帮助大学生掌握专业的技术，更好地选择拍摄主题。大赛连续举办三届，国内外作品数量已经达到2000余部。

图片5 "青春的纪录"活动现场

说明："青春的纪录"环太平洋地区大学生微纪录大赛，以微纪录的形式引导大学生运用新媒体技术关注社会热点问题，引导大学生进一步理性思考，并增强社会责任意识和使命意识。大赛连续举办三届，国内外作品数量已经达到2000余部。

（六）依托爱国纪念设施教育当代青年学生

针对大学生普遍具有理性爱国情怀的特点，引导大学生将对传统文化、历史知识的认可转化为自觉接受和传播传统文化、历史知识的动力，进一步提升大学生群体的文化修养，增强其文化自信。引导大学生铭记历史，在热爱和维护祖国统一的同时，不盲目排外，清醒地认识国际局势。

开展"一二·九"运动纪念亭系列主题活动。"一二·九"运动纪念亭是北京青年大学生重要的爱国教育基地，以对纪念亭的修缮为契机，发动当代青年大学生参与义务劳动、征集主题爱国雕塑、开展团日活动等，让大学生在参与中接受历史教育，坚定理想信念。截至目前，到纪念亭参观和举办活动的大中小学达30多所，另外，还有来自上海、天津、河北、山西、福建、陕西、内蒙古等省市的学联负责人，新疆赴北京参加"融情活动"的少数民族中学生也到纪念亭参观，并举办主题团日活动。

图片6　少数民族中学生参观现场

说明：新疆赴北京参加"融情活动"的少数民族中学生参观"一二·九"纪念亭，并举办主题团日活动。

（七）通过大型活动组织大学生志愿公益实践

伴随经济社会的发展，大学生时刻接受着不同信息的冲击，但是大部分大学生依然传承中华民族乐于助人的优秀品质。针对当代大学生具有较强烈的奉献精神，愿意参加公益和志愿活动的特点，广泛开展公益志愿活动，引导他们在奉献和服务中陶冶情操、锻炼能力。

推进"温暖衣冬"爱心传递、APEC 志愿服务、园博会志愿服务、毛主席纪念堂志愿服务等活动。组织大学生成体系、成建制地参加各种类型的大型赛事、大型政治活动以及大型公益活动，充分发挥志愿服务、公益活动在高校育人中的重要作用。这对于大学生是一个有益的锻炼和自我价值的实现，同时也是向全社会展示当代大学生精神风貌的一个重要窗口。

图片 7 "温暖衣冬"活动

说明："温暖衣冬——为最需要的人送去一份寒冬里的温暖"活动，旨在倡导志愿服务和公益生活理念，鼓励首都市民把闲置不穿的冬衣捐给家庭贫困或需要的人，由首都高校的大学生志愿者作为爱的使者，在寒假返乡时带回家乡承担传递工作，给最需要的人送去来自首都的温暖。

（八）联合首都优势资源服务大学生就业创业

当今大学生比任何一个时代的大学生都更具有创业热情和创业意愿，同时科技发展和社会大环境也提供了前所未有的大好条件。青年大学生渴望通过自主创业、自我奋斗获得成功，希望获得更多的交流机会和展示平台，需要进一步加强知识储备，提升知识转化的能力，盼望积累更多的工作经验、掌握更多的信息。

联合中关村管委会共同开展首都大学生"挑战杯"课外学术科技作品竞赛和"创青春"大学生创业大赛。充分借助中关村高科技园区智力、资源、平台的独特优势,通过企业家进校园、创业训练营、校企对接会等形式,提升大学生创业就业技能,与社会、企业对接,为大学生的知识转化和应用提供平台,为大学生走入社会,走向职场,开展创业奠定基础。

图片 8　"创青春"活动现场

说明:"创青春"首都大学生创业大赛面向高等学校在校学生,将商业计划书评审、现场答辩等作为参赛项目的主要评价内容,加强大学生创业成果的转化和推广,为大学生营造良好的创业氛围和环境。

(九) 发动体育示范活动强健大学生的体魄、磨炼意志

针对当今青年大学生群体身体素质较差、课余活动少、上网时间长等"宅"的特征以及部分学生心理脆弱、抗压能力差、存在心理健康问题的现状,积极引导学生开展课余体育活动,在强健身体素质的同时,磨炼意志品质。

举办首都高校大学生"五四杯"系列体育比赛。健康的身体是学习、成才的保证,体育活动是疏解各类身心问题的重要渠道。通过举办"五四杯"乒乓球、篮球比赛等,引导大学生"走出宿舍,走入生活;走下网络,走进社会;走向操场,走遍世界",使其积极参加体育活动,在强健体魄、

增强体质的基础上,培养他们积极向上的生活情趣,为学习和未来发展奠定基础。

图片 9　比赛现场

说明:通过举办"五四杯"乒乓球、篮球比赛等,引导大学生"走出宿舍,走下网络,走向操场",使其积极参加体育活动,在强健体魄、增强体质的基础上,培养他们积极向上的生活情趣,为学习和未来发展奠定基础。

(十)组织大学生深入社区基层回报社会

大学生充分认识到基层的锻炼和经历对于提升自身能力的重要性,同时也希望通过深入基层开展实践活动,将所学知识转化为应用来回报社会。当代大学生具有较高的社会责任感,但同时也充满了对基层的陌生感和不了解,对将来投身基层更是充满了顾虑。团组织需要搭建平台和桥梁,让大学生走入基层,在回报社会的同时加深对社会基层的认知。

推进大学生区域化团建宣传实践、青年汇圆梦加油站、新青年学堂志愿者等工作。以区域化团建、青年汇为契机和平台,组织并引导大学生走进社区、走进街道,以自己所学服务社会发展,服务社区青年,同时达到认知社会、观察社会、体验社会的目的,把理论与实践、校内与校外统一起来、结合起来。在服务社会的同时,达到自我教育的目的。

图片 10　新青年圆梦加油站

说明：组织首都 69 所高校对接全市 350 家青年汇，动员近 6000 名大学生志愿者参与社区青年汇"新青年圆梦加油站"品牌活动。共开展体育健康、语言学习、知识科普等各类活动 1200 余次，18000 余人次参与，进一步丰富了社区青年汇品牌内涵，凸显青年汇健康、向上的社会形象，扩大了活动的覆盖面和影响力。

中学生群体研究报告

黄克瀛　任海宏　薛　健　富馨玥[*]

当代中学生是在经济全球化深入发展和我国改革开放事业不断深化的新形势下成长的一代，是在互联网普及的信息社会中成长的一代。加强对新形势下首都中学生的研究，分析刻画其群体特征，探寻工作的有效方法是中学共青团组织的重要工作内容，对于培养中国特色社会主义事业的合格建设者和可靠接班人，具有十分重要的意义。

一　群体总量

2014年全市共有中学生49.82万人，年龄集中在13～19周岁。其中男生占51%，女生占49%。普通高中在校生18.76万人，初中在校生31.06万人，各区县在校生人数分布不均。海淀区在校生10.37万人，人数最多；东城、西城、朝阳人数均在4万～6万人，其余区县在1万～3万人。

---

[*] 黄克瀛，北京团市委副书记、市少工委主任；任海宏，时任北京团市委中少部部长；薛健，北京团市委中少部副部长；富馨玥，北京团市委中少部干部。
参与课题人员：吴庆、郭旭、王钰、张丽。

二 抽样方法

调研对象是北京市各区县初一至高三年级的中学生,不限户籍。调研方式采用定量与定性结合,即问卷调查与深度访谈相结合的方法,以问卷调查为主,在此基础上进行个别深度访谈48人。

采用分层整群的抽样方法,按约2%的比例,共发放问卷9980份。依照北京市初、高中学生比例,共分发问卷初中6110份、高中3870份。按照16个区县学生比例分配样本,随机抽取不同类型学校各一所,按照各类抽样学校学生数比例分配年级样本。

三 群体特征

(一) 生活条件优越,物质追求比较理性

调研表明,多数学生家庭经济状况良好。32.3%的受访学生自我感觉比较富裕,58.9%的受访学生感觉一般。家庭面积90平方米以上的超过半数,特别是84.4%的受访学生表示有自己独立的房间。即使中学生具备了一定的生活自理能力,仍有16.5%的学生由家长开车接送。在具有优越生活条件的同时,值得肯定的是中学生并不盲目追求物质上的享受。调研显示,针对"看到班上有同学穿名牌衣物而自己却没有会怎样做"这一问题,

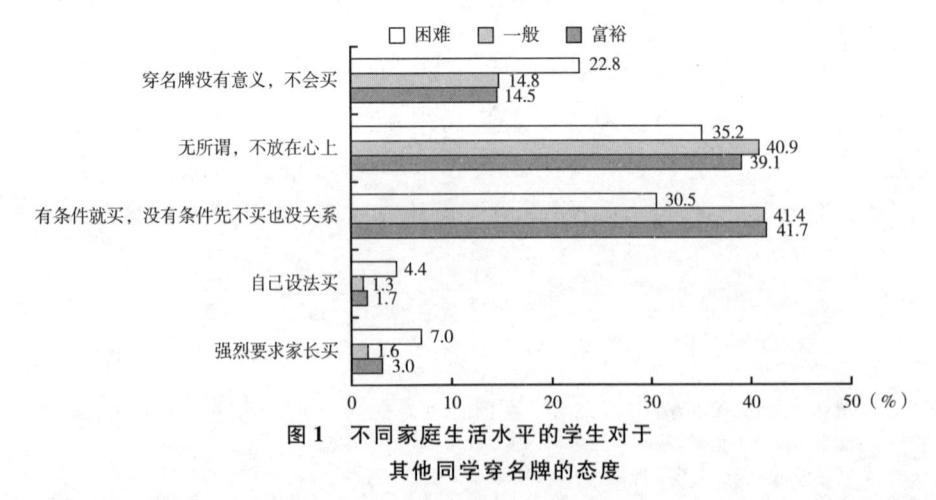

图1 不同家庭生活水平的学生对于
其他同学穿名牌的态度

41.4%的受访学生表示有条件就买,没有条件先不买也没关系;40.9%的受访学生表示无所谓,不放在心上。交叉分析显示,家庭经济困难的学生"穿名牌没有意义""自己想办法买"和"要求家长买"的比例明显高于其他类型。这说明家庭经济情况对于学生的消费观念有着显著的影响。

(二) 压力主要来自校内课业,主动学习意愿强

调研表明,39.2%的学生感到"压力较大"和"压力非常大",80.4%的受访学生表示压力主要来源是学习方面,主要反映在时间的紧张程度。上下学单程时间有近半数学生在20分钟以上,有近九成的受访学生表示完成作业要在1小时以上,还有22.9%的学生完成作业需要3个小时以上。有80.4%的中学生每天睡眠不足8小时,有19.9%的受访学生表示在6小时以下。

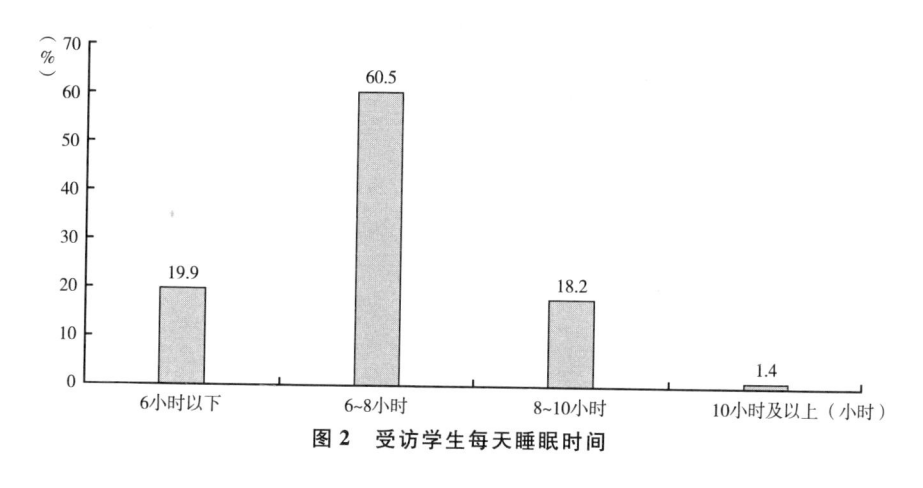

图2 受访学生每天睡眠时间

（6小时以下：19.9；6~8小时：60.5；8~10小时：18.2；10小时及以上：1.4）

但与小学生形成反差的是中学生参加课外班较少,45.2%的受访学生表示不参加,48.2%的受访学生表示参加1~3次,而小学阶段只有1/3的学生没有参加辅导班。可见,中学生已经开始逐渐承受比较大的学习压力,这些压力主要来自校内的课业。数据显示中学生整体学习比较努力,有69.9%的受访学生表示"非常努力"和"努力",即使在努力的情况下,只有22.1%的学生对自己的学习感到"比较满意"和"很满意"。交叉分析显示,家庭生活水平明显影响着学生的努力程度和对成绩的满意程度,贫困家庭的孩子"非常努力"和"不努力"的比例要远高于其他家庭情况的孩子,对成绩很不满意的比例也远远高于其他家庭情况。

(三) 具备一定的创新精神，创新能力有待提高

调研表明，5.2%的受访学生对专家权威的态度表示怀疑、否定，14.6%的受访学生表示不要把专家权威太当回事，他们已经逐渐形成敢于挑战、敢于创新的精神，有41.5%的受访学生认为已经具备创新能力。

在调查阻碍创新能力培养的因素中，中学生普遍认为是外部因素，有58.3%的受访学生认为是应试制度，50.8%的受访学生认为是缺乏先进的教育理念和方法，也有42.9%的受访学生认为是整体没有创新氛围。另外中学生对课外科技创新的兴趣显得不足，对于喜欢参加哪类课外辅导班这一问题，排在第一位的是思维训练类（33.6%），其原因在于此类辅导班多数与课业学习有直接关系，排在第二位的是文体活动类（31.7%），第三位是语言表达类（16.9%），排在最后的是科技类，只有15.3%的受访学生表示喜欢，而且参加科技类辅导班的学生从初一到高三逐年下降。

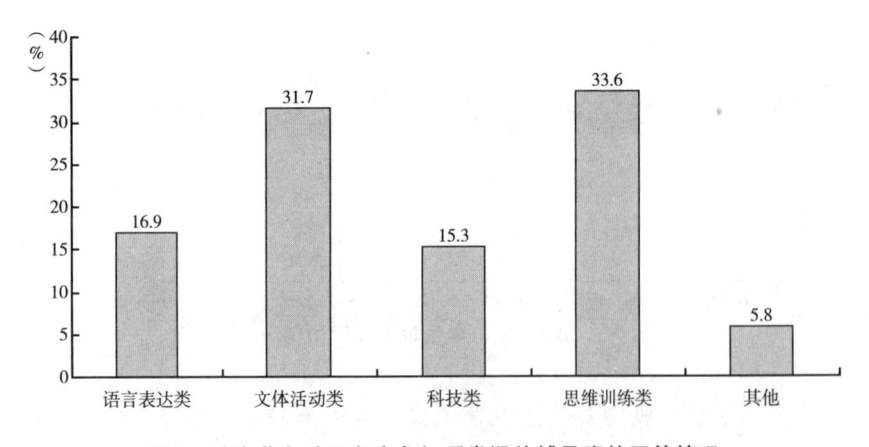

图3 受访学生对于喜欢参加哪类课外辅导班的回答情况

(四) 处于叛逆的青春期，在纠结中走向成熟

中学生正处在生理和心理逐渐定型的青春期阶段，开始独立思考并有了初步的理性认识，但随之而来的是追求个性的特立独行以及一定程度上的叛逆。整体而言，他们具有正确的价值观，对社会的认识也正向，但同时在中学生身上也呈现出鲜明的"纠结"特征。

主流价值观呈现多元化表达。对于在公交车上是否会主动给老人让座这一问题，85.6%的受访学生表示会主动让座。但是他们也开始更加关注自身的想法，例如对于一项可以多选的题目"人的一生中什么最重要"，近八成的学生都选择了健康，约五成选择了家庭美满，而选择信仰和理想的只有26.5%。

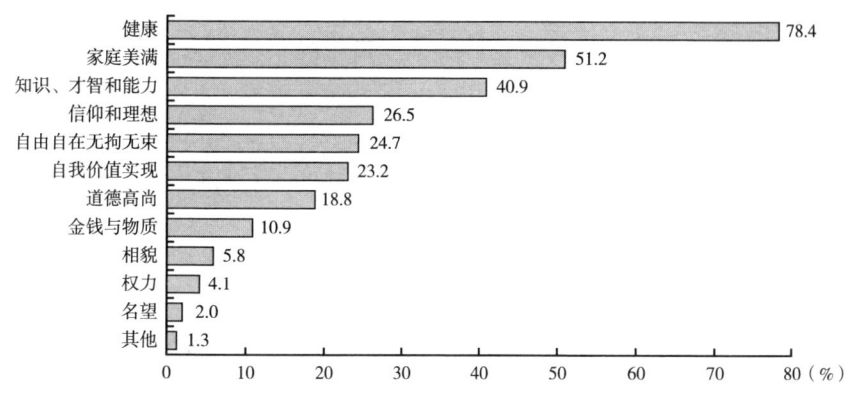

选项	百分比
健康	78.4
家庭美满	51.2
知识、才智和能力	40.9
信仰和理想	26.5
自由自在无拘无束	24.7
自我价值实现	23.2
道德高尚	18.8
金钱与物质	10.9
相貌	5.8
权力	4.1
名望	2.0
其他	1.3

图4　受访学生对于人的一生中什么最重要的看法

青春期的叛逆主要体现在对制度和约束的挑战。对于考试作弊，44.8%的受访学生表示理解作弊行为，但自己从不作弊；对于付费让其他同学代写作业现象的态度，21.8%的受访学生表示无所谓。"个性"成为中学生渴望为自己贴上的标签。他们喜欢有个性的同学和老师，对社会上出现的新事物甚至怪现象接受程度高，36.1%的受访学生表示欢迎、拥护或可以接受，60.3%的受访学生表示看看，辨别后再表态是否接纳。

（五）强调自我，在矛盾中寻找集体与个人之间的平衡

中学生已经具有了较强的自我意识。虽然大多数学生会将集体放在个人之前，但他们对于个人需求和个人自我利益、个人权利的重视程度，明显高于上一代人。在对"什么是责任"的理解上都能不同程度地与个人联系在一起，排在第一位的是自己做的事自己承担，自己对自己负责，占到36.4%，其次是国家兴亡，匹夫有责，占到32.1%，也有学生认为是爱校爱班，尽自己所能做贡献以及个人、集体、社会责任相统一等等。调研表明，对于"班级需要自己参加一项重要任务，而恰好又与同学约好一块出去玩时会怎样选择"这一问题，80.0%的受访学生表示会服从班级需要，

认真参加并努力做好，但也有12.0%的受访学生表示会以自己有事情为由推掉班级任务，8.0%的受访学生表示会不情愿地参加班级任务，应付了事。

当集体利益与个人利益发生冲突时，他们会做出怎样的选择呢？36.2%的受访学生表示会放弃个人利益，服从集体利益；46.4%的受访学生表示会放弃部分个人利益，尽量保证集体利益的实现；其余的学生表示会保证个人利益，放弃集体利益或是采取措施将集体损失降到最低。这都反映出中学生整体上尊重集体的利益，但也在一定程度上寻找二者之间的平衡，慎重考虑自己的利益得失。另外中学生在与他人交往时也会考虑到个人利益，例如对于"有一本很好的学习材料是否会与好朋友分享"这一问题，27.5%的受访学生表示如果他也有好的书籍，可以互相交换学习，12.0%的受访学生表示看心情。

（六）开始自主地全面接触网络，但缺乏适当的监管

中学生已经基本开始自己做主，全方位地使用和接触网络，调研中平均每天上网1小时以上的学生占到68.5%，只有1.4%的受访学生表示从不上网。上网的目的也更多的是满足自己娱乐和交往的需要，排在前三位的是玩游戏、看电影视频（61.4%），查找资料、学习（56.5%），聊天、交朋友（41.3%）。在交流工具的使用上虽然与成人群体有一定的差异，但是网络工具已经占有一席之地，受访学生表示使用最多的是QQ（73.2%），微信也占到了1/4（25.1%），电话（72.8%）和短信（48.2%）也发挥着主力的作用。值得注意的是每天上网1小时以上的中学生，上网时父母"基本不在"远高于"基本在"的比例。如前所述，中学生处在思想定型的叛逆期，情绪容易冲动并受到外界影响。他们有充分的机会使用网络，接触到纷繁芜杂的网络信息，但对社会现实缺乏全面客观的认识，对网络生活的禁忌了解不够，对网络信息的真伪缺乏足够的鉴别能力，而学校和父母的监护显然没有延伸到网络空间，从而使中学生在网络生活中缺少必要的引导和保护。对于这一问题需要引起关注。

（七）政治意识基本形成，步入社会化成长的第一个关键阶段

中学生开始从家庭走向社会，开始更愿意与同龄人交流，建立起自己

的社会关系。例如对于"有了心事最想和谁说",有52.7%的受访学生表示是同学和朋友,22.3%的受访学生表示不和任何人说,只有23.0%的受访学生表示是爸妈和家人。

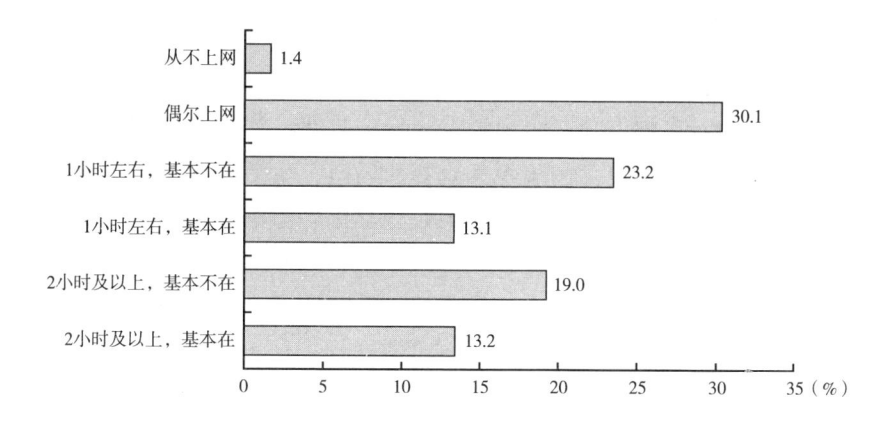

上网情况	比例(%)
从不上网	1.4
偶尔上网	30.1
1小时左右,基本不在	23.2
1小时左右,基本在	13.1
2小时及以上,基本不在	19.0
2小时及以上,基本在	13.2

图5 受访学生对于"平均每天上网的时间是多长,且上网时家长是否在旁边"的回答情况

与社会化同步进行的是组织化,他们积极向往团组织,也具有组织认同感。对于为什么要加入共青团:有58.8%的受访学生认为团组织是先进青年、优秀青年的组织,争取早日加入,追求进步;26.6%的受访学生认为加入团组织意味着我是一名优秀的中学生,会感到自豪。调研显示,有69.6%的受访学生表示向往加入党组织,18.0%的受访学生表示无所谓,12.4%的受访学生表示没有意愿。

(八)重视民主,在校园事务管理中进一步强化民主观念,积累民主参与经验

随着社会化的开始,中学生开始熟悉社会的公共规则,其中最突出的就是对民主的体验和认识。而民主参与的主要形式是中学生的班级和团支部活动。调研表明,对于班上民主投票推选班长的态度,79.9%的受访学生表示推选出各方面表现都比较优秀的同学,7.8%的受访学生表示投自己一票,6.6%的受访学生表示推选与自己关系好的同学,只有5.6%的受访学生表示无所谓。这说明中学生已经开始在乎民主的权利,并能够在一定程度上理性地运用这一权利。

四 工作思考

(一) 受到多元化社会思潮的影响,处于纠结、矛盾、叛逆的青春期,中学生急需思想上的解惑与引领

当今社会,多种思潮交织影响着人们的思想,当代北京中学生不可避免地需要在其中做出自己的思考和选择。同时,生活在北京这一国际化大城市,中学生目睹着东方与西方、保守与开放、传统与现代、城市与农村的碰撞和交融,在思想和行为上不可避免地带有很多矛盾和纠结,而作为上一辈人的教师和家长,由于成长背景、教育经历等方面的差异,未必能够很好地理解他们的矛盾和纠结,更由于时间、精力和能力技巧等,无法为中学生提供及时有效的指导。

(二) 必须高度重视中学共青团的源头性地位

全市每年有近 7 万名中学生加入团组织,占了全团的绝大多数。可见,中学时代是团员发展的主入口。一方面,如何严把入口关,关系到团员发展和团员队伍的质量;另一方面,刚加入组织的新团员,正处于汲取学业知识和社会知识的快速成长期,正处于人生观、世界观、价值观形成的关键阶段。他们对共青团组织的感情是否深厚、组织归属感是否强烈,决定着他们进入大学、进入社会后,共青团组织在这一代人中的影响力和凝聚力。因此,团组织应从源头下大力气抓好团前教育和团员意识教育。

(三) 实践活动是服务学生社会化成长的最主要方法

中学生处于心理上的成熟期,已经具有一定的学习能力和自我思考能力,初步形成了一定的社会认知和体验,但还不完全成熟。对于当代中学生,灌输式的教育已经不能完全满足需求,需要让他们在实践中受到教育。通过志愿服务、中学生社团活动和户外训练营等,帮助学生掌握基本的社会化技能,学会承受挫折、与人相处,形成正确的社会认知和体验。

(四) 同伴教育和集体教育是中学共青团工作的独特优势

调研发现,中学生有了心事愿意向同龄人诉说。中学生正处于"心理断乳"期，独立意识逐渐增强，希望从对父母、老师的依赖中摆脱出来，同时由于身心尚未发育成熟，不能完全独立。因此同伴成为他们最重要的人际关系之一。团队组织可以发挥独特优势，在共青团和少先队的活动中，让不同年级、班级的同学们彼此教育、互相启发，这对于团队意识的培养、学生社会化的养成具有重要作用。

五　工作方法

（一）团队课主阵地深入开展思想教育与引导

课堂是学生教育的主阵地。中学共青团组织作为政治组织，如何发挥好活动育人、实践育人的特长，与教育教学一道搞好中学生思想引领是一个重要课题。在初中阶段，通过每周一课时的少先队活动课，实现既定的分年级教育目标，加强对初中学生的思想引导。在高中阶段，通过每月两课时的团课，加强对高中学生团员意识的培养。通过团队课，实现从初一到高三年级的分层化、一体化、系统化的核心价值观教育，引导学生正确认识社会上的现象和问题。

（二）系列仪式教育激发和强化理想信念

冰冻三尺非一日之寒。情感和信念的培养，需要持续不断的激发、巩固与强化，仪式教育是行之有效的方式。目前，中学生仪式教育主要包括五个方面：一是在初一年级在人民英雄纪念碑前站立少年先锋岗，培养爱国主义精神。二是初三年级开展"迈入青春门"教育活动，通过14岁集体生日等活动形式，引导学生学会对自己负责，初步树立责任意识。三是高三年级开展18岁成人仪式教育活动，引导学生学会感恩，树立社会责任感，承担公民责任。四是全体中小学生开展每日"升国旗、唱国歌、向国旗敬礼"仪式，培养学生的爱国精神和公民意识。五是初一年级建队、佩戴队徽仪式，增强少先队员的荣誉感和对少先队组织的归属感。

（三）少年先锋团校培养初中团员意识

调研表明，初中学生追求进步，渴望加入团组织。发挥共青团的思想

图片 1　站立少年先锋岗活动现场

说明：2014年首都少年先锋岗活动启动仪式于清明节前夕在天安门广场举行。来自朝阳区清华附中分校的500名少先队员代表和新团员代表向人民英雄纪念碑敬献了花篮。四组旗组站立了当年第一期少年先锋岗。4~10月，全市近万名少先队员站立了少年先锋岗。

引领作用，加强团前教育是共青团组织的重要任务。少年先锋团校完整的体系建设开始于2012年，市级少年先锋团校作为市级优秀青少年人才培养的基地，目前已举办三届，共培训学员400余名。全市现已打造了市、区、校三级培训体系，分别针对学生骨干、优秀学生和全体学生培训。

调研表明，广大中学生积极向往团组织。针对广大学生希望加入团组织的愿望，我们加强团队衔接，依托少先队活动课和少年先锋团校加强团前教育；规范入团标准与流程，明确团员发展数量；规范团员发展，严把共青团组织入口关。经过推优选拔，将少先队员中的优秀分子吸收进团组织，充分体现共青团是先进青年群众组织的特点。全市每年各层级都会举办离队建团仪式或新团员入团宣誓，这是学校基层团组织建立的标志，更是中学生完成入团工作的重要程序。

图片2 房山区离队建团活动现场

说明：2014年第3期北京市少年先锋团校于7月举行集中培训。来自全市16区县的200名优秀少先队员代表接受了团情团史、国情市情、团队破冰等方面的培训。

图片2为房山区离队建团活动现场。初二年级的少先队员珍藏红领巾，决心牢记少先队的教育、向着更高的目标前进。

（四）中学生业余党校、推优入党为党输送新鲜血液

调研表明，近七成的中学生有入党意愿，我们通过中学生业余党校等手段加强对学生的思想教育，加大推优入党力度，为党组织输送新鲜血液。

成立于 1990 年的北京市中学生业余党校至今已培养学员 20 余万名，其中 10653 名学员参加市级党校集中培训，近 5000 名学员在中学时期光荣入党。目前全市各区县和学校均成立了中学生业余党校开展相关工作，分别针对入党积极分子、学生骨干和优秀团员进行培训。

图片 3　第 23 期中学生业余党校培训现场

说明：2014 年第 23 期北京市中学生业余党校于 7 月举行集中培训。来自全市 16 个区县的 200 名优秀共青团代表接受了思想理论、国情市情、团队破冰等方面的培训。

（五）社团活动促进学生社会化技能发展

当前中学生追求个性，有着多样化的要求。同时由于学习压力较大，团组织只能化整为零、利用好碎片化的时间开展活动。适应学生特征，开展丰富多彩的社团活动是共青团服务中学生的重要手段，是提高共青团吸引力、凝聚力的重要载体。据统计，全市 16 个区县共有中学生社团 3952 个，参与中学生社团人数达 187246 人。近年来，各区县、各学校共青团组织先后开展了形式新颖的中学生社团嘉年华、社团展示等活动，成为共青团组织团结凝聚学生、服务素质教育、服务校园文化建设、拓展实践平台的有效抓手。

（六）中学生志愿服务搭建学生了解社会、服务社会的平台

调查显示，参与志愿服务，服务社会、服务他人是中学生的普遍价值追求。为充分发挥志愿服务活动团结凝聚学生、服务素质教育、拓展实践

图片4　昌平区中学生社团嘉年华活动现场

说明：中学社团分为音乐舞蹈类、书画类、文学类、影视戏剧类、新闻宣传类、公共服务类、科技类、体育类、外语类、史地政类、益智游戏类以及其他类。

平台的重要作用，引导广大青少年认识社会，了解社会，增强责任意识，倡导终身志愿理念，我们先后组织成立了中学生志愿服务总队，开展了志愿者实名注册，推广校园公益行、社区青春行、成长先锋行、携手成长行等项目。截至2014年12月，全市中学生志愿者231453人，志愿团体区县16个，学校699个，班级4988个。志愿项目区县13个，学校2033个，班级3599个。2013年我们推出了中学生志愿服务微小项目扶持计划，鼓励支持中学生志愿服务项目发展。

（七）户外训练营引领积极健康的生活方式

调研表明，中学生体质状况堪忧。学习压力和电脑的使用导致他们变得较"宅"。同时中学生更愿意与同龄人交流，建立起自己的社会关系。自2014年以来，为弥补校内教育的不足，为中小学生打造安全、符合青少年特点、具有教育意义、青少年喜爱的活动品牌，团市委在密云建立了国际青年营，并针对不同年龄段学生，设计、建立了系统的活动课程，组织全市 2000 余名青少年参加了 20 期户外训练营,通过丰富多彩的活动方式和有针对性、教育性的活动内容,引导中学生接触大自然,在经历体验中快乐成长。今后将在全市初中全面开展户外训练营。

图片 5 红领巾户外训练营活动现场

说明:2014 年,2000 多名来自全市 16 个区县的初中少先队员代表参加了在密云国际青年营举办的红领巾户外训练营。

(八)建立"团建十佳"指标体系,明确基层工作任务与要求

通过在全市中学团组织开展"团建十佳"创建工程,夯实中学共青团组织。调研发现,共青团工作重在基层。基层团组织对学生的影响最直接、最有效。指标体系包括思想教育、组织建设、理论建设、队伍建设、活动

建设、阵地建设、文化建设、资源利用、服务效果和群众基础 10 个一级指标、25 个二级指标，明确了创建工作内容和标准。

（九）高校团青干部挂职中学团委书记，增强工作力量

调研表明，中学生更愿意与同龄人以及有个性的老师交流。同时为弥补中学团委工作力量不足，我们与中国青年政治学院等高校合作，由在校大学生担任中学团委书记助理，受到学生和学校的欢迎。中学挂职团委书记项目已经成为加强基层团组织建设、活跃团的基层工作的有效尝试，是进一步深化开展"团建十佳"工程的重要举措，也是服务中学共青团工作的重要资源。

小学生群体研究报告

黄克瀛　任海宏　杨海松　俞劼[*]

当代小学生是2000年以后出生的一代,是未来社会主义事业的建设者和接班人,他们的健康成长,关系到国家的未来,民族的希望。开展对当前北京小学生的调查研究,准确把握他们的生活、学习、思想等特征,是对少年儿童有针对性地进行社会主义核心价值观教育的基础工作,是首都少先队工作的重要内容。

一　群体总量

截至2014年1月,根据北京市公布的数据,全市共有小学1093所,小学生78.93万人,其中,男生42.52万人,女生36.41万人。

二　抽样方法

本次研究主要采用问卷调查和访谈相结合的方式,其中,对1、2年级

---

[*] 黄克瀛,北京团市委副书记、市少工委主任;任海宏,时任北京团市委中少部部长;杨海松,北京市少先队总辅导员;俞劼,首都师范大学初等教育学院副院长。参与课题人员:王智秋、李宏伟、董慧欣、刘美丽。

的学生采用访谈方式，对3~6年级学生采用问卷方式。问卷根据学生所在年级编制两套，分别是3、4年级问卷和5、6年级问卷。1、2年级学生的访谈内容根据低年龄的实际情况确定，从3、4年级问卷中选择合适问题进行提选，由调查人员进行一对一访谈。

本次调查按2%的比例，采用分层整群取样的方法。以16个区县为单位，根据各区县小学生数2%的比例确定区县问卷数。从每个区县随机选取3所学校，根据选取学校同年级小学生数之间的比例确定各选取学校每个年级的问卷数，根据问卷数随机抽取班级和学生。本次调查共发放问卷7611份，回收7611份，有效问卷7596份。针对1、2年级学生，在选取的抽样学校中，在每个学校的1年级学生中选5人，2年级学生中选5人进行访谈，共计480人，有效结果479份。

表1 参加调查的样本的区县及学校分布表

区县	东城	西城	朝阳	海淀	丰台	石景山	门头沟	房山
学校数（所）	3	3	4	3	3	3	3	3
样本数（人）	604	671	1114	612	806	362	143	496
区县	通州	顺义	昌平	大兴	怀柔	平谷	密云	延庆
学校数（所）	3	3	3	3	3	3	3	3
样本数（人）	628	461	443	503	203	198	218	149

三 群体特征

（一）生活条件优越，家庭环境宽松

调查显示，大部分小学生的家庭居住条件比较好，住房面积在60平方米以上的占到88%（图1）；有自己独立卧室的学生也达到55%；超过半数的孩子父母每周都会给不等的零花钱；61%的儿童对自己家庭经济状况的评价为好（34.4%）或很好（26.8%）；40%的学生家长开车接送孩子上下学（图2）。调查结果反映出当前北京小学生的家庭生活条件比较优越，家长为孩子的教育和成长提供充分的物质保障，同时也反映出家长注重营造家庭良好的环境氛围，让孩子健康快乐成长。

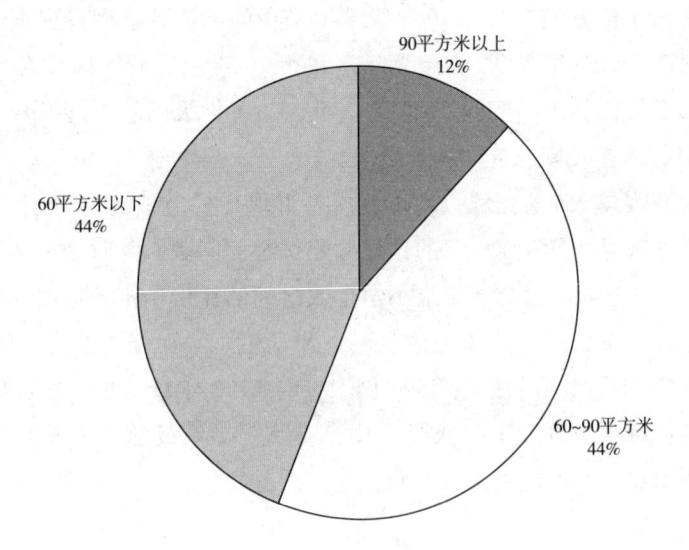

图 1 住房面积

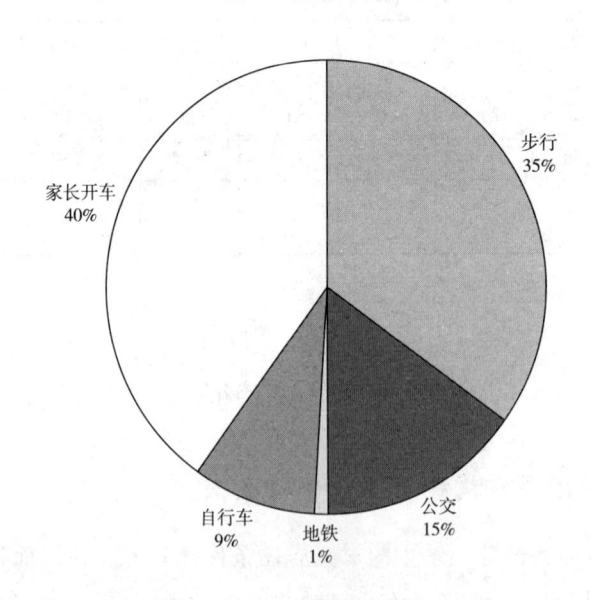

图 2 上（下）学的交通方式

（二）具备一定的生活自理能力，但家务劳动少，应急能力欠缺

本次调查通过"书包（日常用品）是否自己收拾""晚上写作业是否能

自我管理""零花钱的处置""家务事是否自觉主动"等考察儿童的自理能力。研究发现，90.5%的学生可以自己整理书包（日常用品），89.7%的学生看到家中的地脏了会主动打扫，表现出一定的自主性和自我管理能力。但调查也发现，选择经常干家务的小学生只占58.5%，选择经常自己洗袜子的学生只占48.6%，不及半数，很多能够自理的事务还由家长代劳。此外，调研还显示，虽然95%的小学生能正确回答火警电话，但是对于家用电器使用中突然着火的处置，仅有50%的儿童做出了"断电"的正确选择（图3）。

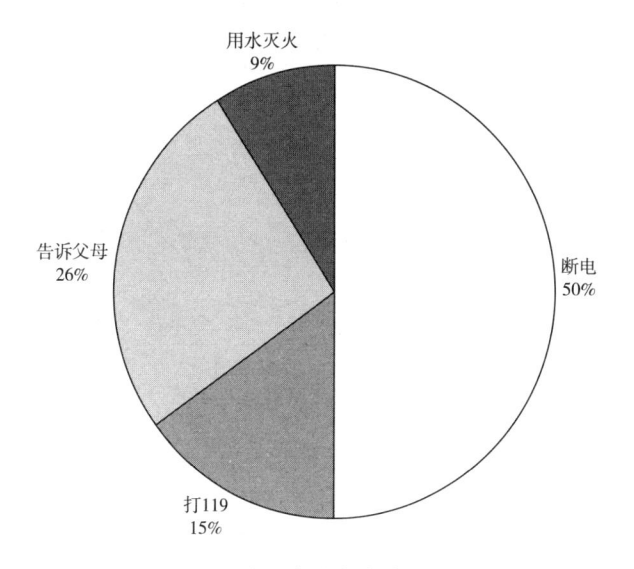

图3 家用电器失火的处置

这些数据说明家庭教育上的误区，家长往往更多地关注课业学习、文体艺术等方面的培养，忽略日常生活中通过家务劳动等实践环节对孩子的培养，特别是生活居住在大城市中，一些基础的应急处置能力对于孩子的成长和保护显得尤为重要。由此可见，要通过家庭、学校、社会的共同努力，鼓励小学生在日常生活实践中锻炼，利用专业的课程、活动等多种形式，培养小学生具有操作性的应急常识和能力。

（三）小学生校园减负取得一定效果，但课外学习负担明显

调查发现，近年来出台的中小学义务教育减负政策取得了一定效果，从学生完成家庭作业的所用时间来看，3、4年级中有1/3的学生可以在半小时内完成作业，半数学生能够在1小时内完成作业，作业量有所下降。但

从小学生每天上床睡觉的时间上看，调查显示，有 19% 的小学生在晚上 10 点以后才休息；并且选择压力"较大"和"非常大"的学生共占 17.2%。

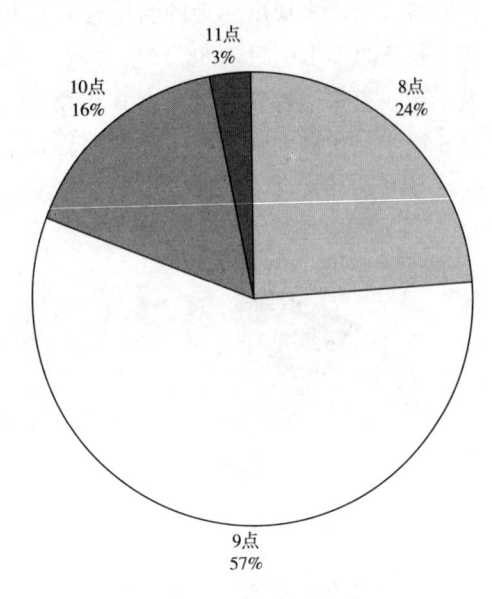

图 4　睡觉时间

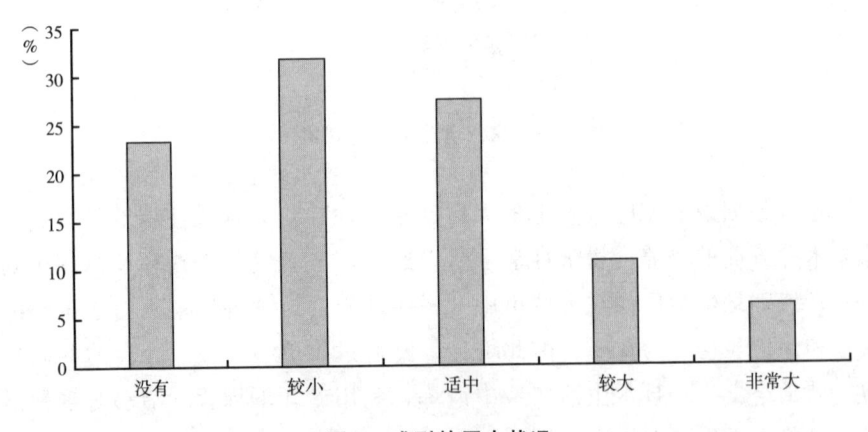

图 5　感到的压力状况

一方面是教育主管部门和学校对课业负担的一再严格控制；另一方面小学生却要面临睡眠少、压力大等现实困境，其中的矛盾在于各种课外辅导带来的压力。调查中，29% 的学生每周有三次以上的课外辅导活动，只有 27% 的学生没有参加辅导班。

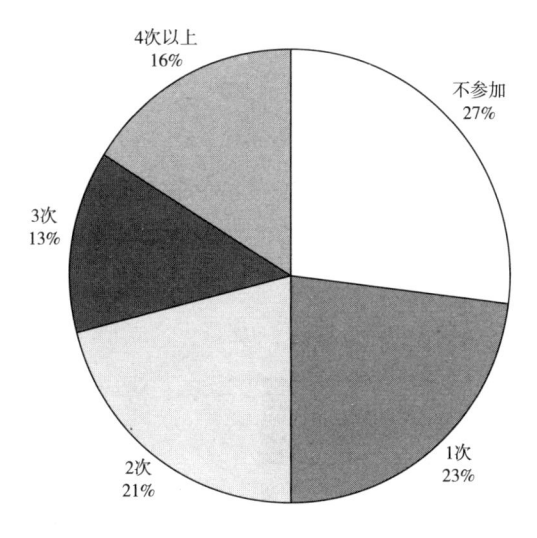

图 6　每周参加辅导班的次数

这些因素成为挤占学生休息、锻炼时间的重要因素。同时需要注意的是，课外辅导也并非单纯是家长一厢情愿的"望子成龙"，很多也是来自学习竞争压力和学生对自己更高的要求，有56.1%的学生表示愿意参加课外辅导班。整体上，对于北京的小学生，参加课外辅导班已成为普遍现象，孩子们的压力不仅仅来自学校课堂，也来自校外形形色色的各类辅导。

（四）以网络化和社区化为特征的大城市交往方式明显

这一批小学生出生时互联网正在北京快速普及并逐渐走进千家万户，在他们的成长过程中，移动互联网的发展更是让网络真正成为人们的生活方式。本次调查发现，网络已经开始改变小学生的学习娱乐和交往方式。数据显示，小学生从不上网的只占12.0%，有55.2%的学生运用网络查资料，完成学习任务，有25.7%的学生主要用于玩游戏。随着年级的增长，偶尔上网和从不上网的人数越来越少，而上网的时间也越来越长。值得注意的是在"影响自己人生价值的人"的问题中，12.8%的小学生选择了"网络"，仅次于父母、教师的影响，这说明网络成了影响少年儿童健康成长的重要信息源。与此同时，随着北京城市化的快速发展，社区成为人们尤其是小学生日常交往的重要场所，调查数据表明，超过半数（63%）的小学生经常和社区的孩子一起玩，明显高于成年人在特大型城市"陌生人社会"中社区交往的比例。小学生交往既呈现出社区化的特征，也在一定程度上成为社区人群交往的"纽带"。

上述数据说明，小学生的学习交流方式有着鲜明的互联网和社区交往的城市特征，因此充分利用网络技术开辟网络思想教育的新阵地，发挥社区青年汇作用、开展好社区青少年活动已成为当前少先队工作中的一项重要任务，与此同时，通过吸引孩子，进而带动年轻家长，也是社区青年汇开展工作的重要手段。

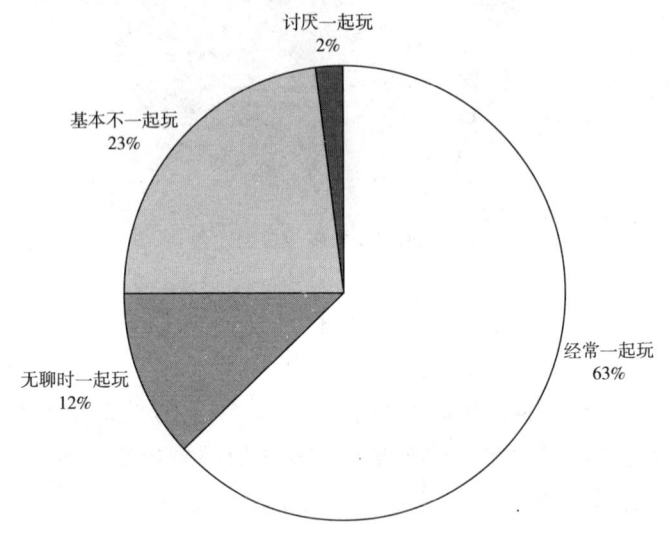

图7 社区交往情况

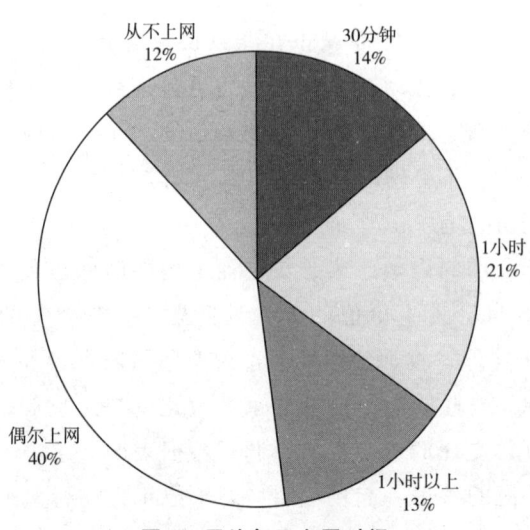

图8 平均每天上网时间

（五）具备科学常识，但科学兴趣随年级的升高有下降趋势

针对科学常识的调查，本次选取了"在一个标准大气压下，水沸腾的摄氏温度"及"人体的平均温度"两个题目进行考查，两题全部答对者占 86.7%，这说明小学生已经具备了一定的科学常识。但调查也发现，尚未形成探索和追求科学的自主意识，当问及学生"你会怀疑书本、老师或同学对科学知识的解答吗？"选择"经常"的仅占 10.9%，而选择"从不"的占 35.2%。这可能与我国教育中长期形成的"听话的学生是好学生"的评价标准有关。调查发现，虽然很多学生选择了喜欢科研活动，但是在对"参与科技兴趣小组""参与科技小发明小设计小创造"的调查中发现，选择"经常参与"的学生并不多，分别为 59.6% 和 41.5%。另一个值得关注的问题是随着年级的升高，选择"喜欢科学研究"的人数比例逐渐下降，3 年级为 90.0%，6 年级下降到 78.5%，其原因可能是课内学业压力的增加和创新性教育的缺乏。

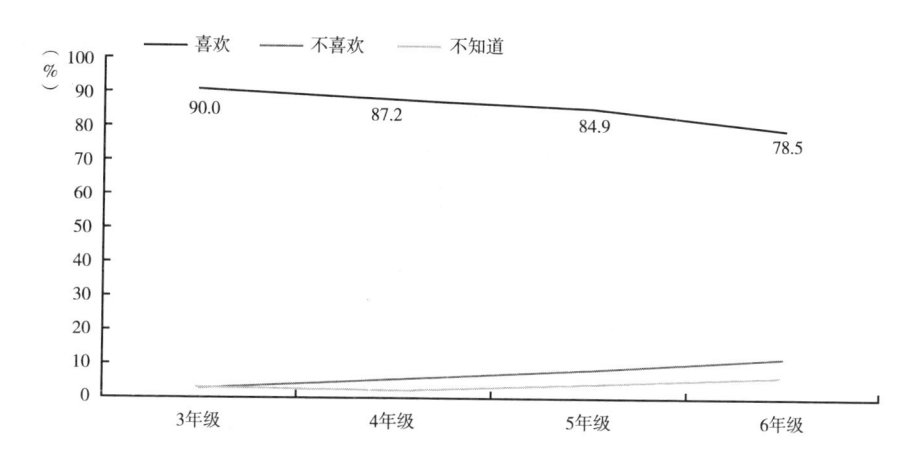

图 9　对科学的喜爱程度随年级的变化

为了高水平人才的培养，我们要能够引导小学生从小热爱科学，关键是培养其浓厚的兴趣，使其走上科学启蒙和创新起步的道路。

（六）价值观积极正向，志向追求呈现多元化

"人生的扣子从一开始就要扣好"，小学生正处于价值观形成的起步阶段，调查结果表明小学生的人生观、价值观总体发展是好的，例如对"在公交车见到老弱病残孕乘客怎么做"的调查中发现，近 96.6% 的学生都选择了

主动让座，表现出对待弱者的基本文明行为。在"如果你是孔融，你会怎么做"的回答中，93.8%的学生选择了"让"，这表明绝大多数学生能够在与周围人的相处中礼让他人，并且对传统文化比较熟悉且认同。还有92.4%的学生认同"人生的价值在于奉献"，93.1%的学生认同"奋斗成就人生"，94.3%的学生赞同勤劳致富。同时需要注意的是随着社会的发展，个人有更多的自由和能力进行不同的人生选择，在小学生阶段就显现出更加关注自我和多元化追求的趋势。

在对5、6年级学生关于"你的梦想是什么"进行调查的结果显示，学生的梦想选择各异，"考大学"的占30.7%，26.5%的学生想"出国学习，开阔眼界"，想当科学家的占15.6%，想赚大钱的占9.5%。在"你认为成功的最大标志是什么"的回答中，70.7%的学生选择了"家庭幸福"，但只有16.2%的学生选择了"做自己喜欢的事"。这些数据显示小学生的梦想并非都是"仰望星空"的"童话故事"，也开始了"脚踏实地"，对未来进行具体而现实的思考谋划，并且由于家庭背景、父母受教育程度呈现出一定差异。

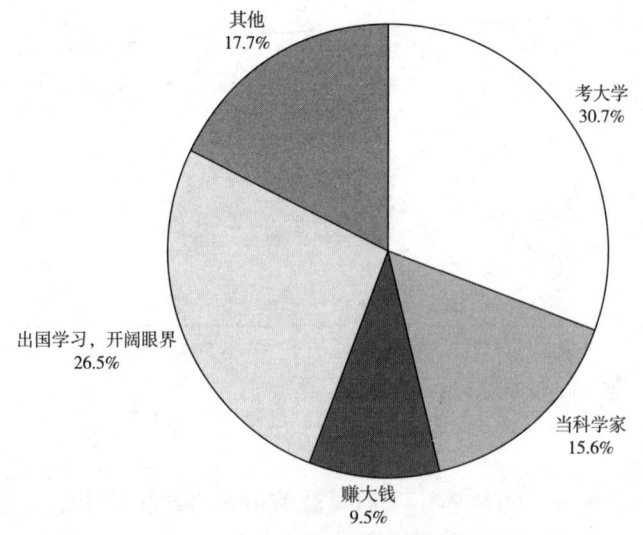

图10 5、6年级小学生梦想类型

（七）家庭对小学生健康成长影响显著

调查显示，绝大多数少年儿童（96.8%）对自己的家庭持满意态度，学生最信任的信息源依次为父母、老师、政府部门等；在对"影响自己人生价值的人"的选择中,排在最前边的是父母,其次为老师;在对"你最崇拜的人是谁"的回答中选择"亲人"的占 23.6%;在"你认为成功的最大标志是什么"的回答中,70.7% 的学生选择了"家庭幸福"。同时我们交叉分析发现家庭经济情况、家庭结构、父母学历对于小学生很多方面的表现都有显著影响。

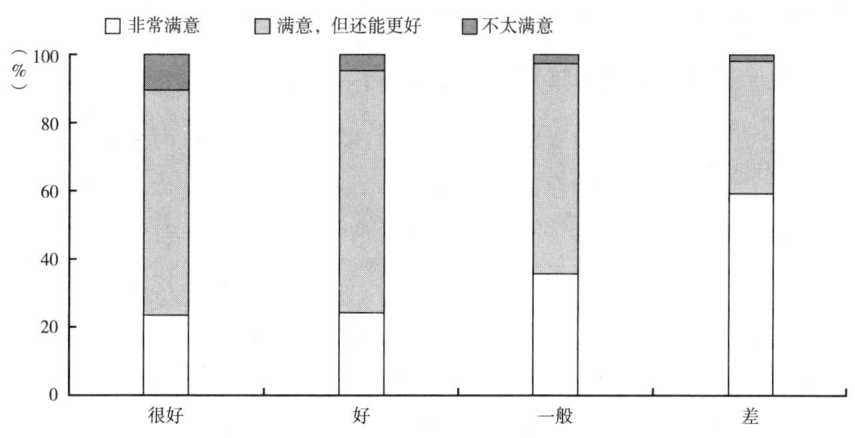

图 11　5、6 年级小学生家庭经济情况与学习满意程度的交叉分析

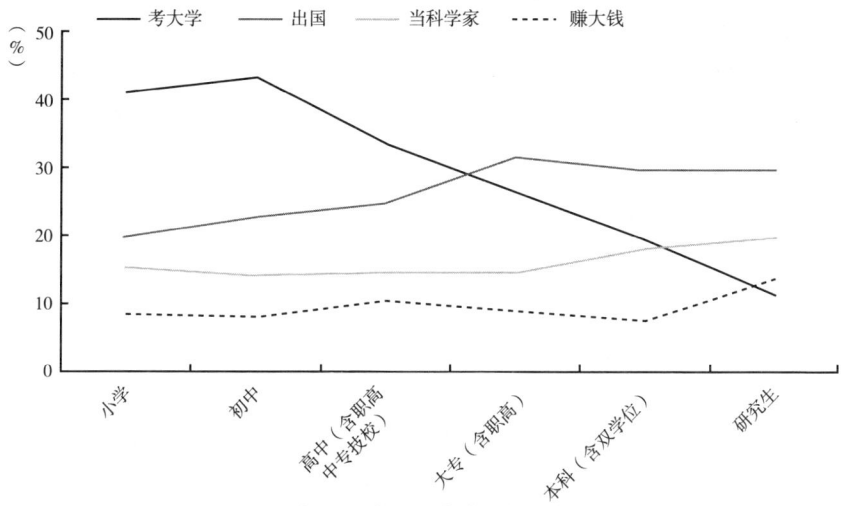

图 12　5、6 年级小学生父亲学历与理想交叉分析

上述结果表明,家庭生活是少年儿童最为重要的影响源,家人及亲人是影响其生活态度、价值观的重要他人。学生对家庭的高信任感、高满意度,决定了家庭在学生成长教育中的地位。因此,我们必须重视家庭教育,建立和发挥学校、社会与家庭之间的教育合力,真正实现教育影响的一致性。

(八) 具有热爱祖国的强烈情感

调查显示小学生具有热爱祖国的强烈情感，96%的小学生对党、国家的发展充满信心，95.4%的学生对"作为中国人非常自豪"表示认同。在升国旗唱国歌时感觉非常自豪的比例为83.7%。

(九) 有较强的集体观念，同时自我意识高

数据显示学生无论对自己的班集体，还是对学校集体，或者对组织均有强烈的认同感、归属感，认同集体的核心观念，维护集体的荣誉，对集体有积极的情感，愿意参加集体组织的活动。在"对所在班集体班风的看法"的调查中，67.7%选择"很好"；对"有人说你们学校不好，你会怎么做"的调查中，选择"据理力争进行反驳"的占89%；在"加入少先队觉得光荣吗"的回答中，91%的少先队员选择了"光荣"；85.7%的少先队员对少先队活动选择了"满意"。调查表明，89%的学生选择"个人服从集体利益"，这说明绝大多数学生能从集体发展角度考虑问题，较好地处理自身与集体的关系。但对"与多数人意见不一致时的做法"的回答中，选择"少数服从多数"的仅占27.7%，大多数学生（66.2%）选择了"坚持自己的意见"，这表明当代小学生具有强烈的自我意识、独立意识，在和别人意见不一致时，不会轻易放弃自己的观点。

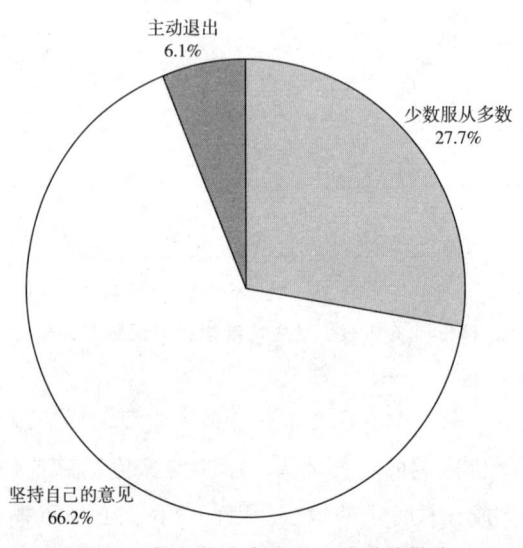

图13 与多数人意见不一致时的做法

这里也提出一个新的问题，即在每个学生都强调自我的同时，如何引导他们有效地与他人沟通，学会说服别人或接受他人的合理建议。调查还发现，在"对选班长的态度"的回答中，81.3%的学生选择"推举出最佳人选"，排在第一位，而选择"投自己"和"推举与自己关系好的"两项累计仅为9.9%。对"给你提意见的机会，你会提吗"的回答中，64%的学生选择"会"，这表明大多数小学生还是有较强的自主性、参与性的，教师应充分调动学生的这种积极性，给学生建言献策的机会，让学生学会在集体活动中自我管理。

四 工作思考

（一）当前首都小学生呈现出特大型城市少年儿童特征

根据前述分析，我们可以描述出首都小学生的总体面貌，即伴随北京的发展，北京小学生家庭生活条件优越，具有一定的国际视野；非常注重学习和综合素质的提升，具备一定的生活自理能力，但参与家务劳动实践不够；普遍受到网络的影响，社区交往成为一种趋势；科学精神和创新意识需要持续加强；思想上积极正向，受父母、老师的影响很大，对党和社会主义祖国高度认同，集体主义观念强，但爱国情感与具体行动间存在差异。这些是首都少年儿童成长的新特点，我们的工作要紧扣这些特点来开展。

（二）少年儿童的健康成长受到党政领导的高度关注

党历来关心少年儿童的健康成长，培养教育好少年儿童是全党的一项战略任务。自党的十八大以来，习近平总书记多次参加少年儿童的活动，并强调要在少年儿童中大力培育和践行社会主义核心价值观，要适应少年儿童特点，做到记住要求、心有榜样、从小做起、接受帮助。2014年市委印发了《关于进一步加强少先队工作的意见》（京发〔2014〕10号）（以下简称《意见》），对少先队工作的指导思想、工作目标、重点任务和保障措施都提出了明确要求，市委分管领导担任少工委的名誉主任，充分体现了市委领导对少年儿童工作的重视。少先队组织要充分把握少先队工作中的发展机遇，按照习总书记对少年儿童和少先队提出的新要求，抓好少先队的各项工作，让社会主义核心价值观在少年儿童中生根发芽。

（三）少先队组织在教育引导少年儿童工作中大有可为

少先队是中国特色社会主义事业的战略预备队，是少年儿童思想品德教育和精神素质培养的大学校，是党领导的少年儿童群众组织。在适应首都少年儿童特点，落实党交给我们的重要任务方面，首都少先队组织有着自己独特的优势。从调研来看，少年儿童对少先队组织有较强的荣誉感和归属感，75%的少年儿童对少先队活动表示满意。下一步，首都少先队各级组织应继承发展少先队工作方法、工作阵地、活动载体，坚持开展组织教育、自主教育、实践活动，着重解决以下八个重点难点工作：一是进一步改进少先队思想教育的方法手段，真正把有意义的事办得有意思。二是新媒体和大众传媒加深对少年儿童思想的影响，使新媒体和大众传媒成为引导思想、传递正能量的有效途径。三是提升少先队组织在少年儿童心中的光荣感与吸引力，使入队成为少年儿童自觉的行动与自发的追求。四是进一步发挥少先队员的主体地位，使队员真正成为少先队组织的小主人。五是规范和开展少先队中小队的组织生活，提高中小队的活跃程度。六是加强少先队小干部、小骨干的培养与成长追踪，为党和社会主义事业做好人才储备。七是建立一套行之有效的内在动力机制，进一步激发广大辅导员（尤其是中队辅导员）的工作热情和主动创造。八是推动少先队的基础理论发展，为少先队组织发展、实践创新提供动力和理论支撑。

（四）充分发挥少先队组织在学校、家庭之间的桥梁与纽带作用

少先队组织植根于教育，学校是少先队教育的主阵地，少先队教育是学校教育的重要组成部分。少先队思想教育是德育教育的一部分，二者教育内容各有侧重，视角不同，少先队侧重爱党爱社会主义祖国的政治启蒙，德育侧重行为习惯的养成、文明礼貌、品德教育。首都少先队组织要进一步密切与教育行政部门的协调联动，使其固定化、规范化、制度化。父母家庭对少年儿童影响最大，社区是少年儿童参与活动的重要场所，让社会主义核心价值观在少年儿童中培育起来，家庭、学校、少先队组织和全社会都有责任，如何在家庭教育、社区教育中发挥少先队组织的作用，增强少先队组织的社会动员能力是我们下一步需要解决的问题。

五　工作方法

（一）将少先队制度建设纳入教育部门的整体安排，以确保推动落实各项工作

少先队教育和学校教育都是少年儿童成长教育的组成部分，二者相辅相成，少先队教育必须要紧紧依托学校教育，而学校教育也必须用好少先队教育。市少工委明确了与市教委共同推进的22项具体工作任务，包括少先队活动课推进、少先队辅导员队伍建设、少先队经费保障、少先队工作督导等，从制度设计上整体把少先队工作纳入教育部门总体布局。同时市少工委加强对区县少先队工作的考核，明确区县、学校少先队工作的目标任务，层层督导，确保各项工作落到实处。

图片1　北京市少先队工作会议

说明：为落实北京市委《意见》，召开了北京市少先队工作会议。会议传达了习近平总书记5月30日在北京市海淀区民族小学参加主题队日活动时的重要讲话精神，并联合市委教工委、市教委、市政府教育督导室下发了贯彻落实市委《意见》相关工作安排的通知，并部署了在新学期全面推动少先队活动课，开展分批入队，每日"升国旗、唱国歌、向国旗敬礼"仪式，初一年级建队和佩戴队徽仪式等相关工作。全市少先队辅导员和部分学校校长参加了会议。

（二）建立千优带队创建工作指标体系，加强大、中、小队建设，夯实少先队组织基础

调研中发现，少先队工作重在基层，学校少先队组织对少年儿童的影响最直接最有效。为加强学校大、中、小队建设，市少工委制定了千优带队创建工作指标体系，包括5个一级指标，分别是思想教育强、组织建设强、骨干队伍强、工作阵地强、活动建设强，16个二级指标，明确规定了少先队大、中、小队的创建工作内容和标准，并结合少先队辅导员队伍建设、少先队活动课推进、社会主义核心价值观践行等少先队重点工作，每年对指标体系进行调整，有效夯实了工作基础。

图片2　开展大队辅导员培训

说明：团市委、市少工委联合市教委在全市中小学少先队组织全面开展"首都少先队'千优带队'争创工程"，培养出一批"政治素质过硬、职业精神优良、专业技能全面"的优秀大队辅导员，带动基层少先队组织创新发展，推动创建"思想教育强、组织建设强、骨干队伍强、工作阵地强、活动建设强"的基层少先队组织。

（三）组织少先队辅导员分级分类培训，打造"政治素质过硬、职业精神优良、专业技能全面"的工作队伍

从调研中我们看出，老师是学生除父母之外最信任的信息源，是除父母之外对人生观影响最大的人。少先队辅导员作为少年儿童的亲密朋友和

图片 3　辅导员培训工作现场

说明：健全完善市、区县、学校三级培训体系，将辅导员培训纳入师资培训和继续教育培训。大队辅导员不少于 72 学时，中队辅导员不少于 20 学时。将少先队辅导员纳入教师职称评价范围，在德育职称评价体系中增设少先队辅导员专业。加强少先队辅导员推优入党工作，推荐优秀大队辅导员进入教育系统后备干部培养序列。

指导者，对学生的影响不言而喻。市少工委建立了少先队辅导员市、区县、学校三级培训体系，即市少工委主要负责市级大队辅导员骨干培训和全市大队辅导员的上岗培训、区县少工委主要负责区县大队辅导员骨干培训和大队辅导员的日常培训、学校负责少先队中队辅导员培训，由市、区县少工委分别负责组织实施。市少工委开展少先队辅导员高级人才导师制培养，以两年为一周期，持续培养北京少先队的领军人物。

（四）将少先队活动课作为在课内开展社会主义核心价值观和理想信念教育的重要阵地，建立分层化、系统化、课程化的教育体系

少先队活动课是国家规定的必修课，实施少先队活动课是学校少先队教育的重要组成部分。市少工委制定《北京少先队活动课实施细则》，建立了从小学一年级到初中二年级分层化、系统化、课程化的教育体系，平均每周 1 课时，每学期 18 课时，每学年 36 课时。在少先队活动课的推进过程中，市少工委具体负责示范课例编写、少先队活动课教辅材料研发、大队辅导员分批集中培训、少先队活动课资源共享平台开发等；各区县学校负责少先队活动课课时的落实、中队辅导员培训、少先队活动课的公开课和观摩课等。

图片 4　前门小学、体育馆路小学开展区及少先队活动课

说明：少先队活动作为国家规定的必修活动课，从小学一年级至初中二年级每周安排1课时。北京市少工委制定《北京少先队活动课实施细则》，建立了从小学一年级到初中二年级分层化、系统化、课程化的教育体系。编写示范性课例、研发少先队活动课教辅材料、开展全市大队辅导员分批集中培训、新建少先队活动课资源共享平台、组织开展少先队活动课的实施和督导。

（五）建好红领巾全媒体平台，用文化潜移默化地对少年儿童进行影响

调查发现，现代新媒体对学生价值观的影响非常大，发挥校园媒体和社会媒体的联动作用，开辟思想教育的新阵地是当前少先队工作中的一项急迫任务。红领巾全媒体平台是市少工委在总结红领巾通讯社发展经验以及运用新媒体对少年儿童进行教育的基础上，建立的以红领巾通讯社为核心，包括红领巾广播站、电视台、队报队刊等校园媒介以及卡酷少儿频道、北京文艺广播、北京少年报等社会媒体共同参与的，对少先队员进行正面信息传播的媒体平台。通过举办红领巾传媒大赛、开展队报的赠阅，加强各种媒体资源的整合，及时传递党和政府的声音，引导广大少年儿童正确了解社会、认知社会。

（六）以各类仪式教育为载体，强化少年儿童爱国情感和组织归属感

调查发现，想去天安门看升降旗仪式的小学生占47.3%，去过的占

图片5 "红通社杯"校园传媒大赛

说明：近年来市少工委建设了全市性的红领巾通讯社，全市8000余名小记者遍布各校，举办少先队传媒大赛，努力建设以红通社为核心，包括红领巾广播站、电视台、队报队刊、宣传栏等校园媒体以及《北京少年报》等社会媒体参与的全媒体平台，及时传递党和政府的声音，引导广大少年儿童正确了解社会、认知社会。

图片6 学校举行升旗仪式

说明：入队仪式、首都少年先锋岗、每日"升国旗、唱国歌、向国旗敬礼"等仪式教育活动对少年儿童产生了很强的教育效果，市少工委继续研究仪式教育的规范化，通过仪式教育对学生思想意识进行引导，培育和践行社会主义核心价值观，培养他们对党和社会主义祖国的朴素感情。

44.1%,这说明仪式教育对少年儿童有着极强的吸引力和教育意义。长期以来,对少年儿童开展仪式教育是少先队组织的重要方法,每日"升国旗、唱国歌、向国旗敬礼"仪式、入队仪式等都对少年儿童产生了很强的教育效果。市少工委还将研究仪式教育的规范化,通过仪式教育对学生思想意识进行引导,确保教育形式和内容的有机统一,实现预期教育效果。

(七)举办红领巾户外训练营,对少年儿童进行实践教育

针对调研中发现的少年儿童体育锻炼时间少、身体素质和意志品质比较薄弱的问题,市少工委切实加强课外、校外和户外教育,结合少先队活动课和社会主义核心价值观教育,推出了红领巾户外训练营,通过学校或者社会报名的方式组织少年儿童参与,帮助少年儿童在户外训练中增强意志品质,接受教育。

图片7 红领巾户外训练营

说明:团市委开展青少年户外营地的建设,密云国际青年营已初具规模,2014年共接待青少年学生8000余人,下一步继续举办红领巾户外训练营,同时争取更多的国际青年营加入到社会大课堂资源单位中,充分利用教育资源,组织每年不少于1万名的学生参与户外体验,发挥户外教育资源对少年儿童的重要教育作用。

(八)利用六一儿童节和队庆日等契机,开展少先队主题教育活动

把握重要的时间节点,利用主题教育活动,设计开展更多有意义、有意思的活动对少年儿童进行教育是少先队工作的重要方法。每年六一儿童

节，团市委都会代表市政府筹备举办全市性的主题庆祝活动，并部署少先队主题教育活动，各区县各学校会结合市级要求组织开展少先队入队仪式等活动。在每年的"10·13"少先队建队日，市少工委都会举办"红领巾相约中国梦"等主题教育活动。这些活动主题明确、参与范围广、社会关注度高，受到学生的热烈欢迎。自2014年以来市少工委在六一儿童节依托社区青年汇举办"社区里的游园会"，高度契合了调研中显示的城市小学生的社区交往特征，吸引了很多少年儿童和家长的参与，发挥了活动的普遍性的教育效果。

图片8 广泛开展专题教育活动

说明：2014年5月30日，北京市相关领导参加了在北京雷锋小学举行的"红领巾相约中国梦——今天我入队争当好队员"新队员集体入队仪式。建队日前夕，市少工委开展全市性少先队鼓号队展示活动，打造少先队品牌活动项目，提升全市少先队鼓号队整体水平。

（九）加强少先队学科建设，推动少先队职业化、专业化发展

少先队学科建设的主要目的是培养一支职业化、专业化的少先队工作队伍。为此，市少工委在首师大设立"少年儿童组织与思想意识教育"学科学术性学位研究生，在本科阶段设立少先队辅导员兼教方向，在在职辅导员中开展教育硕士招生，每年培养一定数量的少先队专业研究生和本科生。设立少先队辅导员职称体系，为少先队辅导员的职业发展提供制度保障。

图片9 首师大举办少年儿童组织与思想意识教育二级学科暨本科专业论证会

说明：市少工委已在首师大设立"少年儿童组织与思想意识教育"学科学术性学位研究生，2014年已有2位同学入学就读；在本科阶段设立少先队辅导员兼教方向，目前已有78名同学选修；在在职辅导员中开展教育硕士招生，2名在职大队辅导员被录取。少先队学科的确立，为专业化研究首都少年儿童成长和少先队组织培育了一大批少先队骨干人才。

（十）加强少先队工作学会建设，大力推动科研兴队

少先队工作者的理论素养决定着少先队工作的质量。市少先队工作学会着眼于推动少先队工作的思路、工作方式和自身建设创新，吸纳少先队工作的老专家、有着丰富少先队工作经验的校长和大队辅导员加入学会。发挥学会各专业委员会的作用，汇聚各方面的力量，每年组织开展少先队调研、论文和案例等科研成果的征集评选，少先队研究，少先队队刊的编辑出版等工作，推出了一批关于少先队工作的科研理论成果。

图片 10　少先队工作学会开展活动

说明：市少工委与首都师范大学初等教育学院、北京少先队工作学会联合开展工作，计划在两年的时间内，充分利用首都资源优势，结合少先队学科建设，组织一批高水平的少先队专家学者和高校老师对基层优秀辅导员，从政治思想、理论素养、科研能力和实践工作四个层面进行有针对性的重点辅导和帮助，使其成为未来首都少先队工作的领军者，传承少先队的光荣传统和优良作风，带动基层少先队工作水平的提升。

中专职高学生群体研究报告

杨海滨　张秀峰　佟立成　訾　辛[*]

职业教育担负着培养高素质劳动者和技能型人才的重要任务。近年来，一批批优秀的中职毕业生奔赴首都各行各业，为首都的经济发展和社会进步做出了重要贡献。中职学生群体数量庞大、成长成才愿望强烈，中职阶段兼跨升学和就业，这就要求我们勇于改革、善于创新，既要坚持好做法、好传统，更要主动拓展工作空间和创新工作领域，着力提高学生的综合素质和职业能力，提升中职共青团工作的科学化水平，为首都的经济社会发展培养合格的技术技能型建设人才。

一　群体总量

截至2013年12月底，北京市共有40所普通中专、54所职业高中，共有59895名普通中专学生和64987名职业高中学生。

---

[*] 杨海滨，北京团市委副书记；张秀峰，北京团市委大学中专部部长；佟立成，时任北京团市委大学中专部副部长，现任北京团市委中少部部长；訾辛，北京团市委大学中专部干部。
参与课题人员：郭郦、范永胜、欧小琳、黄宝琪、沈慧、江振滔、倪志远、富泽萌、王晓楠、陈琛、唐凯。

二 抽样方法

按照1%比例分年级、分专业对中专职高学生进行抽样。累计对1124名学生进行了抽样问卷调查,回收有效问卷1063份。

三 群体特征

(一) 非农户籍比例大

调查显示,北京非农业户籍占被调查者总数的46.2%、北京农业户籍占22.0%、外地非农业户籍占9.5%,外地农业户籍占22.3%。

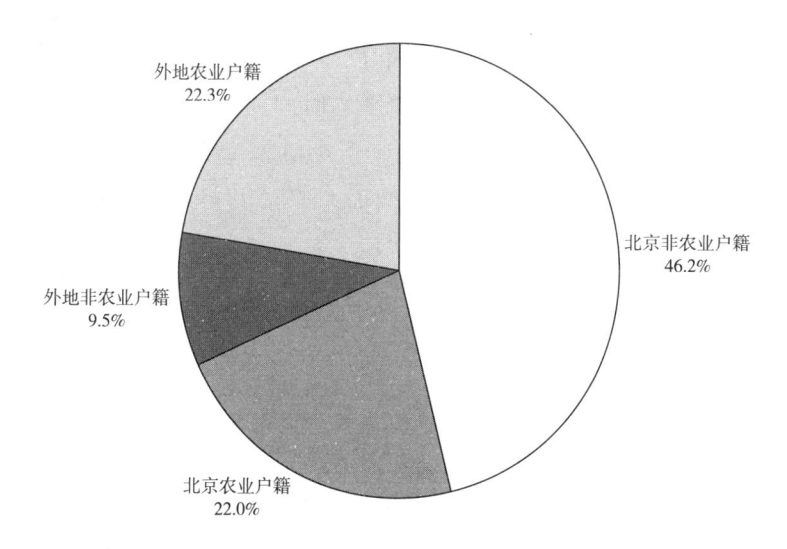

图1 出生户籍分布

(二) 认同党的领导和国家发展

虽然有41.7%的被调查者表示对中国梦"非常了解"和"比较了解",但仍有41.3%的被调查者表示"一般了解",表示"不太了解"和"不了解的"被调查者占总数的17.0%。这说明中国梦在宣传方式和内容设计上还有较大发展空间,需要采取更加符合青少年特点的方式引导中职学生深入了解。另外，对"中国梦能否实现的问题"的调查结果进行交叉分析后发现，虽然17.0%的被调查者表示"不太了解"和"不了解"中国梦，但是其中有70%的人对"中国梦一定能够实现"持肯定态度。与中学生群体一样，80.5%的被调查者明确表示同意和非常同意这一观点。这说明小学和初中的思想政治教育比较稳固，中职学生群体对党的领导和国家的经济社会发展抱有信心。这一点也可以从对"是否想加入中国共产党"这一问题的回答得到验证，除了已加入中国共产党的1.3%之外，有95.3%的被调查者表示"想加入"和"非常想加入"中国共产党。

（三）自律能力较弱、学习方法欠缺，但职业观念积极向上

对学习状况不令人满意因素的调查发现，被调查者选择最多的是自律能力较弱和学习方法不当，分别占了31.7%和18.7%。以学习时间为例，被调查者每周课外用于学习的平均时间为5.4小时，而大学生被调查群体平均每周课外学习时间为14.7小时，二者之间的差距非常明显。这充分说明中职学生自我管理的能力不足，科学学习方法手段欠缺，这些都会深刻影响他们对自我的评价，导致放弃通过持续学习改变生活的意愿。但从基本职业观念和就业困难的认识题目中可以发现，被调查者比较认同"诚信等良好的品质"（第一序位）和"个人能力和自我奋斗"（第二序位）的价值观念，同时也将就业困难归结于与个人相关的"没有工作经验""期望值太高""不愿意到基层"等因素（前三位）。

（四）重视学习成绩对就业的影响，但学习动力不足

46.6%的被调查者认为优秀的成绩是找到理想工作的主要原因；85.1%的被调查者表示"非常重视"和"比较重视"职业资格证书。相比39.2%的中职学生被调查者认为压力较大和非常大，80.4%的学生表示压力主要来自学习，只有27.1%的中职学生被调查者认为压力较大或压力非常大，45.7%的被调查者认为主要压力是学习困难。这说明中职学生群体虽然很看重学习成绩，但与中学生群体相比，有提升成绩的需求，但学习的紧迫感和动力不足。

(五) 社交需求多元，但组织覆盖面有限

65.1%的被调查者加入社团或组织的主要目的是丰富自己的业余生活。他们参加最多的组织或群体依次是学生社团（41.0%）、同学组织（35.0%），排在其后的是兴趣类组织（26.9%）以及公益志愿组织（23.7%）。这表明中职学生有社交的需求，以兴趣爱好、志愿服务为主要类型。但实际上，他们参与的频次相对较低，55.0%的被调查者表示从不参加和偶尔参加（低于每月1次）。这说明现有组织对中职学生的影响力和覆盖面有限。

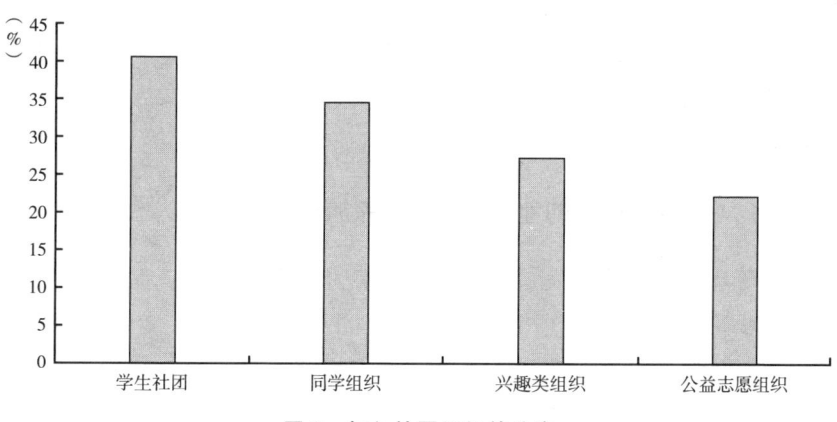

图2 加入社团组织的分布

(六) 上网的主要目的是业余娱乐

相比61.4%的中学生被调查者上网以娱乐为主要目的，中职学生被调查者的比例更高，为71.8%。新媒体对于中职学生群体的影响巨大，更多的被调查者会选择利用微信（20.6%）来获取社会新闻等信息。

四 工作思考

(一) 中职学生群体成长成才需求强烈

中职学生群体特点鲜明，学习与就业压力并存，成长和成才意愿同样突出。目前，首都中职共青团团组织建设、团干部配备、团的活力提升等

方面都有新的进展，固有的活动品牌得到持续的推动和深化，但仍然存在把握群体思想特征不够准确，思想引领的针对性、有效性有待提高等问题。比如首都各中职学校招收的学生中有相当数量是中考失利的中学生，他们普遍自信心不足、学习兴趣不高等，这为有效的思想政治教育和学习能力提高以及技能培养带来一定的挑战。

（二）成绩不佳与自律能力较弱并存

虽然中职学生认为学习成绩对找工作很重要，也非常看重职业资格证书，但中考失利造成自信心不足，自我认同降低，同时，他们也呈现出自律能力较弱，容易破罐子破摔的现象。因此，服务成长的主要目标应该定位于心理咨询和学习方法培训，增强面对面的沟通和交流，提升中职学生的学习动力和能力，使其自尊、自信、自强，提高其应对挫折、求职就业、适应社会的能力。

（三）中职共青团的组织建设亟待加强

与中等职业教育快速发展的形势相比，中等职业学校共青团的建设还存在许多亟待加强的薄弱环节。部分中职团委编制较少，专职比例偏低，团的组织、机制不健全，团干部培训、锻炼等保障不到位，团员意识不强、工作不够活跃，团组织作用发挥不充分。新形势下中职学生群体特点的不断变化和成长发展需求，给本就相对弱化的团的工作带来严峻挑战。加强中职院校团的组织建设，扩大有效覆盖面，探索与中职学生特点和需求相符合的工作方式方法是当前的新课题。

（四）努力培养符合社会发展要求的产业大军

绝大多数中等职业学校学生毕业后将直接跨入社会，成为产业大军的重要成员。他们能不能具备健康、积极、向上的思想道德素质，直接关系到我国未来产业大军的整体素质，关系到经济社会发展全局；他们是否在内心里认同党的领导，认同社会主义制度，能否坚持跟党走中国特色社会主义道路的信念，直接关系到能否确保中国特色社会主义事业的兴旺发达、后继有人。虽然北京中职院校学生总量不大，但仍需给予关注和重视，充分发挥团组织的作用，提高中职学生的综合素质和能力，培养符合产业发展和社会发展要求的技术型人才。

五 工作方法

(一) 举办"彩虹人生——奋斗的青春最美丽"优秀毕业生系列分享活动

中职学生既处在身体发育的生理成熟期,又处于思想意识从感性到理性、从模糊到清晰的成长过渡期。具体表现为价值取向多元,道德选择多样,对市场经济的发展变化和社会生活的需求变化缺乏了解,存在一定程度的身份恐慌情绪等。越是在思想多元的情况下,越是需要唱响主旋律。

图片 1　全国中职学校优秀毕业生校园巡回首场分享活动

说明:2014 年 5 月 8 日,由团中央学校部主办,北京市团市委、北京市信息管理学校承办的"彩虹人生——奋斗的青春最美丽"全国中职学校优秀毕业生校园巡回首场分享活动顺利举办。

"彩虹人生"引领成功梦想。集中开展"彩虹人生——奋斗的青春最美丽"优秀中职毕业生报告会活动。紧紧围绕立德树人的根本任务,深入挖掘在生产、建设、服务等一线的优秀中职毕业生典型和校园内可亲、可信、可学的优秀中职学生典型,通过开展思想研讨、奋斗故事分享、演讲辩论、新媒体传播、校园文化活动等,使中职学生充分认识到自己一样享有人生出彩和梦想成真的机会,以帮助学生建立自尊自信和培养职业精神为重点,引导中职学生自觉把个人梦想融入中国梦之中,增强奋斗精神,树立劳动创造财富、奋斗成就人生的价值观念,激励广大中职学生充分发挥自身禀赋和潜能,奋发进取,努力成为国家建设需要的高素质技能型人才。

（二）推进"挑战杯——彩虹人生"职业学校创新创效创业大赛

根据调研数据可知，受访者希望获得与学习就业有关的前三类帮助类型是丰富的就业信息（14.6%）、学习辅导（12.5%）、增加收入（12.0%）。由于知识结构、社会经验、家庭氛围等多方面因素的影响，中职学生的自我意识较强，对职场缺乏深刻的认识，存在着复杂的就业心理，也面临着较大的就业压力。因此，在日益激烈的竞争下，更应培养中职学生学习真本事的意识，积极开展中职学生的职业技能培训，提升其就业竞争力，增加就业机会。

图片2　总结表彰会现场

说明：2014年9月25日，"挑战杯——彩虹人生"首都职业学校创新创效创业大赛总结表彰会暨首都职业学校社团展演活动成功举办，全市15所职业学校的1000余名师生到场观看表彰和社团展演。

"挑战杯"助力职业发展。深化创新创业创优工作，以"同圆中国梦想，共创多彩人生"为主题，推进"挑战杯——彩虹人生"职业学校创新创效创业大赛。大赛旨在贯彻落实党的十八届三中全会提出的"要加快现代职业教育体系建设，深化产教融合、校企合作，培养高素质劳动者和技能型人才"的精神，进一步增强职业学校学生的创新创效、就业创业和职业转换能力，培养职业学校学生创新理念、创效意识，提高其就业创业能力，促进形成"崇尚一技之长、不唯学历凭能力"的社会氛围。着力将大赛打造成为增强学生社会责任感、创新精神、实践能力以及促进学校、企业、社会进行人才培养、项目孵化、资源整合的综合平台，逐步将职业学校打造成学生就业创业教育的有效载体和特色阵地，为培养工程师、高级技工和高素质职业人才服务，为全面建成小康社会提供强有力的人才支撑。

（三）探索开展中职团组织联席会议

中职学校尤其是企事业单位所属学校隶属关系复杂、分散以及一段时间以来中职学校团组织工作存在的体系分割、管理错位，如市区层面，管理职责不清、统筹难度大，学校层面，各自独立工作、资源整合平台小等，导致部分工作较难落地，缺乏系统性的工作指导。

推进中职团组织建设创新转型，探索开展中职共青团联席会议。探索建立与全市40余所中职学校常态化联系制度，打造信息直报、经验推广、重点指导的联络机制，建立QQ群、微信群等日常联系平台。通过中职学校团委书记联席会议，加强对全市重点中职学校团组织的工作指导，加强与基层中职团委的工作联系和信息沟通，以思想引领和成长服务为战略任务，打造北京市中职共青团工作品牌，提升职业学校的社会影响力。

（四）加强中职学校团干部轮训工作

与高校相比，中职学校团干部总体数量偏少，专职比例偏低，在编制、待遇、工作时间、职业发展等方面保障并未完全到位。团干部工作压力大，学习锻炼的机会少，能力素质有待提高。

进一步强化中职院校团干部队伍建设工作，有针对性地开展中等职业学校团委书记轮训，提高中职团干部综合素质和业务水平，为中职团委书记的健康成长搭建一个交流学习的平台。探索进行专项实训，建设以讲团课为主要方式的展示平台，努力提升团干部的岗位技能，推广开展中职团委书记技能大赛，积极开展中职系统团学工作优秀成果评选。

高校青年教师群体研究报告

杨海滨　张秀峰　佟立成　范永胜[*]

教师是高等学校实现人才培养、科学研究、服务社会等职能的主体。高校教师的思想政治素质和道德情操直接影响着青年学生世界观、人生观、价值观的养成，决定着人才培养的质量，关系着国家和民族的未来。目前，青年教师已经成为高校教育教学工作中的重要力量。青年教师与学生年龄相近，接触较多，传道授业过程对学生的思想行为影响更直接，对学生的健康成长起到了非常重要的示范引导作用。开展对青年教师的调查研究，把握青年教师的思想特征，有针对性地进行联系、团结、凝聚工作，既是团工作的应有之义，也是实现对在校大学生思想引导和成长服务的重要支撑。

一　群体总量

本次高校青年教师的调研涉及在京普通高等学校91所，调研中的青年教师是指：35周岁以下，高校中的专任教师、行政以及教辅人员，不包括后勤和校办产业等机构中的工勤人员和其他人员。北京高校青年教师的群

---

[*] 杨海滨，北京团市委副书记；张秀峰，北京团市委大学中专部部长；佟立成，时任北京团市委大学中专部副部长，现任北京团市委中少部部长；范永胜，北京团市委大学中专部干部。参与课题人员：郭郦、訾辛、黄宝琪、沈慧、江振滔、倪志远、富泽萌、王晓楠、陈琛、唐凯。

体总量为 26781 人,其中,35 岁以下的专任教师为 16738 人,35 岁以下的行政教辅人员为 10043 人。

二 抽样方法

本次青年教师的调研按照 5% 的比例分高校、分院系、分专业,在北京的 91 所普通高校进行抽样,发放问卷 1340 份。同时,通过座谈会、访谈等方式再抽取 160 份样本并发放问卷。所以,此次调研总计发放问卷 1500 份,收回有效问卷 1409 份,有效样本量总计 1255 个。

三 群体特征

(一)群体高知高学历特征明显

调查显示,41.5% 的受访者为硕士学位获得者,拥有博士学位的占 26.5%,博士后占 7.2%。其中,毕业于 985 高校和 211 大学的高达 70.8%[1],两者各占 37.7% 和 33.1%,普通院校毕业的仅占 23.1%,海外

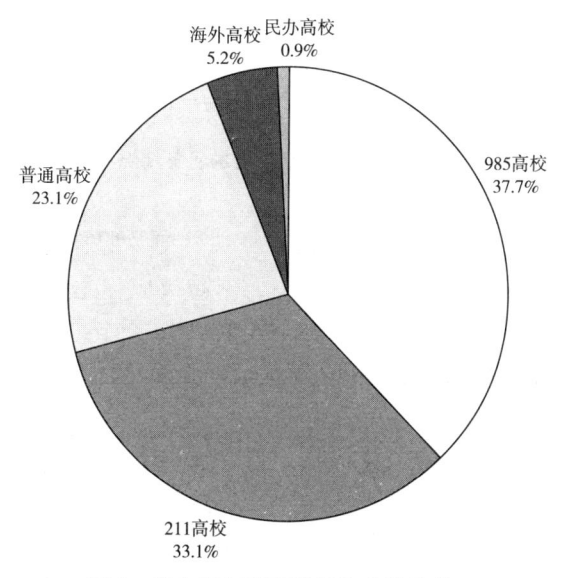

图 1 青年教师最高学历毕业院校情况

---

[1] 对于既毕业于 985 高校也毕业于 211 高校的教师,按 985 高校统计。

院校毕业的占 5.2%。这一数据显示，北京高校青年教师群体，主要由 985 高校和 211 大学的毕业生构成。

（二）专业教师职称呈现"纺锤状"，晋升副高出现"职称拥堵"

在 16738 名专任青年教师中，按专业技术职务分：正高级 199 人，占 1.2%，副高级 2363 人，占 14.1%，中级 10360 人，占 61.9%，初级 2321 人，占 13.9%，未定职级 1495 人，占 8.9%，呈现出中间大两头小的"纺锤状"。

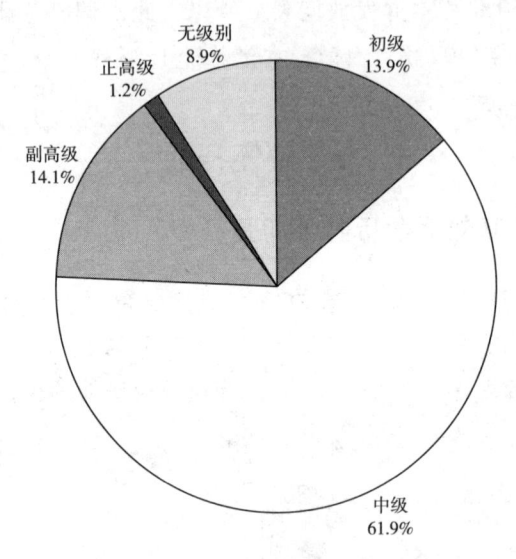

图 2　青年教师专业技术职务情况

由此可见，高校青年教师的评定"呈现以中级职称为主，初级职称为辅的状态"。在过去的青年教师评定中，副高级职称主要与工龄及学历相关，存在一定的"论资排辈、熬年头"现象。以往由副高晋升正高很难，现在不仅评定正高更加困难，由讲师晋升副高也变得越来越不容易，副高职称的评定已经成为青年教师职业生涯中的"瓶颈"，青年教师晋升副高相比以往更加困难，"第二次职称拥堵"或者说"双职称瓶颈"在青年教师群体中已经逐渐显现。

（三）对现行高校科研制度持保留意见，科研领域的"马太效应"是其压力来源

调查显示，48.0% 的受访者表示压力大，其中 10.1% 的受访者表示压

力非常大,另外还有38.0%的受访者表示压力适中,仅有4.3%和9.7%的受访者表示自己没有压力或压力较小。

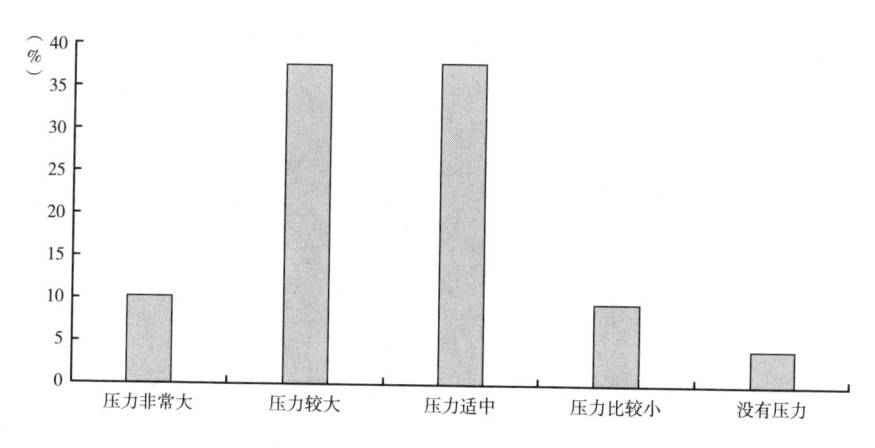

图3　青年教师综合压力

造成工作压力大的主要原因有三个方面,分别是"专业技术职务晋升困难""工作负担太重""教学科研经费不足",比例依次为24.52%、17.30%、13.66%。从科研经费的分配和激励上来看,超过半数的人认为"存在评定不公等问题",41.6%的人认为现行科研经费管理制度有改进的空间。虽然国家这些年连续加大教学科研投入,但科研经费、校外讲学机会等分配非常不均衡,很多资源集中到了少部分人手里。从技术职务上来看,依托于掌握丰富资源的"学术权威"的青年教师更容易获得科研项目和发展机会,进而获得更多的提升空间和展示平台,优势资源向着优势青年教师集中,变得"越来越好",而那些缺乏依附关系和相关资源的青年教师,则很难获得机会和空间。这在一定程度上形成了高校内科研资源配置强者越强、弱者越弱的"马太效应"。国外交流、科研经费等各种教育资源的"倒三角"配置模式都让青年教师"可望不可即",倍感压力。

(四) 课外师生交流方式有待改进

在师生课外沟通与交流的方式和途径上,调查显示,高校青年教师主要以课间休息或下课后聊天"(35.8%)和"答复学生邮件、电话或短信"(19.8%)为主,很少"主动找学生交流"(占比仅为15.4%)。这一组调查数据反映出,高校青年教师能利用大学生习惯的网络方式进行交流,但与学生面对面交流的方式普遍较少。这与国外高校教师惯常的做法如设定专门的接待时间与学生交流相比，还有进一步的改进空间。

（五）工作、生活稳定，收入以工资为主体，住房是最主要的困难

调查显示，在对工作满意度的测评中，青年教师最认可其工作稳定性。在受访青年教师中，79.0%的受访者为北京非农业户籍，这也为其在京工作、生活的稳定和子女的照顾奠定了较好的基础。青年教师群体收支基本平衡，略有结余。从收入上来看，青年教师工资收入相对固定，90.9%的受访者表示，工资收入占其收入比例最高。除此之外，青年教师还能通过其他方式获得收入：比如4.3%的受访者表示科研收入和稿费占其收入比例的首位，2.1%的受访者最高比例的收入为校外讲课、咨询、评审或其他兼职收入。从支出上看，60.0%的受访者表示，房租和房贷是最大的开支项目，居于其次的开支是吃饭、抚养子女等必需支出。数据显示，住房困难是其面临的最主要困难。可见，高校教师群体的生活还主要处于物质资料满足和积累阶段。在工作满意度的测评中，工资收入是青年教师最不满意的因素。这主要是源于青年教师这个群体多为高知高学历，期望收入与实际收入之间仍有较大反差。

（六）社交以同学为中心，以单位为半径，校园成为其后天形成的熟人社会

调查显示，77.8%的青年教师交往的朋友中最多的是同学，12.2%的青年教师表示最多的是同事，可见学校、单位这两个社会网络是目前青年群体，特别是青年教师群体最强的社会关系纽带。与此同时，还有调查数据表明，86.1%的受访者表示自2011年以来没有换过工作。另外，仅有不到16.7%的青年教师每月会参加超过一次的校外活动，大部分青年教师从不参加或只是偶尔参加。相对稳定的工作环境，相对狭小的工作之外的生活圈，使高校校园成为青年教师群体后天形成的熟人社会。

（七）单位是问题诉求和解决的主渠道

调查显示，对于政府发布信息的态度，青年教师群体中60%的受访者表示比较相信或完全相信。与其他青年群体相比，他们的信任度是比较高的。从对信息提供者的信任程度来看，青年教师最信任的前三项依次为父母及亲戚（30.8%）、政府部门（20.0%）、电视报纸等媒体（10.4%），政府部门信息为第二大最可信信息来源。另外，在公共事务管理方面，61.7%的青年教师选择通过学校、单位参加公共事务管理；在维权调查中，青年教师群体在遇到侵害时，排在首位的是求助于本单位（学校）领导（占比38.7%）。在问题解决上，同中央国家机关和事业单位青年群体一样，青年教师群体单位房的租住比例较高；他们在医疗、子女入学等方面也还享受着高校提供的保障。从以上数据分析中可以判断，单位依然是青年教师问题诉求和解决的主渠道。

（八）网络表达趋于理性，但网络影响力不容忽视

调查显示，近90%的受访者表示不会把自己的情绪带到网络中或仅会在朋友圈里交流以舒缓情绪。

但在网络经历方面，18.3%的受访者表示其所发文章或帖子会被大量转载或回帖；11.6%的受访者表示其在微博中对社会现象或事件的评论会吸引大量网友关注与转发；5.2%的受访者表示曾经担任过某知名论坛的版主；2.7%的受访者表示其制作的视频曾被大量下载或浏览。由以上数据可以看出，青年教师群体除了通过学术创新和教书育人来影响社会，较强的专业能力和思辨能力使其在网络特别是在自媒体中的影响力也不容小觑，其专业影响力有待进一步挖掘、发挥。

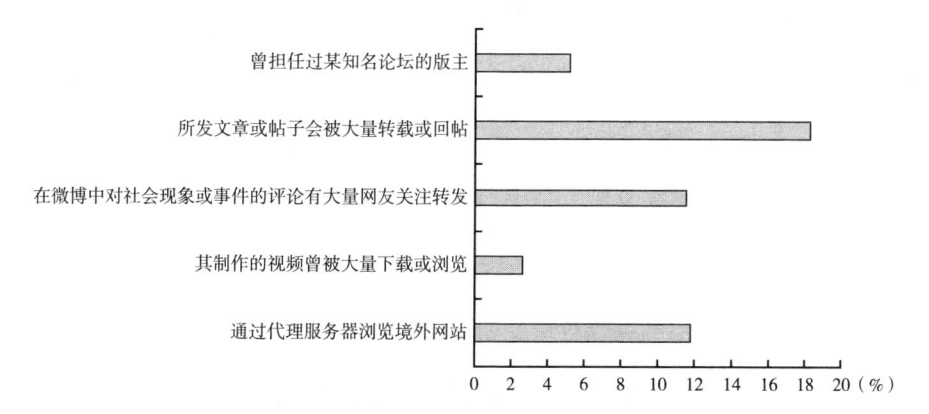

图4 青年教师的网络经历

(九) 对未来发展前景持谨慎乐观态度

调研中发现,对十八届三中全会提出的"全面深化改革的态度""市场将起决定性作用"和"目前中国的飞速发展被称为中国模式"的看法,分别有 61.7%、54.9% 和 52.1% 的人认为"政策很好,但落实起来有难度"。可见青年教师群体虽然相信政府,但对未来的发展前景持谨慎乐观态度。

四 工作思考

(一) 青年教师是"讲台上的青年",是具有"身份双重性"的特殊青年群体

青年教师,既是青年,同时还肩负着教育青年的重任;同青年学生相比,青年教师群体是共青团组织的服务对象,同时他们也肩负着立德树人的重要职责。这样的双重身份决定了青年教师在各类青年群体中是一个相对特殊的群体。对于青年教师这一群体,共青团组织应为、可为,并能够大有作为。应在充分重视青年教师群体的基础上,将探索高等教育规律和青年工作规律有机结合起来,联合相关部门、整合社会资源,建立有效的助力青年教师成长的激励机制和思想引导机制。

(二) 青年教师需要更多的交流服务平台

目前来看,在高校中共青团组织对于青年教师群体的工作模式相比青年学生还不够健全,群体覆盖也相对局限,团组织应在能力范围内尽力回应青年教师工作、生活中的需求,缓解青年教师群体在科研、教学、生活、经济等多方面的压力。建立青年教师、青年学者学术观点、科研成果展示的长效机制,搭建青年教师交流互动的平台,为青年教师开展学术和科研活动创造条件。只有把握住青年教师的核心需求,体现出该群体的自我价值,提升其自我认同感,才能更好地吸引人才,充分发挥他们的积极性,实现教师的专业发展和高校科研及创造力水平的提升。

(三) 青年教师是当前高等教育改革的中坚力量

根据调研的特征分析,青年教师更关注科研、住房、职称评定等与切身

利益相关的问题，应该说，青年教师是当前高等教育改革、科研制度改革等一系列改革的中坚力量。建议有关部门在设计和推进未来的改革工作中，能够充分重视这一青年群体的诉求和利益，充分保障青年教师在评职晋级、课题申报等方面的公平、公正和公开。要充分利用工会、教代会等教师代表机构的优势，引导青年教师积极参与学校大政方针的制定和实施过程。充分发挥党委领导、社会参与、共青团推动的多元合力，为青年教师发展提供良好的外部支持环境；积极调动青年教师参与学校管理、监督工作的积极性、主动性和创造性，进一步激发青年教师的责任感和使命感，使其积极参与和推进高校的各项工作改革，促进青年教师全身心投入党的高等教育事业。

五 工作方法

（一）开展青年教师"认识社会 回报社会"专项实践活动

专任青年教师普遍具备较高学历、较强的专业知识和一定的学术研究能力。相比专业领域的理论素养，青年教师对基层实际情况和复杂程度的把握存在不足。着力推动更多高校青年教师参与社会实践，通过实践增强青年教师对国情、社情、民情的深层认识，增强青年教师回报社会的责任感，通过实践增强对青年教师思想引领的力度。结合区域化团建，采取青年教师专门建队或青年教师带队、青年学生参与的形式，前往基层街乡开展实践调研，推动青年教师根据客观实践转变思想认知，并进一步在"第一课堂"中影响带动大学生正确认识和客观分析社会现实，并增强其投身建设发展的责任感和使命感。

（二）举办"首都青年教师发展论坛"（即圆明园论坛）

青年教师处于竞争激烈、文化氛围浓厚的工作环境中，他们中的大部分人在残酷的竞争中之所以选择留在北京这座机会成本与生活成本均非常高的城市，在很大程度上是因为这里拥有相对集中的资源和较优越的发展环境。青年教师群体发展需求的满足依赖于众多的学习机会、广泛的学术交流，他们渴望拥有学术科研成果展示的平台，盼望有更多的机会与同领域的学者、专家交换意见，分享思想。

圆明园论坛已经成功举办了四届，围绕环境治理、城市交通、流动人

图片 1　圆明园论坛现场

说明：2014 年 3 月 21 日，首届首都青年教师发展论坛（圆明园论坛）上，青年教师汇报化石燃料 PM2.5 生成和控制。2015 年共举办四届圆明园论坛，分别以环境治理、城市交通、流动人口服务与管理、京津冀协同发展为主题。圆明园论坛是共青团北京市委员会发起的以推动学术研讨与合作、服务青年教师成长发展、促进城市经济社会发展为目的的学、官、产、媒多方洽谈、合作的综合性平台。

口服务与管理、京津冀协同发展等主题，邀请北京大学、清华大学、南开大学、河北工业大学等高校的百余名优秀青年教师参与。邀请相关国家部委、市相关政府部门等单位的领导、科研机构、行业学会、协会、行业企业等单位的资深专家进行点评交流。未来论坛将在业内交流的基础上探索多领域间"跨界交流，联合研究"的新形式。通过团组织凝聚一批优秀的圆明园学者，为青年教师搭建一个面向政府、企业、媒体、专家的科研成果宣传展示的平台。构建青年教师、青年学者"同领域专业性，多领域创新性"的交流研讨新模式。与此同时，这个平台也为青年教师走出象牙塔，走向社会提供了一个渠道，多家中央及首都媒体对论坛进行宣传报道，进一步扩大青年教师在社会上的影响力，充分发挥团组织对青年教师的影响。

（三）组织青年教师到街道乡镇挂职锻炼

作为第一课堂的教育者，高校青年教师成为学生接触最多最密切的群体，其自身素质高低、能力强弱直接影响教育效果和工作水平。当代大学生期望老师在课堂上能够充分发挥答疑解惑、为人师表和行为示范作用。通过基层挂职锻炼等方式加强青年教师的培养，不仅可以促进其自身成长发展，也可促进青年教师群体在教育引导和服务大学生群体时提高说服力和权威性，增强工作实效。

图片 2　2014 年北京高校挂职团干部会议现场

说明：近年来北京团市委定期从首都高校共青团干部队伍中选拔优秀青年前往内蒙古、新疆、北京区县级团委挂职锻炼。选派干部积极协助所在单位区域化团建等重点工作的推进，充分发挥其自身知识和专业优势，为促进当地经济社会发展做出力所能及的贡献，不断增强他们开展群众工作的本领和社会管理工作能力。

组织高校青年教师赴新疆、内蒙古及北京区县、街乡挂职锻炼。截至目前，已有 300 名高校团干部和青年教师参加挂职锻炼。2015 年青年教师中参与区域化团建到北京街道乡镇的挂职乡镇党政领导助理有 26 名，到新疆的有 6 名，挂职队成立了临时党团支部，制订了富有针对性的挂职工作计划和目标。通过挂职锻炼，一方面加强校地合作，为当地经济社会发展做出了一定的贡献，另一方面深入接触社会，拓展了青年教师的视野，提升了青年教师自身对社会问题的深入认知和把握，为其今后在讲台上进一步教育和引导学生奠定了基础。

（四）推进"我爱我师"市级优秀青年教师评选

针对青年教师需要社会、同行的认可，更需要得到青年学生的认同的心理特点，通过学生的视角开展大规模评比活动。选树青年教师中的先进典型，发挥其示范带动作用，这样既可以提升青年教师的荣誉感、自豪感，还可以进一步强化"传道授业解惑"这一高校青年教师的传统职责。

开展首都高校"我爱我师""讲台上的青年好声音"等评选活动,以选树先进典型为抓手,通过自荐推荐、网络投票、现场展示等形式,发掘在教学上做出突出贡献的先进典型,发掘那些默默无闻、勤勤恳恳为教育事业无私奉献的先进人物,发挥典型的示范和带动作用,广泛凝聚和培养一批德才兼备的优秀青年教师。

(五) 开展"五四杯"青年教师系列体育赛事

根据高校青年教师相较于其他青年群体较多地参与体育锻炼的调研现状,利用高校较多的体育锻炼设施和较好的体育锻炼条件,进一步为青年教师开展体育锻炼提供便利。应充分发挥高校体育设施完备、运动氛围相对浓厚的优势,鼓励青年教师多参加体育活动,用锻炼提升身体素质,用共同的兴趣爱好扩展不同个体间的交流。

在"五四杯"系列体育比赛中设立青年教师系列专项赛事,比如篮球赛、足球赛、羽毛球赛、网球比赛等,分片区举办小组赛、选拔赛,市级组织举办总决赛,达到提高身体素质、丰富业余生活、促进跨校交流等目的,通过体育比赛的方式团结和凝聚青年教师。对于表现优秀的青年教师可以提供观看2015年在京举办的世界田径锦标赛以及中国网球公开赛的机会。

(六) 筹建"首都青年教师智库"

由于青年教师学历高,知识丰富,且思维活跃,对当前国家和社会发展的重大问题有独立的思考和研究,所以应充分发挥青年教师的自身优势,为经济社会发展献计献策。团组织建设的青年智库,不仅成为服务和培养青年教师的平台,还为学校教育改革提供信息依据,为社会经济发展输出智力资源。

通过圆明园论坛等平台,选拔一批在本领域具有较高学术水平和较多研究成果的青年教师组成"智库",发挥其政策、组织、人才、信息、资源等方面的优势,着眼于前瞻性、实效性、思想性和建设性,围绕党和国家中心任务、青年成长等重大问题建言献策,提供决策参考,努力打造凝聚、培养、引导青年人才的平台。

(七) 推出青年教师"网络公开课"

针对网络已成为连接个体与社会的重要渠道,网络公开课从一个"新事物"变为寻常的学习手段等新特点，应充分借助高科技手段，将所授的课堂感性地呈现在所有人的面前。网络公开课的背后孕育着大学知识传播理念和方式的深刻变革。通过网络公开课，在提升青年教师群体社会知名度和影响力的同时，增强青年教师的社会认同感，为其搭建学习交流的平台。

与清华大学"学堂在线"网站密切合作，打造北京高校青年教师系列网络公开课。选题尽量扩大其学科覆盖面并均衡建设，力求满足不同受众需求。调整课程内容和授课方式，在建立网络交流模块的基础上，促进师生互动。完善知识产权，进一步保障青年教师的合法权益。建立有效的反馈评价体系，促进精品视频公开课建设的可持续发展。

中小学青年教师群体研究报告

黄克瀛　任海宏　赵非[*]

教师是履行教育教学职责的专业人员，承担着教书育人、培养社会主义事业合格建设者和可靠接班人、提高民族素质的使命。青少年时期是人生价值观形成的起步阶段，也是重要时期。作为他们学习成长的重要影响力，教师的作用不能忽视。因此，全面掌握新形势下各中小学青年教师的基本情况、思想政治状况，调研青年教师对团组织的服务需求便显得尤为必要。

一　群体总量

本次中小学青年教师调研中的青年教师指：中小学中35周岁以下的专任教师，不包含行政人员、教辅人员、代课教师、兼任教师和校办产业等机构中的工勤人员及企业职工。报告中的描述和分析主要基于本次大调研的样本数据，同时也结合了北京市教育委员会发布的2013～2014学年度北京教育事业发展统计概况。截至2013年底，北京市普通中学和小学35周岁以下的专任教师共有47926人。

---

[*] 黄克瀛，北京团市委副书记，市少工委主任；任海宏，时任北京团市委中少部部长；赵非，北京团市委中少部干部。
参与课题人员：杨光、史世林、徐佳、乔琮。

二 抽样方法

本次调查按5%的比例，采用分层整群抽样的原则进行取样，在16个区县总计发放问卷2396份。以16个区县为单位，每个区县抽样的总量即为中小学青年专任教师人数5%的总数。

为确保取样全面，在确定全市抽样总数、各区县抽样总数的基础上，按照各区县不同学校类型随机抽取学校发放问卷。收回有效问卷2244份，有效样本量总计2244个。

三 群体特征

（一）生活工作压力大，但工作满意度高

调查显示，43.8%的受访教师表示压力较大，13.1%的受访教师表示压力非常大。受访教师中觉得所受压力的最主要来源是工作，其次是经济、生活。

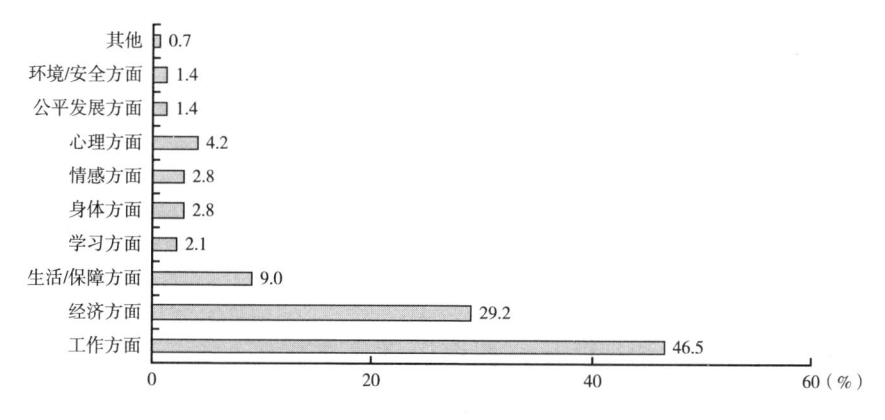

来源	比例(%)
其他	0.7
环境/安全方面	1.4
公平发展方面	1.4
心理方面	4.2
情感方面	2.8
身体方面	2.8
学习方面	2.1
生活/保障方面	9.0
经济方面	29.2
工作方面	46.5

图1 受访教师中觉得所受压力的最主要来源

具体来说，在工作方面，调查显示，46.5%的受访教师表示工作方面是其主要压力来源。调研也显示，11.5%的受访教师表示不太能承受，1.1%的受访教师表示根本承受不了。在询问受访教师通常喜欢哪一种方式减压，排在前四位的分别是：读书、听歌或看电影（26.3%），与他人交流或参与社交活动（20.6%），运动健身（20.0%）和参与旅行、登山等户

外活动（15.6%）。我们可以得出，尽管现在随着教育改革的深入，学生减负措施不断推出，但是由于中高考的压力、学校对成绩的重视，属于骨干的青年教师普遍承受着较大的工作压力。

在生活方面，38.2%的受访教师表示经济生活是其主要压力来源。调查显示，受访中小学青年教师中，近一年月平均收入4357.40元，平均月支出为3491.09元，49.4%的受访教师表示希望提高收入。支出结构中，按权重均值，花费最大的是房租或房贷，每月平均费用是2700.86元，30.5%的受访教师表示住房问题是其第一位的困难。

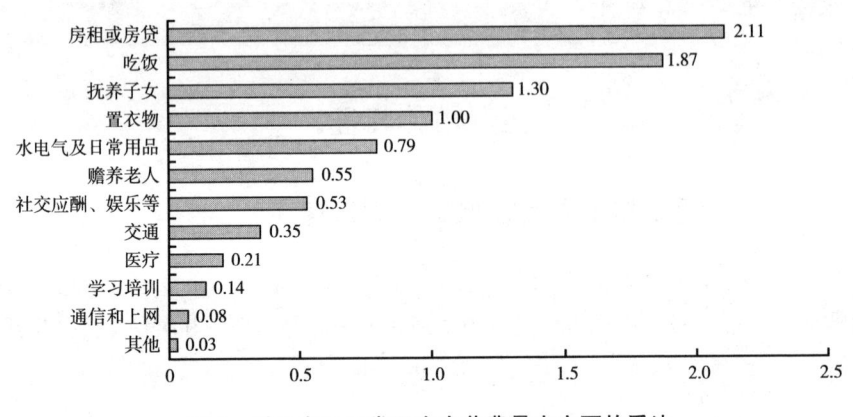

项目	数值
房租或房贷	2.11
吃饭	1.87
抚养子女	1.30
置衣物	1.00
水电气及日常用品	0.79
赡养老人	0.55
社交应酬、娱乐等	0.53
交通	0.35
医疗	0.21
学习培训	0.14
通信和上网	0.08
其他	0.03

图2 对于自己日常开支中花费最大方面的看法

与之相对，调查显示有62.0%的受访教师表示喜爱这项工作，这表明教师的工作满意度指标较高。但调查也显示，教师的满意度随着年龄的增加也在降低，可以看出，随着教龄的增加，教师工作的职业倦怠感日益凸显，需要引起教育管理部门的重视。

（二）高学历特征明显，职业选择起步早

调查显示，这一群体中有80.2%的受访者是本科学历（含双学位），研究生学历则达16.4%，显著高于其他青年群体，低于高校青年教师。有76.4%的受访者毕业于师范院校。可以认为，中小学青年教师属于高学历群体，他们较早（18岁）便有了做一名人民教师的职业选择，并在师范院校受到了系统的职业教育，较早地得到了专业化训练，具有成为一名合格的教师应具备的基本素质和条件，这为他们今后的职业道路选择起到了不可忽视的作用。

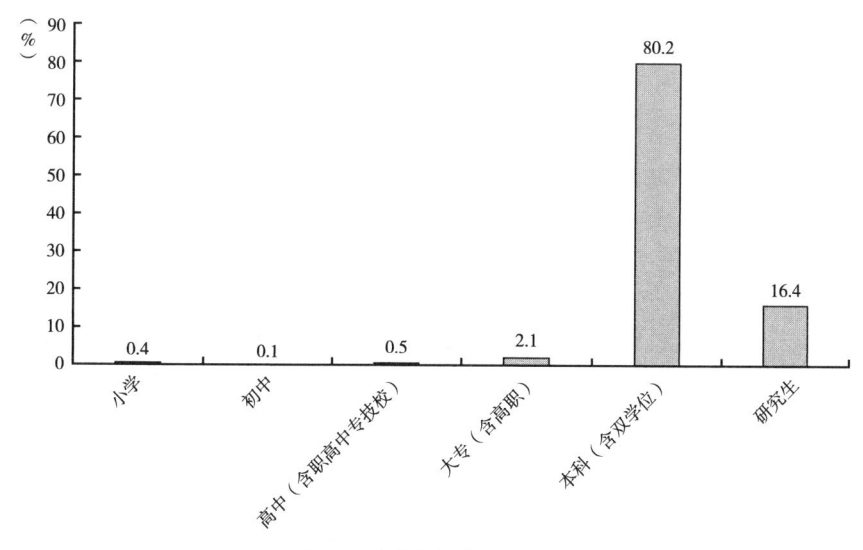

图3 受访教师的学历状况

（三）社会交往方面，以同学、同事和家人为中心，具有一定的网络影响力

调查显示，在这一群体中，有一半以上的受访者没有参加任何组织群体。在其余参加了组织群体的受访者中，44.6%的受访教师从不参加，36.0%的受访教师表示偶尔参加。这表明，组织活动已成为青年教师群体中基本没有的组织行为。同时，调查显示，在遇到困难或紧急情况时，家人及亲戚给予的帮助最大（75.8%），其次为朋友（12.4%）和同学（5.6%）。由此，我们判断，青年教师通过实体组织进行社会交往的频率较低，而与家人、朋友和同事的交往较为紧密。

调查显示，受访教师中，每天上网0.5~2个小时的，占61.4%。对于是否会把情绪带到网络中的问题，51.4%的受访教师表示不会，33.3%的受访教师表示会在朋友圈里交流以舒缓情绪。41.3%的受访教师有过在博客、论坛中所发文章或帖子被大量转载或回帖的经历，24.0%的受访教师有过在微博中评论社会现象或社会事件时引起大量网友关注的经历；7.7%的受访教师表示自己制作的视频被大量下载或浏览。可以认为，该群体对相对封闭的网络空间（如微信）和开放的网络空间（如万维网）有着清晰的认识，遵守不同网络的活动准则。

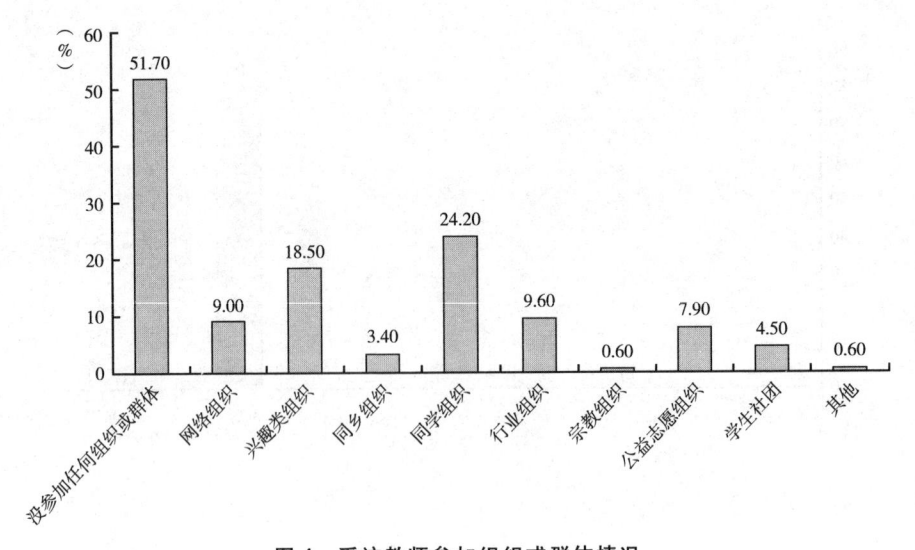

图 4　受访教师参加组织或群体情况

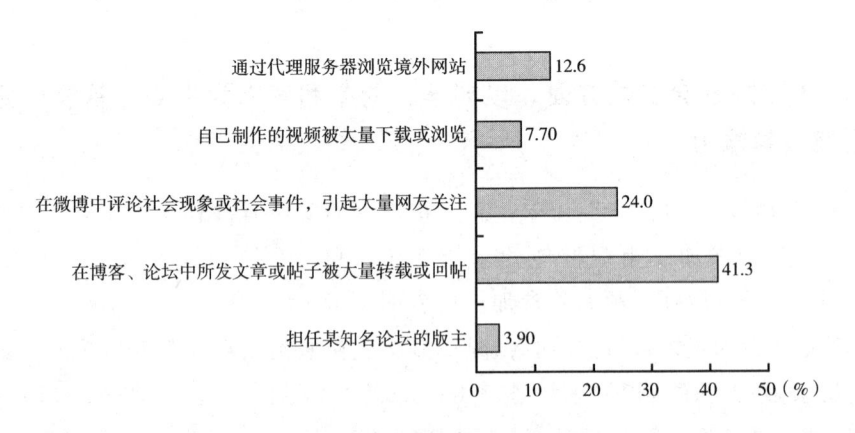

图 5　受访教师相关经历统计

综上可以得出，在社会交往方面，该群体的社会交往相对封闭，主要集中在同学、同事和家人之间，并通过网络与他人互动，社会活动范围既有典型的熟人圈子，又通过网络与陌生人交往。在网络中，他们往往会积极表达态度，且能够用公共行为准则进行自我约束，具有一定的网络影响力。

（四）日常生活方面，以学校、家庭为主线，呈现典型的"单位人"特征

调查显示，58%的受访者每天工作时间在8小时（不含）以上。对于

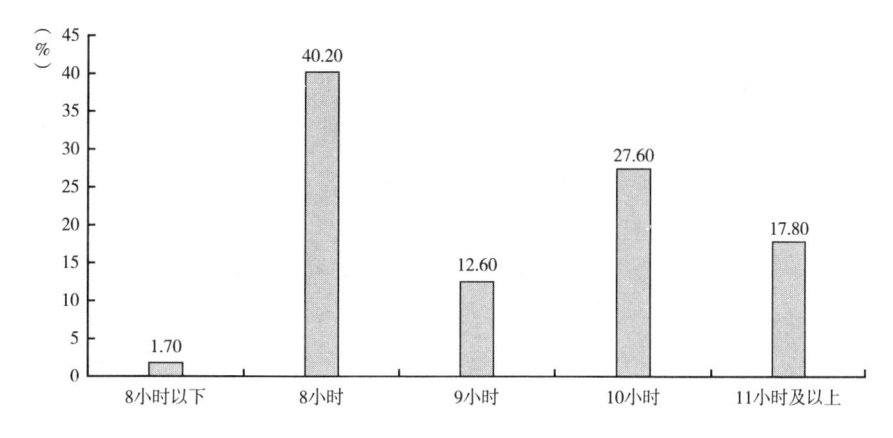

[图表：受访教师每天的工作时间分布，8小时以下 1.70%，8小时 40.20%，9小时 12.60%，10小时 27.60%，11小时及以上 17.80%]

图 6　受访教师每天的工作时间

受访者如何分配工作外的时间，以上网（50.5%）、带小孩或教育子女（29.7%）、看电视（29.3%）、睡觉（25.9%）、做家务（20.7%）等为主，主要活动场所为家中。

调查显示，中小学青年教师愿意参与北京的公共事务管理，有65.5%的受访者最愿意通过学校参与，有7.9%的受访教师表示愿意通过工会、共青团、妇联等群众组织参与。

此外，该群体中2.9%的受访教师租住单位房，13.7%的受访教师住集体宿舍，学校既是单位又是家庭。但是由于学校属于传统的体制内单位，大家对学校的归属感相对较强，遇到困难和问题时，首先想到的是单位；在参与社会公共事务上，也主要愿意通过单位或组织渠道参与。

综上可以得出，该群体的日常生活是以"家庭—学校"为活动主线的，一天24小时主要集中在家和学校之间，教学工作占据了其大部分时间，日常生活较为封闭。

（五）价值观积极正向，职业忠诚度高，主动投身教育改革意愿强

调查显示，84.1%的受访者对"奋斗成就人生"的观点持同意或非常同意态度，74.6%的受访者对"人生的价值在于奉献"的观点持同意或非常同意态度，这表明中小学青年教师拥有积极向上的价值观。

调研显示，该群体对收入满意度仅为24.9%，但仍有61.6%的受访教师表示喜爱这项工作，如果待遇进一步提高，会愿意继续从事教育工作；

有17%的受访教师表示热爱这项工作，工作是一种享受，愿作为终身职业工作下去。可见，即便该群体的收入满意度较低，但大部分受访者仍然对教师这一职业有较为深厚的情感，经济收入不能成为影响大多数受访者喜爱这一职业的因素。这一判断也在"教师培训""对待教改"等实践行为的选择上得到了印证。关于"对待教改"的态度，58.2%的受访教师表示接受过系统培训，主动适应改革；34.7%的受访教师表示迫切需要学习，怕不适应改革。对于城镇教师是否愿意调动到农村学校进行工作，有39.2%的受访教师表示愿意；对于未来的职业发展，有74.3%的受访教师表示是加强学科专业化学习，成为学科骨干和带头人。

选项	百分比
热爱这项工作，工作是一种享受，愿作为终身职业工作下去	17.0
喜爱这项工作，如果待遇进一步提高，会愿意继续从事教育工作	61.6
工作辛苦，疲于应付，时常有换职业的想法	15.4
工作不适合自己，付出与回报不成正比，机会合适会换职业	6.0

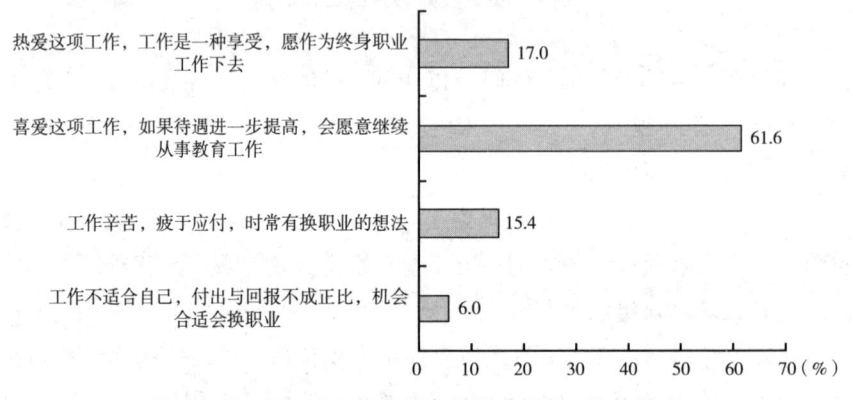

图7　受访教师对目前所从事的教育教学工作的看法

可以看出，这一群体中有相当数量的教师对自身的教学工作和发展已有较为理性的考虑，职业忠诚度较高，能够主动适应教育改革，不断提升自己的综合素质。

（六）与学生交流互动非常密切，是学生成长路上的"小橘灯"

除教学时间以外，该群体与学生还有较为密切的思想交流。调查显示，39.1%的受访教师表示每天至少与1名学生交流，47.6%的受访教师表示每周至少与1名学生交流。同时，73.7%的受访教师表示利用课间休息或课后与学生聊天；12.6%的受访教师表示专门找时间与学生沟通。这说明，中小学青年教师在学生成长过程中发挥着重要作用，他们与学生的交流互动非常频繁，显著多于高校青年教师等其他群体。

调查还显示，该群体在与学生交往的过程中，有95.4%的受访者注意辨别与学生交流的信息内容，并考虑内容是否适合学生。

可以判断，学生思想的变化与该群体的影响是分不开的，其与学生进行思想交流所传达的信息是具有道德或行为指向的，对学生的言行具有方向性指引，需要引起高度重视。

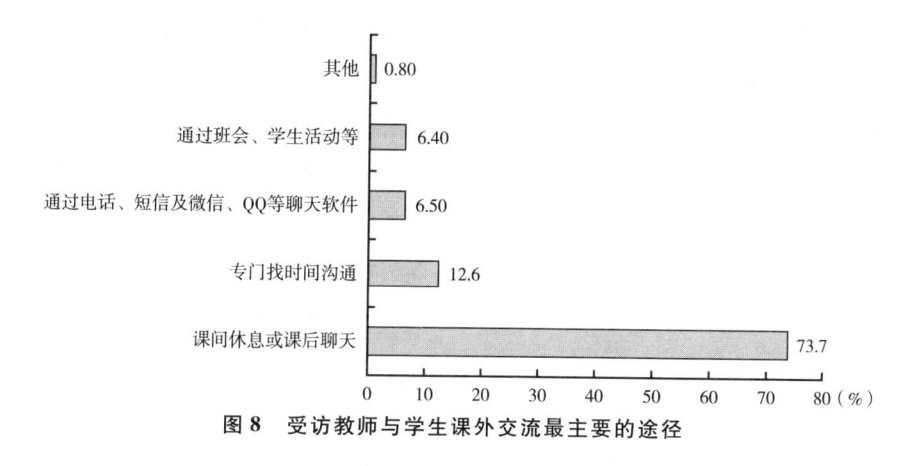

其他 0.80
通过班会、学生活动等 6.40
通过电话、短信及微信、QQ等聊天软件 6.50
专门找时间沟通 12.6
课间休息或课后聊天 73.7

图8 受访教师与学生课外交流最主要的途径

（七）政治意识较强，群体意识积极向上

调查显示，受访者中有38.4%是中共党员，31.6%是共青团员，对于非中共党员的青年教师，有44.9%的受访教师表示向往并争取入党，可以看出，成为一名中共党员是这个群体的群体意识之一，在主观上已经成为青年教师的一个努力方向。

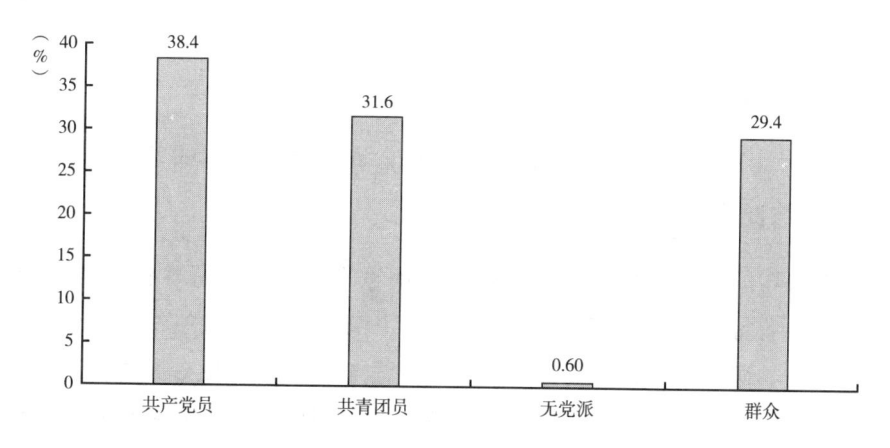

共产党员 38.4
共青团员 31.6
无党派 0.60
群众 29.4

图9 受访教师的政治面貌

四　工作思考

（一）这是一支具有良好职业素质的群体

教书育人是对教师工作的本质要求，用自身知识教学生学习技能、用自身人格影响学生健康成长，是教师传道、授业、解惑的基本职业逻辑。调查显示，有60%左右的受访者认为职业素质、科学文化素质、心理素质、思想政治素质和身体素质是从事教师职业最应具备的素质；有69.1%的受访者表示课堂教学成功、师生关系和谐是该群体最有成就感的事。可见，该群体不仅在主观上有着较高的自我从业要求，同时，将学生的成长作为自我价值实现的形式已经成为他们的从业实践。

（二）中小学青年教师对中小学生思想影响显著

青少年是国家的未来和希望，他们有怎样的价值观念，就会有怎样的行动。青少年的成长规律告诉我们，中小学生处于世界观、人生观和价值观形成的起步阶段，是在为未来健康成长打基础的阶段。调查显示，作为他们成长中必然经历的一环，教师对学生思想的影响仅次于父母对其的影响，位列影响因素的第二位。同时，青年教师年龄与他们相仿，从校园再到校园的经历与他们相近，相比年长教师，青年教师的思想更加活跃，与他们共同的兴趣爱好和话题更加丰富，与他们亦师亦友的关系也自然更加凸显。因此，青少年的这种在集体中共同获得成长的经历使得其价值观的形成必然离不开青年教师的一言一行。

（三）要切实发挥好共青团组织优势，在对青少年思想引领中实现团结凝聚

共青团的组织目标决定了其在青少年思想引领中的特殊任务与责任，也因此有着得天独厚的优势。长期以来，共青团组织通过组织青少年开展志愿服务、课外活动、社会实践等形式将思想政治教育融入其中，对青少年的教育影响显而易见。学校教育规律和共青团的组织优势告诉我们，同为育人者，学校生活的教育功能与教师教书育人的职业职责同共青团组织

目标之间内容相似、手段相通。教师作为价值观的传递者，他们的德行时刻影响着中小学生。可以说，教师的思想道德状况对青少年有着最直接、最广泛的影响。因此，发挥好共青团组织的组织优势，服务青年教师，引导青年教师，引导青年教师坚守良好德行，使他们成为青少年的社会主义核心价值观的有效传递者便显得尤为必要。

五　工作方法

（一）建设以教工团支部为中心的各类青年教工组织

针对调研中提到的有一半以上的受访者没有参加任何组织群体，共青团组织在青年教师中的地位和作用还比较薄弱的问题，我们将强化以教工团支部为主体，各类青年教师兴趣小组为手臂的青年教师组织体系，努力做到团的组织覆盖全体青年教师。通过开展各类丰富多彩的活动，切实加强对青年教师的思想引导、关心青年教师利益，努力使团的活动影响全体青年教师，将青年教师团结凝聚到团组织周围。

图片1　教工团支部开展仪式教育

说明：教工团支部通过开展仪式教育，切实引导青年教师增强作为一名共青团员的时代使命感。同时，通过互助爬山、学习讨论、重温誓词等形式，进一步增进团员之间的互相沟通和了解，增加团支部的凝聚力。

(二) 加强教工团支部书记培训

团干部是团组织的骨干与核心，是团组织实现各种职能的保障，又是团组织自身建设的主体力量。为此，需要切实发挥共青团的教育培训职能，组织开展各层级的教工团支部书记和骨干青年教师培训。每年举办一次市级示范培训班，在区县层面每学年至少开展一次专题培训班，鼓励学区、学校积极开展小规模、专门化的专题培训，使青年教师既有宏观知识储备，又能得到具体业务指导，切实加强学校教工团工作力量，促进学校教工团工作的开展。

图片 2　教工团支部书记培训现场

说明：教工团支部书记培训班围绕政治理论学习、专题研讨和集体意识培养等进行了集中培训。经层层推荐，近百余人参加了培训。他们将成为带领所在学区、学校教工团组织开展好工作的骨干力量。

(三) 在中小学青年教师中开展形势政策宣讲活动

前面已论，中小学生的健康成长与他们能否获得正确的思想引领密不可分。青年教师经历了从"中学校园—大学校园—中小学校园"这一单纯、封闭的成长过程，社会经历相对简单，而他们面对的是一群思想多元、深受网络等社会信息影响（调研显示：社会媒体对中小学生的影响排在父母、教师影响之后，列第三位）的群体。因此，对青年教师开展形势政策宣讲活动尤为必要。依托北京市委宣讲团等学习资源，建立市级形势政策宣讲团,明确宣讲交流工作要求,由区县、学区和学校从专家队伍中邀请专家举办各类形势政策宣讲活动。各层级每个季度至少组织一场,每名青年教师每学期至少参加一次宣讲活动。通过广泛开展的形势政策宣讲,帮助青年教师系统学习和了解党和国家方针政策,通过递进式传递,对中小学生进行形势政策教育。

图片3 "我的中国梦"宣讲活动现场

说明:2013年,由团市委组织的"我的中国梦"北京青年宣讲团走进北京西藏中学。宣讲团成员围绕"青年与中国梦的实现"这一主题,为青年教师和中学生讲述了自身的实践。

(四) 举办中小学生思想政治教育工作研修班

进一步加强对青年教师的思想引导工作,与相关高校合作,举办中小学生思想政治教育研修班,对教工团支部书记和骨干青年教师系统性地开展思想政治工作方法培训,帮助青年教师深入学习和把握社会主义核心价值观等党的政治理论,后经教师的言传身教,使社会主义核心价值观在中小学生心中生根发芽,引导青少年将"勤学""修德""明辨""笃实"作为自觉追求,使中小学生明白做人做事的基本道理,学会正确看待个人、集体和国家的关系。

(五) 开展青年教师关爱行动

针对青年教师日常生活和社会生活单一、工作压力大的现状,充分发挥共青团的组织优势，为青年教师提供生活服务。以青年教师所在社区为单位，通过发放"青年汇生活服务卡"，为教师参与商家打折服务提供便利；在教师节、六一儿童节等时间节点，通过为教师提供观影、参与青年营、子女参与六一儿童节活动等便利，丰富他们的业余生活，满足他们的生活需求；通过开展"走访·倾听"活动，将对住房有需求并符合入住条件的青年教师纳入青年公寓计划，为青年教师分担点滴生活压力；要以各区县、学校为工作单位，对本区、本校的青年教师开展关爱服务工作，使青年教师获得更充分的职业认可和尊重。

图片 4　慰问一线教师职工

说明：团市委、市少工委、市青联、市学联于教师节走访慰问一线教师职工，为他们送上节日的问候和祝福，号召全市大中小学生发扬中华传统美德，尊师、敬师，以实际行动向辛勤耕耘的教师致以最崇高的敬意。

（六）举办青年教师风采展示活动

针对青年专任教师群体对课外活动、职业发展的现实需求，举办青年教师风采展示活动，通过榜样选树、师德标兵评比、公开课推优等形式，树立一批典型的青年教师形象，引导青年教师在如何成为教师、成为怎样的教师、树立教师阳光形象的职业发展道路上不断进步。各区县、学校要切实做好基础性工作，重视教学一线青年教师的发展，不断发现青年教师的闪光点，成就青年教师阳光形象的最大公约数，凝聚青年教师奋发有为的青年力量，切实推动首都青年教师育人工作的有效开展。

（七）切实做好青年教师推优入党工作

针对青年教师入党意愿强的现状，各区县、学校要充分尊重青年教师要求进步的发展愿望，在严格遵守《党章》开展推优入党的基础上，教工团支部要切实承担起发现优秀、举荐优秀的基层团组织责任，要完善对入党积极分子的学习服务机制，及时开展党史党情和政策学习活动，使青年教师的推优入党工作成为服务、引导青年教师不断进步的航灯。

流动青年群体研究报告

熊卓　张庆武　李雪红　王哲[*]

北京作为首都和北方特大型城市，快速的经济发展和良好的社会环境对各地青年都有着强大的吸引力，一批批青年因此来到北京创业、就业、学习、生活。他们中的大部分因为未能取得北京户籍而成为北京的流动人口，但他们是北京常住人口的重要组成部分，为北京的经济社会建设做出了重要贡献。

一　群体总量

本报告所指流动青年为：户籍为非北京户籍、年龄在18~35岁、在北京居住半年及以上的常住人口。

根据对有关统计数据的测算，截至2014年12月，全市流动青年约为400万人。

在北京流动青年中，有几个群体受到社会的特别关注。具有大专及以上学历的"流动大学毕业生"群体，因为受教育程度较高，生活条件相对较差，发展意愿强烈，备受各界关注。自2009年以来，部分学者将这一群体称为"蚁族"。全市流动大学毕业生约90万人，占全市流动青年总量的22%。

---

[*] 熊卓，北京团市委副书记；张庆武，北京团市委组织部部长；李雪红，北京团市委研究室主任；王哲，时任北京团市委组织部副部长。
参与课题人员：张力、张磊、苗少敬、马志鹏、孙波。

大专以下学历的"流动务工人员"根据工作、生活聚集情况，从社会管理的角度又分为四类：工业园区中的青年产业工人（约占全市流动青年总量的10%）、大型商市场中的青年销售人员（约占全市流动青年总量的10%）、相对集中管理的建筑和保安业青年从业人员（约占全市流动青年总量的10%）、分散就业和生活的流动务工青年（约占全市流动青年总量的48%）。

二 抽样方法

2013年2~8月，团市委组成调研组，开展了大规模流动青年调研工作，调研组结合北京市流动人口基础数据，选派数百名调研人员，深入到"蚁族"等流动青年中开展大规模调研，召开座谈会50多次，面访6700余人，深访500人，获取大量第一手资料。

对于"流动大学毕业生"的调研，调研组分成7个小组，深入流动大学毕业生聚集区域，以租房同流动大学毕业生同吃、同住的方式开展，调研组采取入户分层抽样和街头拦访随机抽样的方法发放调研问卷，共发放调研问卷1200份，收回问卷1150份，其中有效问卷1007份。

对于"工业园区中的青年产业工人"，调研组选取了10个产业园区发放调研问卷927份，其中有效问卷875份。对于"大型商市场中的青年销售人员"，调研组选取20个大型商市场和集贸市场发放调研问卷700份，其中有效问卷620份。对于"相对集中管理的建筑和保安业青年从业人员"，调研组分建筑行业、物业行业、住宿行业、保安行业四大行业发放调查问卷2200份，其中有效问卷2103份。对于"分散就业和生活的流动务工青年"，调研组在10个区县发放问卷2000份，其中有效问卷1896份。

三 群体特征

（一）主要分布在城乡接合部，且有向外扩散趋势

北京的流动青年居住区域总体上较为分散，分布在四环至六环之间的城乡接合部的社区和村庄中。流动青年人数在50万以上的有朝阳、海淀、昌平3个区，这3个区县的流动青年占到流动青年总量的一半。和2012年

团市委的调研相比,聚集区域逐渐向外扩散,这与北京城市建设和城乡接合部改造的步伐加快有一定关系。

(二) 主要来自北京周边省市

北京流动青年来源地主要集中在北方地区,来源省份的前六位分别是河北、河南、山东、黑龙江、山西、安徽,这六个省的流动青年约占总量的 60%;其中河北省最多,约占总量的 1/4。《中国流动人口发展报告 2014》显示,作为我国东部沿海的三大城市群之一的核心城市,北京居于全国主要流入地省区市第四位(仅次于广东、浙江、上海),上海作为长三角城市群的核心城市,63.3% 的外来人口来自华东地区;广东省以珠三角为核心,60.91% 的流动人口主要来自邻近的中部四省区。由此体现出,各主要聚集城市群的核心城市对周边省份均产生了很强的人口聚集效应。因此北京流动人口来源地结构与全国主要地区分布规律基本一致。

(三) 受教育程度略有提高,但整体仍然不高

北京流动青年中大专及以上学历的约为 90 万人,占总量的 22%,相比 2012 年底的 19.7% 有所提升,但仍低于全市常住人口的平均水平(大专及以上学历占 32.9%)。而大专以下学历中,初中学历的约 200 万人,约占总量的一半,这说明北京的流动青年受教育程度仍然不高。

(四) 主要从事第三产业

全市的流动青年从事批发零售业、住宿餐饮业、居民服务业、信息技术服务业、租赁服务业等第三产业的约占 77%。这一就业结构与北京第三产业占 GDP 总量 77.9% 的产业结构基本吻合,与长三角、珠三角地区流动青年的就业分布主要集中在制造业有明显不同。

(五) 流动大学毕业生的主要特征

一是围绕高端产业聚集,顺应产业发展方向。对青年流动大学毕业生相对聚集区域的调研发现,这些聚集区域主要分布在北京北部和东部的城乡接合部,并呈现三个规律:多数分布在中关村、CBD 及综合商业区等高端服务业密集的区域;部分毗邻高校集中的地区;多数分布在轨道交通、高速公路较发达地段。调查显示,在京的青年流动大学毕业生从事最多的行业为信息

传输、软件和信息技术服务业，占19.1%，其他行业人数比例均低于10%。这一聚集和从业特征，与北京市近年来进行产业结构的升级改造有关。北京市以科技、文化创新为主的产业发展方向，有利于更多地吸纳具有良好教育背景的流动青年就业，在一定程度上逐渐调整着流动人口的结构。

二是以租房居住为主，住房条件相对简陋。调查显示，85.1%的流动大学毕业生租房居住。住房条件相对较差，是这一群体引起社会各方关注的重要原因。调研组与基层流管工作人员对在京青年流动大学毕业生典型聚集区域内的人员居住情况进行了摸底测算，该群体中约77%的人员存在住房条件较差的情况。

三是收入与京籍青年接近，发展型支出比重大。调研组从不同行业、区域对"80后"非京籍大学毕业生、农民工及京籍大学毕业生三类群体各采样1000人。根据对调查问卷填答的统计，"80后"非京籍大学毕业生月平均工资为4133元，接近"80后"京籍大学毕业生，远高于"80后"非京籍农民工。对该群体支出结构的分析显示，基本生活支出、个人发展及交际支出、结余及其他约各占1/3。该群体与同龄非京籍农民工和京籍大学毕业生相比，明显呈现出用于参加培训学习、移动通信、上网、交友聚会等为未来积蓄力量及扩大交往空间的"发展型支出"较高的特征。该群体中73.2%的人毕业于京外高校，68.6%的人来自农村和乡镇，用于住房、吃饭和交通的基本生活支出水平较低，与此同时，月均保有储蓄或结余1246元，保持较低的生活开支和较高的储蓄结余，既体现了他们为未来发展进行积累的特点，也反映出这一群体对目前的生活方式和状态具有一定程度的自主选择性。

四是网络使用率极高，易受网络情绪影响。调查显示，该群体均能熟练使用网络，95%以上的人员每天都会使用网络，近七成表示每天触网超过两小时。86%的人员拥有智能手机，近90%的人经常使用QQ、微信等即时通信工具，并开通浏览微博。上网的主要活动包括：浏览新闻、搜索信息、即时通信及收发邮件、观看视频、网络购物等，网络社交频率比较高，近两成人员参加过网上发起的兴趣类集体活动。该群体普遍关注网络热点问题，部分人员网络表达和行动力较强。43.5%的人表示曾参与过网络围观、人肉搜索、意见表达等网络群体活动，32.9%的人有"发帖被大量转载""微博评论社会现象吸引大量网友关注"或"制作的视频被大量下载或浏览"的经历。

（六）工业园区中的青年产业工人的主要特征

一是集中就业、集中居住。调查显示，在各类园区就业的产业工人约60%居住在园区、单位提供的公寓或宿舍中。主要工作、生活空间高度一致，与外部接触少，在可信赖的朋友圈中本单位的同事占到53%。

二是收入不高但管理比较规范。调查显示，该群体整体工资水平集中在1500～3000元，在青年流动务工人员的各种业态中属中等偏下。但该群体中98%的人与单位签订了劳动合同，94%的单位缴纳了社会保险，40%的人平均每天工作不超过8小时，超过8小时的绝大多数都有加班工资，64%的人每周都能休息2天。

三是自我提升的意愿较强。调查显示，该群体中74%的人为高中（含中专、职高、技校）学历，属于青年流动务工人员中文化层次相对较高的群体。在最希望获得的帮助方面，68%的人选择能增加收入的职业技能培训，有明显的提升的动力和愿望。

四是工作生活相对封闭，维权意识强。该群体长期封闭在远离闹市的工业园区，生活较为单调枯燥，容易心情抑郁、烦躁。由于劳动保障相对较好，权益维护意识明显强于其他务工群体，对各类假期、各种劳动保障、薪酬变动非常关注。素质较高、工作体面，但提升机会小、工资收入低，使该群体心理落差较大。

（七）大型商市场中的青年销售人员的主要特征

一是就业高度集中、居住分散且条件较差。调查显示，服装、蔬菜、建材等行业大型批发市场中都集中了大量青年流动务工人员，就业非常集中，且同质化严重。从居住情况来看，该群体大都在工作场所周边自己租房，多数居住在城乡接合部条件较差的村庄中。仅有16%的人居住在配套公寓或单位集体宿舍中。

二是工资收入不低，但工作强度大、保障差。调查显示，该群体工作相对稳定，58%的人近两年没有换过工作。工资以销售提成为主，具有2～3年工作经验的销售人员月平均收入在4000元左右。该群体中68%的人每天工作时间超过8小时、37%的人超过10小时，74%的人每周最多休息1天、24%的人没有休息。在调查中发现各大型批发市场的营销人员多数未签订劳动合同、单位未缴纳社会保险。

三是在来京和就业渠道上有明显的血亲关系。深访中发现，因该行业技术含量低，家族式承租商铺、商户雇用自己老家的亲戚帮助销售、兄弟姐妹一起来京从事该行业的现象非常普遍。这种特殊的雇佣关系造成该群体与社会接触少，信息获取、困难解决严重依赖雇佣关系和老乡关系。

四是对未来规划比较模糊。调查显示，该群体由于业余时间少、工作内容单一，绝大多数对于如何提升自己、未来怎么发展没有明确规划，有留京意愿但没有具体目标，也不清楚如何实现目标。

（八）相对集中管理的建筑业、保安业青年从业人员的主要特征

一是就业、居住相对集中。该群体虽然没有大规模地集中在某一区域，但不论就业还是居住均相对集中，日常工作生活基本都是和同事在一起，以工作地集体住宿为主，调查显示，在外租房居住的仅占13%。

二是建制性强、集中管理。该群体多数由建筑劳务公司、保安公司招募、培训、管理，根据需要派驻到各施工工地、驻区单位，不论派遣单位还是使用单位，都有明显的单位制管理特征，明确的管理规定。

三是来源上呈现明显的乡土地域特征。由于技术含量低、由公司统一招工，统一承接工作项目，因此同一地区人员结伴而行、由老乡介绍来同一单位的现象非常多，并且呈现成建制流动的现象。调查显示，该群体可信赖的朋友圈中63%为老乡。

四是自我身份认同较差。调查显示，该群体受教育程度与其他群体相比最低，76%的为初中及以下学历，所从事的行业社会地位低，33%的人对当前境况表示不满意，对自我身份的认同度普遍较低。

（九）分散就业、生活的流动青年服务人员的主要特征

一是工作、居住都比较分散。由于服务业行业较多、业态繁杂、规模不一，该群体的工作地点比较分散，分布在城市的各个区域，同时居住也比较分散。调查显示，60%以上的人都以各种方式租房居住，仅有部分餐饮业从业人员由单位提供统一住宿。

二是就业不稳定、流动性大。服务业大多门槛低、规模小，有相当一部分为个体工商户，从业人员就业不稳定。同时，行业竞争激烈，行业管理难度较大，人员流动频繁，调查显示，该群体中44%的人近两年换过工作，80%的人最想得到的帮助是"提供丰富的就业信息"。

三是学习培训少、上升通道窄。分散就业、流动频繁,使该群体缺乏集中管理,也缺乏成建制管理所能提供的学习培训。深访发现,相当一部分行业,没有技术等级和标准体系,缺乏人才培养和选拔的机制,从业人员长期从事单一的工作,难以实现技能提升和地位改变。

四是遇到困难更愿意求助于老乡同事。该群体从事居民生活服务工作,与居民的生活息息相关,与行业管理部门或执法人员接触较多,有时会发生摩擦。调查显示,在"利益受到损害时最希望得到谁的帮助"方面,该群体中仅38%的人选择政府,在上述各类群体中比例最低。

四 工作思考

(一)符合北京的发展阶段,但总体规模偏大

随着我国经济社会发展、城市化进程加快、劳动力市场转型等一系列结构性变化,人口流动越来越频繁,在生活条件较好、就业岗位丰富的大城市中逐渐聚集一批以青年为主体的流动人口。北京流动青年群体的形成,与北京城市发展阶段和发展水平基本吻合,大量的流动青年弥补了户籍人口老龄化造成的劳动力不足,成为北京经济社会建设的重要力量。但近年来流动人口尤其是流动青年总量不断增长,在全市6~35岁的常住青少年人口中,流动人口已占到近50%。流动人口的过度增长、无序流入,也给北京的社会管理带来巨大压力。

(二)流动青年现象将长期存在,对于问题的解决需长远考虑

流动青年既是我国经济社会发展的必然产物,也是北京作为特大型城市发展规律的必然现象,经济快速增长、服务业相对发达、精神文化生活丰富、教育医疗资源集中等吸引了大量青年来京就业、生活。这种发展格局决定了流动青年现象将长期存在。要在城市规划、功能疏解、产业布局、人口控制上充分考虑流动人口,在政策制定、资源分配、民生服务上有效服务流动人口,积极构建包容共享的发展机制。

(三)分类做好流动青年的交流、团结、组织工作

深入学习贯彻2014年习近平总书记在北京考察时的讲话精神,详细分

析不同流动青年的群体特征，充分调动团青资源，充分整合社会资源，为广大流动青年提供去津、冀或返乡创业、就业服务；为符合北京城市功能和产业结构调整的流动青年人才提供有针对性的社会融入服务；高度重视"蚁族"、来京青年农民工等群体的服务工作，做好促进社会稳定和谐的工作。要准确把握经济社会发展新常态下流动青年群体的分布机理和规律，以推进基层服务型团组织建设为统揽，以流动青年团青组织建设为创新，以区域化团建工作为平台，以强化团员服务管理为手段，全面加强对流动青年的交流、团结和组织，实现对流动青年最大范围的覆盖和影响，形成规范、有序、持续发展的流动青年工作新格局。

五　工作方法

（一）推进以业缘为机理的"两新"组织建团和行业团工委建设

流动青年就业主要集中在第三产业中的非公有制经济组织和社会组织，要继续巩固扩大非公有制经济组织和社会组织建团工作，努力实现规模以上非公有制经济组织应建尽建，着力扩大规模以下非公有制经济组织和社会组织的团组织覆盖面。在此基础上加强行业团工委建设，加强商务团工委、金融团工委、宣传团工委、外施团工委、中关村团工委、经济技术开发区团工委建设，把更多的流动团员青年纳入团的组织体系，通过开展成长服务、创业帮扶、学习培训、权益保护等丰富多彩的活动，扩大团组织对流动青年的覆盖面和影响力。

（二）发挥以乡情为机理的驻京团工委功能

驻京团工委及其联系的青年社会组织工作对象是典型的依托乡情纽带社会关系联系的群体。目前全市有省级驻京团工委21家、地市级驻京团工委71家，在联系服务青年方面发挥了重要作用。要按照团中央要求，结合北京特色，进一步将驻京团工委纳入北京共青团战线序列，适时出台《北京共青团推进驻京团工委工作的指导意见》，强化北京和派出地团委双重管理体制，协助建立各省、市、县的垂直领导体系，在干部协管、组织换届、督察考核等方面加强管理。加强例会、培训、述职、评价表彰各项工作制度，设立政府购买服务项目，加强经费支持。与区域化团建相结合，与街乡团组织联建联动,推进驻京团组织团干部通过兼职、增选等方式进入北京共青团、青联、青企协等各级各类团青组织体系中。

图片1 驻京团工委服务流动青年

说明:河北、河南、黑龙江、山西四家驻京团工委与昌平区团委、回龙观镇团委联动,利用中秋节等时间节点,依托回龙观中心社区青年汇开展流动青年联谊活动。驻京团工委利用活动平台宣讲返乡创业就业政策,开展法律维权咨询,选送家乡特色文体节目,受到青年的广泛欢迎。活动充分发挥了驻京团工委的乡情纽带优势,为联系广大外省在京青年起到了良好作用。

(三)加强以居住关系为机理的社区青年汇工作

不管流动青年在哪工作,总会在一个地方居住,社区青年汇就是建在青年身边的地域性活动平台和团组织主导的区域性基层青年组织。青年汇在社区广泛开展学习培训、城市融入、交友联谊、志愿服务、文化艺术、体育比赛等活动,促进了流动青年的城市融入、创业就业、学习生活。截至2014年12月底,全市已建成502家社区青年汇,举办各类活动超过2.8万次,参与青年超过70万人次,其中大部分为流动青年,为基层团组织切实开展流动青年的服务、组织和引导工作起到了强大的支撑作用。

(四)开展"归雁工程"来京青年返乡就业创业支持行动

各省市对于青年人才的需求十分旺盛,同时出台很多惠及流动青年的就业返乡政策,有效促进青年发展。要进一步着眼提升流动青年创业就业能力,依托社区青年汇、就业创业基地等平台,广泛开展成人教育、技能培训等项目。加强信息共享,按照京津冀协同发展要求,依托驻京团工委开展返乡创业政策宣讲、启动扶持等服务,积极引导流动青年返乡或到河北、天津等省市就业创业,帮助青年实现成功梦想。

图片 2　新青年学堂

说明：2013年设立的"新青年学堂"是社区青年汇主要为流动青年打造的发展类服务项目。学堂立足青年汇，依托高校资源，招募优秀大学生志愿者作为管理人员和教师，为有意提升学历、拓展知识、丰富文化娱乐生活的社会青年提供免费的课程辅导和培训。春季班开展国学、乐器、健康、运动等技能兴趣类培训，满足青年个性化学习需求；秋季班主要进行成人高考辅导，同时为流动青年建立同学关系网络，助力未来发展。

图片 3　青年创业训练营

说明：外省来京青年专场创业训练营是针对流动青年的特色创业项目。训练营依托国际青年营地，通过项目路演、创业分享会、拓展训练、对话名家等各类交流活动，帮助创业青年完善创业项目，拓宽融资渠道，寻找合作伙伴；支持创业机构开展扶持青年创业项目的活动，加强同同行业企业的交流与合作；帮助所有营员在参与创业训练营的过程中结交朋友、增长见识、提升能力、强健体魄、愉悦身心。训练营成为广大青年朋友们提升创业能力的加油站、职业发展的导航台。

（五）深化"志愿北京之蓝天行动"关爱农民工子女志愿服务行动

根据流动青年特点，依托北京市志愿服务发展联合会平台，引导支持全市团员和志愿者深化"志愿北京之蓝天行动"共青团关爱农民工子女志愿服务行动，加强结对帮扶，整合社会资源，深化"七彩小屋"功能，优化"七彩课堂"的设计和实施，提升服务效果和覆盖面，切实为众多农民工子女送去关爱，为农民工解决后顾之忧，促进社会和谐稳定。

图片 4　筑梦星河，关爱成长

说明："筑梦星河夏令营"是落实"志愿北京之蓝天行动"关爱农民工子女志愿服务项目，由北京第二外国语学院和朝阳区农民工子弟学校星河小学对接的特色活动。活动旨在利用暑假时间，丰富农民工子女的课余生活，发掘其兴趣爱好，使其体验温暖陪伴。活动采取志愿者与孩子"1+2"对接的形式，开展小组活动和个性辅导。夏令营一般为 7 天，志愿者们发挥外语特长，带领孩子们学唱英文歌、练习口语对话、学习国学、做手工等活动，从而对孩子们进行思想引领，丰富知识、提升技能。同时到首都博物馆、地坛公园、大学校园、园博会等参观学习，使孩子们充分感悟社会、融入城市。夏令营结束时组织孩子们进行汇报演出，提升孩子们的自信心，这一活动得到广大农民工子女和青年父母的欢迎。

（六）开展青年农民工法律公益咨询专项行动

整合北京致诚农民工法律援助与研究中心等公益机构资源，发挥公益律师的专业特长，开展青年农民工法律咨询专项行动，组建一支法律援助维权志愿者队伍，走进青年农民工集中的企业、工地、社区，开展讲座和个案咨询，发放普法手册；将与驻京团工委对接的公益律师作为青年农民工维权的法律顾问，支持合法诉求的诉讼及非诉调解，建立长期的对接机制，切实服务青年农民工合法权益。

外来务工人员随迁子女群体
（流动人口二代）研究报告

郭文杰　卢晖临　李雪红　张庆武[*]

一　群体总量

早在2000年，第五次全国人口普查数据已经显示核心家庭举家迁移成为流动人口进城打工的主要形式，北京市的这一特点更为突出。2006年北京市人口发展研究中心组织的"北京市常住流动人口家庭户调查"数据显示，被访流动人口家庭举家迁移的比例为41.2%。到了2010年第六次全国人口普查时，北京市6~14岁的外来学龄儿童为24.9万人，占全市学龄儿童的28%，与2000年人口普查时相比增加了13.4万多人。[①] 截至2013年底，在本市就读的义务教育阶段随迁子女达到47.31万人。

鉴于北京市外来务工人员随迁子女（以下称"流动人口二代"）的数量日益增加、在少年儿童人群中占据相当高比例的情况，也考虑到该群体独特的社会属性、社会作用及社会诉求，共青团北京市委员会

---

[*] 郭文杰，北京团市委副书记；卢晖临，北京大学社会学系副教授；李雪红，北京团市委研究室主任；张庆武，北京团市委组织部部长。
参与课题人员：高振亚、王昭倩、苗少敬、昝莹莹、王迪、唐伟锋、温莹莹、陆星琳、马志鹏、孙波。

[①] "北京市外来学龄儿童情况分析"，http：//www.bjstats.gov.cn/rkpc_6/pcsj/201107/t20110704_205616.htm，2011年7月4日。

联合北京大学中国社会工作研究中心在 2013 年开展对这一群体的专题调研。

二 抽样方法

本次调研的对象为流动人口二代中在北京小学或初中就读的学生,并按"非北京户籍""在北京就读""父母在北京务工"三个条件确定有效的调研样本。调查在抽中的学校教室完成,选取小学四、五、六年级学生和初中一、二年级学生,他们在访问员的指导下自填问卷。共发放 1200 份问卷,回收 1167 份,有效样本 1151 名。调查样本覆盖北京 16 个区县,其中市区(东城区、西城区、朝阳区、海淀区、丰台区、石景山区)的样本占总体样本的 57.3%,郊区区县占总体样本的 42.7%,样本较好地反映了整个北京市流动人口二代的实际情况。

流动人口二代样本中,男学生占 47.8%、女学生占 52.2%;农村户籍占 76.3%,城镇户籍占 23.7%;年龄分布区间是 9~15 岁,平均年龄 12.3 岁。在年级分布方面,初中一年级的学生最多,小学四五年级、初中二年级的学生略少,小学六年级最少(如图 1 所示)。

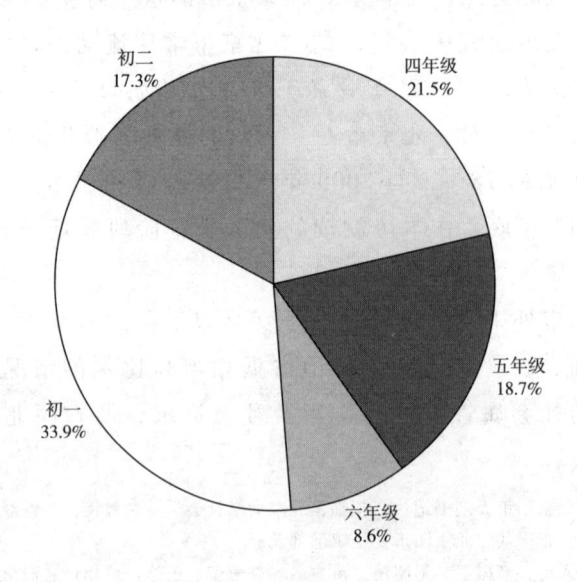

图 1 样本年级分布

三 群体特征

(一) 北京是绝大部分流动人口二代居住时间最长的地方

71.6%的学生是在外地（以老家为主）出生后随迁来到北京，28.4%在北京出生（见图2）。绝大部分学生在北京居住了较长时间，有83%的人居住了5年及以上，44.2%的人居住了10年及以上，平均居住年限达到8.4年。另外，72.4%的学生没有在北京和老家以外的其他地方居住过六个月以上的时间，只有23.6%的学生在北京与老家外的其他一两个地方长期停留过，3.9%的学生曾随迁到过三个及以上的地方。与9~15岁的样本年龄区间相比，我们可以发现，对于绝大部分流动人口二代来说，北京是他们居住时间最长的地方（超过2/3以上的时间在北京度过）。

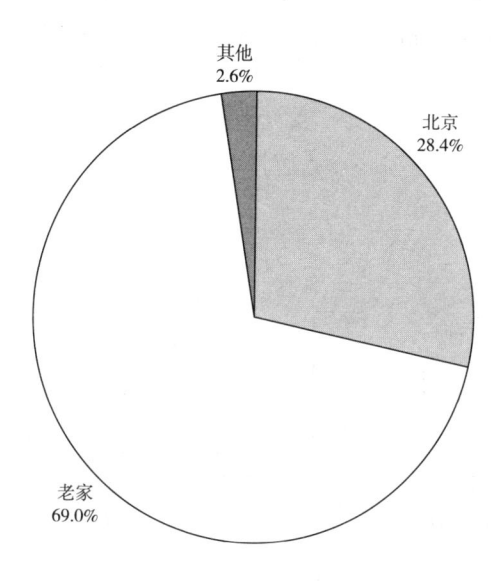

图2 样本出生地分布

（二）流动人口二代的家庭完整、收入相对较低、以租房居住为主

家庭规模与家庭完整性：大部分的流动人口二代生活在多孩家庭（69.1%）而非独生子女家庭（30.9%），而其中又以两孩家庭（56.4%）为主要形式。94.2%的孩子父母都在北京，拥有健全、完整的家庭；5%的孩子随父母中的一方在北京；另有0.8%的学生父母都不在北京。由此可知，"家庭整体迁移"是流动人口二代主要的迁移方式，这种迁移方式为他们带来了一个完整的"在京家庭"。

家长职业和家庭收入：流动人口二代家长的主要职业为"公司员工"和"个体商贩"；八成左右家庭的双亲均有工作，只有两成左右母亲由于"没有工作"而成为"全职母亲"。流动人口二代中，家庭月收入在3001~6000元为最主要的类型（34.2%），其次为月收入6001元以上的家庭（21.2%）和月收入在2001~3000元的家庭（13.2%），另有4.9%的家庭月收入不足2000元（如图3）。流动人口二代家庭的收入水平与北京城镇居民家庭低收入户（收入最低的20%的家庭）的收入水平相当。

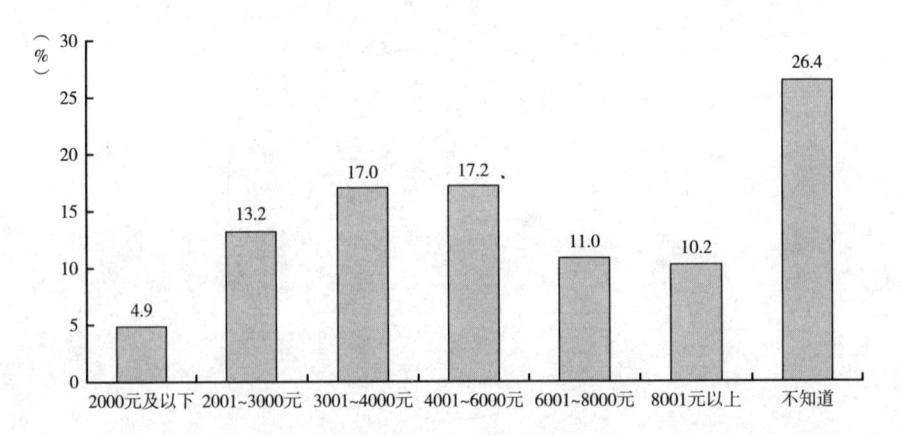

图3　样本家庭月收入分布

住房状况：流动人口二代家庭的住房以租房为主（80.2%），而其中又以"平房独租"为主要形式，自家买房的比例占15.5%（如图4）。绝大多数（96.3%）孩子在家居住。

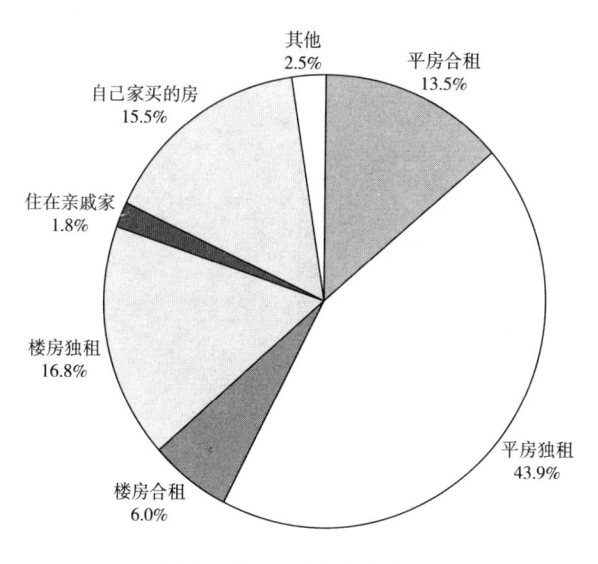

外来务工人员随迁子女群体（流动人口二代）研究报告　231

图4　样本家庭的住房情况

（三）学习状况：稳定长期就近受教育，自我评价较努力

流动人口二代的教育环境：在京长期、稳定、就近接受教育的情况较为普遍。调研表明，流动人口二代不仅长期、稳定地在北京居住，而且他们中的大多数人也是长期、稳定地在北京接受教育：81.4%的人从小学1～2年级就开始在北京上学，极少数人（2.7%）到了初中才来北京读书（如图5）；大多数孩子（69.5%）都没有转学的经历，可以说是较稳定地在北京接受小学、初中阶段的教育（如图6）。另外，大部分流动人口二代选择在离家较近的学校就读：每天上学路上花10～30分钟的学生占51.4%，有33%的人距离学校只有不到10分钟的路程。然而也有15.7%的学生需要花费半小时以上，甚至一小时以上（3%）的时间在交通上。

流动人口二代的学习资源：七成左右的学生由父母辅导学习和参与兴趣班或补习班。流动人口二代在主观上对自身的学习条件较为满意：82.2%的学生比较喜欢或非常喜欢自己目前所在的学校；在客观上受到家人在学习上的帮助：73.4%的学生由父母或其他人辅导功课（如图7），67%的学生有机会参加课外补习班或者兴趣班的学习（如图8）。

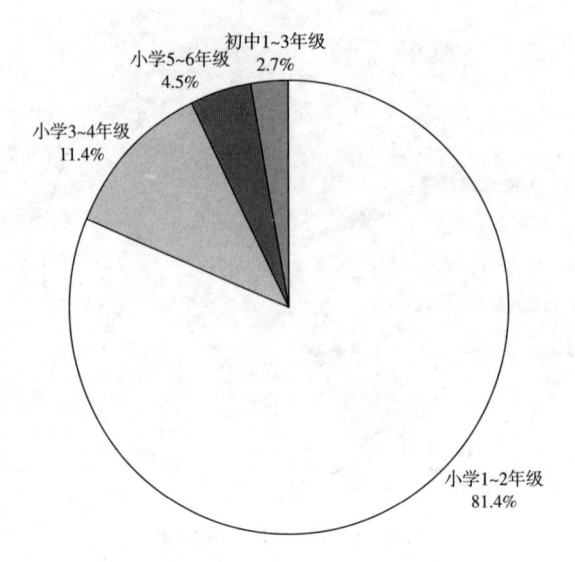

图 5 何时开始在北京上学

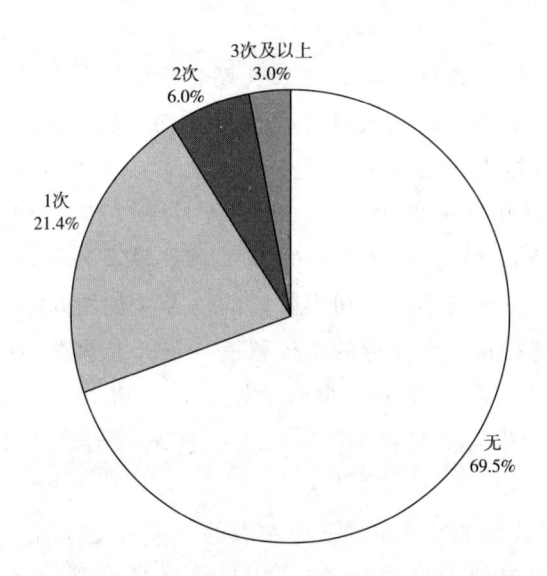

小学1~2年级 81.4%
小学3~4年级 11.4%
小学5~6年级 4.5%
初中1~3年级 2.7%

图 6 在北京的转学次数

无 69.5%
1次 21.4%
2次 6.0%
3次及以上 3.0%

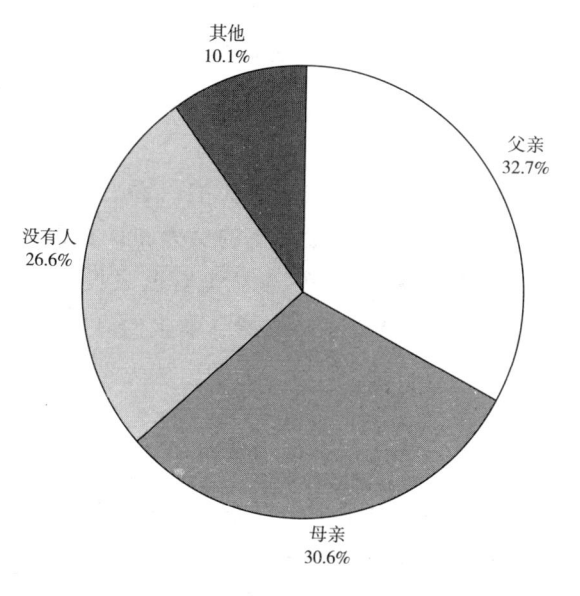

外来务工人员随迁子女群体（流动人口二代）研究报告 233

图7 辅导孩子学习情况

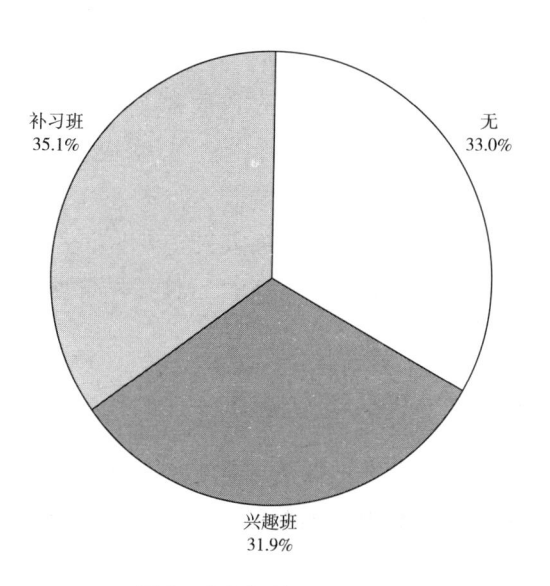

其他 10.1%
父亲 32.7%
母亲 30.6%
没有人 26.6%

图8 参加课外班的情况

补习班 35.1%
无 33.0%
兴趣班 31.9%

然而，仍有两成半的流动人口二代课后没有人对其学习进行辅导，有三成多的流动人口二代没有参加兴趣班或补习班的机会。对于这些学习资源不充足的孩子，政府、社会组织、社区如何发挥自己的资源为他们提供必要的学习辅导，是一个值得关注的问题。

流动人口二代对学习的自我评价及其影响因素：精神上的关心更重要。2/3（66.5%）的学生觉得自己在学习上的努力和认真程度（从1分到10分）可以达到7分以上，28.8%的学生认为自己只投入了五六成的精力，少部分学生坦承自己不够努力。总体来看，学生们对自己努力程度的平均分是7.04。当谈到学习成绩时，41.1%的学生认为自己的成绩"很好"或"较好"，45.8%认为成绩一般；也有13.1%的学生对自己的成绩不够满意，认为"很不好"或"不太好"。

统计显示，在众多可能对学生学习态度和成绩造成影响的因素当中，"学习努力程度"与这几个因素密切相关：学生越喜欢目前所在的学校，就会越努力（22.5%）；孩子与家人关系越融洽，就会越努力（21.4%）；父母越关心孩子的学习情况，孩子就会越努力（15.3%）。在同样的显著性水平下，下列因素与"自我评价的学习成绩"较为相关：学习越努力，成绩当然越好（56.1%）；喜欢所在学校（20.5%）、父母关心孩子学习（16.5%）、与家人关系融洽（16%）等因素都会产生正面作用；而上学所花时间长（14.4%）、转学频繁（11.8%）、经常搬家（9.3%）等因素都会造成负面影响。通过以上分析可以发现，流动人口二代在学习提升上更多的是需要一种精神上的关心（包括来自家庭父母和学校老师的关心），因此，政府、社会组织和社区在对流动人口二代提供帮助方面，更多的应是心理辅导而非单纯的经济补助。

（四）流动人口二代的课余活动

调研发现，流动人口二代的课余活动内容较为分散，主要为找朋友玩、学习、上网、休息、看电视等，也有接近两成的孩子选择帮忙做家务或帮父母工作。

流动人口二代的课余活动内容比较分散，除了20.9%的孩子会"找朋友玩"之外，18.4%的人会帮忙做家务（12.4%）或者帮父母工作（6%），"学习""上网""休息""看电视"则各占13%~15%的比重（如图9）。

活动	百分比
找朋友玩	20.9
学习	15.3
上网	13.5
休息	13.3
看电视	13.2
帮忙做家务	12.4
帮父母工作	6.0
打游戏	4.5
其他	1.0

图 9 课余时间主要活动

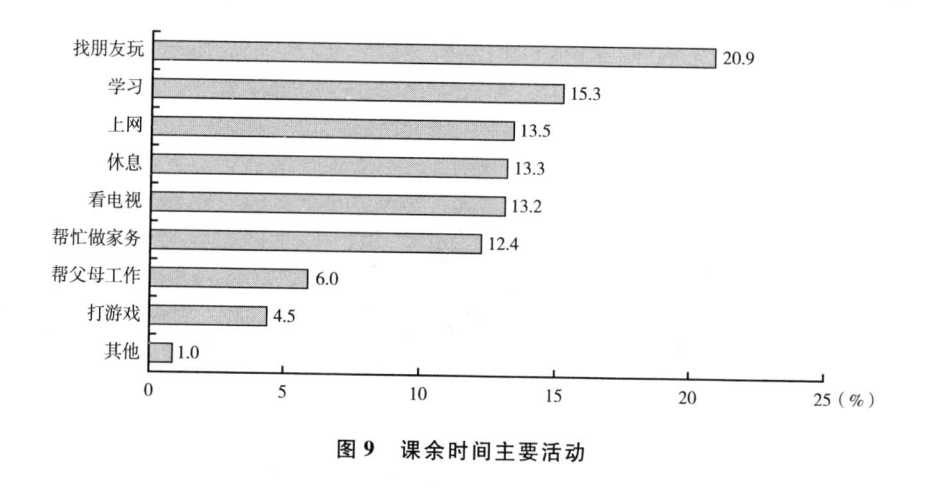

（五）流动人口二代的城市生活融入与城市人身份认同缺失

对于这群平均年龄为 12.3 岁，在北京居住的平均时间为 8.43 年的流动人口二代而言，北京就是他们最熟悉的家，是他们"日常生活的世界"，这个观点在很多数据中都得到了体现；但同时存在的一个悖论是，绝大多数的流动人口二代不认为自己是"北京人"。日常生活上的融入与身份认同上的缺失并存是一个耐人寻味的现象。

流动人口二代对老家的疏离。流动人口二代在北京长期稳定地生活和学习，家乡对于他们来说不过是每年或几年回去看看的地方。调查显示，每年回去 1 次或以上的人占 64.3%（如图 10）。流动人口二代与老家的疏离还反映在一个细节上：5.9% 的人写不出老家所在的省份，33.6% 的人写不出老家所在的区县，51.6% 的人不清楚老家所在的乡镇。

日常生活的城市融入。与对老家的疏离感形成强烈对比的是，流动人口二代在日常生活方面的城市融入比较顺利。这可以从以下两方面体现出来：在客观行为上，流动人口二代的朋友圈子主要为在北京的同学圈子，且与北京孩子交往不存在明显的隔阂。他们心中可以信赖的朋友数量虽然不算太多（81.6% 的人的好朋友数量不到 10 个），但在他们的朋友圈中，同学代替老乡、亲戚、邻居等成为主要的朋友类型，而当中总有一些是来自北京的小伙伴——86.4% 的孩子都有北京的朋友，其中 39.9% 的孩子有 5 个及以上的北京朋友。在主观感受上，超过 85% 的流动人口二代表示没有受到过北京人的歧视，对身边北京本地同学的态度也没有特殊的区别（如图11、12）。

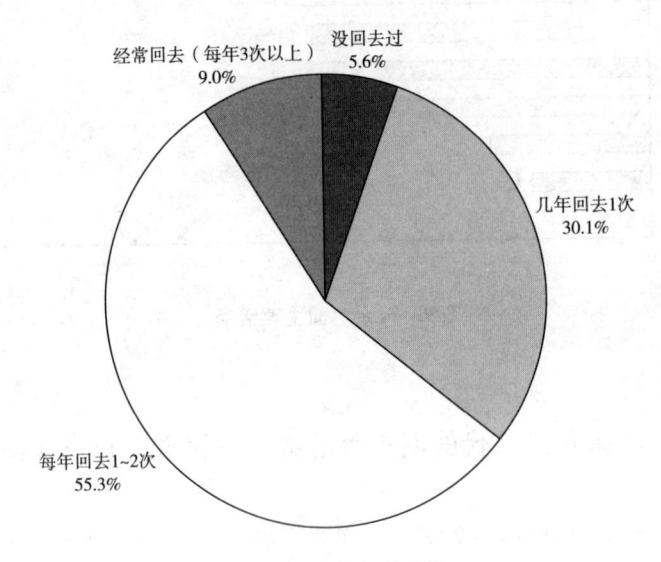

图10　回老家的次数

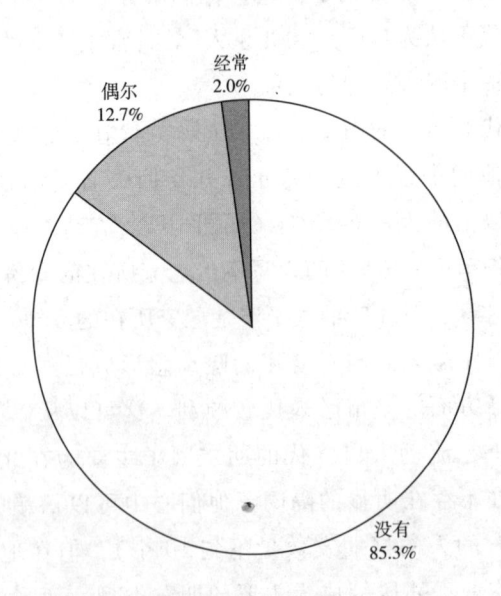

图11　是否受到过北京本地人的歧视

羡慕 嫉妒 敌视
12.3% 0.4% 1.4%

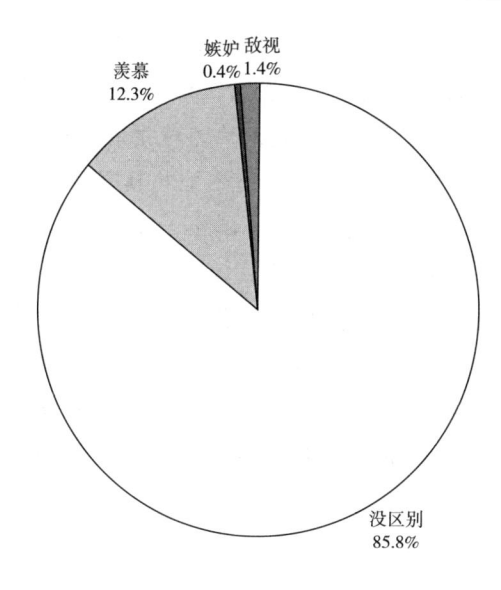

没区别
85.8%

图12　对身边北京本地同学的态度

身份认同的缺失。绝大多数的流动人口二代喜欢北京这个城市（75.8%的流动人口二代"比较喜欢"或"非常喜欢"北京），他们居住的社区也并没有特别明显的社会区隔（所居住社区中的人员结构并不单一，如图13）。然而同时存在的一个悖论是，只有11%的人觉得自己是"北京

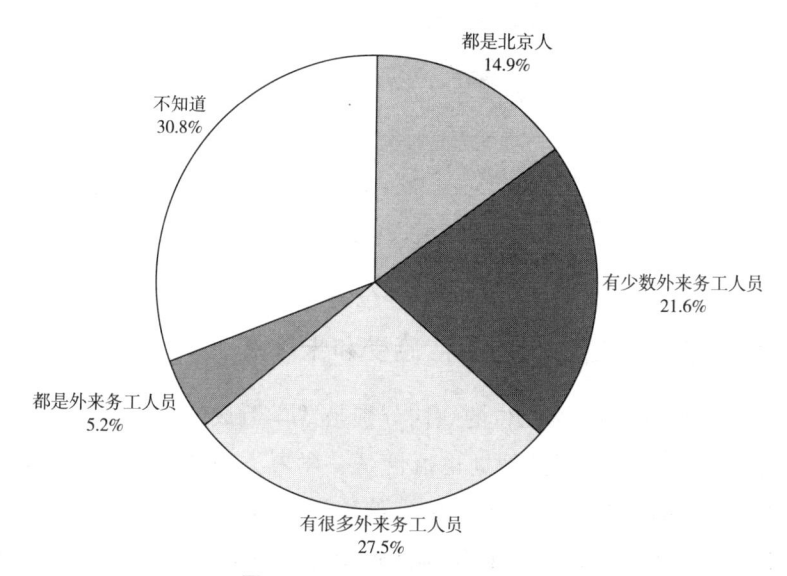

都是北京人
14.9%

不知道
30.8%

有少数外来务工人员
21.6%

都是外来务工人员
5.2%

有很多外来务工人员
27.5%

图13　所居住社区的人员类型

人"（如图14），而多达52.2%的孩子觉得自己是"外地人"，23.8%的孩子选择了"老家那边的人"这样的说法，13%的孩子表示"说不清"。流动人口二代普遍不认同自己是北京人，缺乏对北京这所城市的身份认同感。通过交互分析可知，流动人口二代的出生地和其家庭在北京买房是影响他们认同自己为北京人的重要因素。具体来说，在北京出生的流动人口二代比在老家出生的更认同自己是北京人，家庭在北京买房的流动人口二代比没有买房的更认同自己是北京人：在出生地为北京的流动人口二代中，19.2%的人认同自己是北京人，而出生地为老家的群体中，只有8.1%的人认同自己是北京人；所在家庭在北京买房的流动人口二代中，17.6%的人认同自己是北京人，而所在家庭在北京没有买房的群体中，只有9.9%的人认同自己是北京人。

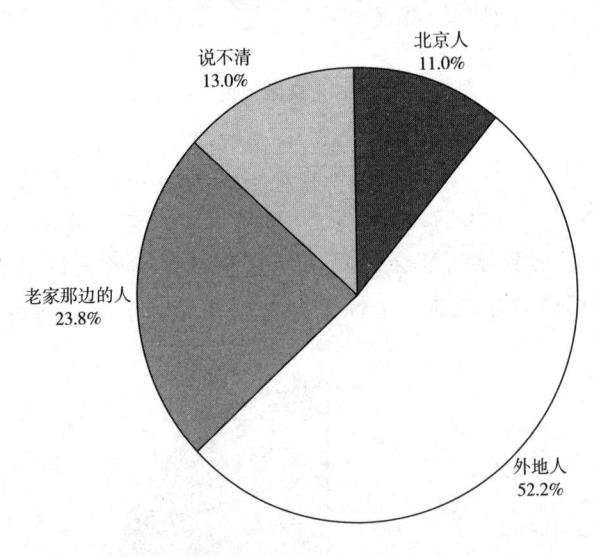

图14 自我认同是哪里人

（六）流动人口二代的生活感受和未来展望

孩子们排在第一和第二位的烦恼分别是"学习成绩不理想"和"升学问题"；他们最希望得到的帮助也恰恰是"学习方面的辅导"，位列第一，其次是"公平的教育机会"和"稳定的生活"，这也与他们的受教育情况息息相关。不可忽视的是，也有部分孩子存在一系列的心理困惑：觉得"生活枯燥、没什么乐趣"（11.2%）、"感觉自己没有优点"（10.8%）、

"感觉孤独，没有人陪"（7.9%）、"和父母或同学的关系不好"（6%）等，也有少数孩子（7.3%）在碰到烦恼时选择"闷在心里"。

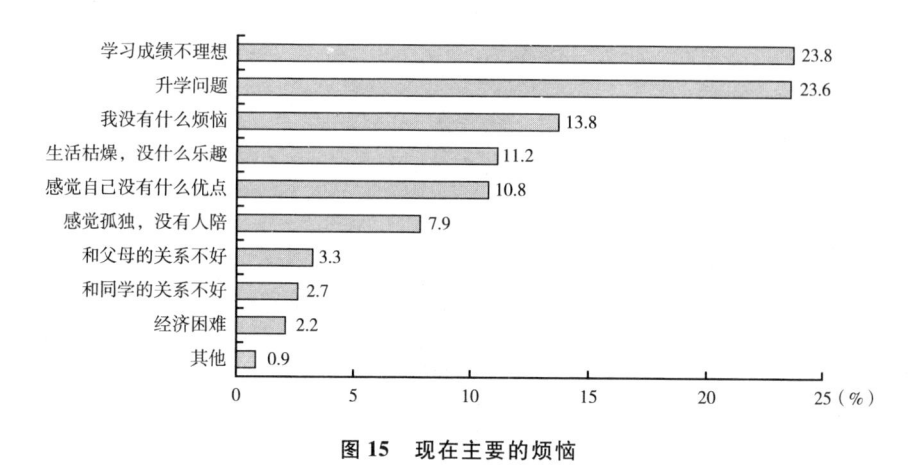

现在主要的烦恼	百分比
学习成绩不理想	23.8
升学问题	23.6
我没有什么烦恼	13.8
生活枯燥，没什么乐趣	11.2
感觉自己没有什么优点	10.8
感觉孤独，没有人陪	7.9
和父母的关系不好	3.3
和同学的关系不好	2.7
经济困难	2.2
其他	0.9

图 15 现在主要的烦恼

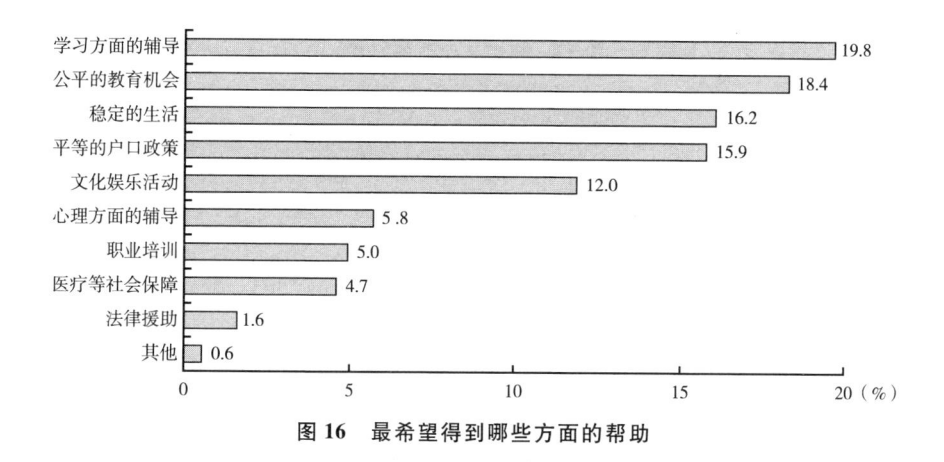

最希望得到哪些方面的帮助	百分比
学习方面的辅导	19.8
公平的教育机会	18.4
稳定的生活	16.2
平等的户口政策	15.9
文化娱乐活动	12.0
心理方面的辅导	5.8
职业培训	5.0
医疗等社会保障	4.7
法律援助	1.6
其他	0.6

图 16 最希望得到哪些方面的帮助

流动人口二代对于未来人生规划的展望："城市型的未来规划"。调研发现，流动人口二代由于已经长期且稳定地在北京接受了小学至初中的义务教育，这种既定事实让他们产生了继续在北京接受高等教育的预期。对于未来受教育情况的展望：绝大多数的流动人口二代（75.4%）不满足于只在北京接受9年义务教育，而希望继续接受高等教育，其中又以希望上大学或大专的为主（58.4%）。对于初中毕业后人生规划的展望：绝大多数的流动人口二代（78.7%）选择进入职业学校或回老家参加高考（图17），而这种人生规划是与他们希望在北京接受中专、大专及以上的教育预期是相关的。

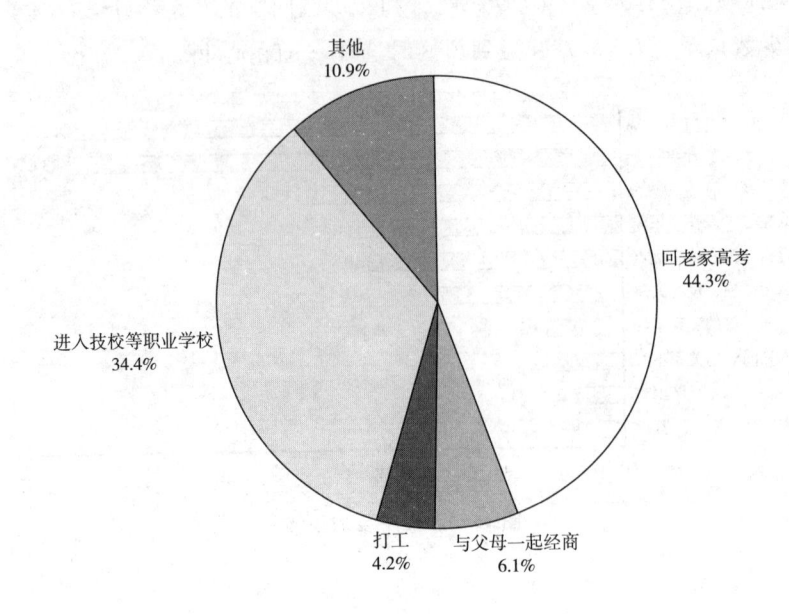

其他 10.9%
回老家高考 44.3%
进入技校等职业学校 34.4%
打工 4.2%
与父母一起经商 6.1%

图 17 初中毕业后的打算

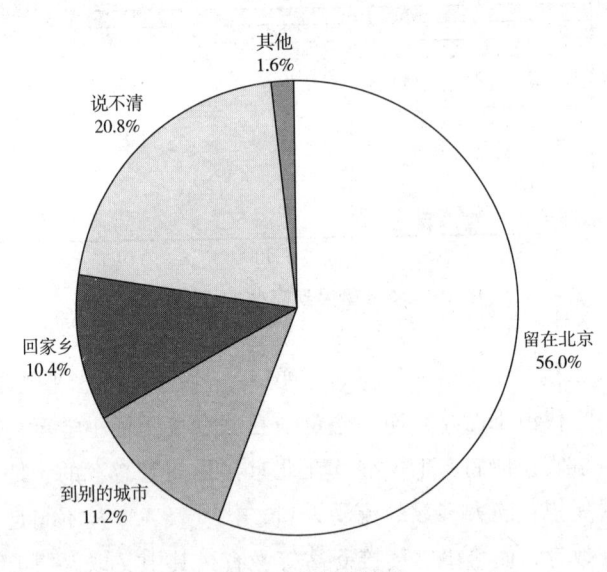

其他 1.6%
说不清 20.8%
回家乡 10.4%
到别的城市 11.2%
留在北京 56.0%

图 18 未来的打算

四 工作思考

(一) 流动人口二代是"有限融入城市"的一代

调研发现,流动人口二代已经成为事实上"有限融入城市"的孩子。虽然他们经常被称作"流动儿童",但他们生命中的大多数时间与北京联系在一起。平均居住年限达到8.4年,对于平均年龄只有12.3岁的这个群体来说,这意味着他们2/3以上的时间是在北京度过的。称北京是他们的"第二故乡"也许并不准确,对于他们中的大多数人来说,北京是他们居住时间最长的地方,是他们最为熟悉的环境,是他们生活的世界。

调研还发现,流动人口二代在日常生活方面的城市融入比较顺利。他们喜欢生活在这个城市,可以以学校为中心建立自己相对开放的朋友圈,在日常交往中感受不到和本地人的明显差别,也没有很强烈的被歧视感。与其父辈相比,可以说他们正经历一个"全面城市化"的历程;但是,他们却在小小年纪就体会到身份认同缺失造成的困惑。造成这种反差的根本原因是他们的"全面城市化进程"受到诸多社会条件的限制,阻碍他们在身份上成为"完整的城市人"。

(二) 共青团要主动做好该群体工作

流动人口二代自身长期、稳定、融洽地在城市生活、学习,也有未来在城市工作的预期,但他们并不把自己看作"北京人"。我们面对着这些已经随迁来到北京、并将长期在此学习和生活的小学生、初中生们,如何为他们提供服务、帮他们解决问题、帮助他们客观地规划未来。从共青团的工作而言,中小学阶段是青少年引导,提升综合素质的教育黄金期,应该注意该群体工作的特殊状况。一是加强基于生活地的文化融合,通过心理辅导、文化娱乐等帮助其成长融入;二是提供相关的法律援助,通过合法渠道帮助其解决遇到的困难,积极化解不稳定因素;三是进一步做好中小学教师工作,加强学校和教师对流动人口二代的关爱和影响。

五 工作方法

(一) 开办"课后四点班"少先队活动课,服务流动人口二代小学生群体

针对流动人口二代的城市融入问题,通过课程化的安排将少先队活动课中思想性、体验性、趣味性、实践性有机结合,弱化外来身份,从课堂教育和社会教育入手,通过学校、老师、社会三方力量,加强文化融合,从小加强对北京的热爱教育,帮助其获得在城市生活中的归属感,积极促进社会和谐。鼓励在社区发展服务流动人口二代学生的志愿服务。

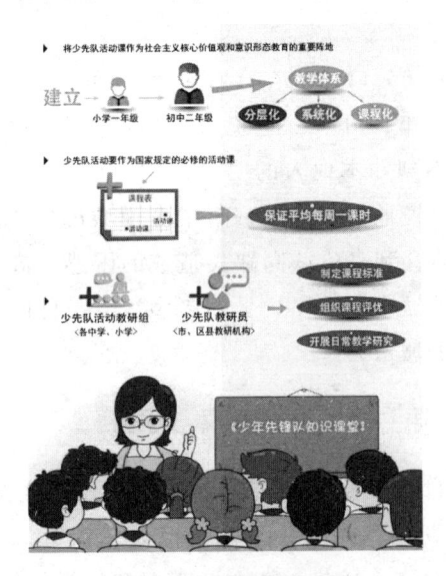

图片1 少先队活动图解

说明:2012年9月,教育部下发《关于加强中小学少先队活动的通知》,明确要求少先队活动要作为国家规定的必修活动课,从小学一年级至初中二年级每周安排1课时。北京市少工委制定《北京少先队活动课实施细则》,建立了从小学一年级到初中二年级的分层化、系统化、课程化的教育体系。编写示范性课例、研发少先队活动课资源共享平台、组织开展少先队活动课的实施和督导。

(二) 立足流动人口聚集区域,开展重点青年汇专题活动

加强社工力量配备,培养社区青年汇骨干志愿者队伍,开展专业个案

帮扶，通过入户走访、深访等方式，运用社会工作手法为流动人口二代提供持续性专业支持；开展针对流动人口二代的特色服务，根据初中生、小学生的学习状况，尽可能为他们创造优越的学习环境，提供可能的学习辅导与援助。比如，针对那些家庭中无人辅导学习的孩子、没有独立学习空间的孩子、因学习成绩不理想而苦恼的孩子，在学校或者社区层面提供一些课后学习和互助的场所和空间，引进一些课后课程辅导、校外文化引导、社会志愿者帮学等形式的学业援助；组建未成年人保护公益律师团，发挥现有171名公益律师的积极作用，为流动人口二代提供免费的法律咨询。

图片2　新青年学堂

说明：2013年设立的"新青年学堂"是社区青年汇主要为流动青年打造的教育培训类服务项目。学堂立足青年汇，依托高校资源，招募优秀大学生志愿者作为管理人员和教师，为有意提升学历、拓展知识、丰富文化娱乐生活的社会青年提供免费的课程辅导和培训。春季班开展国学、乐器、健康、运动等技能兴趣类培训，满足青年个性化学习需求；秋季班主要进行成人高考辅导，支持青年成长发展。2014年学堂累计开课5421次，共计3200余名大学生志愿者为11000余名学员提供了技能兴趣类培训和成人高考辅导服务，学员成考通过率达到98.9%。

（三）开展新青年城市体验营活动，帮助流动人口二代融入城市生活

社区青年汇是建设在青年身边的地域性活动平台和团组织主导的区域性基层青年组织，"新青年城市体验营"依托全市502家社区青年汇组织呼吁在京广大青年报名参与，以参观考察北京市城市基础设施、大型企业、

首都高校、政府公共机构和尖端科技展示等为活动内容，旨在搭建青年交流平台，进一步促进流动人口二代了解北京、热爱北京、建设北京。"新青年城市体验营"先后参观过北京消防总队、特警总队、交通运行监测指挥中心、国家大剧院、首都博物馆和首钢总公司、同仁堂、三元食品等驻京大型企业，帮助流动人口二代更好地学习、生活。

图片3　新青年城市体验营

说明：2014年6月28、29日，由北京团市委、社区青年汇共同举办的新青年城市体验营之"聚焦企业创新发展 助力首都节能减排"活动在北汽新能源汽车、工美集团、北京京仪绿能、首钢总公司、北京三元、北京同仁堂等17家驻京大型企业举行，全市500家社区青年汇组织万名青年参与。本次活动旨在使广大在京青年了解企业的发展历程，感受企业文化精神，认识优秀企业在首都经济社会发展、科技创新、节能减排、培育人才等方面发挥的积极作用。同时，通过活动促进在京青年交友互动，用实际行动学习践行社会主义核心价值观。

（四）依托12355青少年心理与法律服务热线，对流动人口二代进行心理辅导干预

12355青少年心理与法律服务热线是共青团直接与青少年交流沟通的平台，也是了解流动人口二代利益诉求的重要渠道。2014年热线累计接听电话2894通，其中心理咨询1613通，占来电总数的56%，法律咨询289通，占来电总数的10%，其他来电992通，占来电总数的34%。青少年心理与法律服务热线将加强对流动人口二代的服务工作，采取一线接听、二线解答的工作模式，更多地关注流动人口二代在心理、法律等方面的诉求。

图片 4　开展"我爱我的祖国"成长课程

说明："12355"北京市青少年服务台作为承担关爱流动人口二代工作的重要志愿者组织，参加了本次志愿服务活动，为行知学校的六年级一班的40多位孩子带来了主题为"我爱我的祖国"课程。"我爱我的祖国"课程是"世界因你而精彩"课程体系中的一节主题课，"世界因你而精彩"作为专门针对流动人口二代特点打造的心理健康系列课程，为流动人口二代的健康成长做出了必要的参考和指导。

（五）探索家庭教育的方式与途径

对流动人口二代而言，家庭教育往往由于家长的各类原因相对缺失。共青团要特别针对流动青少年家庭设计合理的活动，如举行"家长支持小组"活动，"家庭关系和自我完善"主题活动等，提高流动人口家长在舒缓压力情绪、改善亲子沟通方面的水平；组织社工及专家特别对一些未成年人家长的共性需求进行研究，设计合理的工作内容与项目，优化改善流动人口二代成长的家庭环境。

（六）开展"共青团与人大代表、政协委员面对面"交流活动，帮助流动人口二代解决实际困难

作为党的群团组织，共青团要不断建立健全维护公共利益、救助困难群众的机制和制度化渠道，反映流动青少年二代在北京长期生活的客观现实和利益诉求；通过开展"共青团与人大代表、政协委员面对面"活动、专题调研、倾听活动等，研究流动人口二代的利益诉求，建立流动人口二代表达利益诉求的常设渠道，协调解决实际困难和问题。

图片 5　开展"如何陪孩子一起成长"专题讲座

说明：2014年3月24日，当代家庭教育报副主编、中央电视台少儿频道特约专家评论员果海霞老师走进康泉新城幼儿园，为全体幼儿家长做"如何陪孩子一起成长"专题讲座。家长们反响强烈，觉得很受益，很有收获，并愿意坚持尝试多种模式的亲子教育模式及方法，提升家长教育子女的技巧及能力，使家长和孩子一同成长。

图片 6　举办"共青团与人大代表、政协委员面对面"活动

说明：2014年12月26日，西城团区委举办"共青团与人大代表、政协委员面对面"（以下简称"面对面"）活动，邀请12位区人大代表、政协委员，围绕"重点青少年需求和服务状况"这一主题，进行深入交流探讨。"面对面"活动开展了五年，增进了人大代表、政协委员对共青团重点工作的了解，也赢得人大代表、政协委员的持续关注和大力支持，很好地推动了青少年权益保护工作。

创业青年群体研究报告

杨立宪　刘平青　张楠　郁中华[*]

一　群体总量

本次调研的北京市创业青年群体定义为：①年龄在18~40周岁（含）的在京常住人员；②在北京市工商管理部门注册登记5年（含）以内；③截至2013年底已完成本年度检验手续的企业法定代表人（含合伙人）和个体工商户经营者。根据市工商局提供的数据，截至2013年底，北京市创业青年总量57.15万人，其中：企业创业青年40.50万人，个体工商户经营者16.65万人。

北京创业青年基本结构为：男女比例约3∶2；京籍与非京籍分别占比45%、55%，独生子女与非独生子女的比例约2∶3，共产党员约占15.9%，共青团员约占20.4%；在学历分布上相对均匀，本科及以上、大专、高中、初中及以下学历的分别占比32.9%、27.4%、23.8%、16.9%，有留学经历的占比5.7%；在行业分布上，主要集中在批发和零售业（24.37万）、科学研究和技术服务业（11.98万）、租赁和商务服务业（8.13万）。在地域分布上，北京创业青年聚集度与全市经济产业园区及流动人口的分布情况一致，主要聚集区县为：朝阳区（13.92万）、海淀区（9.86万）、丰台区（7.78万）、昌平区（4.16万）、通州区（3.83万）；聚集总量过万的街

---

[*] 杨立宪，北京团市委副书记；刘平青，北京理工大学教授；张楠，北京团市委事业部部长；郁中华，北京团市委事业部副部长。
参与课题人员：于庆利、苗苗、祁博、史俊熙、王雪、王亚南、金翰洲。

乡共 7 个：朝阳区 3 个（建外、三里屯、望京街道）、海淀区 2 个（上地、中关村街道）、丰台区和昌平区各 1 个（新村街道、回龙观镇），且各街乡镇的辖区内均有商务中心区、产业聚集区或科技园区（见图 1）。

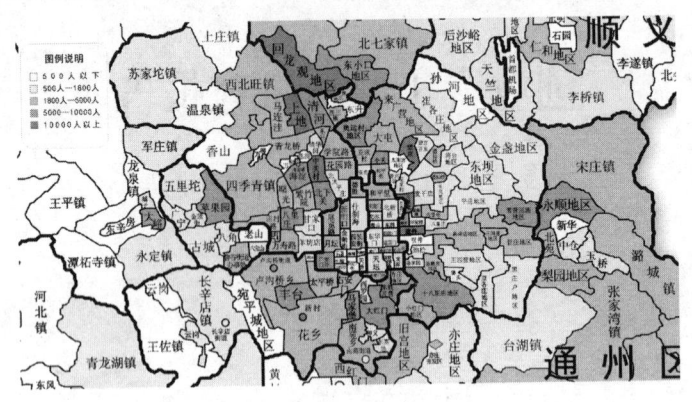

图 1　北京创业青年街乡分布

二　抽样方法

调研组充分考虑了创业青年群体构成的特殊性，即由企业法定代表人、企业合伙人、个体工商户经营者三部分组成。考虑合伙人与法定代表人共同创立企业，创业要素趋同，主要观点相似，如果全部纳入抽样基数，则会出现重复抽样风险，所以抽样基数确定为企业法定代表人（216805 人）与个体工商户经营者（166471 人）之和，总量为 383276 人，抽样比例确定为 0.5%。本次调研共发放调查问卷 2004 份，回收有效问卷 1916 份，访谈 100 人次。

为科学控制调研抽样，具体抽样及调研过程如下：首先，调研组对企业法定代表人和个体工商户经营者 2 类群体、分 17 个区域（各区县和亦庄经济技术开发区）、18 类行业进行信息分类处理，形成 612 个抽样总表。其次，按照抽样比例计算出各行业在各区域的交叉抽样数值并进行随机抽样，查询并标注所有抽样企业、个体工商户所在街乡镇，依托属地工商部门召集企业和个体工商户完成问卷调查。最后，对抽样样本进行局部修正，一是对按比例计算出理论抽样总量为 0 的行业进行覆盖处理，拥有该行业的区域数量达到 5 个及以上的，选择该行业创业青年最多的 2 个区域，各随机抽取1家作为抽样样本；数量在5个以下的，选择该行业创业青年最多的1个区域，随机抽取1家作为抽样样本；二是对区县某行业抽样总数超过该区县街乡镇总数的，进行抽样样本街乡镇来源全覆盖处理，即调整该行业抽样样本在各街乡镇的分布，实现地域上的抽样相对均匀。

三 群体特征

（一）平均初始创业年龄为27.80岁，多数青年经过一定的社会历练后才投身创业

北京创业青年的平均年龄为32.25岁，35岁及以下的占比71.30%。整体平均初始创业年龄为27.80岁，大专、本科、研究生学历创业青年的平均初始创业年龄分别为28.52岁、27.91岁、29.08岁，大学毕业后4~7年才投身创业。数据表明，创业青年具有年轻化特征，但大学应届毕业生毕业即创业的比例偏低，多数青年是在经过一定年限的工作经验等相关要素的积累后才投身创业。

（二）近六成的创业青年集中在批发零售及服务业，不同户籍、学历青年的创业行业明显不同

与传统上认为创业都是高精尖行业不同，北京青年的创业主要集中在批发和零售业（24.37万），占全体创业青年的42.6%；再累加租赁和商务服务业的8.13万创业青年，共计32.5万，占全体创业青年的56.9%，接近六成的创业青年集中在批发零售及服务业。不同户籍、学历青年的创业行业明显不同。从户籍上看，京籍创业青年多集中在交通运输、仓储和邮政业（60.47%）、房地产业（57.89%）、文化、体育和娱乐业（55.67%），而非京籍创业青年多集中在居民服务、修理和其他服务业（66.15%）、建筑业（65.00%）、批发和零售业（60.68%）、住宿和餐饮业（57.45%）。从学历上看，京籍创业青年大专及以上学历的占60.3%（非京籍创业青年此项数据为48.66%），学历相对较高；在创业青年最为集中的批发和零售业中，高中及以下学历的占52.6%，而在科学研究和技术服务业与信息传输、软件和信息技术服务业中，大专及以上学历的分别占比80.5%、70.1%，"知识精英"群体是主体（见图2）。

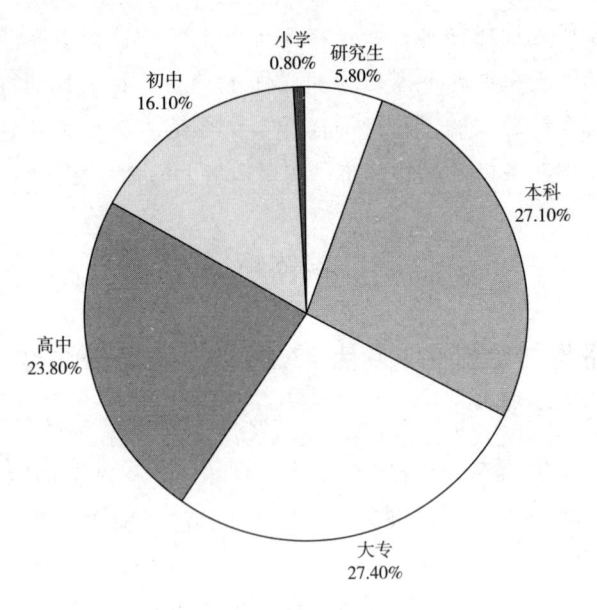

图 2　北京创业青年的学历分布情况

（三）创业动机主要是希望能更加富有、把握命运，有顾虑但在自我内驱力的推动下坚持创业

北京青年在创业动机上"生存型"特征并不突出，对财富积累、把握命运和成就人生的愿望更为强烈。在创业的酝酿阶段，也会有各种顾虑，主要"怕创业失败，血本无归""创业不稳定，起起落落""没有社会保障""启动资金短缺"和"影响自己对家庭亲人的照顾"（见图3、图4）。尽管顾虑重重、困难很多，但越来越多的北京青年走上创业之路，这其中，强大的自我内驱力的激励、引导效应显著，主要表现在3个方面：财富激励——追求个人财富积累（30%）、自主激励——把握自己的命运，决定自己的生活（29.6%）、成就激励——实现一定的成就，证明自己的能力（14.6%）。

（四）创业青年大多生活状况一般，但能为创业梦想坚持奋斗

北京创业青年并非人们印象中收入"金字塔"塔尖上的那个群体，月平均收入集中在6000～12000元，大多数在为个人生活和企业的发展而努力，多属于自我就业。创业青年仍以租房为主，自有住房比例为37.2%，

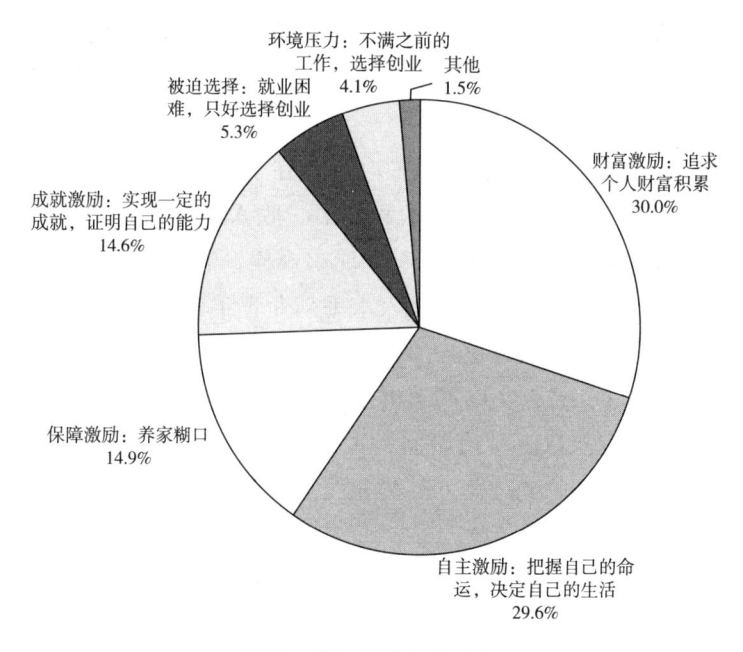

图 3 青年创业初始动机

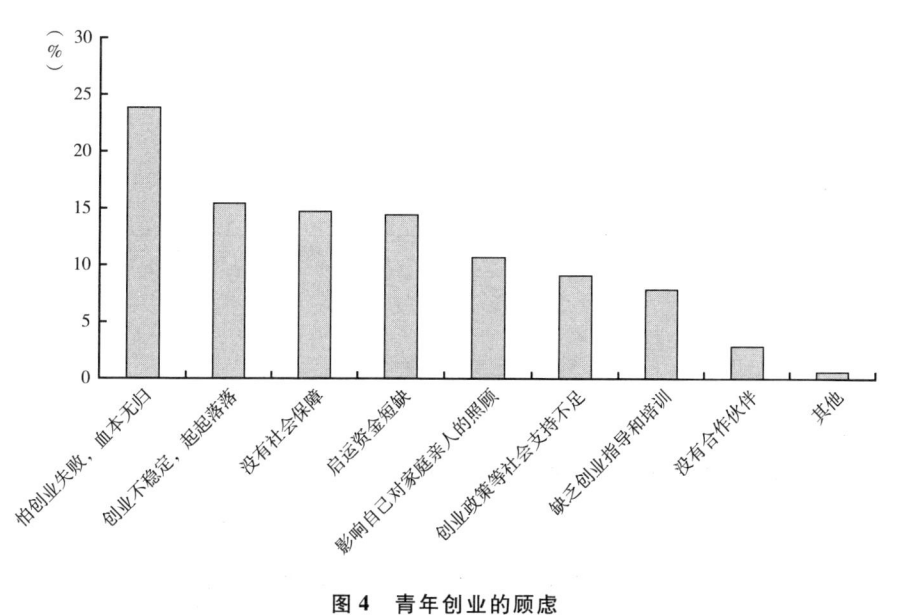

图 4 青年创业的顾虑

23.3%的创业青年居住条件为合租；仅35.7%的创业青年使用的出行方式为私家车，"有房有车"依旧是许多创业青年的梦想。从支出来看，创业青年在获取更多财富和得到社会支持方面的诉求突出，日常生活开销（23.2%）、房租或房贷（22.2%）、抚养子女（14.4%）等"生存型"支出占主体，"发展型"支出不足。

从成长性来看，创业青年的平均收入在前四年的增长率为7.60%、5.05%、31.77%，即在经历三年的积累后，收入开始提升。在五年以后，伴随着创业进入稳定阶段，其收入呈现小规模、震荡性增长态势（见图5）；从收入的行业分布来看，低收入水平创业青年较为集中的行业是批发和零售业（63.76%），居民服务、修理和其他服务业（59.09%）。从学历对收入的影响来看，高中及以下学历创业青年月平均收入在万元以上的占比22.6%，而大专及以上学历的同类占比35%。通过综合调研数据可见，接受高等教育、具备一定的学历层次和较高的知识水平对青年广泛选择创业领域、获得更多收入的影响较大。

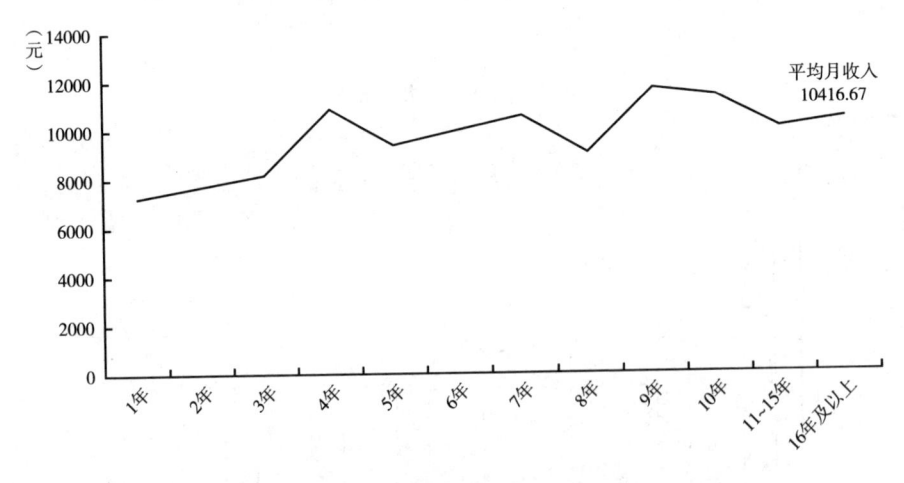

图5 不同创业年份的收入

（五）拥有积极正向的生活态度和主流价值观

北京创业青年对于党和政府衷心拥护，对于主流价值观念比较认同，处世态度积极乐观。他们尤其同意"奋斗成就人生"的表述（5分为非常同意，此项均值为4.30，排在第二、三位的是"没有共产党就没有新中国"和"共产党一定能够带领中国走向强大"，均值为4.28、4.26）。这表明，他们相信通过努力可以改变自己和家人的命运，并充分信赖党和政府。

（六）创业初期主要以亲友支持为基础，发展后逐渐以市场主导

创业青年群体遇到困难时依靠的主要是家庭（61.7%），在创业的酝酿阶段，家庭的支持最为重要（55.3%）。创业启动资金的主要来源是个人（家庭）出资（56%），其次是朋友（合伙人）集资（27.7%）、私人借款或民间借贷（7.2%）、银行贷款（4.9%）。创业青年在酝酿、筹备、初创、发展和稳定阶段的核心支撑力量分别为：家庭、朋友关系网络、政府扶持政策和资助项目、营销团队和宣传媒介，可以看出，青年创业的发展是由依赖以亲友为基础的初始社会关系网络到以市场为手段配置资源网络的过程。创业走得越远，企业做得越大，家庭能起到的作用就越有限，必须依靠市场力量、通过市场手段配置资源，借助"外智"弥补自身的"短板"（见图6）。

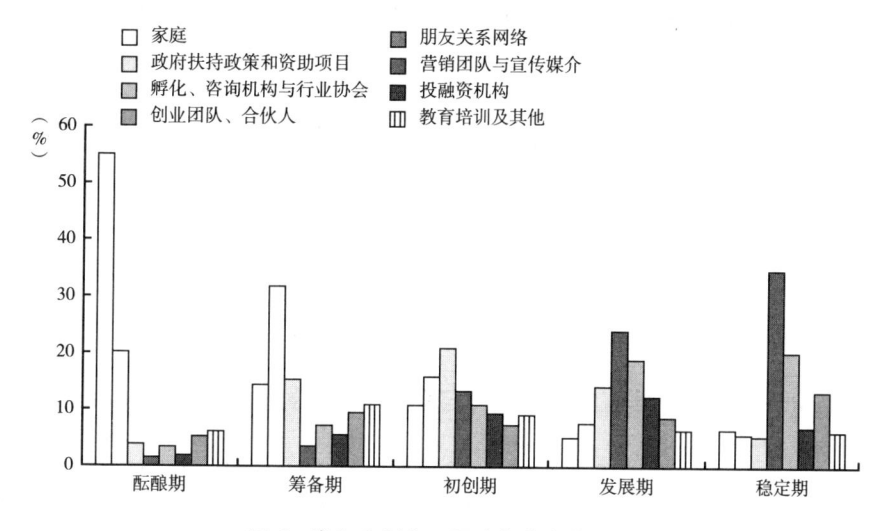

图6　青年在创业不同阶段的支撑力量

（七）主要困难是各类政策无统一解读平台，扶持政策落地难

在工作和调研中我们发现，各政府职能部门出台的扶持政策发布在不同的平台上，缺乏有效的政策资源整合，创业青年对不同职能部门归口管理的相关工作不够了解。因此，出现扶持政策落地难等情况，创业青年对政策的满意度不高（基本满意30.3%、一般49.7%、不太满意10.1%），

认为当前创业政策环境存在的主要问题在于"审批办事手续烦琐、效率低下"（25.3%）、"贷款和融资困难"（18%）及"社会保障不足"（13%）。

（八）科技企业发展潜力较大，北京青年创业绩效情况良好

调研中创业青年约30%处于盈利状态，约40%处于收支平衡阶段，约30%处于非盈利状态，即盈利丰厚、略有盈利、收支平衡、尚未盈利和难以维系的比例分别为3.8%、25.1%、39.3%、24.6%、7.3%（见图7），青年创业多处于发展期和稳定期。对绩效与户籍、学历进行分析后发现，京籍青年及学历高者社会支持度更高，更容易进入盈利阶段，如京籍创业青年绩效良好的比例比非京籍创业青年高7.3个百分点，大专及以上学历创业青年盈利丰厚的是大专以下创业青年的1.5倍。从绩效的行业分布来看，盈利丰厚的是房地产业、住宿和餐饮业、制造业（21.05%、8.51%、7.14%）；信息传输、软件和信息技术服务业中尚未盈利的占36.67%，在各行业中最高，但该行业中收支平衡的占36.16%，接近平均水平；科学研究和技术服务业中尚未盈利的占31.96%，高于平均水平近8个百分点，但收支平衡和略有盈利的比例同样较高，分别占40.21%、20.62%。我们认为，虽然后两个行业的部分企业尚未实现盈利，但其中有很多是投入期长、收益期滞后但发展潜力巨大的高新技术企业，青年的创业活动本身就是一种科技创新成果转化的积极行为，这对首都北京建设创新驱动发展型城市大有裨益。

（九）创业青年的企业较少与国有企业发生竞争关系

自十八届三中全会召开以来，政府提出市场在资源配置过程中起决定性作用，国有资本更多地投向关系国家安全和国民经济命脉的重要行业和关键领域，放开包括自然垄断行业竞争性业务在内的所有竞争性领域，民间资本在一般社会领域大显身手的舞台更加宽广。57.9%的受访创业青年认为与国有企业不存在竞争；在与国有企业存在一定竞争关系的创业企业中，近八成创业青年认为竞争压力不大或一般。

（十）开展党团建设有一定基础，创业青年急需各类培训活动

创业青年中党团活动有一定基础，受访创业青年中共产党员占比15.9%，共青团员占比20.4%（28岁及以下）。超过六成的受访者希望成

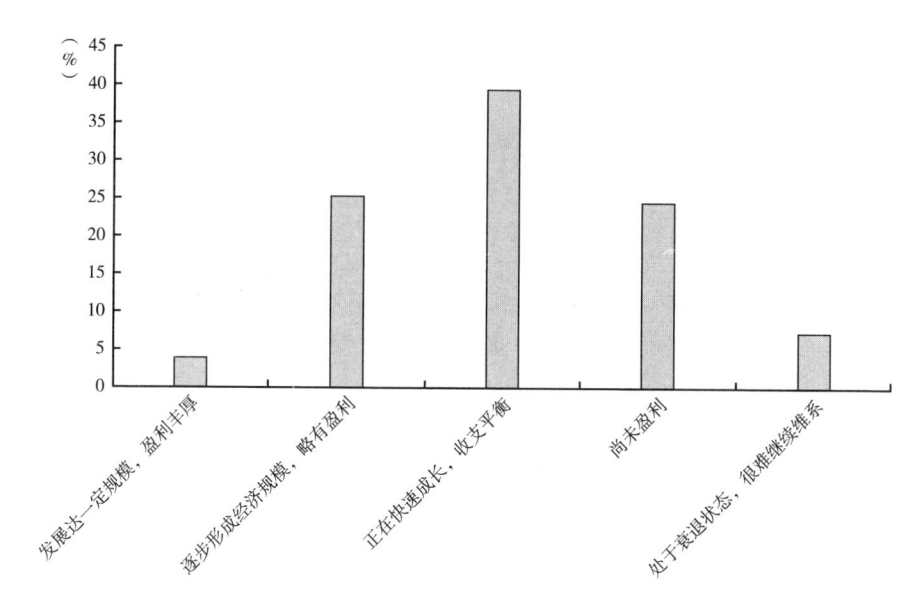

图 7 企业的发展现状

立政府主导的青年创业联合组织并愿意加入该组织,对共青团提供的各项创业扶持了解度较高,如北京青年创业园(49.4%)、北京青年就业创业见习基地(48.9%)。创业青年希望参加培训活动(33.4%),位列各类需求第一。从培训需求上,最希望获得创业培训(25%)、投融资对接与合作(20.6%)、政策研究与宣讲(14.4%);从培训方式上,最希望通过参加创业类活动(28.1%)、参加创业培训课程(28.1%)获取相关知识与技能;从培训内容上,最需要的培训为市场营销(25.7%)、企业管理知识(15.4%)、财务税收(12.2%)、人际交流与沟通技巧(11.9%)和投融资(11.5%)等方面。

四 工作思考

(一)北京创业青年是正能量充足、努力爬升、成长性较好的青年群体

调研显示,自我内驱力是引导青年走上创业道路的主要因素,创业青年不再是传统的生存型创业,他们为了追求财富、把握命运、成就人生、证明能力和价值,这与马克思社会发展理论中对于人的自我价值实现的阐

述及马斯洛的需求理论相符合。腾讯网在对 20 个省份（直辖市）、5.7 万个样本的调查中发现，45% 的人有创业想法且 19% 的网友"已创业"，仅 3% 的人认为自己从来没有创业意愿，40 岁以下的年轻人是创业的主力军，而"85 后""90 后"青年创业者秉持的"为人类解决痛点，最好还能改变世界"的理想主义情怀，存在于互联网和移动互联网等领域。

（二）创业就业是青年最关注的社会民生问题，在"新常态"下如何激发青年创新创业活力显得尤为重要

创新创业是民族复兴和国家发展的必由之路，也是推动人类社会进步的重要动力。近年来，政府职能部门出台了大量政策，有力地改善了青年创业的外部环境，"最好创业年"深入人心。青年是创新创业的生力军，是社会发展的中坚力量，随着我国经济整体进入调结构、稳增长的"新常态"，如何为经济增长注入创新动力是党和政府关心的问题。国务院常务会议提出，要顺应网络时代推动大众创业、万众创新的形势，构建面向人人的"众创空间"等创业服务平台，激发亿万群众创造活力，培育包括大学生在内的各类青年创新人才和创新团队，带动扩大就业，打造经济发展新的"发动机"。对于创新创业带动就业工作，中央有要求，国家有战略，社会有期待，青年有需求。"鼓励青年创新，支持青年创业，以创业带动就业"，将是党和政府以及社会考量共青团工作的一个重要指标。

（三）围绕首都"四个中心"城市战略定位，兼顾好人口调控工作与服务青年创业工作

习近平总书记在对北京市进行调研时，明确了首都发展的新定位就是要坚持和强化北京作为全国政治中心、文化中心、国际交往中心、科技创新中心的核心职能，把首都建设成为国际一流的和谐宜居之都。要实现"科技创新中心"这个战略定位，需要大量具有创新精神和实践能力的人才。创业青年思维活跃，干劲十足，对于新技术、新产品、新资讯充满好奇，对投入科技创新成果转化具有原动力。目前，首都正在围绕京津冀协同发展调整产业结构、优化功能布局、调控人口总量，团组织做好青年创业工作既要符合首都产业优化升级的要求，又要有选择、有重点地开展工作。一是重点扶持在符合首都功能定位的战略性新兴产业、文化创意产业等创业的青年，紧跟绿色低碳发展的时代主题，推动青年在节能环保、新

能源汽车等新兴产业创业；二是在做好产业基础条件好、创新社会氛围浓的地域青年创业工作的基础上，大力引导城南、西部、新城、城乡接合部等产业薄弱地区的青年创业；三是要把扶持的重点放在能够起到致富带头作用的农村创业青年、拥有强烈创业意愿和充分工作经验的城市青年，特别是拥有专业技术或成熟项目的"知本青年"群体上。

（四）共青团发挥组织平台作用大有可为，帮助更多青年创成业

当前，首都创新创业社会氛围不断浓厚，政策举措不断出台，资源配置进一步优化，社会服务机构大量涌现，但这与创业青年的综合需求还存在差距。从已经开展的工作来看，团组织要特别重视通过社会动员和市场运作的方式开展工作，团结、凝聚、带动社会各方力量、各类资源，打造青年创业服务的生态链条。作为党联系青年的群众组织，共青团来源于青年、扎根于青年、服务于青年，组织覆盖广泛，动员能力较强，在联系、组织创业青年的渠道和方法上具有各相关政府职能部门不具备的优势。此外，与目前社会上各类创业服务社会组织和机构相比，共青团组织具有联系党和政府的政治优势，具有密切联系青年、受青年信赖的组织优势和心理基础。因此，定位创业服务"第四方"，充分发挥自身优势，着力搭建互动平台，有效连接起"第一方：公共资源提供方"即政府职能部门和"第二方：社会资源提供方"即创业社会服务机构与"第三方：资源需求方"即创业青年，实现信息、资源的对称传输，全力推动形成全市青年创业就业工作的新局面，让共青团组织在创业青年中树立良好的公信力。

五　工作方法

通过在调研中的思考，结合工作实践，北京团市委开展北京创业青年群体工作的总体思路是：定位创业服务"第四方"，坚持"一条主线、六大平台"，即以"鼓励青年创新，扶持青年创业，创业带动就业"为工作主线，打造覆盖更加广泛、功能更加齐全、服务高效有力的"组织、政策、资金、培训、阵地、信息"六大平台。具体举措有：

（一）成立北京市青年创业工作政府部门联席会，优化创业环境

依托北京市创业工作政府部门联席会，建立青年创业工作政府部门联

席会，加强与市人力社保局、科委、农委、经济信息化委、中关村管委会等多家政府职能部门的联系，合作推动促进青年创业就业；加强在创业就业培训、孵化基地建设、见习岗位补贴等方面的合作，开展政策研究，整合服务青年创业的政府资源。

图片1　全市创业工作委办局联席会

说明：2014年10月16日，北京团市委参加全市创业工作委办局联席会暨北京市创业孵化示范基地授牌及优秀创业项目遴选工作部署会，北京青年创业示范园获评全市首批十家创业孵化示范基地。

（二）建立共青团主导的青年创业第四方联盟，扩大组织覆盖面

完善青年创业工作的社会联动机制，包括：第一方政府职能部门、第二方社会服务机构（创业服务机构、投资机构和外省市驻京团工委、商会等社会组织）、第三方创业青年等资源和力量，建立以共青团为主导的青年创业第四方联盟，下设"创业培训、孵化器、投融资、政策研究和青年组织"5个专委会，发挥共青团的枢纽作用，增强对创业青年群体的社会化动员力量。

（三）开展创业青年政策宣讲会等活动，搭建政策咨询平台

形成制度化安排，联合机关、区县团组织，在市、区两级定期集中开展青年创业政策宣讲会等活动，带动全市相关职能部门为创业青年提供面对面服务，畅通政府部门与创业青年联系、沟通的渠道，深化对全市最新

创业青年群体研究报告 259

图片 2　全市青年创业工作研讨会

说明：2013 年 11 月 29 日，北京团市委组织全市青年创业工作研讨会暨北京青年创业发展促进会筹备工作会。

创业政策文件的解读，帮助指导创业青年用好、用足创业扶持政策，为创业青年"扶上马、送一程"。

图片 3　北京青年创业大讲堂

说明：2014 年，北京团市委在中关村创业大街 Binggo 咖啡厅开展了 7 期北京青年创业大讲堂活动，多家政府职能部门、创业服务机构参与，涉及企业社会补贴、小额担保贷款、企业所得税减免、营改增、科技创新资金项目申报等创业相关政策，200 余名创业青年参加。

（四）发挥"12355"创业就业热线服务作用，提供个性化咨询服务

进一步完善"12355"北京青年创业就业服务热线功能，鼓励青年创新，每天 9：00~17：00，为创业青年提供创业就业方面的咨询服务，主要包括：服务青年创业就业的组织机构、青年创业就业政策与具体服务、服务青年创业就业资金项目、参加青年创业培训项目的途径、青年创新创业交流各类活动、青年创业就业实践指导、参与青年创业就业工作办法等七类、二十余项内容。

（五）制作北京青年创新创业活动"地图"，完善信息服务体系

每月收集、整理全市各创业服务机构组织的各类青年创业活动，以日程表或"地图"的形式进行推送发布；加强"创业北京"微信、微博等新媒体平台的建设，加大宣传推广力度，做好"创业中国梦""政策速递""活动动态""业界观察""创业名片"等板块和内容的推送，有效引导青年创业。

图片 4 "创业北京"微信平台

说明：2014 年 4 月，北京团市委开通"创业北京"微信平台，全年发送 200 期、600 多篇创业资讯，5000 多名创业青年关注；同时，每月制作北京青年创业活动"地图"海报。

(六) 举办首都青年创新创业大赛，营造良好的社会氛围

为青年创新创业搭建综合服务平台，带动全社会鼓励支持青年创新创业，推动创业青年与天使投资人、社会投资机构的合作，促进投融资对接，帮助青年提高创业意识、增强创业能力、拓展创业资源，发现、培养和扶持一批优秀青年创业者。

图片 5　首都青年创新创业大赛

说明：近年来，北京团市委及各级团组织举办各类青年创新创业大赛，数千个优秀青年创业项目团队参与，整合了大量社会企业、金融机构、投资机构、创业园区、社会服务机构、媒体等的资金、孵化、服务、宣传及导师资源，推动了京津冀协同发展，推动高效、优质的首都青年创新创业人才组织、服务体制机制的形成。

(七) 举办新青年创业学堂，覆盖全市社区青年

邀请创业"大咖"在中关村创业大街主会场为创业青年辅导，利用在线培训系统在全市各区县社区青年汇分会场开展网络直播教学，通过制度化安排、社会化动员、近距离学习，打造覆盖全市、靠谱的学习型创业"朋友圈"，在最大范围内引导、带动全市青年创业创新。

(八) 开展北京青年创业面对面活动，促进经验分享

通过北京青年创业就业基金会、北京青年创业发展促进会、北京市青年联合会、北京青年商会等提供学习渠道，组织创业青年走进知名创业企业，与企业创始人、合伙人面对面交流，并促进同领域创业青年之间的合作与交流，帮助创业青年建立"靠谱"的创业圈。

图片 6　"新青年创业学堂"活动现场

说明：2015年5月起，北京团市委组织开展"新青年创业学堂"活动，每月一期，持续开展，截至11月底共举办7期，主会场的700余名社会创业青年参加，全市500家社区青年汇在分会场组织2万余名青年通过网络直播参与活动，接受创业辅导。

图片 7　创业青年走进京东与负责人面对面交流

说明：2014年，北京团市委共举办15期青年创业面对面活动，组织各相关领域500余名创业青年走进腾讯、眉州东坡、58同城、合众泽益、京东、小米、易游天下、易宝支付、美团、快乐妈咪、酒仙网等知名创业企业。

（九）开展北京青年创业训练营活动，搭建"创业生态圈"

通过社会化动员方式定期开展创业青年训练营，整合社会资源、畅通对接渠道，通过团队建设、虚拟投资会、五分钟创业秀、创业故事分享等环节，为创业青年提供人脉拓展、辅导咨询、团队建设、投融资对接等链条式服务，引导社会力量共同为青年搭建"创业生态圈"。

图片 8　北京青年创业训练营

说明：2014 年，北京团市委共组织 13 期北京青年创业训练营活动，共计 36 家创业服务社会机构、942 名创业青年、68 名投资人参加，60 个优秀创业项目进行了路演，直接影响千余人，间接影响近万人。

（十）加强北京青年创业园区建设，形成青年创业孵化阵地

强化北京青年创业园区的规范化管理，通过出台关于加强北京青年创业园区建设工作的指导意见和实施方案，规范园区建设标准，搭建园区建设体系，落实有关扶持政策。通过对已建北京青年创业园区进行评估考核，对合格的园区推动落实更多的优惠政策，为创业青年提供广阔的孵化平台。

图片 9　北京青年创业示范园

说明：2014 年 6 月 20 日，北京青年创业示范园举行新企业入园仪式。2014 年，示范园获评全市首批十家创业孵化示范基地，示范园和移动互联园获评团中央首批 40 家"全国青年创业示范园区"。

（十一）加强北京青年就业创业见习基地建设

进一步规范青年创业就业见习基地的建设标准和准入门槛，加大对已建基地的检查考核；充分发挥见习基地的作用，集中做好岗位对接，实现创业带动就业。

图片 10 "见习助就业牵手毕业生"岗位对接活动

说明：2014 年 6 月至 9 月，北京团市委统筹全市 16 区县、100 余所高校完成 23 场"见习助就业牵手毕业生"岗位对接活动，提供见习岗位万余个。

外籍青年群体研究报告

杨海滨　赵金艳　蒋华茂　王娅婷[*]

北京是中国的国际交往中心，有大量外籍人口在此生活、工作、学习。外籍青年是外籍人口中最具发展潜力、最有创新精神、最活跃的群体。近年来，随着中国经济社会的快速发展、国际地位的日益提升，来京外籍青年群体不断扩大，层次逐步提高。研究分析北京外籍青年群体的发展状况、主要特征、文化认同、政治倾向、切实需求，探索加强外籍青年联系服务的有效方法，促进外籍青年融入北京，是北京共青团服务国际交往中心职能的重要任务。

一　群体总量

北京有独特的对外交往资源，共有186个使领馆、16个国际组织驻华代表机构、189个外国新闻机构、6441家外国企业代表机构、15000余家外商投资企业，与130多个外国城市建立了友好交流合作关系。因此，吸引了大量外籍人士来京工作、生活和学习。综合相关部门数据，截至2013年底，在京外籍青年人口总数约9万人。

我们把外籍青年界定为：在北京生活工作6个月以上、年龄在18~35周岁、国籍为外国的青年（港澳台除外）。

---

[*] 杨海滨，北京团市委副书记；赵金艳，北京团市委国际部部长；蒋华茂，时任北京团市委国际部副部长，现任北京团市委权益部部长；王娅婷，北京团市委国际部干部。
参与课题人员：赵楠、于泓斌、冯丹、李威、郑宽、王新、张馨元。

二 抽样方法

(一) 调研对象

调研对象为在北京生活工作6个月以上、年龄在18~35周岁的外籍青年。

(二) 调研分类

主要分为四大类：一是在京因公工作人员，包括各国驻华使馆青年外交官、驻京组织青年工作人员、在京常驻外国记者、外国文教专家；二是企业外籍青年；三是留学生群体；四是其他人员，包括永久居留人员、自由职业者等。

(三) 调研方法

调研采用问卷调查、深度访谈、实地走访、召开座谈会、文献分析等方法。

(四) 抽样方法

从2013年12月至2014年3月，北京团市委面向全市35周岁（含）以下外籍青年开展了抽样调查。根据外交部、市外办、市出入境管理局、市教委等相关部门提供的外籍青年群体总量和结构数据，采用整体分层抽样方法，按1%的比例进行抽样。为兼顾每一类群体和尽可能多的国别，对于小于1000人的群体，抽样比例适当放大，在同一单位尽量挑选不同国别青年访谈，共发放问卷900份，深度访谈外籍青年60人。

(五) 调研框架

调研框架主要包括基本情况、工作生活状况、社会认知状况、社会交往情况、未来发展预期、主要利益诉求等。

三 群体特征

(一) 来源国相对集中

调查显示，被访对象来自86个国家和地区，其中数量最多的四个国家是韩国（占18.6%）、美国（占12.0%）、日本（占6.4%）、加拿大（占6.1%），这四国的外籍青年占外籍青年总量的43.1%。这个调查结果与在京外国人来源结构完全吻合，根据北京市出入境管理局统计，在京外籍人员数量排在前四位的国家也是韩国、美国、日本、加拿大。

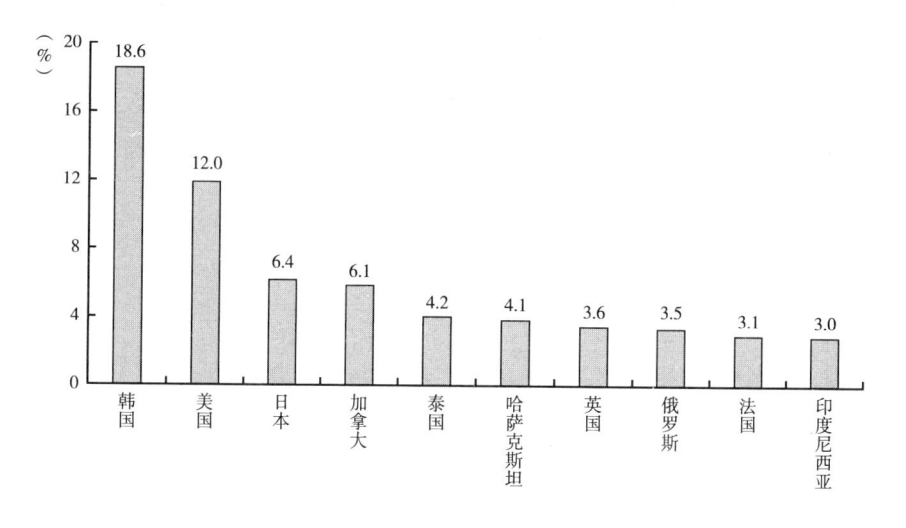

图1 受访外籍青年的国别分布

（二）工作生活高度聚集

调查显示，84.9%的外籍青年通勤时间（从居住地到单位或学校的单程时间）小于1小时，交通方式以步行为主，这说明其生活、工作区域相对集中。从工作地区看，在京就业群体主要分布在海淀区中关村地区、亦庄开发区等涉外企业和语言培训机构密集的地区；因公人员主要集中在朝阳区，区内涉外单位较多，形成了建国门外、三里屯、亮马河三个使馆区。从居住地区看，在京因公工作人员集中分布在朝阳区建国门、三里屯、外交公寓一带；留学生群体集中分布在海淀区各高校；外籍居民主要集中在望京、麦子店、五道口等地区。从休闲娱乐地区看，外籍青年以后海、三里屯为主要休闲娱乐地区，尤其是三里屯，毗邻使馆区，外籍人口在此消费较多，长此以往形成了一个特色商业街区，并对整个北京青年群体都产生了广泛影响。

（三）在京居住时间呈"哑铃状"分布

调查显示，外籍青年在京居住不足 1 年的占 33%，在京居住 8 年、9 年的分别占 10.1%、21.6%，是最集中的两个时间段。从这样的比例可以看出，居住不到 1 年的外籍青年较多，居住四年以下的占一半以上，这与留学生较多相关，他们主要是来京学习、交流的青年，这些刚到北京的外籍青年，面临认识北京、融入北京的困惑；而居住 8 年及以上的占到 39.5%，主要是来京公干和工作的青年，他们中有很大一部分与中国建立了不可割舍的关系，希望长期在北京生活下去。

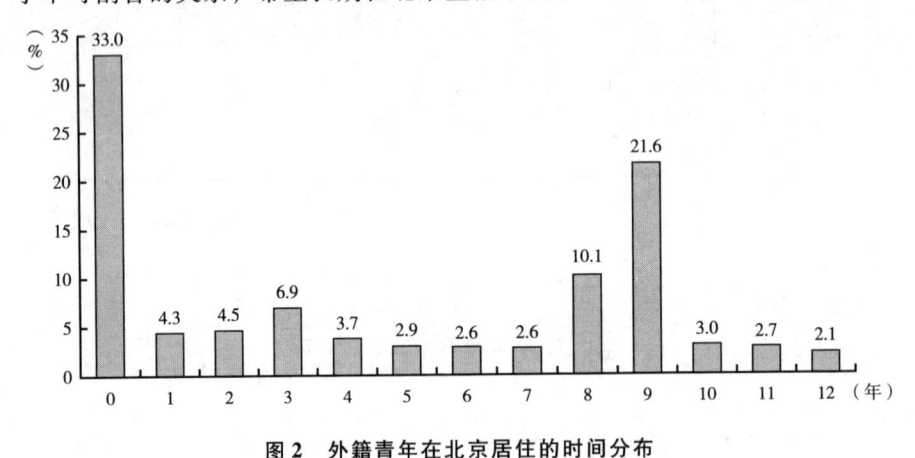

图 2　外籍青年在北京居住的时间分布

（四）生活状况良好

调查显示，在京外籍青年群体生活质量普遍较高，自我评价和综合满意度也较高。从工作状况看，日工作时长 6 小时的占 40.7%，8 小时以下的人员占到 90.1%，劳动强度不大；74.8% 的人群从未更换过工作，工作稳定性较好；80.1% 的人员对自己的工作表示"非常满意或者比较满意"。从居住条件看，外籍青年住房面积人均在 10 平方米以上的占到 76.5%，43.4% 的人没有搬过家，对居住条件表示"非常满意或者比较满意"的达到 51.1%。从健康状况看，外籍青年比较喜欢健身，每周锻炼一次以上（每次半小时）的人员占到 86.0%，认为自己比较健康和非常健康的占 60.6%。从压力承受方面看，绝大部分外籍青年认为当前的工作和生活压力能够承受。

（五）文化认同度较高，关注点存在国别差异

调查显示，外籍青年对中国文化非常热爱，很多人来中国就是为了学习中国的文化，79.7%的人员对中国文化非常感兴趣，兴趣点聚焦在餐饮美食、民俗节日、戏曲文艺等方面。结合深访发现，在文化认同方面存在很大的国别差异，欧美国家的青年对中国文化的喜爱主要表现在认为中国文化比较有意思，他们感到很新鲜，愿意体验尝试；非洲和东南亚、中亚国家的青年更认同中国的发展道路；一些受儒家思想影响的国家，比如日本、韩国、新加坡的青年，他们更认同中国的价值观念和更深层次的文化产物，有很多韩国青年到中国学习中医，不少日本青年到中国学习古代汉语和哲学等。

（六）喜欢北京，能融入北京生活

调查显示，61.7%的外籍青年比较喜欢或非常喜欢北京，39%的外籍青年明确表示未来五年继续在北京创业和就业（学习）。在北京吸引力方面，排在前三位的分别是文化氛围好（34%）、工作机会多（21.7%）、人民友善（20.2%）。外籍青年基本能够融入北京的日常生活，汉语水平达到一般以上水平的占到总数的78.9%，其中比较流利和非常流利的占43.7%，日常交流基本无障碍；与中国邻居（同学）交往比较融洽和非常融洽的到占61.6%；北京居民关注的问题，外籍青年也同样关注，比如社会发展、民生改善、城市治理、环境保护、吃穿住行等涉及切身利益的方面，关注点比较一致。

（七）高度关注中国政治

外籍青年对中国发展充满信心，调查显示，对中国未来发展"比较有信心"或"非常有信心"的比例达到80%。对中国政府的动态非常关注，对于中国的外交新政、反腐倡廉、环境治理方面所做的努力给予高度评价，对于中国政府的治理能力也持肯定态度。有较高评价的同时，外籍青年对中国政府也有更高的期待，认为中国政府应该从改善民生、政务公开、加强社会管理、提高行政效率、建设服务型政府、依法执政方面提升自身形象。

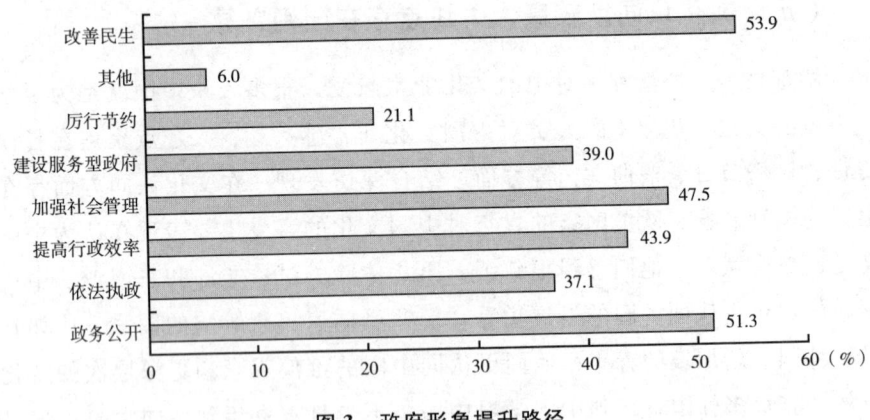

图3 政府形象提升路径

改善民生 53.9
其他 6.0
厉行节约 21.1
建设服务型政府 39.0
加强社会管理 47.5
提高行政效率 43.9
依法执政 37.1
政务公开 51.3

（八）社会交往意愿强烈

调查显示，"非常愿意或者比较愿意"与中国人交朋友的外籍青年占到87%；组织参与程度比较高，只有26.9%的外籍青年表示没有参加任何组织，兴趣类组织（占27.3%）、社团组织（占19.4%）、本国在京组织（占17.2%）、网络组织（占16.9%）最受他们欢迎；在参加活动的频次方面，14.3%的人经常参加活动，近一半的人每月参加1次及以上。

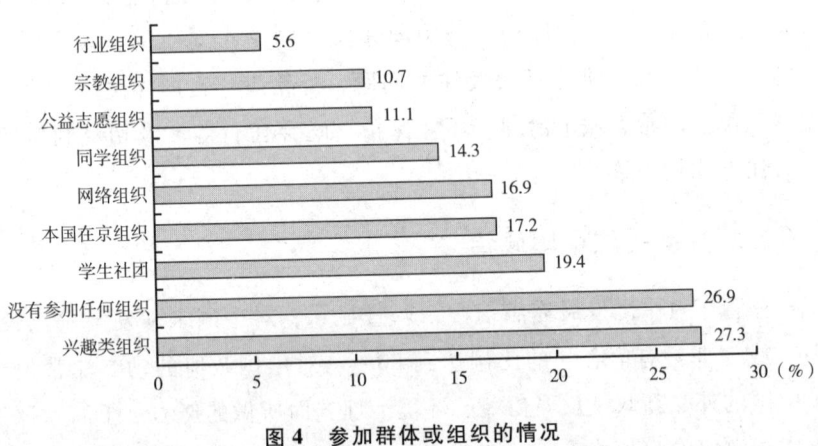

行业组织 5.6
宗教组织 10.7
公益志愿组织 11.1
同学组织 14.3
网络组织 16.9
本国在京组织 17.2
学生社团 19.4
没有参加任何组织 26.9
兴趣类组织 27.3

图4 参加群体或组织的情况

（九）对外籍青年的服务工作还有很大提升空间

调查显示，虽然外籍青年在北京工作或生活，但他们了解中国的途径中68.3%是通过网络、电视、杂志等，而不是"与中国人直接交流"；遇到困难求助的是朋友（占42%）、家人亲戚（占25.5%）和本国人（占8.8%），45.5%的外籍青年在北京没有参加过志愿服务，42.7%的外籍青年没有参加过社区组织的活动，只有20%的外籍青年了解北京的青年组织。由此来看，服务好外籍青年、让他们有效地融入北京、建设北京还有很多工作要做。

四 工作思考

北京外籍青年总量不大，但是来源国众多，他们在北京学习生活，与中国产生了千丝万缕的联系，是中国通向世界的桥梁和纽带。

以聚集地为主，区域化开展工作。鉴于外籍青年居住地集中的特点，应该积极探索基于属地和邻里乡情机理的工作方法，与外籍青年建立联系。比如团市委联合麦子店街道开展的"中外居民过大年"活动，举办了很多届，深受中外居民的喜欢，成为麦子店街道的一个品牌活动。对于望京、五道口这样的聚集区，也应该积极探索建立涉外"青年汇"，或者增加青年汇服务外籍青年的职能，把外籍青年纳入青年汇的服务范围，加强辖区中外青年的交流。

五 工作方法

我们要努力构建多渠道、宽领域、多形式、多层次的青年外事工作格局，为外籍青年搭建交流平台，使其广泛参与世界文明对话，促进文化交流交融。

（一）开展"未来领袖 青春使者"夏令营活动

外籍青年愿意了解中国文化、融入北京生活，通过夏令营活动可以让外籍青年全面客观地认识中国。采取集中活动和分散活动相结合的方式，开展文化体验活动，如端午节开展包粽子活动，中秋节开展中秋文化展示活动，春节开展"中外居民过大年"活动，让外籍青年近距离体验中国文化。

图片 1　"未来领袖 青春使者——国际
青年夏令营"活动

说明：2014 年 7 月，我们联合内蒙古赤峰市旅游局、江西团省委主办活动，选取了内蒙古赤峰、江西南昌、井冈山、北京四个城市作为活动举办地。8 天的活动让营员们对中国文化，有了近距离的体验与认识，各国青年相互交流，碰撞思想，结下了深厚友谊。

（二）开展"国际青年组织论坛暨北京友好城市青年交流营"

目前我们已经与 12 个国家签订了《友好交流意向书》，与 54 个国家和地区开展过青年交流项目。深访中，很多外籍青年都表示希望政府搭建更多的平台，让青年相互交流。为了搭建青年多边交流平台，自2012年起，团市委联合北京市外办、对外友协共同发起了"国际青年组织论坛暨北京友好城市青年交流营"活动。活动成功举办了三届，产生了很好的国际影响，成为青年多边交流的品牌项目。

图片 2　国际青年组织论坛暨北京友好城市青年交流营

说明：2014年10月22日，第三届"国际青年组织论坛暨北京友好城市青年交流营"活动在京拉开帷幕。此次论坛以"青年与城市绿色发展"为主题，既符合国际对环保的关注，也符合北京当前的实际情况。来自世界各地29个国家36个城市的160名营员参与了此次活动。在七天的活动中，营员们拜会了多个政府部门、环保组织，了解北京在环境保护方面所做的探索和努力。

（三）积极参与"国家青年交流年"活动

近年来，我国分别与其他国家举办"青年友好交流年"活动，如2008

年的中日青少年友好交流年、2011年的中欧青年交流年,2014年、2015年的中俄青年友好交流年等,通过"青年友好交流年"的成功举办,为青年交流搭建了很多平台。2014年,我们积极参与"中俄青年交流年"项目,开展了"中俄青年艺术家专场演出"、"中俄青年艺术家油画展"、纪念加加林诞辰、接待俄罗斯记者团访华等活动,有2000余名中外青年参与交流年活动。今后,我们要主动参与国家层面的"青年友好交流年"活动,并且积极促成北京与友好城市间开展"青年友好交流年"活动。

图片3 中俄青年艺术家专场演出活动

说明:2014年8月8日,"中俄青年友好交流年"——中俄青年艺术家专场演出活动在京举行。本次中俄青年艺术家专场演出活动是中俄青年艺术交流年活动框架内的重点项目,该演出由北京市青年联合会、北京俄罗斯文化中心、北京市外办共同主办,邀请了16位俄罗斯艺术家,中俄青年艺术家联袂表演了15个精彩的节目,参加演出活动的不仅有俄罗斯艺术家代表团,还有少林武校、中国杂技团、开心麻花艺术团队等中国青年艺术团体。俄罗斯驻华使馆、在京俄罗斯各界代表、欧美同学会旅俄分会代表、在京留学生代表以及来自全国各地的青少年代表2000余人观看了此次演出。

（四）开展"欢动北京"国际青少年艺术交流周

2013年和2014年，团市委与全国对外友协合作，探索举办"欢动北京"国际青少年文化艺术交流周活动。两年累计邀请到来自20余个国家的优秀青少年艺术团及4000余名来自国内各省市的青少年共同参与活动，目前这一活动已成为北京一个青年多边艺术交流的盛会。

图片4 "欢动北京"2013国际青少年文化艺术交流周

说明：2013年8月7~11日，"欢动北京"2013国际青少年文化艺术交流周成功举办。交流周由团市委、中国对外友协、北京市外办联合主办，共邀请到来自以色列、韩国、芬兰、印度、印度尼西亚、加蓬共和国等十个国家的优秀青少年艺术团队以及来自中国23个省市的2000余名青少年共同参与此次活动。交流周由开幕式双语晚会、艺术嘉年华、欢动北京园博会专场演出、动感北京艺术之旅、闭幕式大联欢五项重点活动组成，历时5天，呈现了7场高水平的文艺演出，共同打造了一场高水平国际化青少年艺术盛宴。

（五）以社区青年汇为载体开展工作

外籍青年工作生活聚集度较高，工作学习之外主要聚集在社区。社区青年汇是依托基层社区，在青年居住、工作聚集区域建设的区域性基层青年组织，主要以青年交友联谊、文体娱乐、教育培训等为主要服务内容，社区青年汇的功能定位非常符合外籍青年的需求，对于联系外籍青年，是一个很好的平台。拟探索建立涉外青年汇，把外籍青年纳入青年汇的服务范围，以此为载体，开展具有区域特色的交友联谊、志愿公益、文化体验等活动，促进中外青年互动、沟通，促进外籍青年融入社区，了解北京。

（六）开展"武动北京"留学生武林大会活动

留学生群体占到外籍青年的1/2，喜欢体育锻炼，有大量的课余时间，据我们了解，有很多留学生喜欢中国武术。武术是中华民族传统体育的代表，不仅是一种文化符号，更可以强身健体。以武会友，是中国传统的交往方式，借助这种方式开展趣味比赛活动，可以增进中外学生的交流，展示、推广中华武术文化。拟开展留学生武术交流比赛活动，展示、传播武术文化。设立线上展示、武术论坛、交流晚宴等内容，切磋技艺、增进交流。

（七）建立"我是 beijinger"微信平台

外籍青年最常用的联络方式是微信，新媒体是联络服务外籍青年的重要手段。拟建立专门服务外籍青年的微信平台，主要为外籍青年提供吃穿住行、娱乐购物、实习就业、中国文化传播、北京青年外事活动信息发布等方面的服务，通过线上线下活动的互动，让外籍青年尽快了解融入北京。

（八）组建青年涉外工作人才队伍

为了充实工作力量，为外籍青年提供更好的服务，国际部亟待整合各方人才资源，建立一支相对稳定的青年外事工作队伍。工作队伍可以包括两个部分，一个是志愿者队伍，面向社会和高校招募一批多语种志愿者，为青年外事活动提供语言翻译。另一个是专家队伍，分为三类，一是文化领域的专家，如精通书法、绘画、武术等中国传统文化的专家、非物质文化传承人；二是专业领域的学者，如熟悉国际关系、外交政策、北京城市规划、环境治理、法制建设等领域的专家、学者；三是从事涉外工作的社会组织或者企业，与他们建立联系，合作开展涉外青年工作。

新闻媒体从业青年群体研究报告

杨海滨　洪亮　孙明　蒋华茂[*]

新闻媒体从业青年活跃在社会热点的前沿，手中掌握着笔、镜头、麦克风等媒体传播的话语权，他们的视角和思维偏向，直接影响着新闻产品的色彩和解读，影响社会价值观的判断和导向，对意识形态的传播影响很大。科学地掌握该群体的总体特点和需求，有针对性地做好交流、团结和组织工作，是贯彻落实习近平总书记对共青团工作重要讲话精神的具体体现。

一　群体总量

（一）调研群体定义

在京新闻媒体从业青年，指年龄在 16~35 岁，与新闻媒体机构建立了一定人事或劳动关系，并且无其他固定职业的人员。考虑到与内容生产密切相关、对意识形态的影响等因素，我们调研了在报纸、期刊、图书、音像及电子制品等出品机构、通讯社等，直接从事与新闻或出版物内容相关工作的人员，包括记者、编辑、主持人、播音员等，不包括技术制作、专职摄像或摄影、后勤和行政人员等幕后工作人员。

---

[*] 杨海滨，北京团市委副书记；洪亮，团中央城市青年部创业就业处处长；孙明，北京团市委宣传部部长；蒋华茂，时任北京团市委宣传部副部长，现任北京团市委权益部部长。
参与课题人员：朱贝、陈晶、张一郎、葛海娜、韩健、王松。

（二）从业青年总量

2010年"六普"时，在全市1040万就业人口中，抽样95.6万，其中记者1570人，编辑6830人，播音及主持人222人。在全市范围内，16~35岁的从业青年占总就业人口的49%。由此推算，记者约0.8万人，编辑约3.6万人，播音主持约0.1万人，总计约4.5万人。

二 调查方法

从2013年11月至2014年2月，团市委、中国人民大学新闻学院联合人民日报、新华社、中央电视台、中央人民广播电台等新闻机构，在北京70家报刊、广播电视、出版社等新闻出版机构开展了在京新闻媒体青年状况调研。调研采取抽样问卷和访谈等方式进行，面向16~35岁青年发放问卷1300份，回收有效问卷1245份。

其中，单位负责人（社长、台长、总编等）6人，占0.5%；中层管理人员（部门主编、部长等）104人，占8.4%；办事工作人员766人，占61.7%，专业技术人员107人，占8.6%；一线工作人员154人，占12.4%；临时聘用64人，占5.1%；其他人员41人，占3.3%；职务身份统计缺失3人。

三 群体特征

（一）数量大，呈区域化集中状态

北京是全国新闻媒体行业的中心，有中央在京媒体、北京媒体、外地媒体在京机构、国外媒体在京机构及北京市出版单位等新闻媒体出版单位总计约4000家，占全国新闻媒体出版单位近五成。其中，北京有超过1800家广播电视制作及播出单位，是全国拥有广播电视制作及播出单位最多的城市。

在京新闻媒体从业青年形成了业态聚集的特征，以工作单位为中心相对集中（生活则相对分散）。除了中央电视台、新华社、人民日报、北京电视台等主要新闻机构外，其他媒体单位聚集在各新闻传媒、文化创意园区内，如北京CBD—定福庄国际传媒产业走廊、西城区德胜门中国北京出版创意文化园区等。北京CBD—定福庄国际传媒产业走廊（简称"传媒走廊"）东西长 15 公里，行政区域面积 78 平方公里，是我国文化传媒机构最为集中的区域。据不完全统计，这里聚集了新闻出版、影视、动漫、新媒体等新闻文化传媒类企业超过 10000 家（含文化类企业），包括人民日报、中央电视台、凤凰卫视、北京电视台等 200 余家中国新闻媒体，乐视、亚马逊（电子出版编辑）等 1000 余家互联网新兴媒体企业以及若干国际知名新闻机构，新闻媒体类从业青年超过万人。西城区德胜门中国北京出版创意文化园区以民营新闻出版单位为主，园区以北京联合出版有限责任公司为代表，有 41 家文化出版单位，也包括像凤凰新媒体平台这样有上千名从业青年的网络传媒企业。

（二）文化层次较高，京籍从业青年较多、生活条件相对较好

北京新闻媒体从业青年群体文化程度较高，教育程度为本科的比例最高，占 60.1%；其次为研究生，占 35.5%。毕业院校以北京地区的高等院校为主，占 58.7%，北京以外高等院校占比 33.0%，有国外留学经历的比例不高，只占 3.2%。从业青年大部分具有北京市户籍，占 62.2%。独生子女占 54.7%。京籍非农业户口和农业户口的自购房比例均超过 62%，两者相差不大，而京外非农业户口从业青年的自购房比例只有 29.9%，京外农业户口从业青年的自购房比例更低，只有 8.5%，京籍户口从业青年在租房和购房的平均面积上均大于京外户口从业青年。

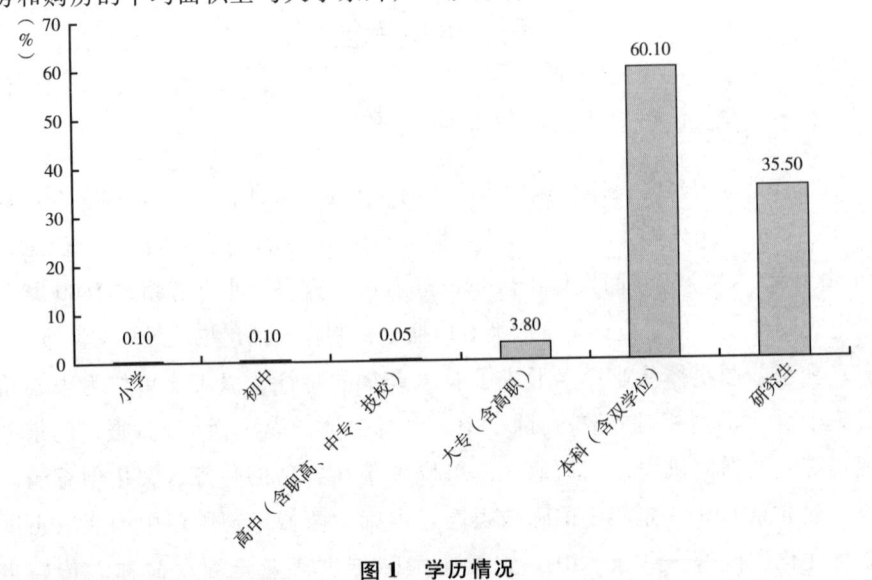

图 1　学历情况

（三）普遍存在高强度的脑力和体力劳动

新闻媒体从业者从事的是高强度的、脑力与体力劳动相结合的工作。工作从 8~10 小时的占 53.9%，超过 10 小时的占 13%，在大多数媒体中超时加班已经成为一种常态。上班加上往返通勤时间，超过 50% 的人每天要超过 12 个小时。这直接影响到他们的身心状态，受访者中 40.4% 的人认为自己"比较健康"或"非常健康"，认为自己"一般健康"的占 47.7%。"身心状态感觉比较疲惫"的占 38.6%，"感觉很疲惫"的占 7.7%。新闻媒体从业青年的健康指数为 3.29，低于本次调研中除中小学青年教师群体以外的其他青年群体，排倒数第二位。调查显示，新闻媒体从业青年高强度的工作压力和奔波的工作性质使很多人无法拥有规律的作息时间，无法按时就餐，处于"亚健康"状态。

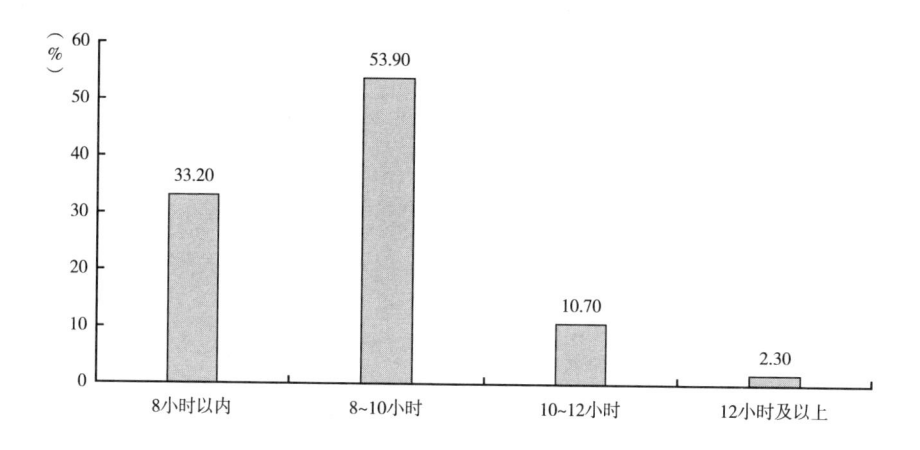

图 2　每天工作时间

（四）竞争压力较大

54.2% 的人认为新闻职业竞争度较高，19.9% 的人认为竞争度很高。49.6% 的人感到自己目前"压力较大""压力非常大"，认为"没有压力""压力很小"的仅占 12.6%。关于压力来源，工作方面占到 39.7%，经济方面占 32%，生活保障方面占 10.4%，情感、心理、公平感等方面占 10.3%。媒体从业青年的压力指数是 3.43，明显高于网络从业青年的

图 3　身心状态

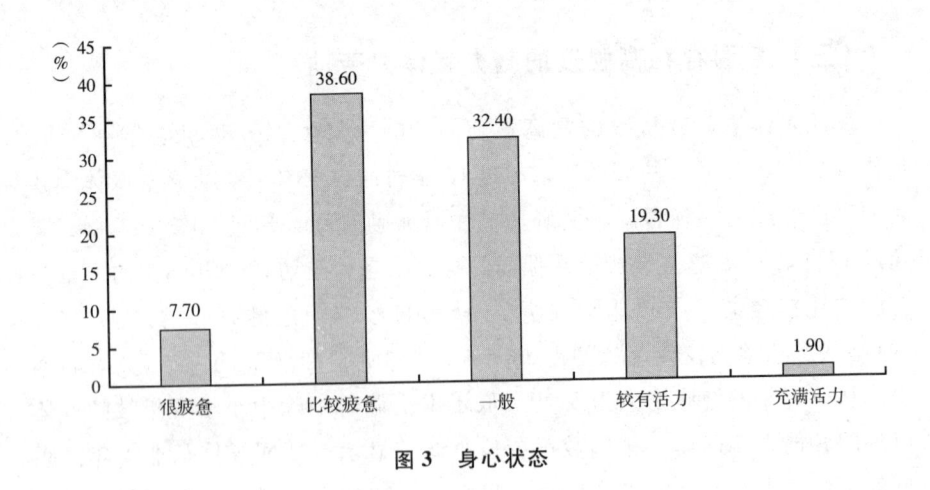

3.23。调查显示，该群体青年普遍感觉面临较强的竞争压力，这种压力是复合性的，但主要还是来自于工作和经济方面的压力。

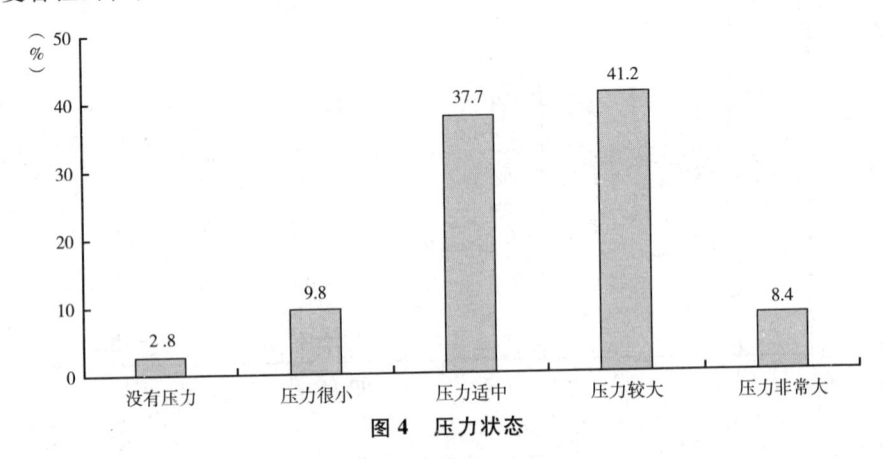

图 4　压力状态

（五）工作业务个体性强，从业环境堪忧

新闻媒体工作一般以个人或小规模团队进行采访、编辑、加工的形式为主，这种个体化的工作性质，容易直接面对比较复杂的工作环境。在从业经历中，有19.2%的从业者曾经遭受恐吓、威胁或人身攻击。有10.1%的人因为工作遇到过法律纠纷。他们可以信赖的好朋友为6.88个，朋友中有75.2%的人选择了同学，并没有显示社交圈比其他青年群体有明显的扩大。在遇到困难或紧急情况时，70%的人认为只有家人和亲戚对自己的帮助最大。

新闻媒体从业青年群体研究报告 283

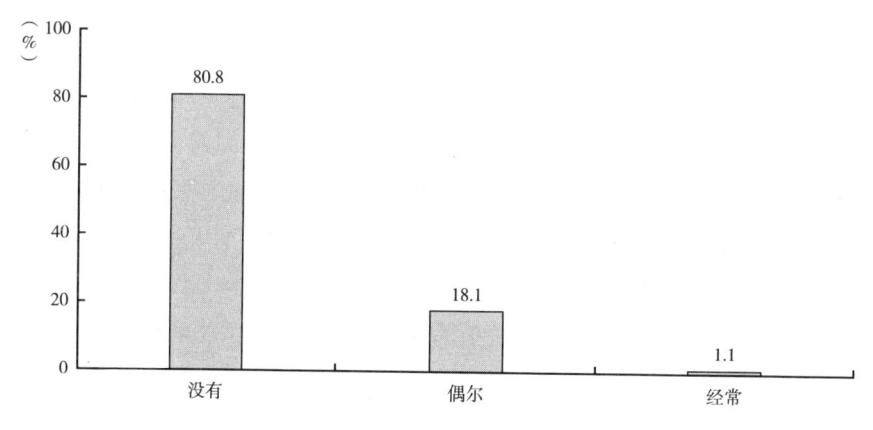

图 5 是否遭受恐吓、威胁或人身攻击
（没有 80.8%，偶尔 18.1%，经常 1.1%）

（六）处于迅速的市场改革进程中，人事关系市场化明显

新闻媒体从业青年只有35.4%的人拥有事业编制，更多采用的是人事代理、劳务派遣等多种聘用形式，92.1%的从业者与单位签订了劳动合同。有记者证或者编辑证的只占到54.2%。在编制对工作发展影响方面，36.5%的人选择了比较有影响，同时有32.3%的人认为影响一般。调查显示，新闻媒体从业青年用人市场化程度较高，很多单位开始逐步淡化事业编和人事代理这样的身份区隔，在薪酬待遇上按市场化的规律进行。

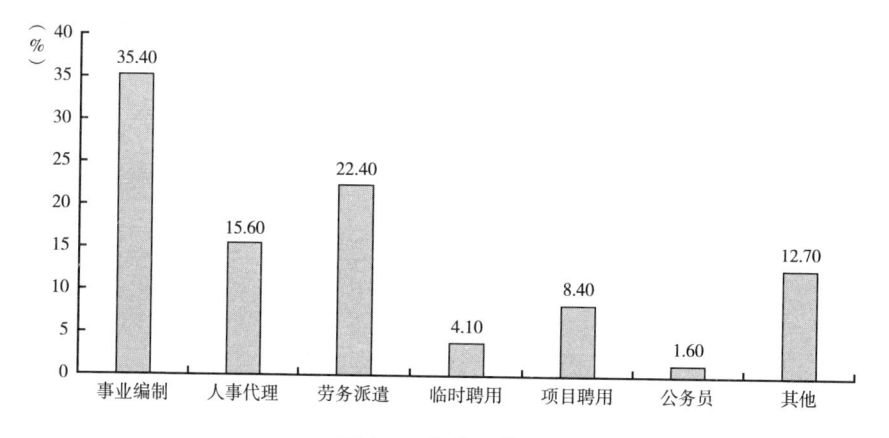

图 6 工作关系性质
（事业编制 35.40%，人事代理 15.60%，劳务派遣 22.40%，临时聘用 4.10%，项目聘用 8.40%，公务员 1.60%，其他 12.70%）

(七) 兼有理想主义色彩和现实利益诉求

对于从业初衷，有50.1%的人选择了要实现新闻理想和推动社会进步，只有17.6%的人是为了挣钱而选择从事新闻行业。但同时，31.2%的人选择了不满意或非常不满意自己的经济收入；问及"影响工作积极性的因素"时，71.1%的青年新闻从业者表示是"薪酬"，35.3%的人选择提高新闻从业者的收入水平是最能促进中国新闻业健康发展的有效手段。调查显示，新闻媒体从业青年既有实现新闻价值的理想主义色彩，又有现实的利益诉求。

(八) 工作满意度高，但新媒体发展严重冲击职业认同

受访者对职业稳定性满意程度较高，对工作的整体评价"比较满意"和"非常满意"的占到65%。对社会地位满意程度"一般"的超过84%，对职业声望满意程度"一般"的超过87%。但有43.9%的人认为应当借鉴国际经验，通过业务理念和技术上的升级换代来促进媒体事业发展。64.2%的人有职业转型的想法，其中36.6%的人想当大学教师，只有19.6%的人想继续从事新闻媒体这个行业。调查显示，新闻媒体从业青年虽然对目前的工作整体评价和感受相对较好，但面对新技术、新媒体对传统媒体生存空间所造成的冲击，从业青年感到职业挑战。

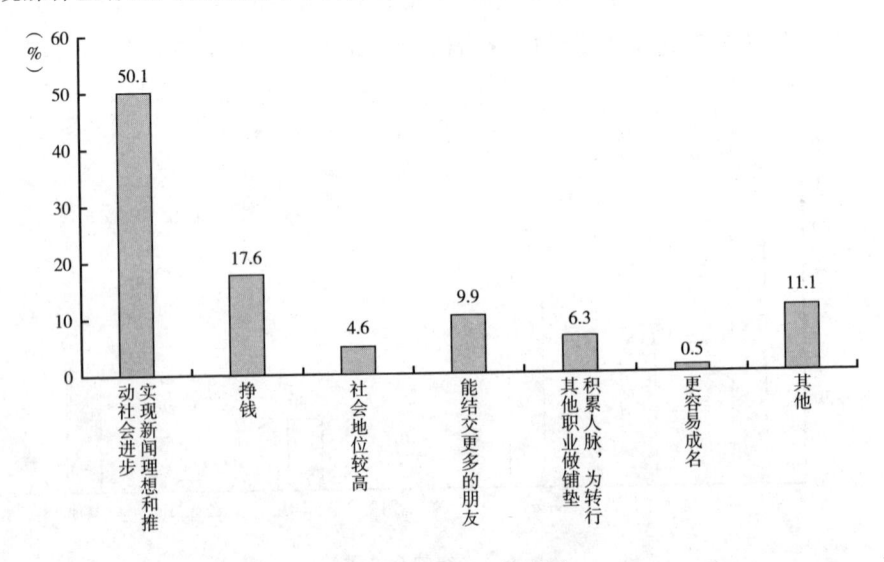

图7　从事新闻业的动因

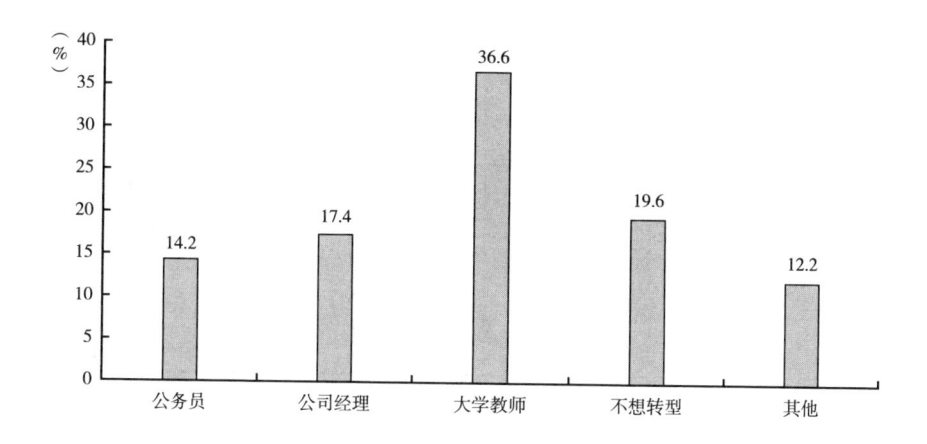

图 8　职业转型期待

（九）有着客观理性的人生观和价值观

81.5%的人同意或非常同意"奋斗成就人生"的信条。他们保持着良好的学习习惯，工作之余每周读书学习时间在2个小时以上的占到了56.4%，该群体每周用于读书学习时间的指数为3.91，在本次调研各群体中，这一数值除了低于大学青年教师的指数3.92外，均高于其他如中央机关、中央企业、市属企业、新社会组织青年等各类青年群体。对于"最能获得成功或者晋升的方式"，47.4%的人选择"写出有影响的稿子"，25.5%的人选择"在采访报道领域把握好机会"。在最相信谁提供的信息这一问题上，该群体的选择比较多元均衡：父母亲戚占26.6%，工作生活相关的人占18.2%，政府部门占22.1%，电视报纸等媒体占18.7%，网络论坛及自媒体占11.4%。他们的网络使用也较为理性，47.7%的人选择不会把情绪带到网络中去，36.3%的人选择只会在朋友圈里交流以舒缓情绪；对于人肉搜索、网络声援、声讨等群体行为，不点击浏览的占到36.7%，只点击浏览此新闻的占54.6%，表示通过各种形式参与的总体不到4.7%。调查显示，新闻媒体从业青年的人生态度积极健康，对社会信息处置、网络意识和行为有着理性的判断。

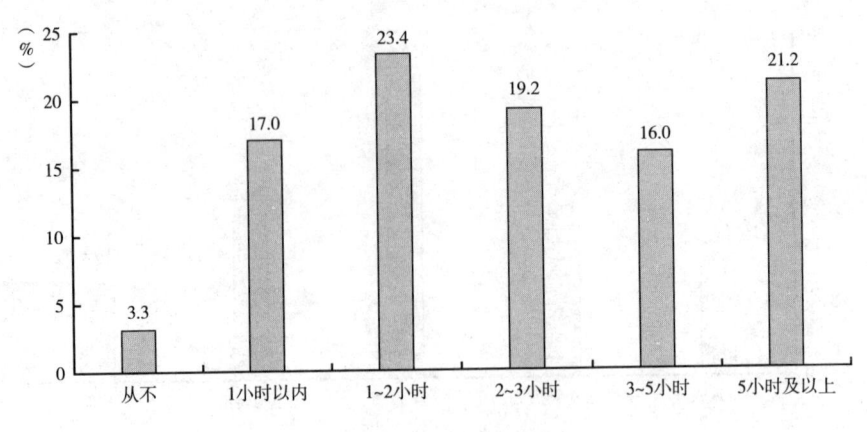

图9 每周学习读书时间

（十）党团组织有覆盖但不充分

党团员比例较高，中共党员接近半数（49.2%），共青团员占25.8%。他们有一定的组织认同感，32.2%的受访者认为通过单位组织是参加北京市公共事务管理的有效途径。团组织相对健全，81%的受访者知道自己的单位有团组织，团的活动覆盖面有一定的基础；但活跃度和有效性不够，40.9%的人表示从来没有参加团组织的活动，43.4%的人表示偶尔参加团组织的活动，15.8%的人表示经常参加。调查显示，通过党团组织可以与大部分新闻媒体从业青年建立起联系。

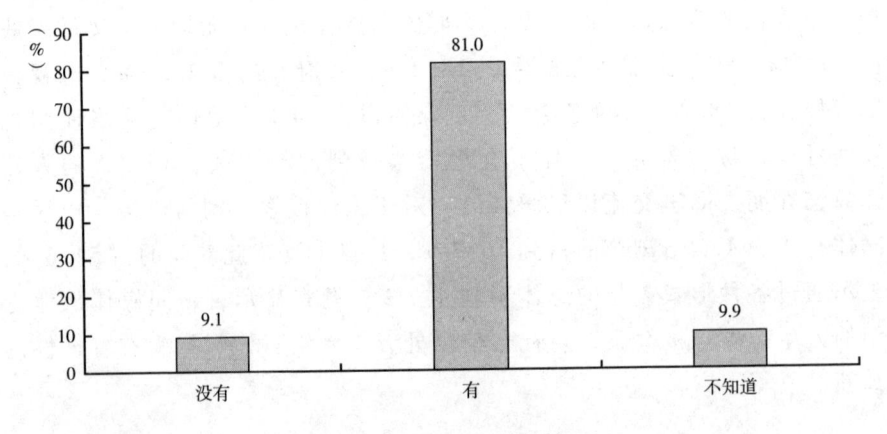

图10 共青团组织覆盖情况

四 工作思考

（一）随着传统媒体的式微，新闻媒体从业青年在转型中适应

新技术、新媒体的发展，严重影响了传统新闻媒体的社会影响力和经济效益。身处转型历史进程之中，面对工作压力加大、职业竞争增大、在京生活成本高、工资薪酬达不到预期、用人市场化改革深化等诸多因素，新闻媒体从业者在社会影响和社会地位等层面也要在转型中适应。这一现实趋势导致新闻媒体从业青年复杂的思想意识状态。该群体直接掌握着社会舆论导向的武器，关注这一青年群体的思想意识状态是重要和紧迫的。

（二）促进发展是交流、团结、组织新闻媒体从业青年的有效途径

新闻媒体从业青年相信依靠自己的奋斗成就人生和梦想，有良好的人生观和价值观，对自己的家庭及未来充满期待和信心，他们也认为生活困难和职业提升、发展是自己面临的最大困难，同时也面临新媒体的职业冲击和压力。开阔从业青年的视野，帮助他们掌握新技术、新技能，是促进媒体从业青年个体发展、适应大变革的有效服务手段。

（三）党团组织需要在新闻媒体从业青年群体中进一步发挥作用

在组织体制内，充分依靠党建带团建，发挥党委领导、共青团推动的合力，推动促进新闻媒体从业青年发展的举措制定和实施。发挥共青团的育人优势，增强新闻媒体从业青年的社会责任感和使命感，帮助树立新闻媒体从业青年群体良好的职业道德和职业规范。在宏观层面，代表该群体在社会上呼吁加强对新闻媒体市场机制的监管和保护，促进公平竞争和市场平衡。

五 工作方法

（一）组织中央新闻媒体单位团组织联席会

针对中央新闻媒体单位的从业青年多属于传统领域的青年，组织化的

程度相对较高的特点，组织渠道仍然是开展新闻媒体青年联系覆盖的最有效和最直接的手段，要加强新闻媒体从业团青组织建设工作。

组织中央新闻媒体单位团组织联席会。在团中央的指导下，按照区域化团建的总体思路，发挥属地区域作用，推动与驻区中央新闻媒体单位建立联系沟通渠道，主动联系对接中直机关团工委，每半年与人民日报、新华社、央视、央广、全国文联等团委负责人召开联席会，共同商议中央新闻媒体从业青年与北京的互动活动或工作项目，最大限度地扩大对中央新闻媒体单位的联系渠道。

（二）发挥市宣传文化团工委作用

针对属地新闻传媒领域的青年数量较大，分布在各个宣传渠道，了解北京的发展和市情，并愿意参与北京公共事务管理的特点，加强市宣传文化团工委的建设，带动行业团员青年的思想政治工作、践行社会主义核心价值观、完善行业领域团的基层组织网络、加强青年人才培养等工作。

对接市委宣传部基层处等相关部门，制订年度工作计划和任务。定期召开宣传文化团工委委员（扩大）会议，与市主要新闻媒体单位共青团和青年工作负责人一起，共同商定首都宣传文化系统青年的各类活动和工作项目。

（三）推动首都青年编辑记者协会发挥更大作用

针对该群体愿意加入某种行业性的社会组织，通过社会组织参与社会公共事务和丰富业余生活的特点，实现协会将体制性特征与社交功能相统一的职能，更好地发挥以点带面的作用。

召开首都青年编辑记者协会换届大会，形成超过400人以上规模的专业协会，划分专业界别，将中央媒体、北京媒体、媒体企业、教育学院、网络媒体等相关社会资源要素整合起来。健全秘书处运行机制，以协会为依托，开展各类特色活动。

（四）明确新闻媒体从业青年的职业操守和规范

要对新闻媒体从业青年的职业操守和规范等方面产生正面的影响，以更好地引导他们践行和弘扬社会主义核心价值观。

调研新闻媒体从业青年的工作特点和要求，总结行业职业操守和规范，

图片 1　市宣传文化团工委成立

说明：2012年5月2日下午，市宣传文化团工委成立大会在北京新闻大厦二楼报告厅举行。市宣传文化团工委致力于团结凝聚文化系统的从业青年，目前覆盖8家市级机关事业单位和大型文化企业。通过举办文化类主题活动，弘扬社会主义核心价值观，促进行业青年成长。

图片 2　首都青年记者协会第五届理事大会

说明：首都青年编辑记者协会第五届理事大会于2014年5月17日在北京召开，来自首都100多家新闻媒体的152名青年新闻工作者参加了大会。会议选举产生新的协会主席、副主席。

首都青年编辑记者协会是由首都青年编辑记者组成的代表青年新闻工作者利益的群众性团体，于1986年经中宣部新闻局、中国记协、中国版协批准正式成立，是具有独立法人资格的社会团体。

与相关主管部门和协会沟通，共同发布职业规范和倡议。开展相应的典型引领工作，举办"我最喜爱的青年媒体人"评选宣传活动，宣传典型人物和事迹，营造良好的社会氛围。推荐优秀媒体记者及从业人员参评"青年五四奖章""青年岗位能手"等市级荣誉，推荐参选北京市青联委员。

（五）举办"阅·媒"读书会

针对新闻媒体从业青年文化程度较高，闲暇时间爱好读书交流活动的特点，以书会友，以书为媒，形成思想的碰撞和火花，在该群体中形成良好的思想交流氛围。

开展"阅·媒"读书会活动，将其融入从业青年人生观和世界观的塑造中。每两个月推荐1本书，每个周期邀请各报社、媒体单位副总编、副社长以上的专家作为主讲嘉宾，集中与协会会员和从业青年交流分享读书心得和对有关社会现象的看法，形成文字，通过微信平台进行推介。

图片3　开展新闻媒体从业青年的思想交流主题活动

说明：借助青记协"思想会"平台，打造青年编辑记者和新生代学术精英的"交流平台"。增进新闻界与学界精英的互动，助力新闻产品的质量提升，推动学术思想大众化传播，服务于青记协会员理事单位，促进新闻行业发展和新闻界与学界的公共事务合作。

（六）举办"走基层"采编交流活动

针对新闻媒体从业青年大部分对个人、社会、中国的发展抱有很大的梦想，希望能发现基层好的素材，写出好的有影响力稿子的特点，举办"走基层"采编交流活动。

每季度确定一个"走基层"主题，带领不同的新闻媒体从业青年和记者走入街道乡镇，了解区域化团建给青年带来的变化；走进青年汇，了解社区服务项目；走进西沙，了解天涯哨兵的可爱故事；走进对口支援单位，了解援建和民族团结的案例等，通过"走基层"的活动，主动引导该群体青年发现社会的正能量。

（七）开展新闻媒体从业青年培训工作

针对新闻媒体从业青年面临网络和新媒体对其生存空间压缩的压力，促进新闻媒体从业青年的能力素质的提高，增强他们的适应性，对新闻媒体从业青年个体的成长产生带来积极的影响和成效，将是联系服务该青年群体的有效手段。

与腾讯、新浪、360公司等新媒体公司建立共同培养机制，推荐优秀新闻媒体从业青年的交流工作，开展适应新媒体要求的非学历培训。

（八）形成促进完善新闻媒体工作体制和优化从业环境的提案

针对新闻媒体从业青年的工作成效和个体权益受到侵害的情况，在社会层面，通过提案、建议等形式，在制度设计或政策制定方面，结合新闻媒体从业青年的知识权益保护，协助营造有利于新闻媒体从业青年发展的社会环境。

开展与人大代表、政协委员面对面的活动。加强与人大代表、政协委员的工作联系，研究并推动传统媒体与新媒体在内容转发方面的版权保护制度规范、市场收益转化等，在宏观层面保护新闻媒体从业青年的工作成效。针对具体的侵害新闻媒体从业青年的热点和事件，在客观准确的基础上，畅通维权的渠道。完善媒体记者、编辑的职称评定与社会待遇挂钩的机制。

网络从业青年群体研究报告

杨海滨　杨斌　徐洪业　胡超[*]

网络从业青年是指在以网络业务为主的企业（互联网和相关服务、软件和信息技术服务业）中从事相关网络工作的人员。具体而言，是在网络企业中从事公司管理、技术与内容、经营服务、职能支撑等类型的职务，不包括物流、安保等其他类型的岗位以及在其他类型企业中从事网络技术支持类工作的35周岁以下的人员。

一　群体总量

根据北京市第三次全国经济普查数据，截至2013年底，北京"信息传输、软件和信息服务业"从业人员共有93万人，其中，互联网和相关服务从业人员117672人，软件和信息技术服务业从业人员715503人，二者合计约83.3万人，即网络从业人员总人数。根据全国第六次人口普查北京市相关数据，在该行业中，35岁以下的青年占整个网络从业者的74.3%，按照这一比例估算北京市该行业青年群体数量约61.9万。

---

[*] 杨海滨，北京团市委副书记；杨斌，北京青少年网络文化发展中心主任；徐洪业，北京青少年网络文化发展中心副主任；胡超，北京青少年网络文化发展中心干部。
参与课题人员：陈亮、刘英杰、李佳、杜树雷。

二 抽样方法

此次调研主要采用问卷调查和深度访谈两种方式。问卷调查企业共67家，大型、中型、小型企业的数量占比分别为24%、22%、54%，回收有效问卷2020份。

抽样调查选取年龄在35岁及以下的网络从业青年。一是按照业务类型：互联网企业按业务类型分为网络媒体、基础服务、电子商务、交流娱乐四类，抽样兼顾各种业务类型、各种规模的企业，使调研结果更全面。二是按照规模类型：互联网百强企业在业内影响较大，从业人数众多，在企业抽取时以互联网百强企业为重点。三是按照重点类型：从对青年思想生活影响的角度考虑，网络媒体类型的互联网企业，尤其是其中的大型企业在青年中影响力较大，将其作为本次的重点调研对象，在具体抽样人数上有所侧重，按照网络媒体类型企业每家分配问卷80份，其他类型企业每家分配问卷40份。四是按照岗位类型：技术与内容类占50%，运营与市场营销类占30%，职能支撑部门占16%~18%。部门总监、副总以上高管占2%~4%。

在问卷调研的基础上调研组还对百度、新浪、网易、小米、人人网、铁血网、中文在线、北京云基地8家互联网企业的70位青年进行了深度访谈。

三 群体特征

（一）年轻和学历是漂在北京的最大资本

网络从业青年从人口学特征上来说，一是该群体年轻化，平均年龄仅为26.7岁，28岁以下青年占网络从业青年群体的73.0%，主要集中在23~30岁；二是学历整体水平较高，具有大学本科及以上学历者占67.0%，其中研究生占12.2%；三是外地户籍的"北漂"比例高，有65.1%的网络从业青年是外地户籍，高于整体青年中非京籍的比例，特别是外地高校毕业来京的比例较高，有一半毕业于外地高校，同时在国外院校毕业的比例也远高于其他青年群体。

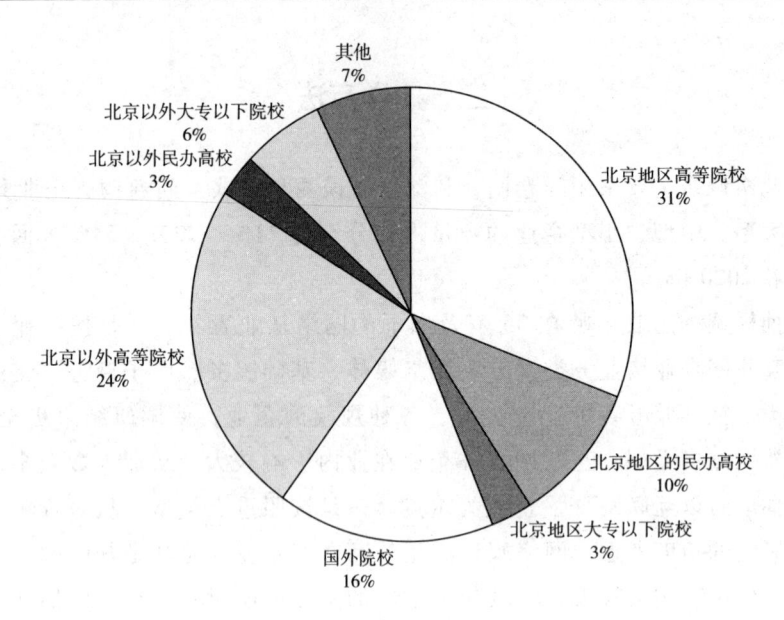

图 1　在京网络从业青年毕业学校分布

（二）空间分布状况呈现聚集特征

北京是我国互联网企业主要聚集区，2014 年中国互联网公司 100 强中有 48 家在北京，表现出明显的集群优势。从就业的区域分布来看，北京网络从业青年的空间分布状况与中关村科技园区"一区十六园"的分布状况高度吻合，是集中分布于中关村科技园区的"村里人"。同时从居住状况来看，64.2%的网络从业青年居住在四环外，五环外的比例更是高达 39.6%，大多数分布在中关村科技园区周边或是地铁、公交等公共交通便利的区域，并在一定程度上形成了诸如上地、五道口等具有区域特征的生活圈、文化圈。

（三）高端行业并不代表高端就业

在互联网行业强大的造富效应下，网络从业青年往往是旁人眼中的"大神"，互联网行业也表现出较高的行业声望，然而实际情况可能并不乐观。该群体人均月收入为 6228.5 元，虽说较其他从业青年具有一定优势，但该群体工作时间长、压力大，其在"时薪"上的优势并不明显，将近一半（49.6%）的人每天平均工作时间超过 8 小时，加班成为常态，但只有

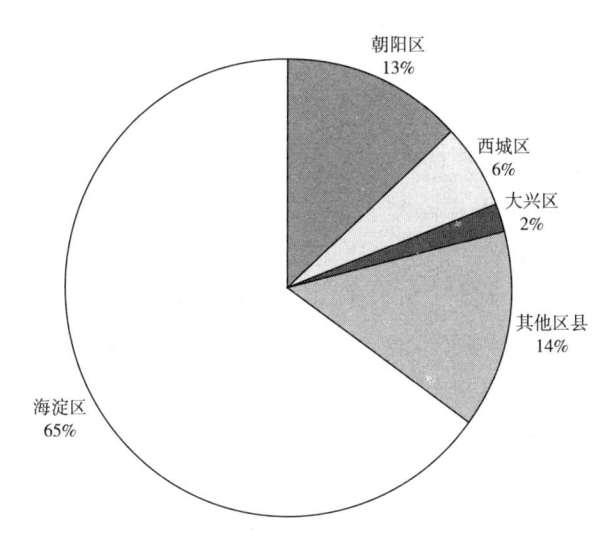

图 2　在京网络从业青年空间分布

34%的人能按照标准领取加班费，55.4%的人根本没有加班费，呈现出高月薪低时薪的特点。同时，网络从业青年的工作强度大，创新空间小，大部分人认为自己从事的工作技术门槛不像想象得那么高，简单重复多，创新空间小，费脑力更费体力，不能归为白领，顶多算技术蓝领。从岗位分布上看，从事编辑、开发、运营岗位的人员最多，分别占19.3%、11.7%、11.3%，前两者也就是大家常说的"小编""码农"。由此可见，网络行业就业状况并非外人看起来那样"高大上"，既是知识密集型更是劳动密集型。

（四）生存状况不稳定，岗位收入的"马太效应"明显

该群体人均月支出达到4301.9元，其中生存性支出比例较高，房租或房贷就占据了42.5%，人均月支出占月收入七成以上的人数达到90%以上，基本属于收支双高的"穷忙族"。住房状况不稳定，拥有自购住房者仅占25.6%，而其中又有67.8%是北京户籍，即仅有12.3%的非京籍青年购买了住房。超过六成的人处于租房状态，其中合租方式占72.7%，租房者的平均月租金是2146.6元。过半数的人居住面积在20平方米以下，40.2%的人近三年有两次以上的搬家经历。由于居住位置较远，该群体交通耗时长。44.6%的人"在路上"的单程时间超过1小时，远高于整体水

平，低成本的地铁和公交是最重要的交通工具，受涨价的影响较大。同时值得注意的是不同岗位间收入差距较大，马太效应在这一群体中表现得较为突出。该群体月收入在6000元以下的比例高，占到63.7%，而万元以上的占到13.6%，高收入比例高于从业青年整体水平月收入的众数和中位数（5000元），与平均收入有较大差距，少数高收入群体较为明显地拉高了这一群体的平均收入水平。本次调研还发现，大型企业工资水平整体较中小企业工资水平高10%左右，研发类岗位薪酬是网站运营类、编辑类岗位薪酬的4~5倍。以某大型互联网公司为例，其搜索引擎工程师月均工资为30000元，高级研发工程师月均工资为20000元，而该公司旗下的网站运营专员月均工资为5400元，产品运营专员月均工资为4950元，普通网站内容编辑的月均工资为4600元，岗位收入差距巨大。

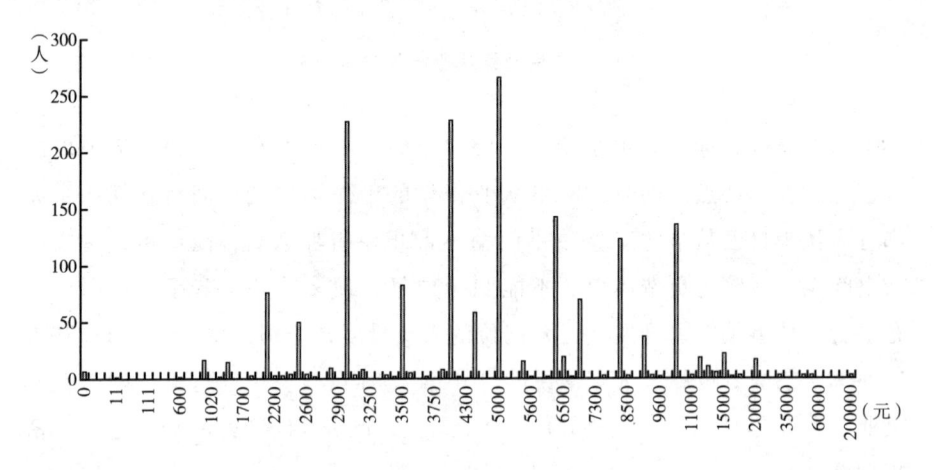

图3 在京网络从业青年月收入分布

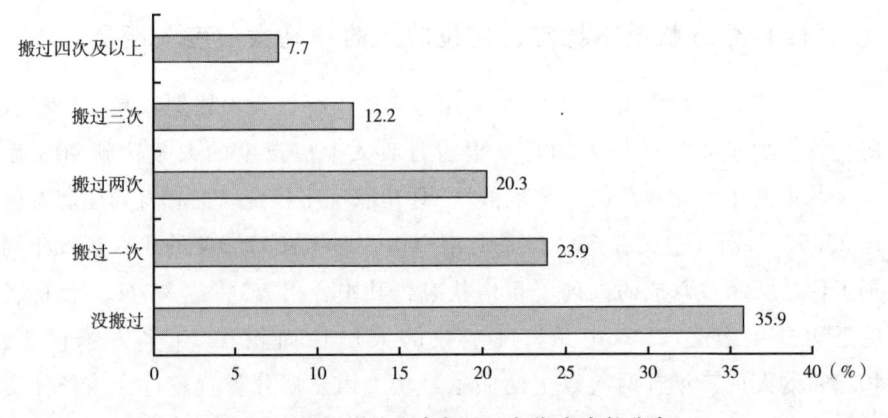

图4 在京网络从业青年近三年搬家次数分布

（五）职业流动和发展瓶颈并存，未来预期不明朗

作为一个新兴行业，网络从业青年的工作流动性较大。三年时间里52.5%的人更换过工作，对工作稳定性的满意度仅为11.2%，远远低于其他群体青年。

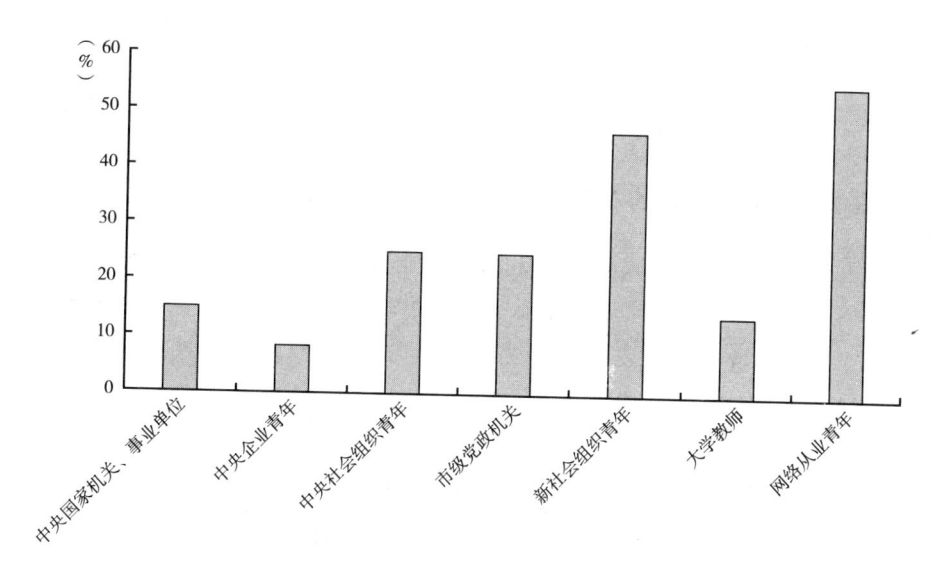

图 5　近 3 年来换过 1 次以上工作的比例

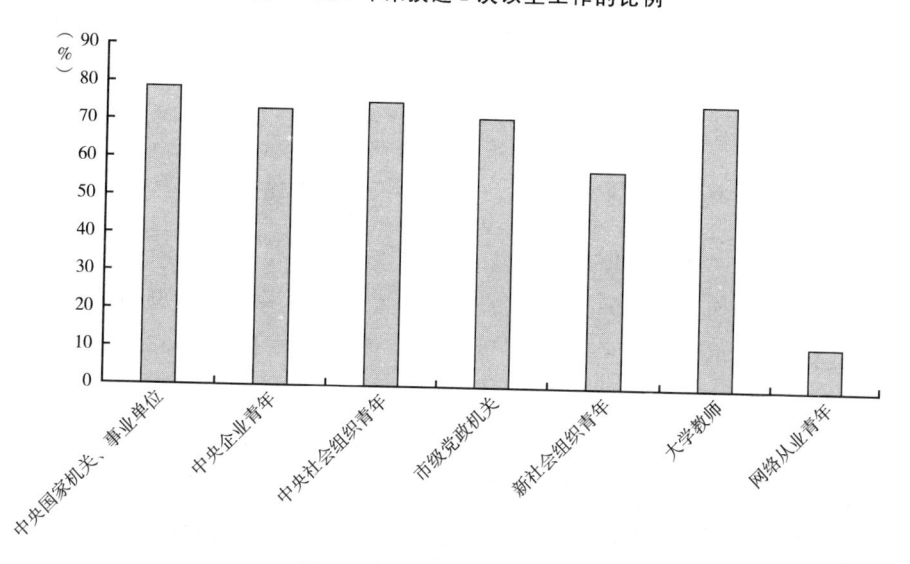

图 6　对工作稳定性的满意度

然而，由于互联网行业的特殊性，网络从业青年的工作总是"换汤不换药"，长期从事低端的工作内容，始终在行业内流动，遭遇职业发展的"瓶颈"。尽管有超过八成的被调研者不同程度地出现过离开网络行业的想法，但仅有1.7%的人已决定离开网络行业，正如深访中的一位青年感慨："一入IT深似海"。因此，行业的快速发展并不意味着个人发展的与时俱进，由此带来的知识结构、职业技能快速更新成为从业青年成长必须要面对的一个又一个门槛，很多从业青年陷入了行业快速发展，但个人原地踏步的困境，对自身发展前景感到迷茫和不明朗。

（六）网络传播的积极分子，网络改变生活的推动者

由于工作和生活方式等原因，网络从业青年受互联网影响深刻，也深刻影响着互联网，是纷杂网络生态的"执牛耳者"，引领着互联网风尚和价值取向。他们当中66.7%的人会关注或参与"人肉搜索"、网络签名、网络声援等网络世界的群体性活动。32.5%的人有过在博客、论坛中所发文章或帖子被大量转载或回帖经历，16.2%的人曾在微博中评论社会现象或社会事件吸引大量网友关注，13.8%的人曾担任某知名网上论坛的版主，这些比例远高于青年群体整体情况。同时网络从业青年站在互联网发展的最前沿，他们是通过互联网技术应用改变生活方式的推动者和生活风尚的引领者，他们的价值观念会不同程度地体现在他们所开发的网络服务和软件应用中。例如打车软件改变了传统行业的经营模式，丰富了人们日常出行的选择，同时也通过规则设置增强着现代都市人群之间的契约意识。

（七）高度依赖网络生存，但现实社交明显缺乏

该群体对网络高度依赖，不仅由于工作的原因每天上网时间长，过半数的人每天平均上网时间在五小时以上，而且与大多数青年群体一样，他们在闲暇时间也很"宅"，上网仍然是第一选择，占比为41.2%，由于对网络信息的依赖，他们"看书读报"的比例远低于其他群体。由于经常超时加班，他们对自己的健康状况显得比较焦虑，只有38.5%的人认为自己健康良好，每周一次都不锻炼的人占到38.0%。他们虽然是网络上的"红人"，但是值得注意的是他们在现实社会中的社会化程度比较低，大多数是从校门毕业直接从事了这一行业。有67.5%的被调研者在京可信赖的好友数量不超过5人，其中同学、同事和同乡占到好友来源的85.2%，将近一

网络从业青年群体研究报告

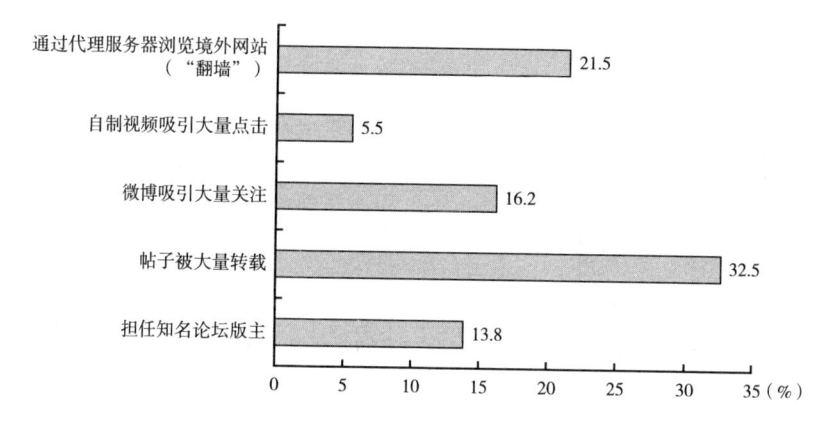

图7 在京网络从业青年网络影响力指标分析

- 通过代理服务器浏览境外网站（"翻墙"）：21.5
- 自制视频吸引大量点击：5.5
- 微博吸引大量关注：16.2
- 帖子被大量转载：32.5
- 担任知名论坛版主：13.8

半的人未参加过任何组织或群体。他们沉浸于互联网的虚拟世界，对现实生活的质量要求相对较低，在现实生活中相对封闭，缺少与外界的交流交往，离开网络这一赖以生存的渠道就很难融入城市的生活。数据显示，当他们遇到困难或者寻求参与管理时都会将网络和媒体作为重要的渠道，例如当个人权益受到侵害时，11.9%的人愿意选择通过"网络媒体"反映信息或寻求保护，在选择参与北京社会事务管理的渠道时，选择通过"借助媒体影响"的比例占到13.3%，这两个比例都远高于其他青年群体。

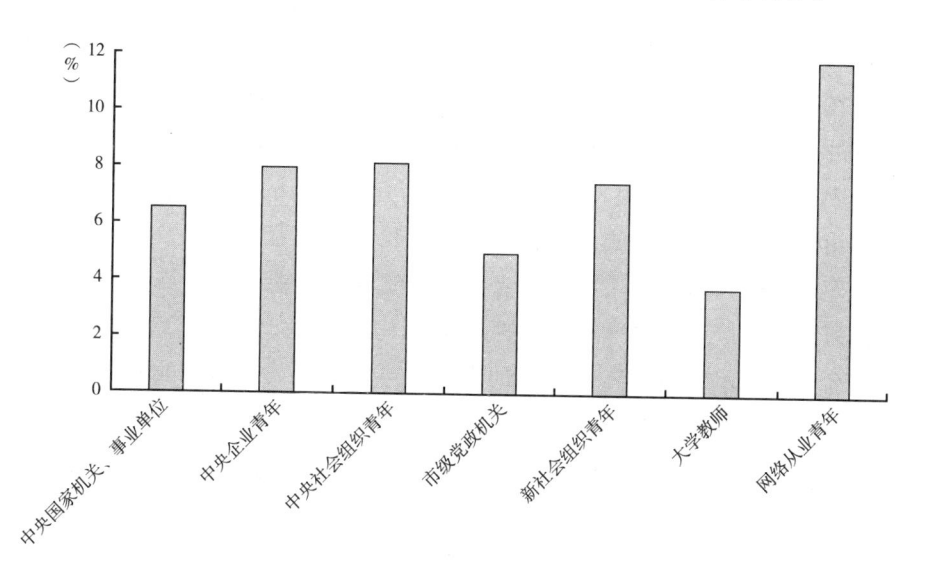

图8 通过"网络媒体"维护权益的比例

- 中央国家机关、事业单位：6.5
- 中央企业青年：7.9
- 中央社会组织青年：8.0
- 市级党政机关：4.8
- 新社会组织青年：7.2
- 大学教师：3.4
- 网络从业青年：11.5

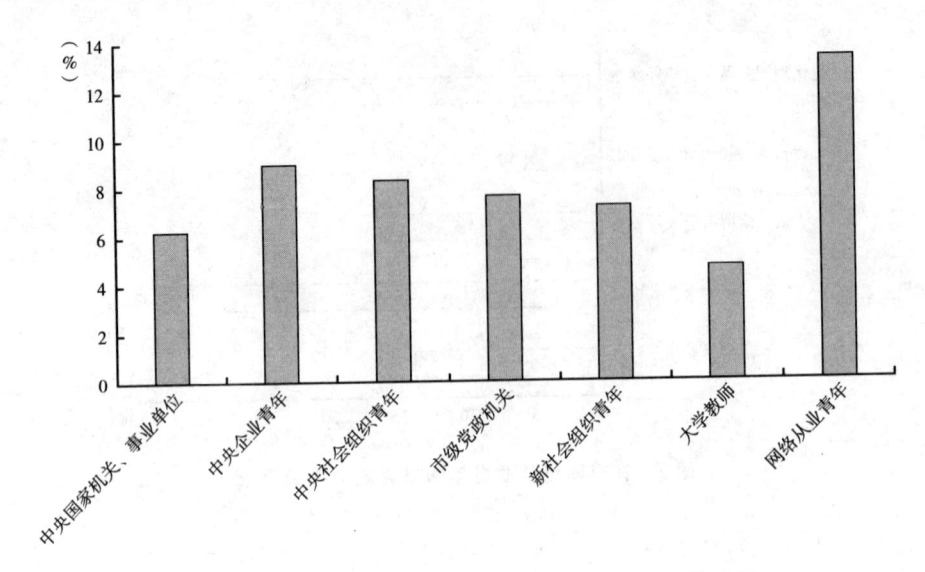

图 9　以"借助媒体影响"参与北京公共事务管理的比例

（八）价值观积极向上，自我提升意愿强烈

虽然种种迹象都表现出网络从业青年在北京立足的不易，但这一群体对自己各方面状况的满意度并没有因此降低，整体具有积极向上的价值观。只有12.8%的人对自己当前的总体状况不满意，其对经济收入、社会地位、职业声望等方面的评价整体处于"一般偏满意"水平，普遍认同"人生的价值在于奉献"和"当别人有需要的时候，我会主动伸出援助之手"这些主流的价值观。从思想状态的自我评价来看，整体偏向积极，消极情绪中最集中的是"迷茫"，也反映了当前这一行业和群体的发展状况。

由于行业快速发展的特点，该群体自我提升的意愿强烈，31.2%的人认为职业技能是影响个人经济收入的最重要因素，因此学习培训活动最受被调研者喜爱。参加过继续教育的人数合计达到61.2%，有27.3%的人自己报名参加学习培训，有33.8%的人参加过单位或委托培养的职业技能培训。值得一提的是，有3.9%的人具有自主创业意愿，高于1%的全国大学生自主创业平均比例，其中全部来源于网络科技类企业的研发岗位。相反，对于处于文字编辑岗位的小编们，几乎没有人有创业的念头，更加追求工作的稳定。我们称之为"码农爱创业，小编求稳定"。

此外，有11.4%的网络从业青年明确表示自己信仰宗教，0.5%的青年

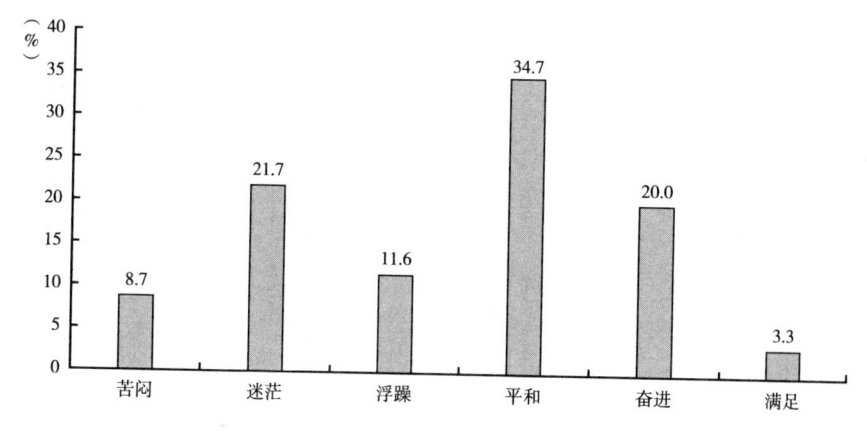

图10 在京网络从业青年情绪状态分布

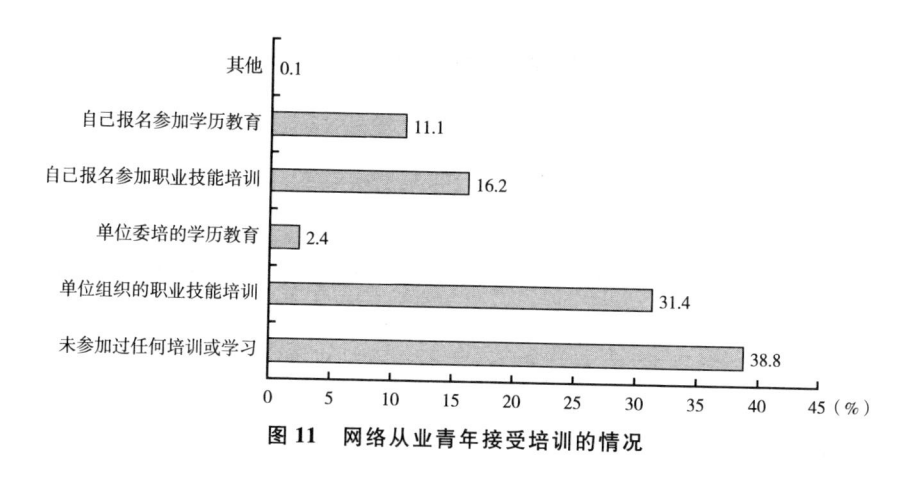

苦闷 8.7
迷茫 21.7
浮躁 11.6
平和 34.7
奋进 20.0
满足 3.3

图11 网络从业青年接受培训的情况

其他 0.1
自己报名参加学历教育 11.1
自己报名参加职业技能培训 16.2
单位委培的学历教育 2.4
单位组织的职业技能培训 31.4
未参加过任何培训或学习 38.8

信仰五大宗教之外的宗教，这个比例高于其他青年群体。

总的来说，在京网络从业青年是生活极单调的"穷忙族"、走不出行业围城的伪白领、脆弱社会关系网上的"蜘蛛客"和复杂网络情绪的传导者。网络生存的纷繁芜杂和现实生活的"宅"形成了巨大的落差感；网络行业的造富效应和现实世界的"屌丝"心态产生了一定的离心感；回不去的家乡和离不开的北京形成了强烈的飘浮感，成为现实社会中落差感、离心感、飘浮感交织的去中心化群体。团组织只有把网络从业青年的困难记在心中，提上日程，才能真正赢得他们的欢迎。只有从他们住房、交友、相亲、培训、创业的具体需求入手，寻求共青团可以开展工作的空间，才能有效开展团建及建团工作，实现对网络从业青年的有效覆盖。

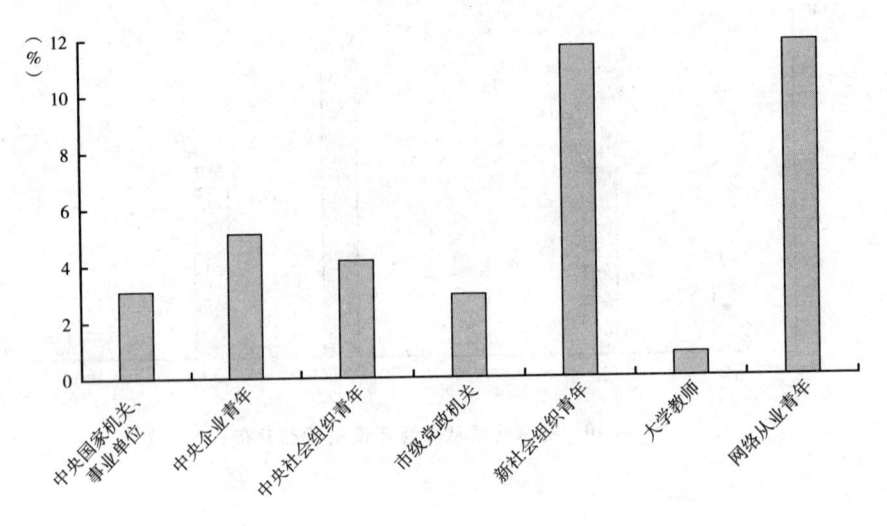

图12　在京网络从业青年信仰状况分布

四　工作方法

（一）要重视互联网企业建团工作，更要重视采取灵活多种类型的团建工作方法

互联网是近年兴起的新兴行业，相关行业的团建工作刚刚起步，因而共青团对网络从业青年的覆盖有限、影响有限。69.2%的网络从业青年认为共青团加强青年工作最可行的方法是成立基于行业或社区的青年组织，同时他们又表现出明显的对体制敬而远之的心理。在团组织难以建立的情况下，要重视基于地缘、业缘、亲缘、趣缘开展多种类型的团建工作，为互联网企业建团打好基础。

在团建方面，抽调网络中心干部、高校教师、优秀社工组建团建工作指导员队伍。向互联网企业派驻10名团建联络员，积极与网络从业青年交朋友、建联系，努力对接网络从业青年的发展需求，形成扁平化的服务体系，为网络从业青年提供实时、直接、长效的服务工作。同时，向中关村创业大街派驻两名团建联络员，从互联网企业孵化阶段进行联系和帮扶，全面介入互联网企业的政策对接、资源整合、团队建设中，带动整个创业街的团建工作形成规模效应。

在互联网企业建团方面，以"抓两头促中间"的方式，一手抓新浪、搜狐、百度等重点网站建团工作，一手抓社区网、同乡网等小型网站建团工作，从而带动辐射其他广大互联网企业建团。

图片 1　"青年 e 站"

说明：服务于北京网络从业青年的第一家"青年 e 站"在中关村创业大街落户开张。北京青少年网络文化发展中心目前已派驻两位专职团建指导员到创业大街，围绕信息传递、宣传推广、公益服务、创业文化开展网络从业青年相关工作。"青年 e 站"的口号是"我们抱抱团"——抱团活动、抱团创业、拥抱共青团！

（二）建设"网络从业青年会客厅"平台

近年来互联网传播的一个特点是"好事不出门，坏事传千里"，网络从业青年习惯从网络获取信息，靠网络解决问题，一方面受网络消极情绪影响；另一方面他们的消极情绪也影响着网络。61.9%的网络从业青年不相信政府发布的信息，是塔西佗陷阱的主要制造者。

建设"网络从业青年会客厅"平台，让网络从业青年和政府机构之间增加一个透明、可信、便捷的双向沟通渠道。会客厅由网络从业青年评选出每期议题和邀请人选，被邀请的政府工作人员、人大代表、政协委员走进会客厅，当面解答他们的疑问和困惑，倾听他们在生活、就业、创业过程中的呼声，收集他们对互联网行业管理、社会热点问题的意见和建议。根据议题受众的不同，会客厅采取线上和线下互动的形式长效开展，努力发展成为网络从业青年明事辩理、抒发心意、参政议政的一扇窗口。

（三）举行"YOU CAN YOU UP"网络从业青年社会角色体验活动

网络从业青年高度网络化、去现实化的生存状态导致了他们对现实社会认知的偏差，从而影响了他们的价值观形成。共青团组织可以通过设计网络从业青年感兴趣、能参加的社会实践项目，推动网络从业青年走出网络、走进社会，受教育、长见识、做贡献，让社会实践成为网络从业青年矫正网络认知、纠正采编视角、树立责任意识的社会观察站。

举行"YOU CAN YOU UP"网络从业青年社会角色体验活动，组织动员网络从业青年到转型期矛盾集中和舆论高度关注的工作一线进行短期社会实践，通过协助工作的方式，亲身体验一线城管、交警、医生、公务员、售票员等的工作状况，了解他们网络形象背后真实的一面，体会他们工作的艰辛与不易，从而实现对网络从业青年社会观察的正确引导。

（四）引导网络从业青年创作正能量网络作品

组织网络从业青年拍摄"我是村里人"系列微视频。北京市约 2/3 的互联网从业人员集中在中关村园区内，选取大、中、小、微等不同企业规模的研发、市场、测试、客服、编辑等不同工作岗位的从业青年，原生态地记录中关村内互联网企业个性青年的生存现状、奋斗经历，在中关村产业变迁与发展的背景下，展现他们的追求愿景，积极营造网络从业青年向上的文化氛围，结合采访当年村里的年轻人，包括杨元庆这样的知名人士，也包括依然兢兢业业工作认认真真生活的普通人，表达他们对青年人的寄语和期望，有效带动网络从业青年的群体。

（五）举办网络从业青年社会主义核心价值观训练营

网络从业青年社会主义核心价值观训练营组织力量对腾讯、新浪、搜狐、网易、百度、凤凰等媒体网站和盛大文学、中国网络文学联盟、17k 小说网等文学网站青年编辑进行政治与业务培训，邀请高校、市网信办、文化执法总队等有关单位负责同志和相关领域专家授课，并组织了多项户外拓展活动。2014 年首期训练营有近 80 名网络从业青年参加，青年们满足了自我提升的意愿，感受到了团组织的重视与温暖。

网络从业青年群体研究报告　　305

图片 2　网络从业青年社会角色体验活动

说明：网络中心干部带领网络从业青年实地探访警察工作第一线，结合靠谱青年微信平台推出"你不知道的警察故事"，开启网络从业青年社会角色体验活动。首期微杂志《你不知道的警察故事》推出后，浏览量迅速突破 15 万，有效纠正了网络上对警察群体长期以来存在的偏见。

（六）举行网络从业青年选秀活动

网络从业青年在生活工作方面，业余生活单调，闲暇时间的活动排在第一位的是上网，占比为 41.2%，"宅"现象突出；工作压力大，需要通过丰富多彩、形式多样的活动来释放压力。推出网络从业青年选秀活动，鼓励网络从业青年在业余时间走出网络，施展艺术才能，让网络从业青年从代码中走出来，走进音符的世界，释放压力，这样创造力也会得到进一步的激发。

我们协同奇虎 360、优酷、视讯中国等互联网企业举办"靠谱青年"公益选秀活动，吸引了各行各业青年的参与，制作的网络视频节目在网站和手机电视播出后受到关注和好评，已播出的 4 期节目全网点击量已突破 200 万。2015 年，选秀活动将由萧敬腾代言，相信可以带动更多网络从业青年参与我们的活动。

（七）开展"故乡温度"探访留守儿童

网络从业青年长期在外工作，社会关系网呈现小众化特征，对故乡的

图片 3　网络从业青年社会主义核心价值观训练营

说明：网络从业青年社会主义核心价值观训练营在国际青年营开营。来自腾讯、新浪、搜狐、网易、百度、凤凰等媒体网站和盛大文学、中国网络文学联盟、17k 小说网等文学网站青年编辑等 80 余名网络从业青年相聚到一起，接受培训。来自相关领域的专家教授亲临现场授课，受到网络从业青年的欢迎。

了解、认同度逐渐下降，家庭、家族关系日渐淡薄。64.1% 的"北漂"艺术青年对北京的地域情感认同度不高，仅仅是维持在有少量朋友、不孤单的层次。通过"故乡温度"加强网络从业青年现实中与故乡留守儿童的互动接触，可以培养青年的社会责任感，弥补情感空缺，改善家庭、家族社会关系状况。2014 年我们联合"越野 e 族"及同乡网招募网络从业青年赴内蒙古、河北等地探访留守儿童家庭，拍摄"缺位全家福"，呼吁社会关注留守儿童，也为网络青年们找到寄托乡愁的渠道，希望他们早日回家。

图片 4 靠谱青年大型公益选秀节目

说明：北京青少年网络文化发展中心协同奇虎360、优酷、视讯中国等互联网企业举办了"靠谱青年"大型公益选秀活动，吸引了大批网络从业青年的参与。制作的同名网络视频节目在网站和手机电视播出后受到关注和好评，至今已播出的8期节目全网点击量已突破500万。2015年，选秀活动将由萧敬腾、黄雅莉等人气明星代言，以带动更多网络从业青年参与进来。

图片 5 "故乡温度"

说明：网友组织协会和青少年拍客联盟组织拍客带上相机、摄像机走进内蒙古、河北等地的城镇和乡村。两期活动共计寻访留守老人、留守儿童家庭20户，为其送去关怀和生活必需的基本物资，为他们拍摄纪实全家福照片，洗印出来后送到因来京务工而未在全家福中出现的家庭成员手上，将整个过程拍摄成系列纪实视频作品，并通过微博、微信等新媒体平台进行发布，整合广播电视、报刊等传统媒体，门户网站、图片网站等网络新媒体平台资源进行立体传播，弘扬社会主义核心价值观。

（八）举行"缘在邻里"相亲交友活动

网络从业青年的男女比例虽然相当，但不同职业的性别分布极其不均衡。技术研发类岗位（如代码工程师）男性比例远远高于女性，内容维护岗位（如网站编辑）女性比例远远高于男性，加上他们的社会关系网呈现小众化特征，这使他们组建家庭成为负担。网络从业青年认为最重要的人生价值指标是家庭美满程度，占 29.7%。47.1% 的单身青年认为，如果身边有组织较好的相亲交友活动，会考虑参加或介绍身边单身的朋友参加。针对网络从业青年行业性别分布不均衡的现状，整合社区网及相亲网等资源，为技术开发的 IT 男与内容运营的编辑女搭建相亲交友平台，助力他们组建家庭，在北京生根发芽，这成为联系网络从业青年的有效方式。

"缘在邻里"相亲交友活动招募百度、奇虎 360、网易、搜狐、新浪、视讯中国等多家门户网站及文学网站的单身青年广泛参与，并且通过中央国家机关团工委邀请单身国家机关干部，融合回龙观社区网、望京网等近 10 家社区网线上报名的单身青年，多渠道的嘉宾来源打破大家择偶的职业单一性，同时设置隆重的外场活动，根据网络从业青年的生活特点，开展网络互动和网络虚拟交友，效果非常不错。

（九）建立社区网负责人长效联系机制

社区网是基于地缘和网缘形成的综合虚拟论坛。目前，北京市社区网总共有 21 家，成为基于青年生活社区的重要网络族群。在网络从业青年群体中，14.8% 的青年是社区网的活跃用户，是稳定的参与群体。社区网的员工是网络从业青年，社区网中活跃的用户中有相当一部分也是网络从业青年，将社区网的负责人调动起来，会成为开展网络从业青年工作的有力抓手。

以社区邻里节为依托，每月邀请各社区网召开一次负责人联席会，沟通交流，互通有无，这有助于将社区网建成服务网络从业青年的基层单位。社区邻里节在每次活动前召开活动策划会，由网友组织协会秘书处发布活动统一主题，各社区网按照要求自定活动方案，形成了对社区网的长效联系机制。

（十）举办网络文化新锐沙龙

由于互联网行业知识更新快，不少网络从业青年担忧中年后难以继续在互联网行业就业，因而他们对提升持续发展能力的愿望强烈，学习培训活动最受被调研者喜爱（28.5%，排第一）。通过整合协调高校、行业协会、技术专家、国内外成功 IT 企业家、网络意见领袖等资源，通过政府购买社会服务的方式，每月开设一次网络文化新锐沙龙，沙龙以主题论坛和读书会的形式举办，帮助网络从业青年把握互联网科技与文化发展前沿，培育和提升互联网职业发展能力。

图片 6　第二届社区邻里节

说明：北京第二届社区邻里节"缘在邻里"大型青年交友联谊活动在北京市东、西、南、北四个方位的场地同时举办。活动北面的主场设在鸟巢国际旅游汇，由回龙观社区网承办，东面的主场由八通网承办，西面主场由网聚房山及石景山信息港、门头沟论坛承办；南面的主场由爱我大兴社区网承办。嘉宾主要来源于三部分：一是百度、奇虎360、网易、搜狐、新浪、视讯中国等多家门户网站及文学网站的单身青年；二是通过中央国家机关团工委邀请的单身国家机关干部；三是通过21家社区网线上报名的单身青年。全市四场地共计5700余人参加。

图片7　社区网成员单位赴大兴调研座谈

说明：北京网友组织协会秘书处率 14 家社区网成员单位赴"爱我大兴社区网"进行调研座谈。大兴区委有关领导出席座谈。座谈会上就大兴区整体宣传工作及网络新媒体工作进行了介绍，双方对在社区网中开展社区邻里节活动进行了交流和研讨。随后，各网站负责人结合自身实际及需求对协会的工作内容、覆盖群体、宣传推广方式等方面提出了很好的意见与建议。

图片8　"靠谱青年"新锐沙龙

说明："靠谱青年"新锐沙龙在中关村创业大街亚杰汇录制第 2 期节目，本期主题是"H5 策划如何引爆朋友圈"。来自腾讯、百度、网易、搜狐、金错刀、正和岛、新媒体指数、聚美优品等 30 余家网站媒体、自媒体和企业的 60 多位一线策划人、小编、"码农"参加了本期节目。"夜游中南海""APEC 元首服装秀""帮贪官数钱""幸福回家路"等风靡朋友圈的 H5 幕后策划制作团队分享了成功经验。参与沙龙的小伙伴们还围绕主题进行了热烈的讨论。

"北漂"艺术青年群体研究报告

杨立宪 杨海滨 郑品石 刘炳全[*]

"北漂"艺术青年（简称艺术青年）涵盖从事美术、音乐、舞蹈、戏剧、影视工作的五类人群，年龄在16~35周岁，非北京户籍，主要收入来源于其从事的相关艺术领域工作。在近10年的发展中，他们作为北京文化中心的建设者，为繁荣文化事业、促进文化产业发展起到了不可忽视的作用，也形成了独特的发展规律。为深入开展党的群众路线教育实践活动，全面掌握新形势下首都青年群众的准确情况，切实做好青年群众的联系服务工作，北京团市委开展了针对艺术青年的调研，本报告通过田野调查、追踪访谈等形式就这一群体的存在状态、诉求等方面进行调研，现就结果分析如下。

一 群体总量

此次调研对象是指，出生于1978年1月1日至1997年12月31日之间（即16~35周岁），来自京外地区且未拥有北京户籍，从事艺术行业并拥有一定艺术追求和梦想的中国公民。根据北京市公安局人口管理总队《关于提供北京市流动青年相关数据资料的复函》的相关资料显

---

[*] 杨立宪，北京团市委副书记；杨海滨，北京团市委副书记；郑品石，北京团市委统战部部长；刘炳全，北京青少年艺术服务中心主任。
参与课题人员：刘扬、崔竞、周寅、王丹、王寅、国潇冉、胡淞宁、贾凯宇、胡妍霖、张阳、焦京京、郭畅、李晓忆。

示，截至 2013 年 12 月 25 日，北京市 16~35 周岁，非北京户籍，从事文化、体育和娱乐行业且在北京市公安局登记的流动青年共有 95236 人。

通过与文化主管部门、艺术行业协会或社团等组织的联系以及赴艺术聚集区调研了解到，从事音乐行业的约有 2.2 万人、舞蹈 1 万人、美术 2.8 万人、戏剧 1 万人、影视 1.4 万人，共计约为 8.4 万人（详见图 1），该群体占全市流动青年的 1.6%。

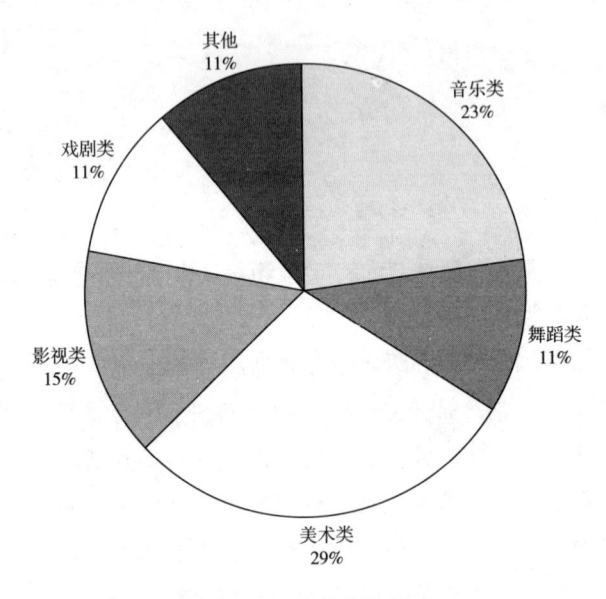

图 1 行业艺术青年构成

二 抽样方法

此次调研通过问卷调查的方式，结合区域分布和行业分布的特点，共计对 5 个艺术门类的 500 人进行调查，其中调研音乐类 130 人、舞蹈类 50 人、美术类 120 人、戏剧类 40 人、影视类 160 人（详见图 2）。调查内容涉及人口学特征、工作状况、生活状况等七个方面。同时通过面对面访谈，对该群体有代表性的 120 位青年进行了深度访谈，并在宋庄、黑桥、中影影视基地等聚集区开展座谈会 20 次，累计参加座谈人数 200 人。

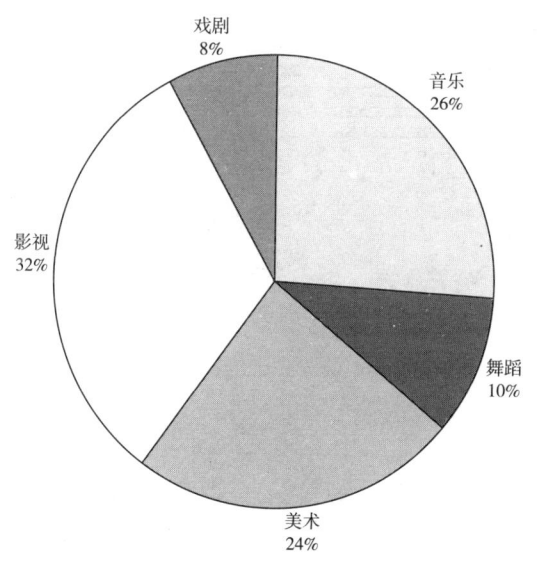

图 2　艺术青年调研比例

三　群体特征

"北漂"艺术青年是指在京从事艺术创作与生产的群体，需要满足以下三个方面的条件：一是非京籍；二是主要工作是从事艺术行业；三是年龄在 35 周岁以下。该群体特征如下。

（一）艺术青年学历较高，多为非京籍生源，男性从业比例高

该群体男性占 62.6%，是此次大调研群体中男性比例较高的群体，这与艺术行业整体从业者中男性占比高相吻合，而男性艺术工作者在逻辑思维、组织能力方面更具优势。

该群体主要来自河北、山东、辽宁、黑龙江、山西、河南等地（见图 3），这些地区艺术教育活跃，是艺考生的重要来源地，河北最多占到 18%。其中外地非农户籍的艺术青年占到 66%，多数生活在城镇，反映出农村家庭培养艺术生存在较大经济压力。相对其他青年群体，该群体学历集中，有 44% 的艺术青年接受过本科以上的学历教育，随着高等教育的扩招，艺术专业增加等因素，艺术类的毕业生规模也在不断扩大，获得大专以上学历的青年占七成。但毕业院校多数以京外为主，占 43%，这受到在京高校艺术门槛高、招生平稳等因素的影响。

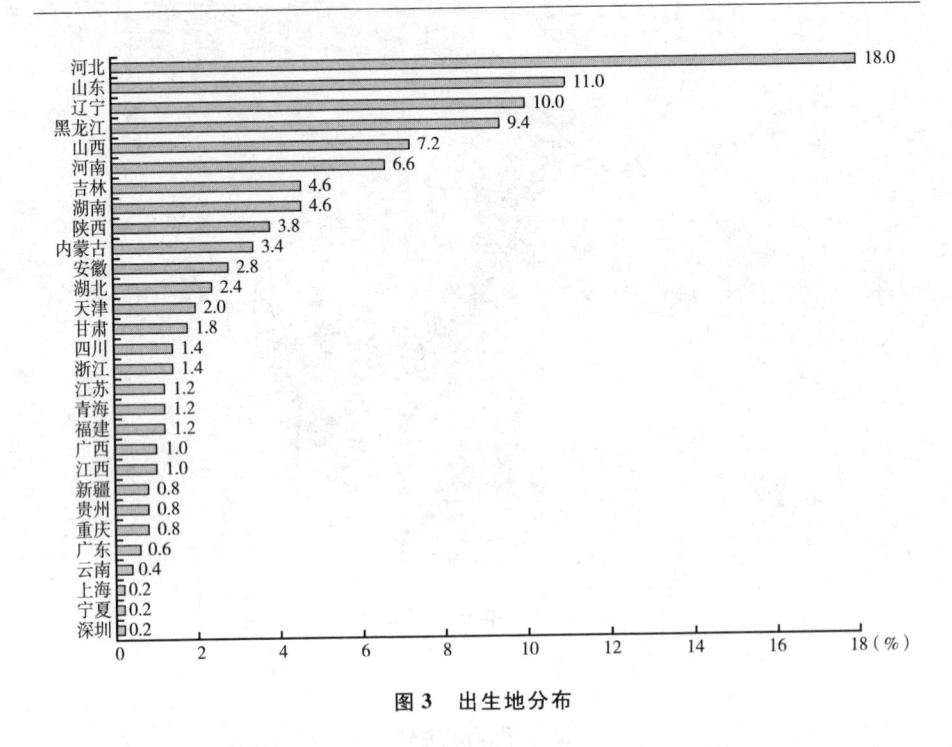

河北 18.0
山东 11.0
辽宁 10.0
黑龙江 9.4
山西 7.2
河南 6.6
吉林 4.6
湖南 4.6
陕西 3.8
内蒙古 3.4
安徽 2.8
湖北 2.4
天津 2.0
甘肃 1.8
四川 1.4
浙江 1.4
江苏 1.2
青海 1.2
福建 1.2
广西 1.0
江西 1.0
新疆 0.8
贵州 0.8
重庆 0.8
广东 0.6
云南 0.4
上海 0.2
宁夏 0.2
深圳 0.2

图3 出生地分布

（二）北京是艺术青年择业首选地，是其发展成长的沃土，与城市发展高度契合

调查发现，有70%的艺术青年将北京作为首选定居城市，接近七成的艺术青年希望到北京择业，其中37%的人认为北京的艺术资源丰富、发展机会多。相对上海、广州等城市，之所以没有形成"海漂""粤漂"，这一现象背后的驱动力是文化；北京自古以来就是文化重镇，拥有极为厚重的文化底蕴；更因其文化中心的地位而拥有其他城市无法比拟的艺术资本及艺术市场，多元文化在此碰撞、主流文化兼容并蓄，形成了包括798、宋庄等30个聚集区在内的当代中国最集中的艺术资本群落，更是艺术青年向往的首选之地。此外，北京的公共设施完善、交通便利，也为艺术工作者的生活提供了良好的保障。加之北京市进行产业升级换代，文创产业作为新兴的经济支柱，已经占到北京GDP总量的13%，仅上市的文创企业就已经达到44家，为艺术青年的就业提供了众多选择的机会，他们也为北京的发展创造财富。相对其他流动青年群体，艺术青年群体虽然数量较小但经济价值与社会效益较高。

(三) 艺术青年规律分布，工作生活相对集中，职业特点鲜明

北京文化产业聚集程度较高，朝阳区有8个市级聚集区，海淀区有3个，东城区、西城区、丰台区、石景山区、通州区各有2个，其他区县各有1个（见图4）。经过近些年的发展，北京形成了以中央美术学院、798为核心的美术群落，以中影为中心形成影视产业聚集区，东城则形成了以小剧场戏剧聚集的演艺区，62%的艺术青年选择生活在朝阳区、通州区及海淀区。

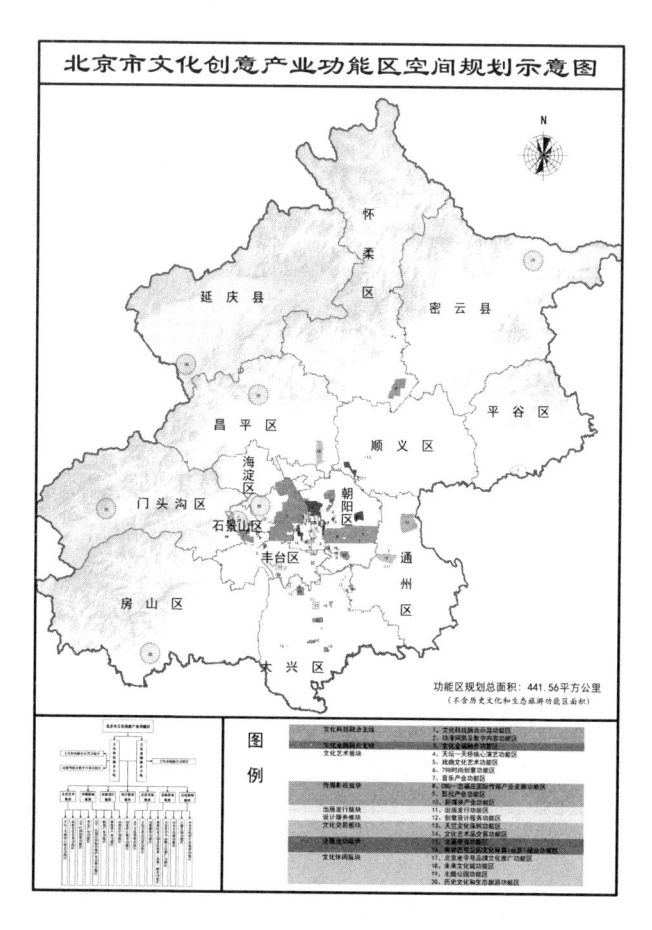

图4 北京文化产业聚集区分布

作为北京乃至全国最大的艺术聚集区之一的通州宋庄,这里生活着近10000名美术工作者,其中青年约有7000人。艺术青年"随艺而居""随工而居"的生存模式特点鲜明,创作于个人画室、穿梭于剧场、献唱于各大酒吧、奔波于剧组、跟随各类演出团体成为这五类青年的生活常态。

(四)艺术青年生存压力大,精神诉求和生活质量不成正比,内心感到无助

2013年,艺术青年月平均收入约为4551元,整体上他们对工资收入感到不满。将近58%的艺术青年认为收入不稳定,其中39.2%的群体收入为2001~4000元(见图5)。

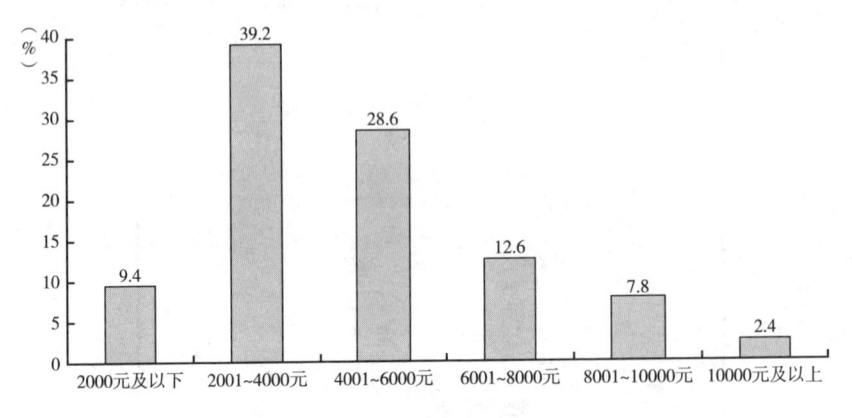

图5 月平均收入

在支出上,总体呈现高消费的特点。他们月生活支出约为3828元,远高于北京市2013年城镇居民人均月消费2190元的支出水平。超过60%的艺术青年人均居住面积在20平方米以下,低于2013年北京市城镇居民人均住房建筑面积31.31平方米的水平。该群体月租房支出平均高达1600元左右,占月平均收入的35%,占月平均支出的42%,租房支出在整体生活支出中占比很高。艺术青年不仅负担较重,且居住状况较差。他们感到压力较大和非常大的占到了近一半,其中49%的青年反映压力来源于经济方面。

在生活方面,调查发现未婚者超过了80%,而且结婚年龄较晚,有48%的青年选择在28~30岁结婚。他们大多数都缺乏家庭生活,一个

"漂"字浓缩了艺术青年的来源、身份、现实生存困境等重要表征，同时也浓缩了转型社会中普遍存在的追求快速成功的欲望。但是他们从事的行业符合自身兴趣爱好能够满足自身的精神诉求，较低的生活水平使他们的内心极为不稳定。对于未来的发展，59%的艺术青年没有想过，对自身有3~5年职业规划的人数仅占36%，他们对自己的前途感到迷茫。

（五）艺术青年富有激情，坚守梦想，艺术已经融入生命

艺术青年中53%的人因为专业、兴趣而走上了艺术道路。10余年的专业学习使得他们更加坚定了从事该行业的信心。他们全身心地投入工作当中，76%的艺术青年从事全职的艺术工作。艺术职业市场相对其他行业宽松，但是职业流动性不大，呈现出"同城同业流动"的现象，更换工作的频率非常低，52.2%的艺术青年没有换过工作（见图6）。在对工作满意度的调查中发现，有接近50%的艺术青年对当前的工作感到满意。

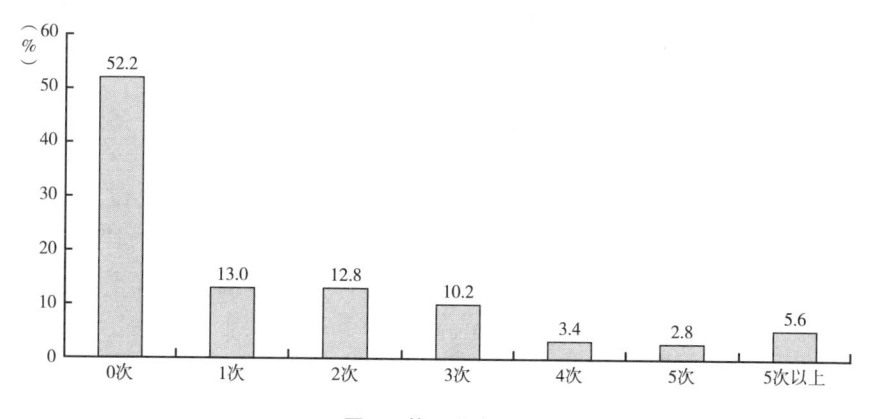

图6　换工作频率

但是在收入方面有一半多的人群表示不稳定，选择离开的人却很少，从象牙塔走向社会，他们坚守在北京的动力是机遇、梦想，是为了更好地谋生，其中有近42%的人选择通过兼职来维持生活。在宋庄，有一批画家靠餐饮谋生，毕业于某美术学院的一对"80后"夫妇就是一边经营餐厅一边进行创作，而同年毕业的同学中只有他们仍旧坚守创作。正是他们把艺术融入了生命，才会有无怨无悔的事业。

（六）艺术青年注重个性发展，不愿被束缚，崇尚自我管理

艺术崇尚个性，艺术青年同样也注重个性发展，他们因不受约束的独立主张而集聚。在宗教信仰方面，艺术青年相对其他群体比例偏高，26%的青年有宗教信仰，集中在佛教和基督教，各占17%和5%。在访谈中，他们希望通过宗教了解艺术，宗教体验能带给自己创作上的灵感，在信仰的选择上多数是自己选择。在工作方面，只有35%的人员签订了劳动合同，比例较低，主要原因是他们希望谋求自由发展不愿被束缚。工作意愿方面的调查更加印证了这一点，选择自由职业的青年占到了60%以上。在工作时间上，他们不希望按照死板的朝九晚五来要求自己，他们希望自己能够有别于普通大众，发现生活中的细节，能以与常人不同的眼光看待世界。在被访问的对象中有71%的艺术青年工作时间在8小时以下，相比其他群体工作时间较短。在生活方面，超过一半的艺术青年选择了追求符合自己兴趣的生活方式。在深度访谈中我们发现，在影视、戏剧、音乐等行业存在着入门门槛低的现象，对专业背景和学历没有要求，完全凭借兴趣爱好就可以入行，这也让他们感到了择业的自由度。

（七）艺术青年积极向上，拼搏奋斗，充满正能量

他们对"作为中国人非常自豪""中国梦一定能够实现""共产党一定能带领中国走向强大"等社会主流价值观认同度较高，其中认为奋斗成就人生的比例高达83%，相比其他青年群体比例较高。实际上，他们也正在通过自己的不懈努力创造着美好的未来，从事专职艺术事业的人数达到了76%，业余时间希望参与志愿公益事业的占34%，希望提升自己的占33%，32%的青年对工作生活表示满意，只有9%的人希望拼命挣钱成为有钱人，而更多的则是追求自己的生活方式，通过自己勤劳的双手创造财富。对于未来，95%的艺术青年对北京的发展充满期待，认为北京的发展会越来越好，面对自己的生活，97%的青年认为自己的生活会越过越好，他们对自己的发展信心百倍，对自己的工作满意度高。当别人需要帮助的时候，他们多数会积极帮助，97%的青年会主动伸出援助之手，工作之余他们组成公益歌舞团到敬老院通过艺术的方式关爱老人，传递正能量。

(八) 对时事缺乏思考，辨识能力较弱

他们关注的问题集中在住房、安全、时尚潮流、就业等问题上，对政治、军事、金融关注度最低，政治敏感度和关注度不高。他们每天上网时间平均为2.36小时，主要通过网络参与和表达。

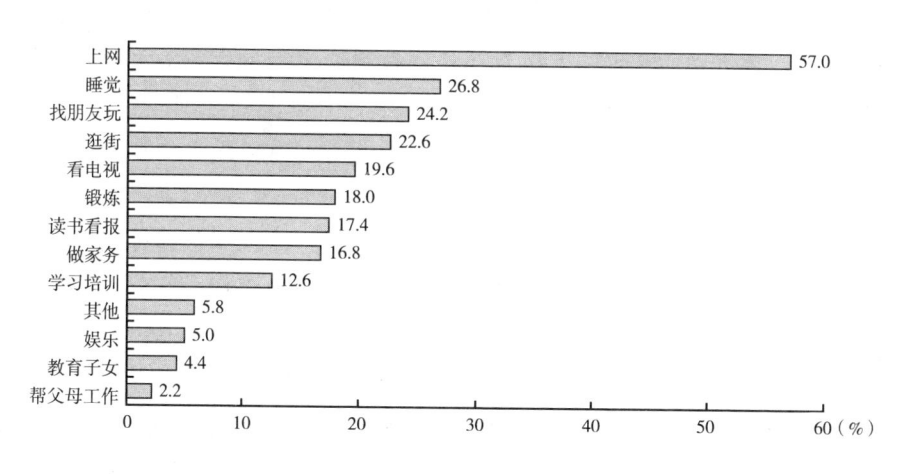

活动	百分比
上网	57.0
睡觉	26.8
找朋友玩	24.2
逛街	22.6
看电视	19.6
锻炼	18.0
读书看报	17.4
做家务	16.8
学习培训	12.6
其他	5.8
娱乐	5.0
教育子女	4.4
帮父母工作	2.2

图7　业余爱好

但是，对于网络热点问题却缺少思考，只有28%的青年会经常思考，对社会认识只是停留在现象本身。

(九) 艺术青年发展直接受市场影响，行业规则不完善

艺术青年的收入主要来源是从事的艺术生产和创作，通过对接市场获取收益，他们对市场的依赖度较高，同时对市场的变化也非常敏感。自2008年世界金融危机以来，国内艺术市场也受到波及，2013年全市123家营业性演出场所观众总人数比去年同期下降7.8%，票房总收入比去年同期下降5%。在座谈中，艺术青年们也表示市场对其发展影响最为直接，直接反映在收入上，近两年也没有增长。而且在艺术行业中规则不明确，这也是艺术青年入行最为头疼的事情。艺术青年与文化企业属于雇佣关系，只有1/3的青年签订了劳动合同，拖欠工资、没有保险这样损害权益的事情时有发生。社会潜规则在艺术圈的一定范围内比较流行，有72%的艺术青年认为存在潜规则。在一些艺术聚集区"黑画

廊""群头"等组织和个人普遍存在，盘剥青年群体利益，形成了艺术市场的恶性循环，导致艺术资源分配不均衡，破坏了良性的艺术生态环境。

（十）保障机制不健全，对其事业影响度不大

艺术青年中有接近60%的人群接受过系统的专业教育，特别是美术、音乐、舞蹈等类别的青年绝大多数都接受过科学系统的高等教育，共青团员比例占到四成左右（28岁以下）。

在权益维护上意识淡薄，有53.4%的人认为没有组织维护权益（见图8），而在发生了侵权后只有27.6%的人选择通过政府或相关组织寻求帮助。在事业发展上，他们更多的是依靠朋友亲戚，有56%的群体通过朋友介绍寻找工作。在访谈中发现，他们最希望通过政府部门、青年组织或艺术工作团体获得官方的艺术资本，在提供演艺、交流展示平台及机会、提供深造机会和维权三个方面得到帮助。他们发展的资源少、政策缺乏，例如在美术行业具有权威性、公信力的推广平台只有"青年100""艺术北京"，艺术青年需要通过专业协会或知名画廊推荐，青年美术家多被拒之门外、作品也籍籍无名。除民间艺术资本、国外艺术资本之外，艺术青年更愿意接触官方的艺术资本，在社会组织的关心与机制的保障下进行创作。在访谈中，希望团组织提供的帮助中，艺术比赛、志愿服务、就业创业占到了前三位。

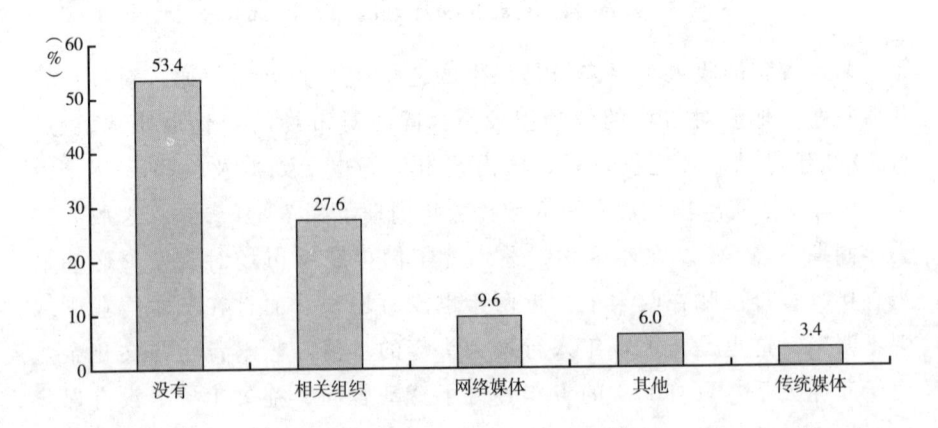

图8 权益维护渠道

四 工作思考

（一）艺术青年群体的存在是北京构建文化中心、国际交往中心的重要组成部分

自新中国成立以来，北京作为首都，其文化中心建设就一直在进行。在北京构建国际化都市的进程中，文化建设在经济发展中扮演了重要角色。而今北京在文化中心、国际交往中心的定位中，文化产业的确立使其更加明确了今后发展的方向。而作为文化产业的生产者，艺术劳动的创造者——艺术青年这个群体一直都伴随左右，青年艺术是当代艺术的重要内容之一，也在一定程度上反映了艺术未来的发展方向。齐白石55岁只身到北京，20世纪90年代圆明园画家村的建立，王宝强的一夜成名，都是艺术青年创业、发展的真实写照。经过多年的发展，艺术青年群体已经形成规模，在艺术生产过程中出现了由零散状态向群落过渡的趋势，在地域分布、群体构成、利益诉求等方面产生了高度的一致性。他们自觉地融入北京，融入文化产业发展，成为北京文化建设发展中的生力军，与首都的功能定位密不可分。

（二）艺术青年是未来艺术发展的希望

文化作为一个民族的软实力，关系到民族发展的兴衰，而艺术作为文化的重要载体，关系到文化发展的繁荣。艺术青年用他们独特的视角观察着社会，感受着祖国的富强，体会着时代变迁的潮涌，用视觉艺术、听觉艺术等多维度的艺术方式反映着中华民族的伟大复兴。青年有所思有所为，他们的艺术作品直接反映了这个群体的价值观及文化素养，他们还要在民族性和国际性之间寻求融合与差异，表现艺术青年应有的包容与尊重，树立良好的艺术形象，创作优秀的艺术作品，传递正能量。

（三）做好艺术青年的交流、团结、组织是时代赋予社会组织的使命

按照北京的职能定位和文化资源优势，开展艺术青年工作的时机已经成熟。艺术作为一个独立发展的学科，规律显著，特别是在人才培养的模

式方面。从事美术行业的青年需要不断参加各类美展,从事表演艺术的青年需要不断登上舞台,这些都是人才培养的路径,也是社会组织引导艺术青年成长的重要渠道。搭建各类艺术展示平台,让思想教育贯穿于活动的每一个细节,发挥朋辈群体的榜样示范效能,形成艺术青年认同的艺术群落,感悟青年人应有的社会责任与担当。

(四)构建符合青年艺术规律的市场和展示平台,助力艺术青年走好事业发展的第一步

仓廪实而知礼节,衣食足而知荣辱。对于艺术青年更是如此。由于享受不到可持续、公益性的艺术资源、生存资本,他们在成长、发展过程中尤为艰辛。他们在艺术创作和生产方面体现出高度的职业及价值认同,渴望得到政府部门、青年组织的帮助和支持。他们独自在北京生活面对陌生的环境、高昂的生活成本,艺术创作道路尤为艰辛,然而艺术是一个不断滋养的过程,艺术品同样也是商品,他们需要展示推广自己作品的平台以及符合青年艺术特点的市场,让他们的艺术创作生产与市场对接,得到普通大众的认可,只有当基本温饱问题解决后,他们才能专心从事艺术生产和创作,才能生产出符合当代中国气质的艺术作品。

五 工作方法

(一)成立北京青年艺术发展促进会

艺术青年虽然生活工作相对集中,但都属于个体行为,他们之间除网络自发的组织外,缺少有效的联系,缺少连接他们的具有可信度的纽带。在访谈中,有七成艺术青年希望建立艺术组织加强联系,尤其是希望加入有政府背景的青年组织。目前,在艺术聚集区已经形成了由零散状态向群落过渡的基础。引导艺术青年建立北京青年艺术发展促进会,在确保思想性、价值引导的前提下降低进入青年艺术协会的门槛,吸纳更多有理想、有抱负的优秀艺术青年加强横向交流,对外形成联系其他青年组织、社团以及其他地区艺术青年组织交流的平台,如建立京津冀青年美术家交流联动机制,建立法律维权机制保护著作权等。

图片1　《京津冀青年美术家交流联动机制》签约仪式

说明：北京、天津、河北三地团组织在北京宋庄签订了《京津冀青年美术家交流联动机制》，该机制明确了三地开展学术交流、艺术实践等方面的活动举措，每年举办一次三地美展，每年举办一次采风活动，开展专题论坛一次，为促进京津冀三地文化艺术活动的健康发展搭建平台。

（二）建立北京青年艺术家发展基金

艺术青年处于体制外，助力发展的资源有限，资金更是匮乏。通过社会募捐、机构捐赠的方式，聚集资金成立北京青年艺术家发展基金，资助艺术青年开展交流采风、个人演唱会、作品展览等活动，助力他们发展。同时关注那些因疾病陷入生活困难的青年，传递社会爱心。

（三）搭建集展示、演艺、选秀的活动平台

艺术青年积极上进，有近四成的青年希望参加比赛活动，通过选拔获得更多的发展机遇，扩大自身的影响力，这需要各级组织为他们举办不同门类的艺术活动，打造一个展示平台。

1. 举办青年美术家优秀作品展

针对美术从业青年展示平台少的诉求，可以通过举办高水平的展览提升其知名度。联合文联、美协等艺术权威机构举办针对青年美术工作者的展览，通过邀请评论家、策展人、专家评委提升活动学术水平，整合美术馆、画廊等机构资源拓宽展览空间，并通过评优评奖激励青年美术家，将优秀的作品集结成册集中宣传。

2. 举办大学生小剧场戏剧节

针对青年戏剧工作者提出的演出机会少、知名度低的困难，举办面对

图片 2　北京青年艺术家发展基金接受捐赠

说明：2014 年北京青年艺术家发展基金成立，优秀青年艺术家将参加拍卖的成交金额的 20% 捐赠给北京青年艺术家发展基金。

大学生演出的小剧场戏剧节，引入戏剧公司、戏剧工作室的优秀作品，在大学演出，培养未来的戏剧观众，活跃校园文化氛围，扩大青年戏剧工作者的影响力，提高知名度，搭建一个戏剧展示、交流的平台。

（四）打造融合进修、交流、提升的学习平台

针对艺术青年面临提升发展的困难，学习提高的呼声最为强烈，希望得到更多的学习进修机会，可以利用北京艺术机构多，专家资源丰富的特点，为他们构建学习平台。

1. 举办高端论坛

围绕青年艺术责任、艺术生态环境开展高端论坛，聘请大学教授、行业专家与艺术青年一道共话社会担当和责任。通过论坛的形式介绍行业发展最新动态，使其了解东西方文化差异，提升他们的辨别能力，自觉抵制不良的社会风气。

2. 举办高研班、大师班

通过聘请行业专家、大学教授、院团一级演员等名师开设中长期的高研班、短期的大师班。拉近艺术界前辈与艺术青年的距离，提升他们的艺术感知能力与创作水平，形成师徒关系，使其尽快走上发展正轨。

**图片 3　青春志·首届北京青年美术家艺术嘉年华
暨北京青年艺术优秀作品展**

说明：2014 年，由共青团北京市委员会、北京市文学艺术界联合会、北京市青年联合会主办，北京青少年艺术服务中心等单位承办，美术评论家于洋担任策展人的"青春志"优秀作品展在美术馆拉开帷幕。共有 100 名青年美术家参加展览，作品涵盖当代艺术、传统山水、雕塑，并评选出一等奖 5 名、二等奖 10 名、三等奖 15 名。是针对"北漂"美术青年搭建的公益性美术交流活动。

（五）对接市场，解决其收入来源

艺术青年中近 50% 的人感到经济压力是最为突出的，物质财富的匮乏成为该群体压力的最主要来源，得到艺术市场的认可是他们最为集中的诉求。培养有青年艺术特点的市场要从以下三个方面入手。

图片 4 "大学生小剧场戏剧节"活动照片

说明：由北京团市委、北京市学生联合会主办，北京青少年艺术服务中心承办，著名艺术家陈佩斯担任代言人的北京大学生小剧场戏剧节首场演出拉开大幕。从社会征集来的百余部作品中《借光》《情爱长安》《阳台》等10部戏剧入围演出。共有100余名"北漂"戏剧青年参演，在清华大学、北京理工大学等高校进行为期20天的演出，15000名高校大学生观看演出，并评选出大学生最喜爱的男女演员及最佳剧目。活跃了大学校园戏剧文化氛围，提升了"北漂"戏剧从业青年的影响力。

1. 举办青年艺术品公益拍卖

让艺术家作品对接市场，面向社会开展优秀青年艺术家公益拍卖活动，让优秀的艺术作品通过拍卖对接市场，形成青年艺术家与公益活动、公益活动与公益基金的良性互动，使艺术家增收。

2. 开设创意集市、艺术衍生品设计

在大型社区定期举办创意集市，让艺术商品与百姓之间没有中介、减少流通、降低成本，让更多的艺术品走进千家万户。让雕塑、绘画更贴近生活，通过开发相关的衍生品，创造出让百姓买得起、消费得起的艺术品。

3. 建立艺术品销售的网络平台

网络电商已取代传统购物模式悄然改变着人们生活的节奏，青年艺术家作品的销售同样可以进入网络模式。让艺术品鉴赏、购买、收藏成为普通大众乐于并向往的消费模式，消解艺术品拍卖的"泡沫价格"，让艺术品价格在电商的世界中更加"亲民"，倡导普通大众能够消费得起的艺术品，让众多消费者足不出户就可以感受到画廊的氛围，更加透明地掌握艺术品信息。扩大青年艺术家的社会影响力并通过网络平台让艺术青年熟悉艺术市场、加强不同门类艺术间的交流。

（六）举办国际青年艺术节

北京作为国际文化交往中心，世界各地的文化汇聚其中，艺术青年希

图片 5　"青年艺术家的创作与社会担当"活动现场

说明：论坛围绕"青年艺术生态及其时代特性"和"青年艺术家的创作与社会担当"两个主题进行讨论，邀请了从事艺术市场、艺术评论、艺术创作及艺术宣传等方面的、来自京津冀三地的10位嘉宾，共同参与主题讨论。大家普遍认为面对快速发展的社会网络，应当坚守一份宁静，善于发现美好，创作幸福，引领美术市场的健康发展。

望能够开阔视野，借鉴先进的当代艺术，同时更多的艺术青年希望真正了解西方的艺术历史及内涵，消解对于西方艺术理解的误区。音乐、美术、舞蹈因其具有世界的共同语言被誉为没有国界的桥梁，传递社会主义核心价值观，易于接受，便于理解和记忆。让艺术青年通过作品产生国际影响。

图片 6 "梦想起航"艺术品拍卖活动现场

说明：2014年首届北京优秀青年美术家艺术嘉年华系列活动"梦想起航"——助力北京青年美术家发展公益拍卖活动在东城区文化馆二层（风尚美术馆）举行。作品涵盖油画、国画、雕塑，共计50件，当天成功拍出作品26件，成交金额232200元。

通过联合各国驻京的文化中心，举办国际青年艺术节，通过艺术作品、歌声、律动的舞蹈艺术搭建国际青年交流的平台。

图片 7 中俄青年美术家艺术作品展

说明：在北京理工大学拉开帷幕，由北京团市委与俄罗斯文化交流中心共同举办，来自中俄的青年美术家参与此次活动，共有百余幅作品参展。

残疾青少年群体研究报告

郭新保 陈炳具 王 赢 于 鑫[*]

残疾青少年群体是社会特殊群体，需要全社会的格外关心和关注。习近平总书记在和团中央新一届领导班子集体谈话时，特别强调要做好对残疾青少年群体的服务工作。准确掌握残疾青少年的发展状况，倾听残疾青少年的心声，为他们的学习、生活和发展提供服务和帮助，这既是党交给共青团的工作任务，也是共青团服务青年的内在要求。

一 群体总量

本报告中的残疾青少年是指35岁（含）以下，由于先天或后天原因造成心理、生理、人体结构上，某种组织、功能丧失或者不正常，全部或者部分丧失以正常方式从事某种活动能力的人。

目前，关于我市残疾青少年群体尚无全面、权威的统计数据。根据第二次全国残疾人抽样调查测算，北京市残疾人总数为99.9万人。但是，该调查没有对35岁（含）以下的残疾青少年进行单独统计。为了相对准确地

---

[*] 郭新保，北京市志愿服务指导中心主任；陈炳具，北京市志愿服务指导中心副主任；王赢，北京市志愿服务指导中心副主任；于鑫，北京市志愿服务指导中心干部。
参与课题人员：王欣、王讓、王殊瑾、尹征、刘依萌、刘金芝、刘洋、刘赢、孙政洁、李莉、李楠、肖建雄、肖树生、宋志强、林艳艳、罗永生、和韧、赵宇彤、赵济华、曹仕涛、舒翠兰、蔡秀兰。

估算出全市残疾青少年人口总量,我们从北京市残疾人联合会获得了持证残疾人的最新数据,截至 2013 年 10 月,全市申请并持有残疾人证[①]的残疾人总数为 43.69 万人,其中,35 岁以下的持证残疾人 4.32 万人(男性 2.5 万人,女性 1.82 万人)。根据市残联估计,全市持证残疾人年龄比例结构与全口径残疾人年龄比例结构基本一致。据此我们估算,全市残疾青少年总数约为 9.9 万人。主要残疾人类别及人数情况如下:视力残疾 0.68 万人、听力残疾 0.69 万人、言语残疾 0.09 万人、肢体残疾 2.95 万人、智力残疾 3.39 万人、精神残疾 1.36 万人、多重残疾[②] 0.75 万人。

二 抽样方法

为深入准确地了解我市残疾青少年群体的现状和特征,从 2013 年 11 月至 2014 年 2 月,北京团市委开展了残疾青少年群体抽样调研。由"志愿服务指导中心干部+专家+专业志愿服务团队"组成调研团队,分成三个调研小组,分别走访特教学校、志愿组织、康复机构、就业单位等 18 家组织机构,深入残疾青少年家庭进行入户调研。发放问卷 752 份,回收问卷 654 份,其中有效问卷 644 份,占回收问卷的 98.5%。深入访谈 36 人,包括在校学生、助残协管员、社工、待业青年、论坛管理员、盲人按摩师、轮椅歌手、自主创业者等。

三 群体特征

通过对问卷进行统计分析,我们概括出残疾青少年的群体特征如下。

(一) 党团员比例低

在本次调研中,受访者政治面貌为共产党员的有 36 人,占 5.6%;共青团员有 183 人,占 28.4%;群众有 329 人,占 51.1%。此外,还有部分民主党派和无党派人士。残疾青少年中的党员比例明显低于其他群体。在访谈中

[①] 《中华人民共和国残疾人证管理办法》中规定,中华人民共和国残疾人证是认定残疾人及其残疾类别、等级的合法凭证。残疾评定标准为国务院批准的《第二次全国残疾人抽样调查残疾标准》,由申请人本人(或法定监护人)向申请人户口所在地县级残联提出申请办理。

[②] 根据第二次全国残疾人抽样调查的定义,存在两种或两种以上残疾的为多重残疾。多重残疾按所属残疾中最重类别残疾标准进行分级。

了解到，由于残疾青少年就学时间相对较短，就业困难，在该群体中党团员发展工作比较难开展。这表明，党团组织对这一群体的覆盖有待加强。

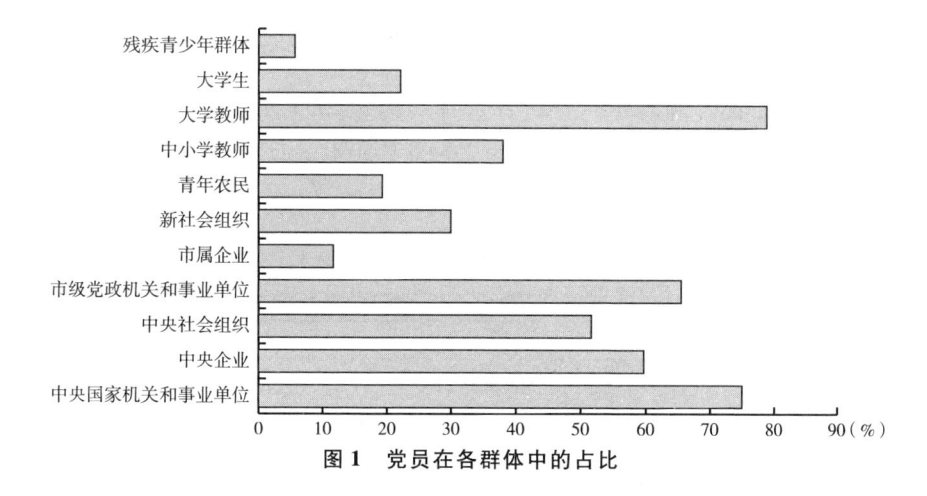

图1 党员在各群体中的占比

（二）主要接受基础教育和技能教育，学习深造愿望强烈

在接受调查的残疾青少年中，拥有高中（含职高、中专、技校）学历的占38.5%，残疾青少年的基础教育和技能教育较为普及，但是接受正规高等教育的比例比较低。

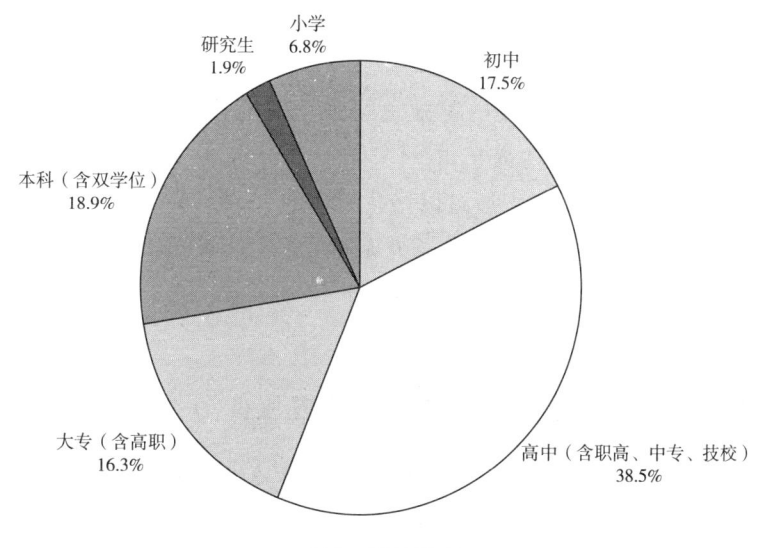

图2 学历情况

但是，调研发现，受访者中认为有必要接受高等教育的有460人，占71.4%。残疾青少年群体对接受高等教育的需求比较强烈。

（三）收入低是最明显的困境，普遍存在就业难问题

在家庭月收入调查中，受访者选择1001~2000元的占24.7%；选择2001~3000元和3001~5000元的均为22.4%；5000元及以上的仅占14.9%。

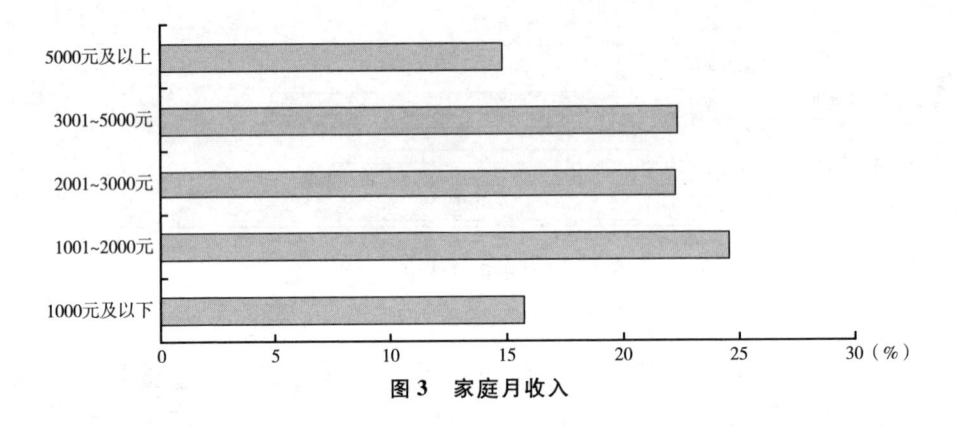

图3　家庭月收入

同时，在残疾青少年承受的压力方面，选择经济压力的占23%；选择学习压力的占14.4%；选择工作压力的占14%。经济收入是残疾青少年群体压力的最主要来源。

在就业情况方面，残疾青年就业率显著低于其他群体。扣除在校学生（227人）因素，受访者中，247人有工作，占59.2%；170人没有工作，占40.8%。同时，残疾青年的就业途径也十分有限，希望通过残联就业服务机构找工作的有220人，占34.2%；希望通过熟人介绍找工作的有193人，占30.0%；倾向于通过网络找工作的有162人，占25.2%。残疾青年劳动权益保障水平也有待进一步提高。在有工作的受访者中，174人与单位签订了劳动合同，占70.4%；还有73人没有签订劳动合同，占29.6%。

（四）希望得到更多专业的身心康复服务

残疾青少年康复服务能帮助其恢复或补偿功能，是增强残疾青少年社会参与能力、缓解生活困难的重要途径。在本次调查中，在问及未来一年需要得到什么康复服务时，29.9%的人选择康复治疗与训练，21.7%的人

图 4　就业途径

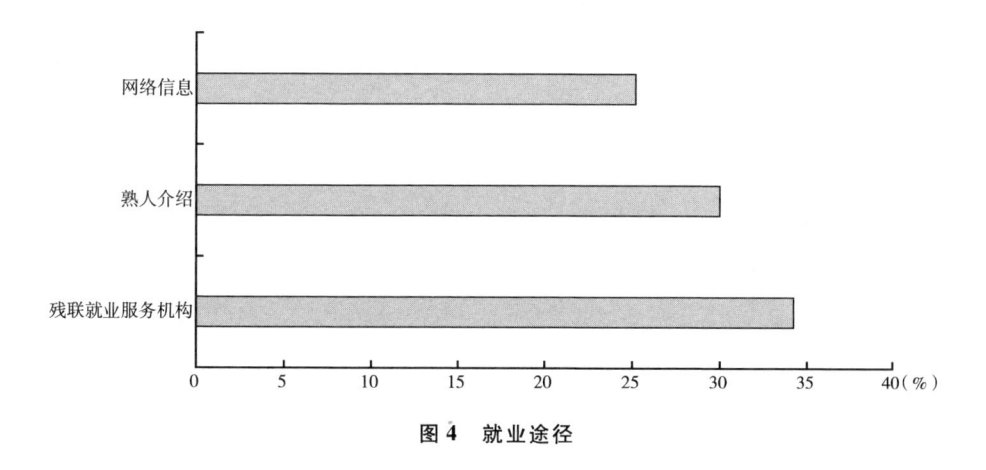

选择辅助器具配置，19.8%的人选择心理疏导。这表明，残疾青少年对康复服务需求强烈，但是目前从专业机构获得的帮助不足，难以满足残疾青少年的现实需求。

（五）思想状况总体乐观向上，对社会发展和未来充满希望

调研显示，残疾青少年群体能够在思想上与党和国家保持一致，对社会发展和未来充满希望。在对国家和个人发展的认识情况调查中，选择"北京的发展会越来越好"的有 496 人，占 77.0%；选择"我的家庭会过得越来越好"的有 472 人，占 73.3%；选择"我的生活会越来越好"的有 510 人，占 79.2%。在深度访谈中，多数受访者也表示，从近些年的工作、生活、学习中，也能感受到国家发展使其个人生活有了一定的改善，也相信中华民族伟大复兴的中国梦一定会实现。

（六）社会交往受限，婚恋难题比较突出

在与外界交往情况的调查中，选择能正常和外界交往的有 370 人，占 57.5%；选择很少与外人接触的有 199 人，占 30.9%。在交往对象方面，选择同学的有 300 人，占 46.6%；选择亲戚的有 104 人，占 16.1%；选择同事的有 91 人，占 14.1%。

在婚恋状况方面，适婚人群（479 人）中，未婚的有 332 人，占 69.3%；已婚的有 147 人，占 30.7%。访谈中我们发现，造成婚恋困难的原因主要有：家庭经济条件较差、社交圈子受到限制等。

图 5　朋友来源类型

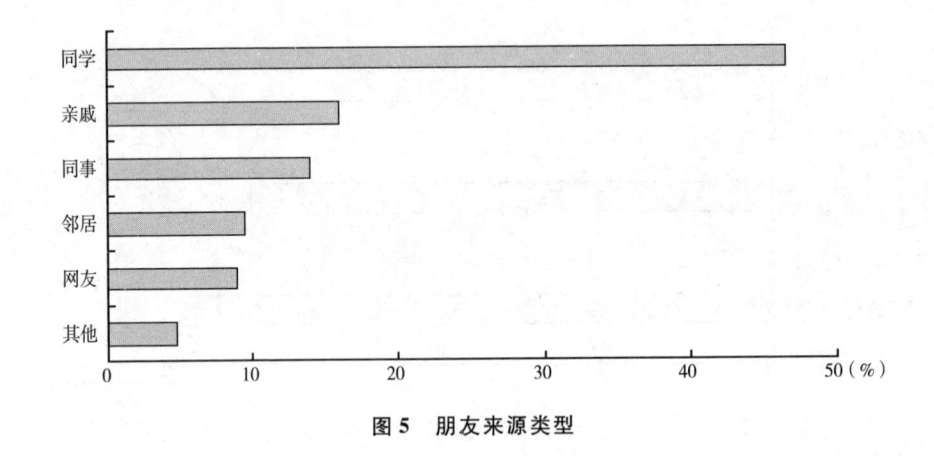

（七）主要从家人和亲友获取帮助，社会支持系统相对不健全

在遇到困难或紧急情况时，选择家人和亲戚给予帮助的有442人，占68.6%；选择朋友的有57人，占8.9%。选择同学、社区街道及残联、工青妇、志愿者等社会组织的比例均较低，不超过5%。

同时，在问及"当权益受到侵害，会从何种渠道寻求保护"时，有145人选择通过残联反映或寻求保护，占22.5%；有121人通过家人朋友获得帮助，占18.8%；选择法院、检察院、公安等司法机构的有106人，占16.5%。与其他青年群体相比，选择司法机构维护权益的比例明显较低，反映了残疾青少年的社会支持系统相对不健全。

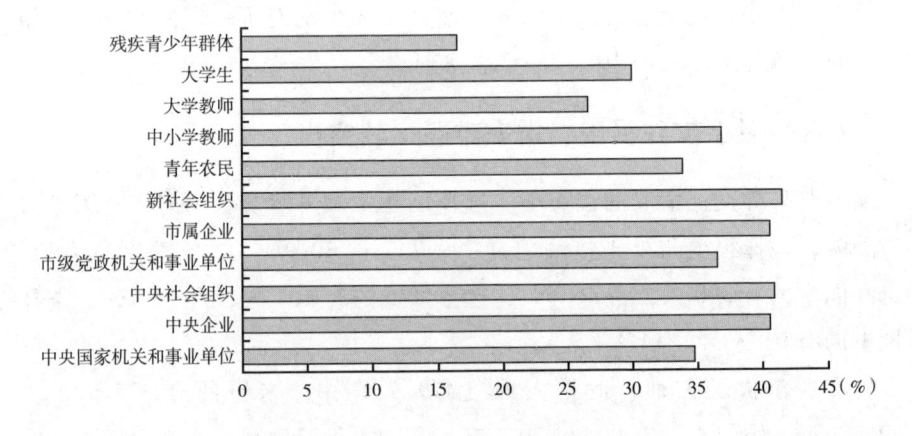

图 6　通过司法机构寻求保护的比例

（八）娱乐方式单一，公共服务需求、社会参与意愿强烈

在日常娱乐活动方面，有400人选择看电视，占62.1%；有394人选择上网，占61.2%；有220人选择和朋友聊天，占34.2%。在参与社区公共活动意愿方面，有417名的残疾青少年比较愿意参与，占64.8%。在最希望参加的活动方面，27%的人选择学习培训活动，19.3%的人选择文艺比赛活动，18%的人选择运动健康活动。这表明，残疾青少年希望与人交往、融入社会，但苦于缺乏有效的途径。

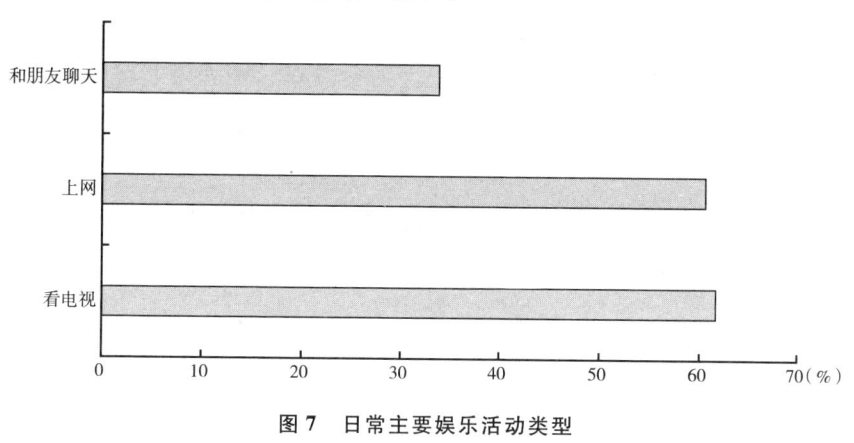

图7 日常主要娱乐活动类型

四 工作思考

残疾青少年群体生活压力大、经济承受力低、抵御风险力弱，是社会中既特殊又困难的群体。发挥共青团工作优势，为残疾人解难、为党和政府分忧，对于在全社会形成扶残助残的浓厚氛围、推动残疾人事业发展、促进首都社会和谐发展具有重要意义。针对调研中发现的需求和问题，北京共青团要站在新的起点，科学谋划联系、服务残疾青少年的工作举措，着力做好以下四个方面的工作。

（一）关注残疾青少年的成长现状，聚焦五大基本需求

残疾青少年群体的状况具有复杂性，不同残疾类别、等级、年龄段的残疾人需求重点各有不同。当前北京残疾青少年群体的基本需求主要体现为五个方面：第一，身心健康需求。残疾青少年在身心方面与普通青少年

有很大不同，多数有身体康复训练、残疾人用品用具供应、心理疏导等方面的特殊需求。第二，文化教育需求。社会对于残疾青少年的教育认识存在偏差，认为他们接受高等教育的意义不大。同时，在残疾青少年教育设施投入、高等教育招生与残疾青少年的实际需求之间还有很大差距。第三，创业就业需求。残疾青少年就业岗位不足，就业方式不够丰富，就业能力相对较弱，导致广大适合就业的残疾青少年就业难、创业更难。第四，权益保护需求。由于身体条件、知识结构和社会经验有限，残疾青少年权益受到损害时，更多的是通过家庭朋友、残联等获得支持，较少通过其他渠道（包括法律途径）获得全面、及时、有效的保护。第五，婚恋交友及社会融入需求。残疾青少年存在一定程度的交友难、婚恋难、融入社会难，同时他们渴望拓展交友圈、生活圈，能够最大限度地融入社会之中。面对以上需求，团组织要进一步强化责任意识、服务意识和担当意识，通过完善体制机制，构建服务体系，整合各方资源，切实有效地为残疾青少年提供有针对性的服务。

（二）努力维护残疾青少年的合法权益，促进社会公平正义

维护残疾青少年合法权益，是社会公平正义的重要体现。共青团了解青少年特点，具有丰富的青少年权益保护工作经验，要进一步了解和掌握第一手残疾青少年的社会需求，加大残疾青少年权益保护力度，营造全社会共同关心、关爱残疾青少年权益的良好氛围。要推动完善残疾青少年权益保护政策法规，积极向党政部门和社会各界反映残疾青少年权益问题，主动参与制定相关政策、法律和规定，从整体上维护残疾青少年权益。要健全残疾青少年维权工作联动机制，为残疾青少年提供无障碍法律服务，切实保障残疾青少年合法权益，实现残疾青少年长效常态维权。要畅通残疾青少年诉求表达渠道，建立服务体系，实现残疾青少年需求与社会服务资源的有效对接，促进服务残疾青少年和残疾青少年接受服务两个便利化。要加强对残疾青少年的法治宣传教育工作，引导残疾青少年学法、懂法，增强残疾青少年的法治观念，提升其依法维权的意识和能力。

（三）充分调动共青团战线资源和优势，为残疾青少年的学习和发展服务

共青团各战线部门长期发展，具有较为成熟的工作平台和很好的工作

资源。残疾青少年是共青团的重要服务对象，要充分动员团的各条战线力量和资源，带动更多的社会力量参与，加强残疾青少年送教上门、就业技能培训、创业辅导与资金支持、丰富的娱乐生活、普法宣传及权益保障、心理健康等工作的力度，优化社会支持环境，提升残疾青少年的知识技能和综合素质。区域化团建是北京共青团扩大青年有效覆盖的重要创新举措。要强化区域化团建工作，了解残疾青少年的学习、工作、生活需求，更加有效地联系残疾青少年，扩大基层团组织的覆盖面，让残疾青少年群体找到归属感，提升基层团组织的凝聚力，为基层团组织更好地服务残疾青少年健康成长创造条件。

（四）发挥志愿者作用，服务残疾青少年健康成长

志愿者是助残工作的重要力量，北京共青团在青年志愿者助残方面创造了一些经验。要结合当前的形势，在工作思路上，着眼于志愿助残工作的常态化、制度化发展，坚持"结对帮扶＋志愿接力"的项目实施模式，开发适合残疾青少年参与的志愿服务项目，引导残疾青少年通过志愿服务走进社会，融入社会大家庭，感受大家庭的温暖。在组织领导上，健全领导机制和工作机制等举措，坚持党政支持、团组织和残联组织指导、领袖型志愿者（社工、志愿助残阳光使者、公益岗位工作人员等）带头、志愿者积极参与的组织模式，逐步建立健全的助残志愿服务体系。服务内容要围绕广大残疾青少年多元化的学习、生活、就业、情感等服务新需求，努力提高服务的针对性和实效性，在日常照料、就业支持、支教助学、文体活动和爱心捐赠等方面为残疾青少年提供切实有效的服务。

五　工作方法

（一）开展青年志愿者助残"阳光行动"

青年志愿者助残"阳光行动"是北京共青团按照团中央部署开展的志愿服务市级示范项目，是北京共青团围绕中心、服务大局、履行职责的重要举措。2014年11月28日，北京团市委、市残联下发了《关于开展青年志愿者助残"阳光行动"的通知》，在全市范围正式开展青年志愿者助残

"阳光行动",广泛动员全市各级共青团、残联、青年志愿者组织,依托康复机构、托养机构、特教学校、助残站点、社会组织和残疾人家庭等,开展日间照料、就业支持、支教助学、文体活动、爱心捐赠等服务。截至目前,据不完全统计,全市团组织共开展各类阳光助残活动1494次,时长达2.86万小时。

(二)推进"扶残助学、送教上门"服务项目

受教育权是宪法赋予公民的一项基本权利,也是公民享受其他文化教育的前提和基础。北京市有部分义务教育阶段适龄残疾儿童,因身体残疾程度过重,不能到学校接受教育,十分渴望送教上门服务。为解决重度残疾儿童就学难的问题,实现残疾儿童受教育的权利,2009年12月5日,市教委、团市委和市残联共同下发了《关于开展全市扶残助学送教上门志愿服务工作的通知》,组织动员大学生、青年教师等志愿者,以"送教上门"的形式,为不能到学校接受教育的适龄重残儿童提供教育服务,使他们享有受教育的权利。

(三)拓宽残疾青年创业就业支撑平台

支持残疾青年创业就业是帮助他们走进社会、融入社会的重要途径。北京共青团依托北京青年创业就业基金会等平台,动员各级团组织开展残疾青年就业创业知识辅导、职业技能培训、企业用工和残疾人就业需求调查、创业帮扶、残疾人就业创业政策宣传和手续办理等活动,对青年创业就业项目进行扶持,为残疾青年创业就业提供支持,助力残疾青年通过就业创业实现人生价值。

(四)依托社区青年汇,为残疾青年交友婚恋提供支持

团市委按照"青年身边、组织终端"的思路,在青年聚集的基层社区建立了社区青年汇。组织青年交友联谊,建立青年沟通的桥梁是社区青年汇的工作内容之一,残疾青年是青年汇的重点服务对象之一。未来可针对残疾青年,举办交流联谊等活动,扩大他们的交友范围,帮助他们树立正确的婚姻观,赋予他们面对人生挫折和人生困境逆流而上的动力,缓解残疾青年的婚姻难题。

图片 1　"阳光行动"之失聪儿童"梦想体验馆"

说明：由市志联指导，依托"爱洒无声"助聋志愿者服务总队开展的活动，是以艺术教育为主要内容，依托失聪儿童康复技术，通过建立"梦想体验馆"，开展体验活动，为一般失聪儿童自我拓展搭建平台，实现其兴趣爱好之梦，为具有艺术特长的失聪儿童创造机会，实现其职业追求之梦。目前，已开展活动200余次，志愿者参与2万余人次，180余名听障儿童得到了帮助。

图片 2　"扶残助学　送教上门"服务

说明：北京市已经形成了以随班就读为主体、特殊教育学校为骨干、其他教育形式为补充的特殊教育体系。"扶残助学　送教上门"服务是指对身体残疾程度过重，不能到学校接受正常教育的适龄（7~15岁）残疾儿童，学校教师、大学生志愿者走进家门进行教育辅导，开展有计划、有目的、个性化的送知识、送文化、送技能的志愿服务。活动自开展以来，累计为北京市残疾儿童提供了1.086万小时的志愿服务，受到了残疾青少年家长和社会各界的普遍好评。

**图片3　房山区成人教育中心团委开展
网上开店技能培训，促进残疾青年居家就业**

说明：该项目主要面向房山区残疾青年以及部分持证贫困人群开展网上开店技能培训，对于适合开网店的，支持其经营好自己的网店；对于不能开网店的残疾青年，开展淘宝客服相关知识培训，使其从事淘宝客服等工作。目前获得支持经营的网店318家，从事淘宝客服的残疾青年500余人，初步建立起了残疾人、农村失业人群手工制作产品（如十字绣、中国结等）、网上经营销售管理一体化的网店服务运行体系，提升残疾青年的就业创业能力。

（五）加强"12355"青少年服务台建设，服务残疾青少年

"12355"北京市青少年呼叫中心是北京共青团向青少年提供信息服务的新"出口"和青少年向共青团反映诉求以及参与共青团工作的新"入口"，是北京共青团服务、联系青少年的"便民热线""专业热线""倾听热线"和"参与热线"，在服务青年成长成才方面发挥了重要作用。将倾听残疾青少年

图片 4　朝阳社区青年汇首次举办"爱情招聘会"

说明：2014年5月，朝阳区社区青年汇与两家婚恋网站联合举办了"鸟巢我要你"大型相亲交友派对，1200余名通过社区青年汇报名的单身男女青年来到现场，寻觅心仪的另一半。这是朝阳区社区青年汇首次举办的大型相亲活动。单身青年可通过线上、线下等方式报名，经审核符合条件即可免费参加。下一步，社区青年汇将把残疾青年婚恋交友作为工作内容之一，引导残疾青年借助社区青年汇等交友平台，实现家庭梦。

的学习、工作、生活需求，为残疾青少年搭建及时的关爱网络，纳入"12355"青年服务台的工作内容，使"12355"成为服务残疾人青少年的重要窗口。

（六）支持专业助残团队建设，探索搭建残疾人心理服务体系

医学、教育和社会三种心理专业服务支持，是残疾青年心理健康发展的关键。建立一支以精干的专业心理工作者为骨干，准专业和非专业辅助，专兼结合、专业互补、相对稳定的残疾人心理服务队伍，开展对残疾人的心理评估、咨询和指导，为残疾人提供家庭、婚姻和职业等心理援助、危

图片5 "12355"北京市青少年呼叫中心

说明：呼叫中心在原有服务的基础上，整合社会资源，引入助残专业知识，提升心理、法律方面的核心服务能力和专业水平。发挥服务台的窗口功能，开展服务台直接面向残疾青少年倾听意愿诉求、加强心理疏导、自护教育等专项服务活动。

机干预等，有计划地为精神残疾人群提供社会心理康复帮助和指导，共同促进全社会关注残疾青年心理健康，营造和谐的社会支持氛围。

图片6 密云县果园街道"心理助残"效果显著

说明：密云县果园街道将社区心理服务中心与残疾人职业康复中心两项工作进行了有机整合，搭建了"心理助残"新平台，由社区心理志愿者与30名残疾人结成对子，通过定期讲座、交友谈心、共同劳动，把自信传递给他们，激励他们自强自尊，阳光生活。目前，社区心理志愿者为残疾人编排的歌曲《我很重要》在北京市第六届残疾人艺术会演中荣获声乐类三等奖，给社区残疾人带来了很大的精神鼓舞。

图片 7　北京市心理卫生志愿服务总队

说明：北京市心理卫生志愿服务总队是市志联打造的专业队伍之一，主要工作内容如下：一是建立一套系统的管理制度，规范指导首都心理卫生志愿服务体系建设；二是编写一套严谨的课程教材，科学提高志愿者的各项能力与素质；三是建设一所开放的培训基地，联合开展理论与实践相结合的培训与演练；四是打造一支专业的心理队伍，梯队化推进"一队多用、一专多能"的优秀志愿服务组织建设；五是组织一张无缝的网络，长效构建首都突发事件社会心理预警系统和心理危机干预网络。2015年，项目考虑北京残疾青年的心理需求，着力通过项目支持、专业引导等形式，服务残疾青年。

青年志愿者群体研究报告

郭新保　王　赢　曹仕涛　黄宝琪[*]

共青团中央自1993年实施中国青年志愿者行动以来，得到了广大青年的积极响应，得到了党政领导和社会各界的充分肯定，受到了人民群众的普遍欢迎，产生了良好的社会影响。北京青年志愿服务工作在全国起步早、发展快，历经北京奥运会、国庆60周年、APEC会议等重大活动历练，紧密结合北京的经济社会发展和人民群众的实际需求设计开展志愿服务活动，志愿者的微笑已经成为北京最好的名片。落实习近平总书记视察北京的重要讲话精神，努力建设国际一流的和谐宜居之都，是时代赋予包括青年志愿者在内的首都青年的重要使命。站在新起点，准确把握该群体的新特点、新变化、新需求，推动青年志愿者为首都新发展做出新的贡献，是新时期北京共青团面临的新课题。

一　群体总量

截至2015年3月16日，在"志愿北京"信息平台实名注册的志愿者总数为249.3540万人，约占全市常住人口[①]的11.79%。其中，35岁以下

---

[*] 郭新保，北京市志愿服务指导中心主任；王赢，北京市志愿服务指导中心副主任；曹仕涛，北京市志愿服务指导中心干部；黄宝琪，北京团市委信息中心干部。
　参与课题人员：王开、王虎、王哲、王譞、刘金芝、齐慕洁、杨威、张逸飞、邱运良、邱迪、林艳艳、郝钢、高硕、高琪、崔杰、霍金华。

[①] 据《北京市2013年国民经济和社会发展统计公报》，北京市2013年末全市常住人口2114.8万人。

青年志愿者为129.1735万人，占全市实名注册志愿者总数的51.80%，青年群体是全市志愿者队伍的"半壁江山"。

二 抽样方法

为进一步了解北京青年志愿者群体的发展情况，按照团市委统一部署，从2013年11月至2014年2月，北京市志愿服务指导中心面向全市开展了青年志愿者群体抽样问卷调研。本次调研的群体为14~35周岁（含）的青年志愿者，拟定总样本量为2000个。为确保抽样的合理性，我们对"志愿北京"信息平台上的366个一级志愿服务组织类型进行了分析，划分为党政机构、学校及科研机构、企事业单位、民间组织4大类型。其中，从55家党政机构志愿服务组织（涵盖区县、市属委办局、中央驻京单位、外省市驻京单位）抽样11家，占调研群体的16%；从86家学校及科研机构志愿服务组织（涵盖市属高校、中专、中学及科研机构）抽样17家，占调研群体的25%；从108家企事业单位志愿服务组织（涵盖央企、市属国企、外资合资企业、民营企业及公共事业单位）抽样22个，占调研群体的32%；从117家民间组织抽样19家，占调研群体的27%（如图1所示）。本次调研共回收问卷1938份，其中，有效问卷1794份，占回收问卷总量的92.6%。

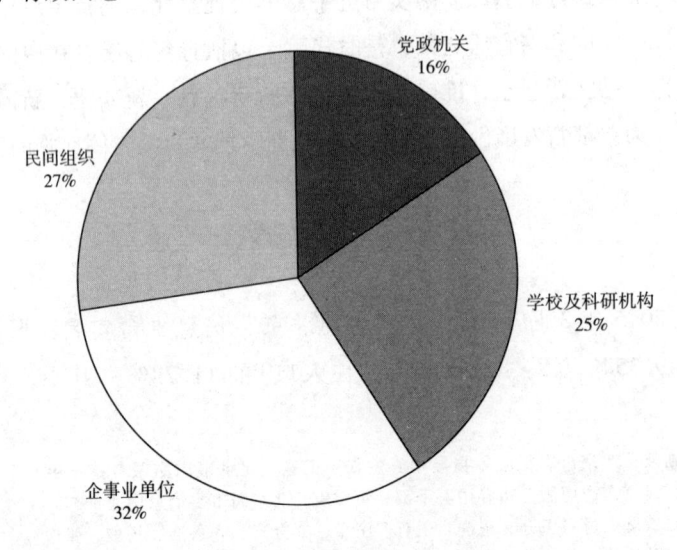

图1 单位和抽样人数所占比例

三 群体特征

综合"志愿北京"平台数据和调研问卷结果分析,总结提炼青年志愿者群体特征如下。

(一) 首都青年高度认同志愿理念和行动

根据团市委对3.5万多名在京青年的调研数据,在问及"你最希望参加哪些活动"时,选择"志愿公益活动"的位于前列;在问及"人生的价值在于奉献"时,选择同意的占79.8%;在问到是否认同"当别人有需要的时候,我会主动伸出援助之手"时,选择同意的占76.7%;这些数据表明,首都青年高度认同"奉献、友爱、互助、进步"的志愿精神,高度接受和认可志愿服务活动。

(二) 党团员是青年志愿者的主要力量

通过对"志愿北京"信息平台志愿者的信息进行分析发现,14~35岁志愿者中,党员占12.04%,团员占54.74%,两者相加约占总数的七成。这说明,党员团员构成了青年志愿者的主体,他们在青年志愿服务工作中发挥了骨干作用。同时,我们也应看到,党团员比例高与目前志愿者的组织化动员方式相关,多数学校、机关、企事业单位是由党团组织负责志愿工作的,因而所联系动员的志愿者集中在青年党团员,体现着鲜明的"中国特色"。

(三) 青年志愿者学历层次整体较高

调研中,拥有本科(含双学位)学历的占56%;拥有研究生学历的占14%;拥有大专及以上学历的占84%。比对"志愿北京"信息平台,有44.59%的青年填写了自身学历,其中专科占13.94%,本科占47.96%,研究生以上占7.07%,拥有大专及以上学历的占近七成。这与调研结果可相互佐证(如图2所示)。

(四) 青年志愿者的自我评价理性平和

在对工作满意度的调查中,比较满意和非常满意的占51.3%,明显低于央企青年、青年教师等群体,仅高于非公企业青年、青年农民(如图3

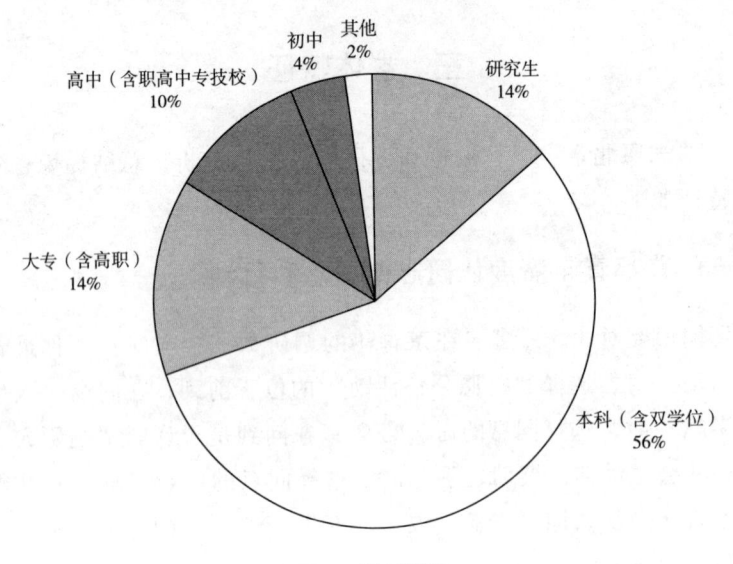

图 2　学历情况

所示，中央国家机关和事业单位占 67.0%，中央企业占 75.1%，中央社会组织占 71.1%，市级党政机关和事业单位占 55.6%，市属企业占 54.3%，非公企业占 48.8%，新社会组织占 61.8%，青年农民占 37.2%，中小学教师占 68.9%，大学教师占 71.3%）。

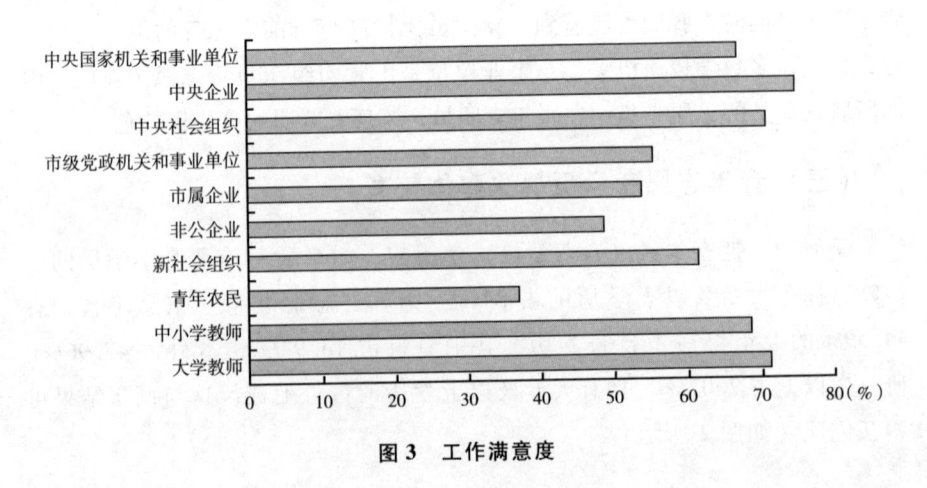

图 3　工作满意度

在总体满意度评价方面，受访者对自己总体满意的占 48.5%，与多数群体持平，没有明显差距（如图 4 所示：中央国家机关和事业单位占 44.6%，中央企业占 51.3%，中央社会组织占 54.5%，市级党政机关和事业单位占44.9%,市属企业占37.9%,非公企业占37.9%,新社会组织占49.8%,青年农民占49.3%,中小学教师占52%,大学教师57.7%)。在面对面的访谈过程中,大多数受访者表示自己的生活和工作压力适中,属于可以承受的水平。

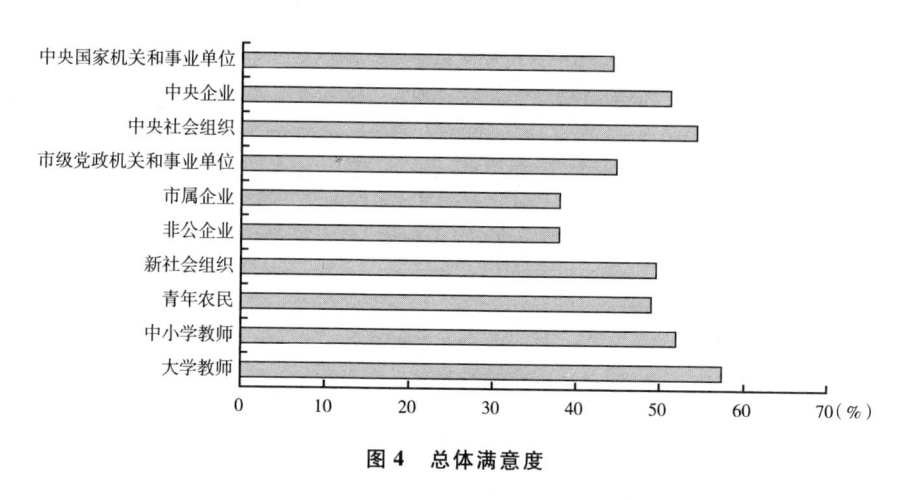

图4 总体满意度

(五) 多数青年志愿者是普通青年,非京籍青年占有相当比例

工作职务方面,剔除在校学生数据,其中"办事人员"占26.9%,"专业技术人员"占22.3%,"一线工作人员"占18.8%,"单位负责人"仅占3.7%(如图5所示)。收入方面,剔除在校学生数据,收入在1000元以下的占24%;收入在1000元到3000元之间的占37%;收入在3000元到5000元之间的占21%;收入在5000元及以上的占18%(如图6所示)。2013年北京市职工月平均工资是5793元。这说明大多数青年志愿者是基层一线工作人员,收入和职位不高。这与西方国家志愿者普遍"有闲、有钱"的情况有明显差异。同时,调研发现非京籍青年占有相当比例,占34.1%。这可能表明,志愿服务是外地青年融入北京、认知社会、参与公共事务的一种途径。

(六) 奉献爱心是参与服务的主要动机

在问及参加志愿服务的主要原因时,59.1%的受访者选择了"奉献爱心",37.2%的受访者选择了"积累实践经验的需要"。同时,在志愿者应具备的素质方面,66.5%的受访者认为最重要的是有"乐于奉献的志愿精神"。

图 5　工作职务

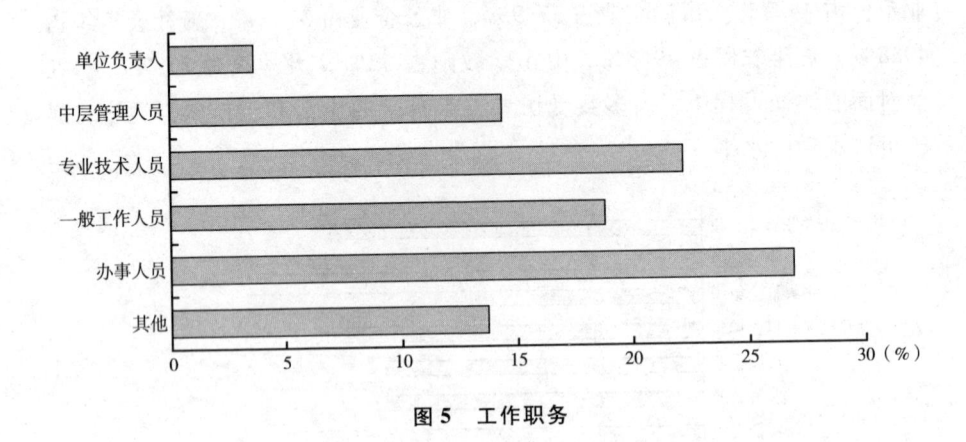

图 6　收入情况

（七）首次参与志愿服务集中在中学、大学时期

在第一次参加志愿服务年龄方面，选择在18~24岁的占46%；其次是15~17周岁，占28%；14周岁以下的占16%。25岁之后首次参加志愿服务的仅占10%（如图7所示）。志愿者的参与经历大多是从中学和大学本科阶段开始，这表明学校阶段是培养志愿服务意识、发展注册志愿者队伍的关键时期。从另外一个角度也说明，针对已经走上工作岗位、走向社会的青年，志愿工作的力度还有待加强。

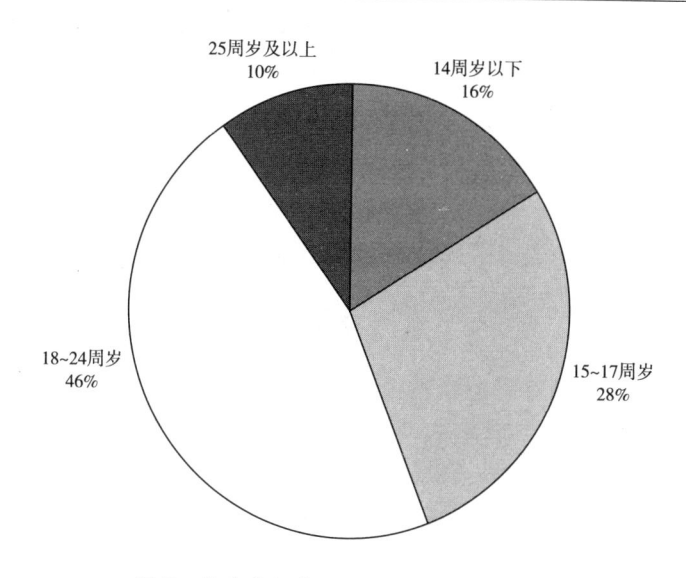

图7 首次参加志愿服务的年龄阶段分布

(八) 服务领域多元，社区、环保、大型赛会类志愿服务参与度高

北京青年志愿者参与志愿服务的领域呈现出比较明显的多元化特点。在问到"参与的志愿服务涉及哪些领域"时，全体受访者中有47%的人选择"社区服务"，41%的人选择"环境保护"，39.1%的人选择"大型赛会"。社区、环保、大型赛会三类志愿服务参与率较高，这与北京的城市发展水平和功能定位密切相关。

(九) 志愿服务频次不高、时间不长，常态化程度偏低

在参与志愿服务的频率方面，选择"不定期参与"的占48.2%；选择"每月一次"的占27.4%。在每年参与志愿服务时间方面，选择"50小时以下"的占56.4%；选择"50~100小时"的占31.6%；选择"在100小时以上"的比例较低（如图8所示）。与美国、加拿大、澳大利亚等志愿服务发达的国家[1]相比，北京青年志愿者的平均服务时间整体偏低。

---

[1] 《北京志愿服务发展报告2014》数据：2001年，美国18岁以上的志愿者的年平均贡献时间为218小时，加拿大是162小时，澳大利亚是160小时，英国是170小时。

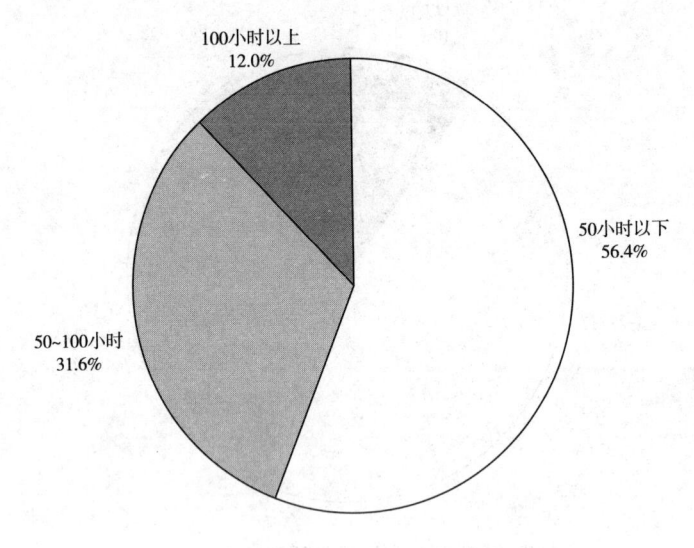

图 8　每年参与志愿服务时间

（十）志愿服务的组织化特征明显，社会化程度偏低

在参加志愿服务的形式方面，有852人参加的志愿服务是由供职单位或学校组织的，占47.5%；有692人选择由政府系统、工会、共青团、妇联等系统的志愿者协会组织的，占38.6%；有575人选择自发的志愿者团体组织的，占32.1%。相较于依托组织体系开展的志愿服务而言，社会化、民间性的志愿服务还比较薄弱。

（十一）志愿服务项目吸引力和组织能力不足

在被问到影响志愿者参与热情的主要因素方面时，受访者选择"活动缺乏吸引力"的占47.5%，选择"组织动员能力不够"的占45.4%。在被问到志愿服务组织的核心要素时，受访者选择"志愿服务项目"的占49.8%，选择"服务领域"的占37.7%，选择"志愿者组织影响力"的占20.2%。可见，项目吸引力和组织能力不足是制约志愿服务参与度的主要原因。青年对志愿服务项目的形式和内容都有较高要求。在调研过程中很多基层志愿组织也反映，亟须提升志愿者招募管理、项目管理运行等方面的能力。

（十二）培训力度直接影响志愿者服务效果

在访谈中我们发现，志愿者十分关注志愿者培训，很多受访对象认为这是志愿者应该享有的权利和保障之一。在志愿服务培训形式方面，选择"为所有岗位的志愿者开展以志愿服务理念为主的通用培训"的占32.9%，选择"针对具体志愿服务岗位进行岗位培训"的占30.8%。在培训时长方面，选择"30分钟到1小时"的占30.1%，选择"30分钟以下"的占22.4%，选择"一个半小时以上"的仅占29.4%，还有18.1%的受访者表示从未参加过培训。调研发现，广大青年志愿者对培训的需求反映强烈，亟须掌握助老、助残等方面专业技能，进而更好地为服务对象提供专业服务。

四 工作思考

加强青年志愿者工作是推动社会融入、组织重构的有效途径。志愿服务是青年乐于参与的社会活动之一，能够拉近陌生青年之间的距离，推动不同青年群体之间的融合，对于构建新型的青年社会关系具有重要作用。同时，通过孵化培育基层青年志愿者组织，有利于以青年喜闻乐见的方式团结、凝聚、覆盖更多的青年，助力区域化团建，推动基层组织重构。

当前，首都青年志愿者工作已经进入一个新的发展阶段，加强青年志愿者工作，要从以下五个方面着手。

（一）提高志愿服务社会认可度，为青年志愿者参与志愿服务营造良好氛围

从调研中我们看到，尽管志愿服务理念在北京已经日益深入人心，但是社会公众对志愿者的认识和理解还不到位，这是制约青年志愿者参与服务的一个重要因素。因此，有必要进一步采取多种形式，传播志愿服务的理念和知识，提升全社会对志愿工作的认识水平，努力营造人人参与志愿服务、尊重认可志愿服务价值的社会氛围。

（二）大力加强志愿服务文化建设，为青年志愿者参与志愿服务提供思想引领

青年正处于人生观、世界观和价值观的养成阶段。要通过志愿服务引导青少年坚定理想信念，自觉把祖国、人民和时代的需要作为人生追求，大力倡导奉献、友爱、互助、进步的志愿精神，传播正能量，引领社会风尚。通过志愿服务不断丰富社会主义核心价值观的实现形式，在志愿服务项目设计、活动开展、管理运行、成果巩固等各个环节体现核心价值观的基本要求，真正使社会主义核心价值观在广大青少年中内化于心、外化于行。

（三）不断提升志愿服务组织和项目的孵化能力，为青年志愿者参与志愿服务提供广阔舞台

党的十八届三中全会明确指出，要"激发社会组织活力""支持和发展志愿服务组织"。充满活力的组织和有吸引力的项目是有效动员青年参加志愿服务的基础性条件。在青年志愿者的组织培育方面，要充分整合各方面资源，通过资金支持、人才培养、管理咨询、项目策划、推介展示等方式，推动组织孵化和能力提升。在项目开发上，加强项目的研发、设计、推广和支持工作，不断满足青年的多样化、个性化的需求，始终坚持以青年为本，开发满足社会需求、符合青年特点的志愿服务项目，提高青年参与志愿服务的积极性。

（四）加强志愿服务平台建设，为青年志愿者参与志愿服务提供有力支撑

当前，北京青年参与志愿服务的热情高，如何做好志愿服务的供需对接，让真正需要帮助的人及时得到关爱，让有爱心的青年志愿者可以快捷地找到项目和阵地，是提升青年志愿服务参与率、实现常态化的关键环节。这就要求我们一方面要加强"物理平台"的建设，在社区、公共场所、公益机构建立志愿服务站，为青年志愿者搭建终端平台；另一方面要做好"信息平台"建设，运用信息化手段，促进志愿服务需求和供给的对接。

（五）加强志愿者保障机制建设，为青年志愿者参与志愿服务解决后顾之忧

北京共青团历来十分重视青年志愿者的权益保障工作，在志愿者保险、通用保障政策等方面走在了全国前列。但是从调研情况看，实践中仍然存在志愿者权益（特别是精神权益）受到损害的情况。例如，有的志愿者使用方对志愿服务的认识不到位，把志愿者简单地视为劳动力，忽视志愿服务的社会价值和教育功能；有的单位没有为志愿者提供培训、休息场所等基本保障；还有的单位和机构让志愿者承担超出服务范围的工作，挫伤了青年志愿者的积极性。同时，在保障内容方面，青年志愿者也提出了发放志愿者证等新需求。下一步，要进一步加强志愿者综合保障机制建设，切实维护青年志愿者的合法权益，保护青年参与志愿服务的积极性。

五 工作方法

（一）深入挖掘社区服务需求，推动志愿服务走进生活

摸清志愿服务需求，并将需求转化为项目，这是开展青年志愿服务的起始环节。主动深入社区、开展社区志愿服务需求调研，通过"解剖麻雀"的方法，详细分析梳理社区志愿服务需求的类型、总量以及提供服务的途径。为志愿服务组织走进社区搭建平台，举办"志愿服务组织区县行"和"全市志愿服务项目需求大对接"等活动，为青年就近就便参与社区志愿服务活动提供渠道。

（二）以社会主义核心价值观为引领，加大对青年志愿精神、志愿文化的普及宣传

为更好地吸引青年参与志愿服务，结合青年的特点，运用全媒体手段，大力宣传志愿精神、志愿理念、志愿标识、志愿誓词，推广"志愿蓝""志愿证""志愿帆"等文化载体。开展志愿歌曲、微视频、公益海报征集，投放志愿服务公益广告。结合"3·5""12·5"等重要时间节点，开展优秀青年志愿者组织、个人、项目评选，引导青年通过志愿服务自觉践行社会主义核心价值观。

图片 1 志愿服务组织区县行

说明：促进志愿团体走进街道（乡镇）、社区（村）服务中心、居委会，通过"面对面"对接，形成供需良性循环。以2012年5月的志愿服务组织区县行海淀站为例，活动现场分为志愿者展示区、互动体验区、核心舞台区和分会场4个板块，共有17个高校志愿者团队、17个市志联团体会员、14个街镇分会、12个区属部门、7个驻区企业参与，为社区助老、助学、助残和心理服务等领域注入了新鲜力量。

（三）以政府购买项目和小微志愿服务项目为支撑，支持和发展志愿服务组织

支持和发展青年志愿者组织，既是落实党的十八届三中全会要求、创新社会治理的有效形式，也是为青年志愿者搭建参与平台的重要举措。通过政府购买志愿服务组织服务、小微志愿服务项目支持计划等，为青年志愿者组织发展提供项目资金、项目管理、运行督导、组织推介等服务，有效促进青年志愿者组织发育成长。

图片 2   3 月 5 日学雷锋志愿服务推动日

说明：3 月 5 日，是中国青年志愿者服务日。从 2012 年起，团市委已经连续三年举办了学雷锋志愿服务推动日活动，取得了良好的社会效果，成为传播志愿服务文化、推动北京志愿服务发展的品牌项目。2014 年的学雷锋志愿服务推动日以"传承雷锋精神、邻里守望互助"为主题，分为志愿服务交流展示、岗位需求对接、综合发布和主题交流 4 个板块，吸引 500 余名志愿者组织参与，为青年了解、参与志愿服务，深化志愿服务认识提供了重要窗口。

（四）以"志愿北京"信息平台为载体，促进志愿服务的信息化发展

网络正在改变人们的生活和工作。调研显示，青年志愿者在闲暇时间主要是上网，占到了 57.7%。网络已经成为青年志愿者获取信息的主要方式，志愿者对网络的依赖性也逐渐增强，访谈期间也发现，青年志愿者更愿意在网络上选择自己的志愿服务项目。志愿中心顺应青年网络化发展要

求,升级改造"志愿北京"信息平台,推广志愿服务证和手机 APP 客户端,编纂《北京志愿服务指南 2015》,确保志愿服务供需的有效对接。

图片 3 小微志愿服务项目支持计划

说明:为推动志愿服务项目化运作、社会化动员和制度化建设,团市委 2014 年推出北京市小微志愿服务项目支持计划,通过项目资助、培训指导、督导评估、推荐申请政府购买项目等方式,扶持一批创新性、示范性志愿服务项目,总结推广项目创新和项目管理经验,促进基层志愿服务组织发展。首批共资助 60 个项目,在首届全国青年志愿服务项目大赛北京市获奖的 22 个项目中,有 8 个是小微项目,占比超过 1/3。

(五)以社区青年汇等公共空间和公益机构为主阵地,推动志愿服务终端平台的建设

以社区青年汇等公共空间和公益机构为主阵地,与"一刻钟社区服务圈"相结合,着力打造基层志愿服务站、岗,培育孵化一批有活力、有品牌的示范性志愿者组织,通过他们团结凝聚广大青年,发挥青年志愿者在志愿服务中的生力军作用,为首都城市发展贡献力量。

(六)以青年志愿者培训为抓手,促进志愿服务人才建设

在参加志愿服务前接受培训是志愿者的重要权利,也是志愿服务组织应尽的义务。实践证明,开展好志愿者培训也是引导志愿者做好志愿服务的前提和关键。自 2011 年以来,志愿中心打造"志愿北京之阳光阶梯"志愿者培训市级示范项目,充分利用 APEC、京交会等大型赛会和活动契机,分级分类开展青年志愿者培训,推动志愿者培训"进教材、进课堂、进学分",提升青年志愿者参与社会治理的能力和专业水平。

(七)以青年党员团员为引领,带动全体青年共同参与

党团员是青年志愿者队伍的排头兵和主力军。团市委联合有关部门下

图片4　政府购买志愿服务组织服务

说明：为支持志愿服务组织发展，提升志愿服务组织的服务能力，自2011年以来，志愿中心积极组织各级志愿组织申报政府购买服务项目。据不完全统计，4年来，累计向市级财政申请1206万元，支持了90个志愿服务项目（不包括通过各区县申报的项目）。实践证明，政府购买志愿组织服务，撬动了更多的社会资源，发挥了财政资金的引导放大作用，补充了社会公共服务，在交通拥堵、空气污染等"城市病"治理中发挥了作用。此外，政府购买志愿组织服务，为包括青年在内的广大市民参与社会治理搭建了广阔平台。

发《关于组织全市共产党员、共青团员积极参加学雷锋志愿服务活动实施意见》，印发《关于组织全市共青团员积极参加志愿服务的工作方案》，配合市委组织部，建设党员志愿者之家，建立党志愿者注册网站，推动机关团体建立志愿服务队伍，组织动员全市共青团员带头参加志愿服务活动。下一步，将按照《中国注册志愿者管理办法》和《关于推动团员成为注册志愿者的意见》的要求，组织推动国有企业、机关事业单位、高校等团组织全体团员率先注册成为志愿者，积极参加志愿服务。

图片 5 "志愿北京"信息平台

说明:"志愿北京"是由北京奥运会的志愿者管理服务平台改造而来的,对"云技术"和大数据理念的创新运用,很好地解决了志愿者实名注册、服务记录转移接续、志愿服务供需对接、志愿服务组织在线管理等问题。目前,中国志愿服务联合会在全国推广依托"志愿北京"开发的"志愿云"信息系统,已覆盖全国11个省区市,为全国志愿服务数据库互通互联奠定了基础。

(八)加强学校志愿服务工作,从源头上壮大志愿者队伍

学校是开展志愿服务理念教育、扩大志愿工作覆盖面的关键阶段。在高校中推进志愿服务"进课堂、进教材、进学分",试点开展志愿服务记录进毕业档案。组织中学生注册成为志愿者,立足校园、社区参与志愿服务。倡导小学生在家长的陪伴下,从身边做起,参加体验性志愿服务。

(九)实施"志愿家庭"计划,创新志愿服务社会动员方式

家庭是社会的基本组成单元,是和谐宜居之都建设的重要阵地。家庭

图片 6 志愿服务手机 APP

说明:"志愿云"手机 APP 是依托"志愿北京"开发的志愿服务手机客户终端平台,提供了"附近""扫一扫"和"我的"三个功能。点开"附近",能根据 LBS 定位信息,查询到附近的志愿服务项目、志愿团体,志愿者去参加活动,也能与附近的志愿者进行联系。点开"扫一扫",志愿团体可以扫描志愿者的志愿服务电子证,通过签到和签出,记录志愿者的服务时间。志愿者可以通过扫描志愿团体或者志愿项目的二维码快速参加活动。点开"我的",能显示志愿者加入志愿团体、志愿项目和志愿服务记录等信息。

教育是学校教育、社会教育的基础,关乎青少年的健康成长。随着社会的发展,青少年教育、家庭教育以及社区建设面临新的挑战。自 2014 年以来,团市委、市志联在海淀区、丰台区,试点通过以"家庭"为单位参与的志愿服务,取得良好效果。实践表明,"志愿家庭"创新了志愿服务社会动员的方式,将社会主义核心价值观教育从社会、学校延伸到家庭,丰富了未成年人思想教育的内涵。下一步,团市委将在总结试点经验的基础上,在全市推广"志愿家庭"计划。

图片 7　学雷锋志愿服务站（岗）

说明：首都学雷锋志愿服务站（岗）是由社会单位或组织，在街道社区、农村乡镇、基层单位、公益机构和城市公共空间等场所设立的具有志愿服务组织管理功能的终端工作平台，是推进首都志愿服务规范化、制度化的基础工程。志愿服务站（岗）要求满足"五个有"：有固定场所和必要的办公设备、工作运行团队、可持续的志愿服务项目、稳定的可对接的志愿服务团队、日常管理制度。目前，全市已建立志愿服务站（岗）4073 个。

（十）以重大活动为契机，动员青年志愿者服务国家、奉献人民

作为国家的政治中心、文化中心、国际交往中心、科技创新中心，北京市每年要承接和举办大量重大活动和赛会。通过为这些重大活动提供志愿服务保障，可以有效引导青年在志愿服务过程中服务国家、奉献社会，不断强化青年的责任感和使命感。

（十一）以实名注册志愿者保险为主干，健全志愿者保障制度

做好 2015 年度实名注册志愿者保险采购工作，制定《实名注册志愿者

图片 8　"志愿北京之阳光阶梯计划"志愿者培训活动现场

说明:"志愿北京之阳光阶梯计划"继承转化了联合国合作项目"春芽计划"的工作成果,紧密围绕全市志愿服务工作大局,坚持"专业化、标准化、阵地化、国际化"的工作原则,立足示范性,突出实用性,抓重点、创亮点、夯基础,全面加强对基层志愿服务工作的支持。主要包括五项工作任务,一是重点培养青年志愿者队伍负责人,开办志愿服务管理型人才高级培训班;二是开展区域化试点街乡、社区青年汇等基层志愿者培训;三是选拔培养一批优秀志愿者成为志愿者培训师;四是开发一批志愿服务培训示范课;五是完善"志愿北京"学习平台,建立志愿者培训网络化培训阵地。

人身意外保险管理办法》。全面整合法官、检察官、律师等专业力量,建立志愿者权益保护机制。开展志愿者权益保护问题研究,为全国层面的志愿服务立法建言献策。

图片9 北京市全面推动中学生志愿者实名注册

说明：北京市从2013年开始在全市开展中学生志愿者实名注册工作，发起成立北京市中学生志愿服务总队，各区县团教工委牵头成立本区县中学生志愿服务队。截至目前，共有679所中学成立校级志愿服务组织，建立班级志愿服务队伍4661支，共有24.3322万名中学生注册成为实名志愿者。结合中学生实际，开展"校园公益行""社区青春行""成长先锋行""携手成长行"等适合中学生参与的志愿服务项目，全市各级中学生志愿服务组织共发布项目5033个。

图片 10　海淀区、丰台区试点实施"志愿家庭行动计划"

说明：自海淀区发布"志愿家庭行动计划"以来，参与的家庭突破 3 万个，这些家庭充分发挥"地缘"优势，广泛开展"邻里守望"等志愿服务活动，很好地解决了空巢、失独、高龄、"三无"老人等弱势群体的生活所需。丰台区颁发《中小学生志愿服务户口簿》，让每一个中小学生成为"志愿家庭"的小户主，号召广大中小学生与家长一起积极参与志愿服务活动，丰富了家庭教育内涵，实现了志愿服务的育人功能。

图片 11　北京青年志愿者服务 APEC 会议

说明：自 2014 年以来，北京青年志愿者圆满完成非正式高官会、第三次高官会、领导人会议周等 9 项在京举办的 APEC 系列会志愿服务，同时选派志愿者参与宁波、青岛高官会服务。APEC 会议期间，来自北京大学、清华大学等 23 所高校的 3449 名志愿者累计服务时间超过 28 万小时。志愿者以青春激情和实际行动，圆满地完成了各项服务任务，赢得了与会人员、社会各界的高度赞誉和广泛好评，展现了青年志愿者服务他人、奉献社会的良好形象。

图片 12　团市委推动实名注册志愿者保险

说明：2014年6月25日，市志联与中国人民财产保险股份有限公司北京市分公司联合举行"北京市实名注册志愿者团体人身意外伤害保险"签约仪式，正式推出北京注册志愿者保险。这是国内第一个由财政出资保障、社会企业让利履行社会责任、社会组织具体实施的志愿者保险项目，市政府财政每年拨专款为所有实名注册的志愿者购买保险。中国志愿服务联合会在《中国志愿》杂志上刊文报道北京经验，共青团中央编发《全团要讯》推广北京做法，多家国家级和市属媒体对北京推出志愿者保险进行了宣传报道。

家庭贫困青少年群体研究报告

郭文杰　陈淑惠　亚纪英　汤鸣明[*]

为了解北京地区家庭贫困青少年群体的实际情况，对他们实施有针对性的帮助，团市委联合中国青少年研究会进行了调查研究。由于青少年在就业后经济状况会有所改善，本次调研以在校小学、中学、大学学生为主，集中在北京户籍家庭贫困中小学生和在京就读家庭贫困大学生群体上。

一　群体总量

根据国家统计局定义，贫困一般指物质生活困难，即一个人或一个家庭的生活水平达不到一种社会可接受的最低标准。这里的最低标准即为居民最低生活保障标准，由各地人民政府自行确定，并随着当地生活必需品价格的变化和人民生活水平的提高，适时进行调整。据北京市民政局低保中心统计，截至 2013 年 12 月底，全市城乡低保共有 9.54 万户，共计 16.55 万人，其中 35 周岁以下北京户籍青少年 44499 人，其中在校中小学生 21103 人，占低保户籍青少年总数的 47.4%，占户籍在校中小学生总数（79.3 万人）的 2.7%。本报告以低保作为家庭贫困的参考标准，也就是说，北京户籍家庭贫困在校中小学生共计 21103 人。

---

[*] 郭文杰，北京团市委副书记；陈淑惠，希望工程北京捐助中心主任；亚纪英，希望工程北京捐助中心副主任；汤鸣明，希望工程北京捐助中心副主任。
参与课题人员：王谦、张建华、刘红杰、孔鹏飞、谢方。

根据《教育部财政部关于认真做好高等学校家庭经济困难学生认定工作的指导意见》（教财〔2007〕8号）规定，家庭经济困难大学生指学生本人及其家庭所能筹集到的资金，难以支付其在校学习期间学习和生活基本费用的学生。对于贫困大学生的评定，一般由所在高校按照以下条件来评定：一是生源地开具的低保证明；二是生源地民政部门开具的低收入证明；三是通过所在学校班级的认定评议小组的民主评议。2015年1月，团市委对北京市50所高校进行了摸底调查，这些学校共有本专科学生406671人，其中学校认定的贫困大学生81866人，占20.1%。根据北京市统计局数据，截至2013年底，北京市本专科在校生589234人，按照摸底调查得到的比例可以推算出：在京就读家庭贫困大学生为118000多人。

二 抽样方法

2013年7～12月，北京团市委联合中国青少年研究会，面向北京地区家庭贫困青少年群体开展了抽样调查。

在对北京户籍家庭贫困中小学生（以下简称"贫困中小学生"）的调查中，选取东城、朝阳、海淀、丰台、昌平、房山和门头沟共7个区县为抽样范围，在每个辖区随机抽取中小学校，按小学二年级到高中三年级的范围，随机抽取班级，随机向学校推荐的家庭贫困中小学生发放问卷。共发放问卷1400份，回收问卷1286份，有效回收率为91.9%。

在对在京就读家庭贫困大学生（以下简称"贫困大学生"）的调查中，选取清华大学、北京理工大学、中国农业大学、北京林业大学、北京工业大学、中国地质大学（北京）、中国青年政治学院、北京联合大学、北京青年政治学院、北京社会管理职业学院共10所部属和市属高校进行问卷调查，包括重点大学和普通本科、大专院校，涵盖文科、理工、综合等类型。共发放调查问卷2700份，回收有效问卷2629份，有效回收率为97.4%。

此外，2015年1月，团市委在北京市50所高校进行了摸底调查，通过学校团委协调有关部门对贫困大学生的基本情况进行了数据统计。

三 群体特征

(一) 贫困中小学生数量逐年减少，贫困大学生的实际数量与政府规定的平均比例基本一致

根据北京市民政局统计，2012 年、2013 年、2014 年 6~18 岁低保中小学生总数分别为 22326 人、21103 人、18442 人。近年，本市中小学生总量相对稳定，由此可见，本市贫困中小学生总量和比例都呈现了下降趋势。从 2015 年 1 月对 50 所高校摸底调查的结果来看，贫困大学生占大学生总数的 20.1%，与 2007 年国务院规定的"高校家庭经济困难学生资助面平均占在校学生总数的 20%"基本一致。

(二) 贫困中小学生中高中生比例高，贫困大学生中部属院校学生比例高

以 2013 年为例，21103 名贫困中小学生中，贫困小学生为 8867 人，占小学生总数的 2.1%，贫困初中生为 5548 人，占初中生总数的 2.6%，贫困高中生为 6688 人，占高中生总数的 4%。从数量上看，贫困小学生人数多于初中生和高中生，但从比例上看，高中阶段的贫困生比例相对较高。贫困大学生的分布存在院校间差异，调查显示，部属院校贫困大学生占部属院校大学生总数的 22.51%，市属院校贫困大学生占市属院校大学生总数的 17.71%。部属院校贫困大学生所占比例高于市属院校，主要原因是部属院校京外生源多，同时农林地矿及师范类院校多为部属院校，一般来讲这类学校的贫困生比例相对较高。

(三) 贫困中小学生大多来自北京的城镇，贫困大学生大多来自外地的农村

根据北京市民政局统计，在贫困中小学生中，城市户籍的 14365 人，占城市户籍中小学生的 1.9%，农村户籍的 6738 人，占农村户籍中小学生的 14%。调查显示，城六区贫困中小学生总数为 11042 人，约占贫困中小学生总数的 52%，略高于 10 个郊区县 10061 人的总数。城区中，贫困中小学生最多的是西城区 2816 人；郊区县中，最多的是房山区 1662 人。对 50

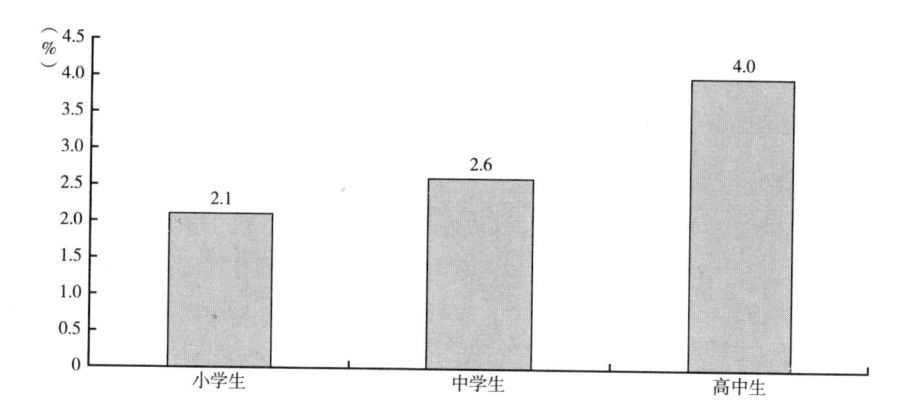

图 1　贫困中小学生占普通中小学生比例

所高校的贫困大学生摸底调查显示，约63%的贫困大学生是农村户籍，只有约37%的贫困大学生来自城市，与中小学生呈现相反状态。这一地域分布状况与抽样调查结果基本吻合，与北京青少年发展基金会于1998年进行的"首都高校家庭贫困大学生状况调查"的结果也一致。此外，来自北京本地的贫困大学生为6588人，仅占贫困大学生总数的8%，而绝大多数贫困大学生都是在京就读的非京籍大学生。

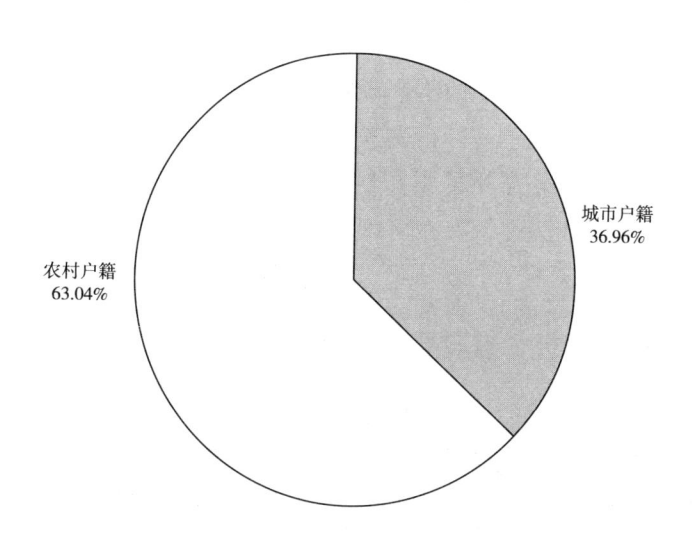

图 2　贫困大学生的户籍分布情况

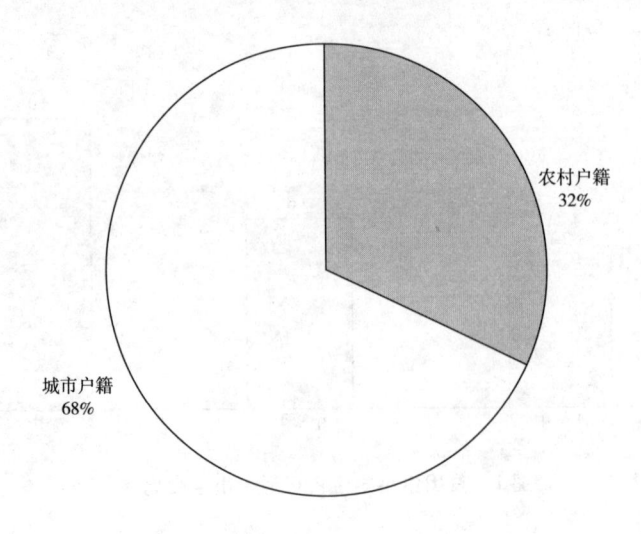

图 3　贫困中小学生的户籍分布情况

（四）生活支出相对较低，消费观念务实、理性

调查显示，贫困中小学生每周的零花钱平均为 14.56 元，贫困大学生月均消费为 861.63 元。根据团市委调研，同年龄段的北京市小学生平均每周零花钱为 25 元，全市大学生月均消费为 1481 元。由此可见，贫困生生活支出还不到普通学生的六成。这与 1998 年调查得出的"普通大学生的月生活费为贫困生的 1.7 倍"的结论基本一致。由于贫困生的家庭收入较低，贫困生的消费结构相对单一，消费观念更加务实、理性。在被调查的贫困生中，有近九成的中小学生的零花钱是用于购买学习用品；84.0% 的大学生其生活费主要支出为吃饭，在学校就餐时考虑到营养丰富的仅占 9.7%，有 80.6% 的人表示对穿衣打扮方面没有要求。

（五）思想积极，有较强的进取心

调查显示，有九成的贫困大学生具有不攀比和克勤克俭的良好消费观念，63.4% 的人不会为了同学间的攀比向父母要钱。当问到"如果你有一笔费用会如何处理"时，七成贫困大学生都表示会存起来留作生活费。有 49.1% 的贫困大学生在获得助学金时不会选择改变自己的消费状况。有 82.4% 的贫困大学生表示有能力的话愿意资助他人。总的来说，他们在思想状况、人生观和价值观方面与普通学生没有明显的不同，表现出乐观、积极的人生态度。

调查显示，绝大多数贫困中小学生对学习的态度积极向上，遇到学习上的困难会主动想办法解决，并表示"学习能提升自己的综合素质""一定要好好学习，将来考上大学"。被调查者中，有八成贫困生的学习成绩为中等以上，有36.5%的贫困大学生还拿到过奖学金。尽管如此，他们对自己学习成绩的要求仍然很高，六成贫困生对自己的学习成绩不满意，并能够客观地认识影响学习成绩的原因，有81.6%的贫困中小学生认为在学习上遇到的困难是学习方法不合理，有60.6%的贫困大学生认为成绩不好是自身努力的问题。可见，贫困生怀有强烈的知识改变命运的信念，表现出较强的进取心。

（六）具有较强的独立自主意识

调查显示，有七成的贫困中小学生课余时间选择在家度过，除了"回家做作业"之外，他们在家里做得最多的事情是"帮父母做家务"。穷人的孩子早当家，贫困生尽管年龄小，但已经开始主动地尽己所能减轻家庭负担。为了改变自身状况，减轻家庭经济负担，贫困大学生普遍会勤工助学，有六成被调查者曾经有过打工经历，56.7%的学生希望通过打工增加收入和自食其力，32%的学生认为勤工助学可以提供很大帮助。据统计，打工的方式主要集中在家庭教师、促销和快餐店钟点工三个职业。对比1998年的调查结果发现，家庭教师是长期以来勤工助学的职业首选。此外，调查还发现高年级的贫困生比低年级少，分析认为一定程度上是由于随着年级的升高，贫困生逐步提高了勤工助学、自力更生的能力。

（七）交际圈子小，主动交往意识不强

调查显示，贫困大学生的知心朋友平均为3~4人，而普通大学生为7~8人。贫困生由于经济困难，没有能力支付扩大社会支持网络的发展性支出，普遍存在着交际圈子小的现象。这种现象在小学还不太明显，贫困中小学生对提升人际交往能力和沟通能力的需求不太强烈，但随着年龄的增长这一需求逐渐显现，从中学开始同辈群体的影响逐渐增加并超过了父母。对倾诉对象的调查显示，从五年级开始倾诉对象为"同学"的比例逐渐超过了"父母"，将心事埋在心里的比例也开始增加，并在初二年级到达了顶点，为25.9%。到了大学阶段，这种社会交往的需求更加明显并呈现

放大效应。尽管如此,还是有41.3%的贫困大学生表示没有主动扩大自己的交往圈或受到过排挤,42.3%的贫困大学生在结交朋友时会考虑朋友的家境。在交往中贫困大学生处于被动状态,社会交往多限于必须相处的宿舍同学和为了解决经济困难而打工所涉及的范围。

(八) 自卑心理和负面情绪不容忽视

调查显示,贫困大学生多数会因为家庭经济困难感到自卑,有38.3%的被调查者害怕在大众面前讲话,有32.8%的人介意别人知道自己贫困生的身份,在看到别人穿戴比自己好时产生嫉妒、自卑和怨恨等负面情绪的占27%。有约1/3的贫困大学生无法调节自己的心态;当不被理解时,心情会压抑的占52%;不开心或郁闷时,仅有17.4%的贫困大学生会选择向朋友倾诉,其余都是独处,而贫困中小学生中也有23.7%的人选择了"谁都不说,埋在心里"。在被调查者中,有近八成的贫困生在不同程度上存在着负面心理情绪。这种情况应引起学校、家庭和社会的高度重视。

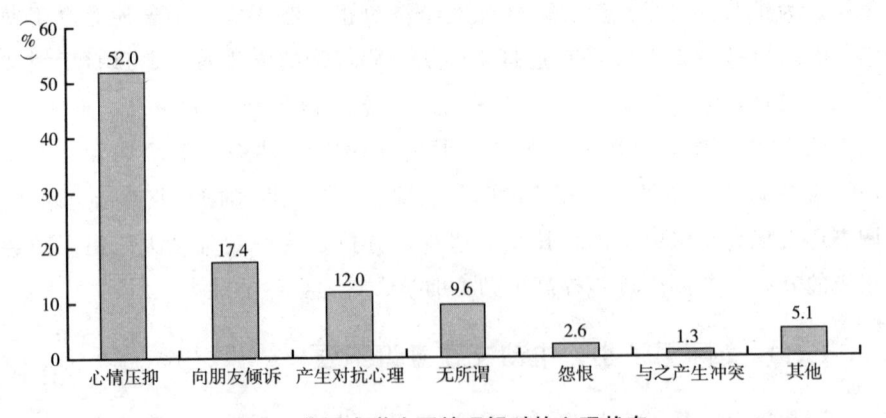

图4 贫困大学生不被理解时的心理状态

- 心情压抑: 52.0
- 向朋友倾诉: 17.4
- 产生对抗心理: 12.0
- 无所谓: 9.6
- 怨恨: 2.6
- 与之产生冲突: 1.3
- 其他: 5.1

(九) 普遍存在较大的就业压力

就业困难是当代大学生面临的普遍问题,由于贫困大学生家境困难,社会支持系统也相对缺乏,他们对就业更加忧虑。调查显示,65.2%的贫困大学生表示当前形势下有"比较大"或"相当大"的就业压力,51.1%的人对自己的就业前景不看好。同时,贫困大学生对就业的态度比较实际,有 77% 的人对于工作应该从基层做起持赞成态度，相比之下，普通大学生中只有 44.1% 的人表示愿意到西部或基层工作。

（十）现行帮扶体系仍有扩展的空间

调查发现，近半数的贫困中小学生曾经接受过政府或社会组织给予的慈善资助，近半数的贫困大学生计划通过申请国家助学贷款来支付大学费用。这说明，九年义务教育和现行帮扶政策在一定程度上能够缓解贫困生的家庭经济困难状况。但也要看到，任何一项政策都不可能单独覆盖全部需求，高中、大学阶段对经济帮扶的需求仍然较大。调查显示，有超过七成的贫困中小学生表示自己和家庭没有接受过困难补助，有五成的人表示没有接受过社会组织的帮扶；有 50% 的贫困大学生认为有必要接受社会资助，有 45.6% 的贫困大学生认为贫困生多而资助少。

（十一）经济帮扶的操作方法有待改善

虽然贫困生渴望得到更多经济上的帮扶，但对于资助的方式，有相当一部分贫困大学生认为，自己有能力通过学习或劳动获取资助。社会帮扶的方式需要更加人性化、多样化。在大学里获得帮助的方式排在前三位的分别是生活补贴、奖学金、助学金，奖学金和助学金被超过半数的人认为是贫困助学做得最好的项目，八成贫困大学生认为助学金和助学贷款比较能解决实际问题。调查也显示，有 19.8% 的人认为捐款会养成学生不劳而获的习惯，近九成的人不认为"直接提供实物或现金资助对帮助贫困大学生来说更有效"，他们认为"提供勤工助学""提供就业培训指导""成为朋友，给予思想关怀""结对交流给予心理帮助"都是更为有效的帮助方式。绝大多数人不赞成出资方以现金的形式将奖学金发给学生。

四 工作思考

（一）贫困生是学生群体中的组成部分，应避免标签化

在市场经济发展过程中，各种社会问题和贫富差异相伴而生，贫困生现象也将在一定时期内相对长期存在。但公众应当看到贫困青少年群体是首都青少年的组成部分，是由于家庭贫困而产生的学生群体中特殊

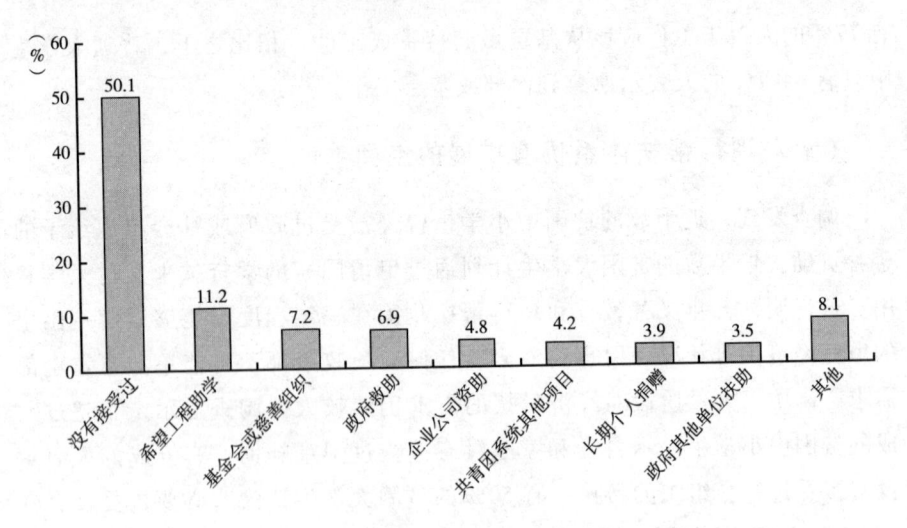

图 5　贫困中小学生受资助现状

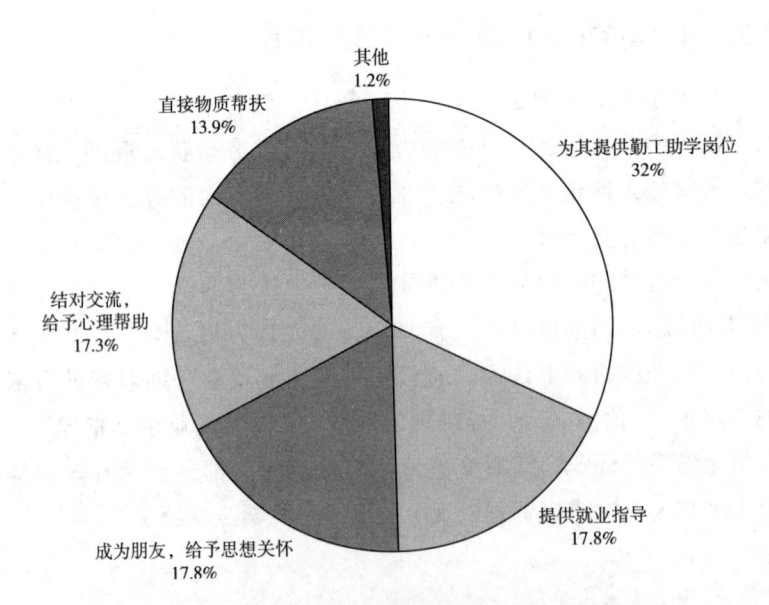

图 6　贫困大学生对帮扶形式有效性的看法

的"小众"群体,与普通学生相比,既有共性又有个性,不能割裂来看。在开展针对北京市贫困青少年的工作中,应特别注意方式方法,避免标签化,既不能把他们当作一个"特殊群体",更不能把他们当作一个"问题群体"。

(二) 贫困生具有继承性、阶段性和复合性特征，需要高度重视

所谓继承性，是指他们的家庭因地域经济不发达、家庭变故、无稳定收入来源等诸多原因而致贫，这些青少年从上一代、在一定时期内继承了贫困，个体在学习生活中遇到了困难。所谓阶段性，是指青少年的贫困现象只是一个阶段性存在，随着他们的生活状态发生改变，特别是接受了良好教育、掌握了工作技能后，绝大部分的贫困现象就会得到缓解或消除。所谓复合性，是指由于青少年正处在世界观、人生观、价值观形成的重要阶段，对家庭经济困难的客观因素一旦理解偏差，就会导致个体产生一定的自卑心理，从而引发他们性格孤僻、心理失衡、能力欠缺和融入困难等诸多问题。只有高度重视贫困生这个群体，采取切实有效的措施，才能有效减少和避免贫困生产生更多的社会问题。

(三) 贫困生群体帮扶需要全社会共同努力、综合施策

帮扶贫困生需要政府、社会、学校、家庭共同努力，更需要贫困生的自我参与。解决贫困生在经济、学习、人际交往、社会融入、就业、心理等方面的慈善需求，需要从扶贫济困、助人自助以及融合互助等几个方面切入，把经济资助、心理辅导、能力提升、融入引导等帮扶方式有机地结合起来，使贫困生的帮扶工作从单一的经济资助，逐步转变为综合帮扶，激励贫困生在接受帮助的同时"助人自助"，从而获得社会价值感。从共青团的角度来讲，贫困生群体涉及所有领域和部门，需要全团共同努力齐抓共管、挖掘资源、对接需求、融合服务。

五 工作方法

(一) 一对一的资金帮扶："希望之星"项目、"学子阳光"项目

(1) "希望之星"项目，是针对北京市家庭经济困难青少年的资助项目。项目特点为一对一结对资助，捐赠者可以与受资助学生建立长期联系，对学生的学习、生活予以关注与指导。项目实施中逐步把直接发放现金改为打入受助学生银行卡内，体现出让受益人有尊严地得到帮扶的理念，未

经受益人同意,不会在公共场合透露其个人信息或组织发款大会,且在基于个人意愿的前提下开展互动活动。

(2)"学子阳光"项目,是针对京籍以及在首都高校就读的家庭经济困难大学生,以一对一结对资助形式,提供经济帮助的公益项目。捐赠者可以与受资助学生建立长期联系,对其学习、生活予以关注和指导。考虑到贫困大学生的心理和社交需求,"学子阳光"项目将资助方式由直接发放现金,逐步向资助款打入受助学生银行卡内的方式转变。同时,尽可能不组织学生参加现场领款的大会,而是在基于个人意愿的前提下开展小范围的互动活动。为了提升受益学生的自我帮扶意识,项目进一步健全了自主申报方式,为贫困大学生开辟了网络自主申报渠道,有需求的学生可以根据实际情况自行申请或停止申请助学金。

(二) 心理干预:"童心呵护"项目、"成长计划"项目

(1)"童心呵护"项目,是基于北京留守儿童而开展的开放式夏令营活动,以关注学生心理健康为出发点,通过形式活泼、内容丰富的夏令营,让学生更多地说出来、动起来。活动依托专业的青少年服务机构开展,针对学生特点进行专门策划,设计活动模块,体现快乐参与的主题。

(2)"成长计划"项目,是以"学子阳光"受助大学生为服务对象,由"北京希望工程"招募捐赠个人或捐赠企业中有经验的人员为导师,建立核心志愿者队伍,与学生建立一对一的长期联系,在学生心理、就业等方面予以指导。"北京希望工程"定期组织集体的交流活动,户外拓展与室内座谈相结合,通过这种方式,在大学生中间传播正能量。

(三) 受助者团体建设:"阳光之家"项目

以"学子阳光"受助大学生为服务对象。依托学校资源,建立为大学生提供业余时间培训、交流、物品交换的场地,让大学生在接受资助的同时,通过互助、自助、志愿服务等形式,参与到回馈社会的各种公益活动中,让大学生更多地感受到"自己不是白拿了这份资助"。主要方法,一是通过建立QQ群,与受助大学生建立线上的普遍联系,二是定期发布一些活动消息,如志愿服务、户外郊游、体验交流、物品交换等,提供学生线下"走出去"的机会和互动机会,三是指导学生参与组织一些活动,让学生感受活动的乐趣、发现个人能力、提升团队意识。

图片 1　"希望之星"项目

说明：2000年"北京希望工程"在调查了解北京地区贫困中小学生情况的基础上，推出"希望之星"项目，旨在为北京地区家庭经济困难的中小学生给予学业及生活上的帮扶。项目采取"1+1"结对资助的方式。捐赠者在网站上确定选取资助学生后，其他捐赠者将不能看到该学生的信息。捐赠者完成捐赠后，与受益学生可以通过电话、信件、邮件或见面等方式进行长期联系，全面了解学生的学习、生活状态，并可根据实际情况给予其他帮助。

项目申报采取自下而上、逐级审核的方式，以保证学生信息的准确，并通过机构监察部门的独立核准，再对外发布。学生申报全年开展，每年新学期开学发放捐款。

项目自实施以来，共有94828名家庭经济困难的中小学生得到帮助，总计数千名社会爱心人士通过网上划款、银行转账、邮局汇款或现场捐款的方式参与捐赠。捐赠者与受助学生联系密切，捐赠者不仅从经济上缓解了学生的家庭经济困难，还从思想、品德、知识面等方面对他们产生良好的影响。

图片 2　"学子阳光"项目

说明：1999 年"北京希望工程"在调研的基础上推出"学子阳光"项目，旨在为京籍及在京就读的贫困大学生给予学业及生活上的帮扶，项目采取"1+1"结对资助的方式。捐赠者在网站上确定选取资助学生后，其他捐赠者将不能看到该学生信息。捐赠者完成捐赠后，与受益学生可以通过电话、信件、邮件或见面等方式进行长期联系，全面了解学生的学习、生活状态，还从思想、品德、知识面等方面给予他们良好的影响。

各省青基会及北京 16 区县团委于每年 7、8 月份通过网站后台集中申报。非大一新生可全年随时申报。

项目自实施以来，资助包括北京、河北、江西、甘肃、黑龙江、安徽、广西、新疆等省、市、自治区的家庭经济困难大学生 15185 名，总计数千名社会爱心人士通过网上划款、银行转账、邮局汇款或现场捐款的方式参与捐赠。

每年开展"学子阳光"见面会，让受助学生与捐赠者面对面交流。同时邀请媒体参与，这也是项目开展社会监督的主要方式之一。

（四）就业类帮扶："企业 HR 进校园"项目、"大学生就业见习基地"项目

（1）"企业 HR 进校园"项目的服务对象是大学生群体（贫困与非贫困学生），以集中讲座的形式，对学生职业生涯规划、就业指导与心理成长等方面予以指导。全年持续开展各类活动，由企业人力资源的负责人，从岗位认识、就业情况、职场交流、企业人才培养等方面，进行实际的讲解说明，指导学生面试技巧。

（2）"大学生就业见习基地"项目是共青团组织服务贫困大学生的一种方式，依托共青团组织，以就业帮扶为切入点，建立大学生就业见习基地。"北京希望工程"将积极依托此项目，推荐贫困大学生参与就业见习，通过引导和鼓励，促进贫困大学生的就业。

（五）开辟参加公益服务的渠道："新青年学堂"项目

"新青年学堂"项目，是由团市委支持的"青春梦想同龄同行"志愿者协会在全市符合条件的社区青年汇实施的免费公益项目。通过组织、推荐优秀贫困大学生成为本项目的培训老师，有针对性地进入社区开展服务，在增加他们的勤工助学经验、使其获取一定报酬的同时，让优秀贫困大学生能够接触不同社会行业的人员，从而提升他们的社会交往能力，并通过参与公益项目，培养他们的自助互助意识。

（六）提高社会融入能力："大手牵小手"项目、"放飞梦想"项目

（1）"大手牵小手"项目是以中小学生为服务对象，以社区青年汇为活动阵地，以大学生、职业青年为志愿者，在网格化社区内开展的针对本社区内中小学生的学业辅导、兴趣培养活动。静态活动与动态活动相结合，在安全范围内激发学生的动手、动脑意识，提高学生的学习热情、交流能力。

（2）"放飞梦想"项目是以中小学生为服务对象，基于航空科普知识的普及教育活动，活动将培训、制作、竞赛等多种形式相结合，多维一体，综合提升学生的能力，激发学生的想象力和创造力，拓宽学生的社会活动参与面，提升学生的自信心。

图片3 "童心呵护"项目

说明：北京边远山区（如延庆、密云、怀柔等区县）部分乡镇以及老工业区（如石景山），由于交通、经济现状、工作现实等问题，也普遍存在留守儿童现象，但又与外省留守儿童有所区别，被称为"周末子女"。这部分家庭，由于父母在城里工作或外地工作，只有周末才回家。孩子留给爷爷奶奶或亲属照顾，在长期与父母分离的情况下，"周末子女"出现了学习、心理及生活上的不适应。

基于对这部分群体的调查，"北京希望工程"于2013年开展"童心呵护"项目，项目依托北京青少年法律与心理咨询服务中心开展，首批来自怀柔区宝山、长哨营、琉璃庙、喇叭沟门四个乡镇的近百名中小学生由此获益。项目开展前，针对参与学生先进行调查需求反馈，然后调整活动模块设计，将心理引导融入游戏活动，在互助、参观、交流中，培养中小学生的阳光心态。

2014年开展了两期"童心呵护"夏令营项目，分别于8月5日、8日开营，每期活动时间为3天，两期夏令营活动有来自怀柔区九渡河镇中心小学、茶坞铁路学校、宝山镇小学、怀柔镇中心小学的201名"周末儿童"受益。

图片4 "成长计划"项目

说明：随着北京经济的迅速发展，在北京的高等院校大学生——特别是来自贫困地区的学生——面临的不仅仅是物质需求，更多的是就业、心理、素质及人际关系方面的问题。"北京希望工程"通过成长向导一对一的引导、小组分享、主题活动和职业讲座等方式让贫困大学生树立正确的生活观和职业观。

每年向受"学子阳光"资助的学生发出邀请，根据他们的申请表选拔出真正想参与的学生。通过合作企业、捐赠者的邀请以及社会招募等方式选择有能力、有爱心的社会人士，成为导师志愿者。

2013年先后开展公益绿色行植树活动、交流培训、总结年会，并依托第三方公司进行项目评估。

图片 5　"阳光之家"项目

说明："阳光之家"是"北京希望工程"2012年发起，旨在为"学子阳光"资助学生提供深入服务而搭建的爱心公益平台。得到"学子阳光"项目资助的大学生，自得到资助之日起就自动成为"阳光之家"成员，并加入到QQ群中，可随时申请参与活动。

每年定期组织活动，为"阳光之家"成员提供心理辅导、能力培训、生活关怀、社会实践以及爱心传递等方面的服务，并通过开展多样的活动，增进受助学生与捐赠者、公益机构以及受助学生之间的交流与联系，在学生当中倡导自强、互助、成长和奉献的理念。

每年以社会实践的方式招募志愿者参与机构活动，提高他们的社会交往能力、办事能力。组织开展有捐赠者参与的植树、交流等户外活动，加深捐赠者与受益学生之间的相互了解，为捐赠者提供除物质以外的帮扶条件。

图片6 "新青年学堂"项目

说明：2013年设立的"新青年学堂"是社区青年汇主要为流动青年打造的发展类服务项目。学堂立足青年汇，依托高校资源，为有意提升学历、拓展知识、丰富文化娱乐生活的社会青年提供免费的课程辅导和培训。春季班开展国学、乐器、健康、运动等技能兴趣类培训，满足青年个性化学习需求；秋季班主要进行成人高考辅导，支持青年成长发展。

项目为优秀贫困大学生提供社会公益服务岗位，使其担任管理人员或教师，为不同行业、年龄阶段的人员提供志愿服务。

2014年学堂累计开课5421次，3200余名优秀大学生志愿者为11000余名学员提供了技能兴趣类培训和成人高考辅导服务。

图片 7　"放飞梦想"活动

说明:"放飞梦想——波音航空科普教育系列活动"于 2009 年 3 月在北京正式启动,目前活动已开展 6 年。每年有近万名中小学生参与到培训、竞赛等不同活动中。

2014 年,"放飞梦想"活动覆盖北京市 16 个区县 125 所小学并新增加了 47 所中学。全年组织全市规模培训 2 次,定点教师培训活动 10 次,累计培训教师 750 人次;全年共组织 4 次航空科普公开课,进行 8 次不同区、县的下校走访,召开 2 次航校科普教师座谈会,1 次区县负责人座谈会。

有不良行为青少年群体研究报告

黄克瀛　李海娟　周锦章　席小华[*]

预防青少年违法犯罪事关青少年的健康成长，祖国的未来。只有深入开展青少年不良行为特征及发展轨迹研究，探索、完善相关干预、矫正机制，才能实现预防青少年违法犯罪关口前移。

一　研究对象和抽样方法

本次调研的北京市有不良行为青少年群体为：京籍青少年犯罪嫌疑人、现阶段在北京未管所服刑的犯罪青少年、在北京普通中学及技校就读的有不良行为的青少年。

不良行为是指违反社会公共生活准则与有关行为规范，或者不能良好地适应社会生活，从而给社会、他人和本人造成不良影响。危害行为包括：①逃学、旷课、夜不归宿；②与社会不良人员联系较多；③抽烟喝酒；④携带管制刀具；⑤打架斗殴、辱骂他人；⑥强行向他人索要财物；⑦偷窃、故意毁坏财物；⑧参与赌博或者变相赌博；⑨观看、收听色情、淫秽的音像制品、读物等；⑩进入法律、法规规定未成年人不适宜进入的营业

---

[*] 黄克瀛，北京团市委副书记、市少工委主任；李海娟，时任北京团市委权益部部长；周锦章，首都师范大学政法学院社会学与社工工作系副教授；席小华，首都师范大学政法学院社会学与社工工作系副教授。
参与课题人员：王辉、陈永伟、黄佳、金超然、张海萍、彭妍、王萌、张肖华。

性歌舞厅等场所；⑪与家庭和学校社会关系紧张；⑫网络成瘾；⑬其他严重违背社会公德的不良行为。

本次的研究对象聚焦为四类，并经过去重复样本处理。

（一）在校有不良行为的学生

走访 2 所普通中学、3 所技校和 6 所工读学校，以焦点小组的方式与一线教师和学校管理人员进行座谈，讨论有不良行为青少年的类型、特点、影响因素及学校的干预措施。随机抽取参与座谈的教师，由其根据所教班级有不良行为学生的情况填写问卷，详细了解学生在校的不良行为、家庭状况和社会交往等情况，共获得 47 份问卷。

（二）某区自 2010 年以来未成年犯罪嫌疑人

翻阅了自 2010 年以来某司法社工机构撰写的 700 份未成年犯罪嫌疑人司法社会调查报告，详细梳理了某区京籍未成年犯罪嫌疑人案发前不良行为的类型及影响因素，共获得 233 例个案。

（三）北京市各看守所近两年关押的京籍青少年犯罪嫌疑人

协调相关公安部门，对全市各看守所近两年关押的北京籍青少年犯罪嫌疑人不良行为进行了问卷调查（出所人员由相关人员依记录填写），重点了解被刑事拘留前的不良行为类型，共回收 247 份问卷。

（四）市未管所服刑人员

协调相关司法行政部门，对在北京市未成年犯管教所服刑的青少年进行了问卷调查，了解其在犯罪前不良行为的基本情况，共回收 169 份问卷。

二 群体特征

（一）男性占近九成

从有不良行为青少年的性别比例来看，男多女少。某区京籍未成年犯罪嫌疑人中男性 208 人，占 89.3%，女性 25 人，占 10.7%；看守所青少年犯罪嫌疑人中男性 236 人，占 95.5%，女性 11 人，占 4.5%；未成年犯管教所的犯罪青少年中男性 162 人，占 95.9%，女性 7 人，占 4.1%；47 名北京普通中学及技校的有不良行为青少年中，男性 41 人，占 87.2%，女性 6 人，占 12.8%。调研中一线教师及教育工作者普遍反映，近年来女生的不良行为也有所增加。

（二）抽烟喝酒是不良行为的起点

对 7 种不良行为按照"最早发生"的人数比例排序，"最早发生"的前 4 种不良行为是：抽烟喝酒（37%），打架斗殴、辱骂他人（29.6%），逃学、旷课、夜不归宿（14.8%），与学校和家庭关系紧张（7.4%）。在 7 种不良行为中，这 4 项经历最可能成为青少年成长过程中最早发生的不良行为，尤其是最早发生的"抽烟喝酒"通常是青少年不良行为发展轨迹的起点。

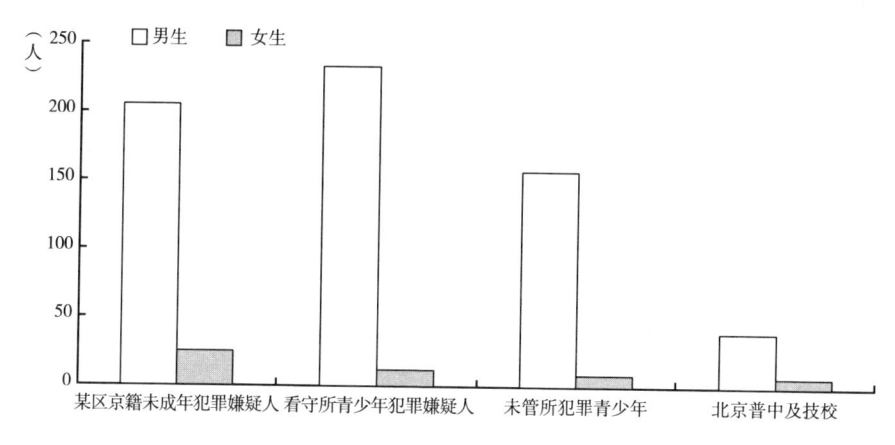

图 1　样本性别分布

表 1　最早发生不良行为的频率

单位：%

类型	百分比
抽烟喝酒	37.0
打架斗殴、辱骂他人	29.6
逃学、旷课、夜不归宿	14.8
与家庭和学校关系紧张	7.4
与社会不良人员联系	3.8
偷拿财物、盗窃、故意毁坏财物	3.7
网络成瘾	3.7
合　计	100.0

（三）不良行为类型相对集中

青少年不良行为的类型频次主要集中在抽烟喝酒、逃学、旷课、夜不归宿，打架斗殴、辱骂他人及与社会不良人员联系四个方面。

表2 不良行为类型的分布情况

单位：%

类型	未成年犯罪嫌疑人 频次	未成年犯罪嫌疑人 百分比	未成年犯管教所犯罪青少年 频次	未成年犯管教所犯罪青少年 百分比	看守所青少年犯罪嫌疑人 频次	看守所青少年犯罪嫌疑人 百分比	普通中学及技校青少年 频次	普通中学及技校青少年 百分比
抽烟喝酒	106	45.5	107	89.2	135	87.1	28	59.6
逃学、旷课、夜不归宿	86	36.9	88	73.3	65	41.9	19	40.4
打架斗殴、辱骂他人	79	3.9	72	60.0	61	39.4	22	46.8
与社会不良人员联系较多	84	36.1	64	53.3	60	38.7	18	38.3
与学校和家庭关系紧张	34	14.6	32	26.7	15	9.7	13	27.7
进入法律、法规规定未成年人不适宜进入的营业性歌舞厅等场所	30	12.9	54	45.0	51	32.9	3	6.4
偷拿财物、偷窃、故意毁坏财物	29	12.4	43	35.8	16	10.3	2	4.3
网络成瘾	15	6.4	19	15.8	21	13.5	7	14.9
强行向他人索要财物	14	6	35	29.2	7	4.5	8	17.0
携带管制刀具	6	2.6	63	52.5	18	11.6	5	10.6
观看、收听色情、淫秽的音像制品、读物等	1	0.4	47	39.2	17	11.0	1	2.1
参与赌博或者变相赌博	0	0	25	20.8	8	5.3	0	0
其他严重违背社会公德的不良行为	0	0	31	25.8	6	3.9	2	4.3

（四）不良行为相互交织

超过六成的不良行为青少年有两种以上的不良行为，而且这些行为往往相伴相生。

（五）青少年首次发生不良行为的平均年龄为12.25岁

统计结果显示，样本中青少年首次发生不良行为的平均年龄是12.25岁，这是预防和干预的关键时期。有"抽烟喝酒"行为的不良行为青少年

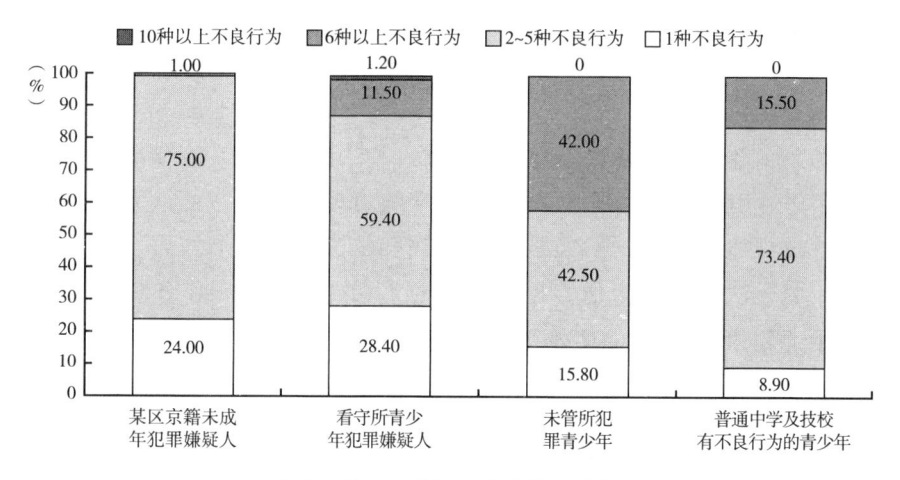

图2 青少年的不良行为相互交织

的发展轨迹可以归纳为：抽烟喝酒——打架斗殴、辱骂他人——与学校和家庭关系紧张——逃学、旷课、夜不归宿——与社会不良人员联系较多——进入法律、法规规定未成年人不适宜进入的营业性歌舞厅等场所。

表3 不良行为在"有4项最早发生不良行为的
青少年犯罪嫌疑人"中发生的情况

单位：%

类型	抽烟喝酒		打架斗殴、辱骂他人		逃学、旷课、夜不归宿		与学校和家庭关系紧张	
	频次	百分比	频次	百分比	频次	百分比	频次	百分比
抽烟喝酒	21	100	18	81.8	17	89.5	12	92.3
逃学、旷课、夜不归宿	17	81	15	68.2	4	100	9	69.2
打架斗殴、辱骂他人	18	85.7	22	100	19	78.9	12	9.3
与社会不良人员联系较多	13	61.9	13	59.1	12	63.2	8	61.5
与学校和家庭关系紧张	12	57.1	12	54.5	9	47.4	13	100
进入法律、法规规定未成年人不适宜进入的营业性歌舞厅等场所	15	71.4	14	63.6	15	78.9	9	69.2
偷拿财物、偷窃、故意毁坏财物	8	38.1	7	31.8	8	42.1	6	46.2
网络成瘾	5	23.8	5	22.7	5	26.3	4	30.8
强行向他人索要财物	2	9.5	2	9.1	2	10.5	1	7.7

三 工作思考

青少年教育需要社会、学校、家庭三方共同努力,对有不良行为的青少年进行有效干预,必须动员全社会的力量,根据不良行为的具体原因和特殊规律,从政治、经济、文化教育及法律等多个方面,积极保护青少年的合法权益,为他们提供良好的生活、学习和工作环境,以保证青少年的健康成长。在具体干预策略的选择中,以下四个方面尤为重要。

(一) 建立重点干预机制

抽烟喝酒及逃学、旷课、夜不归宿等不良行为是导致青少年违法犯罪的高风险因素,打架斗殴辱骂他人、与社会不良人员联系较多、网络成瘾以及携带管制刀具等不良行为的危险程度也很高,六成犯罪青少年在犯罪前大多具有 2~5 种不良行为。因此,针对已经出现不良行为的青少年应建立预警机制,并给予重点介入,进行心理和行为方面的矫正和训练,附带对他们进行学习和就业辅导,帮助他们摆脱不健康的成长状态,防止其因失学而进一步危害社会。

(二) 有效整合校内外资源

青少年首次不良行为的平均年龄是 12.25 岁,与青春期的萌芽大体一致,也恰好始于初一前后,小升初阶段应该是预防不良行为产生的最佳时期。同时,校外因素也是导致不良行为产生的关键因素:一是家庭教养环境;二是不良友伴的负面互动,这是导致青少年不良行为加剧的重要诱因。因此,应调动校内外的支持资源和力量参与到有不良行为学生的教育矫正工作中,预防更严重不良行为的发生。

(三) 完善有严重不良行为青少年的转送机制

专门学校具有教育转化有严重不良行为青少年的专业经验,但现有的"三方同意"转送机制缺乏操作性,最后导致部分有严重不良行为的学生在学校影响其他同学学习,或者流入社会处于失管的状态,这非常不利于青少年不良行为的转化。所以完善有严重不良行为学生的转送制度,不仅能够更好地维护其他学生的权益，也能通过专门学校的教育对有严重不良行为的学生进行更好的转化。

（四）大力倡导专业社工介入有不良行为青少年的教育矫正工作

传统学校教育受专业知识、人力等限制，在有不良行为学生教育的管理中比较被动，且无法更多地调动社会资源帮助有不良行为的学生。社工可以运用专业知识和方法，实现校内及校外资源的整合，通过个案工作、友伴团体工作、家庭工作等多种专业工作方法的整合运用，从而帮助青少年减少不良行为的发生，使其回归到正常的学习、生活轨道上，实现其健康成长。因此，将专业社工力量引入学校开展有不良行为青少年帮教非常有必要。

四 工作方法

团市委作为首都综治委预防青少年违法犯罪专项组和北京市未成年人保护委员会两个市级协调机构办公室，对预防青少年违法犯罪和未成年人保护工作应发挥牵总、协调作用。同时，维护青少年合法权益是共青团组织四项基本职能之一，应积极维护特殊青少年群体的利益，保护他们的权益不受侵害。

（一）加强法治宣传教育

选聘全市公、检、法、司优秀人员和公益律师等专业人员，担任各中小学校法制副校长，他们定期入校，通过讲座、参观、游戏等多种形式，对学生开展法治宣传教育，提高学生的法律知识和遵纪守法的意识。

（二）引入社工入校制度

开展专业社工驻普通学校、专门（工读）学校、技校等试点工作，探索建立青少年不良行为预警机制，介入有不良行为青少年的心理和行为矫正，帮助解决其在家庭、学校、朋辈交往等生活环境方面存在的问题。

（三）开展社会工作服务

专业社工主动到学生下课后经常流连和聚集的公园、球场、台球室、

图片1　石景山区法制副校长到打工子弟学校进行法治宣传教育

说明：2014年9月，团市委组织全市法制副校长入校开展"开学第一课"普法宣传活动，目前，全市所有中小学校均配备了法制副校长，并能实现每学期至少入校1次。

游戏厅或网吧等，开展专业社工服务，切断青少年的校外不良社会关系。针对夜不归宿等有不良行为的青少年开展转介服务。

（四）提供青少年学习交流空间

依托社区青年汇，为青少年提供正常的交流活动场所，通过为青少年提供学业辅导、体育锻炼、交友联谊、就业支持等服务，采取"交朋友引导"的方式，加以正面引导，以激发他们投身到正常的学习和社会活动中。

（五）开展青少年家庭亲职教育

在专业社工和志愿者的协助下，以成长团体、研习班、亲子共读、读书会、影片赏析、深度对谈、营队、家庭教育剧团等多元生动的活动形态，加强亲职效能训练，倡导和谐的家庭关系。

（六）构建涉诉未成年人6+3帮扶体系

充分利用首都预青组、未保委工作平台，依据新《刑诉法》，出台与涉诉未成年人刑事案件相关的合适成年人、社会调查、法律援助、附条件不起诉监督考察、犯罪记录封存、逮捕必要性审查6项制度和涉案

图片 2　北京超越青少年社工事务所专职社工在海淀区
寄读学校组织学生自主设计并开展小组活动

说明：2014年11月，北京超越青少年社工事务所专职社工在海淀区寄读学校组织学生自主设计并开展小组活动，帮助同学们培养团队意识。团市委指导、支持该社工机构通过承接政府购买项目，在该学校派驻2名专业社工，协助学校做好有不良行为学生的帮教工作。

图片 3　2014年6月，《北京青年报》对北京市海淀区睿
博社工事务所开展"深宵外展"小组工作进行专题报道

图片 4　昌平区回龙观中心社区青年汇课后乐园活动

说明：2014年10月，举行昌平区回龙观中心社区青年汇课后乐园活动，青少年课后在青年汇参加活动。全市500家社区青年汇均能开展不同形式的活动，服务青少年健康成长。

图片 5　北京超越青少年社工事务所举行亲职教育小组活动

说明：2014年12月，北京超越青少年社工事务所举行亲职教育小组活动，青少年和家长共同参与绘画活动，该事务所将为参与活动的家庭提供8~10次的系统培训活动，以帮助构建更加和谐的家庭关系。

未成年人心理疏导、困难救助、就业安置3项服务，维护涉诉未成年人合法权益。

有不良行为青少年群体研究报告　397

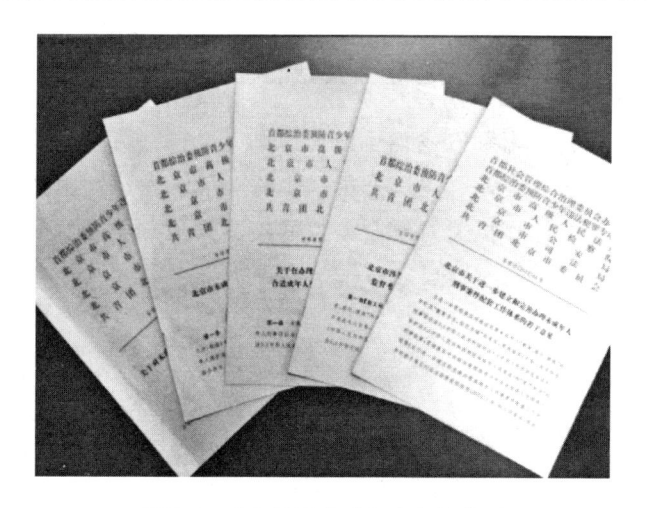

图片 6　建全涉诉未成年人保护体系

说明：截至 2015 年 3 月，《北京市关于进一步建立和完善办理未成年人刑事案件配套工作体系的若干意见》等 6 项制度已出台。自 2012 年该工作启动以来，历时三年时间，最终在全国形成了处于领先水平的体系。

（七）建立未成年服刑人员跟踪帮扶机制

在北京市未成年犯管教所成立"服刑人员成长指导中心"，整合专业社工、志愿者等社会力量，配合狱内相关部门做好服刑人员的教育改造。为临释未成年犯举办专场模拟招聘会，提前帮助其确定就业意向，提供专项技能培训。刑满释放后做好回归社会服务工作，并跟踪帮扶 3 年，降低再犯风险。

图片 7　北京市未管所第二届服刑人员青春文化节开幕

说明：2014 年 5 月，活动当天举办了狱内模拟招聘会，目的是让服刑人员在出狱之前体会社会职场的感觉，并对签署了就业意向书的服刑人员开展专项技能培训。

(八) 建立附条件不起诉考察帮教基地

落实未成年犯罪嫌疑人少捕、慎捕原则，发挥共青团组织整合资源优势，在图书馆、餐饮企业、建筑公司、社区青年汇等建立附条件不起诉考察帮教基地，配合检察机关对符合条件的涉案未成年犯罪嫌疑人进行监督考察。

图片8　石景山区在京原路7号社区青年汇
旗舰店设立考察帮教基地

说明：2014年9月，针对相对不起诉或附条件不起诉的未成年犯罪嫌疑人、判处缓刑、管制或免予刑事处罚的未成年被告人、判处短期实刑的未成年被告人以及犯罪时未成年、刑满释放时未满20周岁的被告人开展考察帮教工作。

(九) 加强青少年司法社工队伍建设

积极组织、动员、培育社会力量参与涉诉未成年人社会调查、合适成年人教育矫治等工作，通过社会调查试点工作，推动实现涉诉未成年人社会调查全覆盖，定期举办社会调查员、合适成年人等工作队伍的专题培训。

图片 9　北京市举办合适成年人培训班

说明：2014年4月，针对合适成年人工作法律基础、工作流程、权利和义务、监督、沟通、抚慰教育等方面进行全面培训，并通过个案模拟和分组讨论相结合的方式加强培训效果。

第三篇

专题报告

北京青年就业人员的住房状况报告

——基于2014年北京青年1%抽样调查

李春玲 李雪红 李海娟[*]

对于当今的许多年轻人来说，拥有自己的住房是当下最重要的人生目标之一，也是他们成家立业的象征性标志。然而，这一目标的达成显然不易，尤其是对于生活于大城市的年轻人，尽管他们努力奋斗、勤奋工作，达成目标的历程依然艰辛而漫长，其中的一部分人甚至感到实现目标的希望渺茫。毫无疑问，住房问题是当今中国青年的压力与烦恼的一个主要根源。高涨的房价和房租、居无定所的漂泊感、支付房贷带来的沉重经济负担，严重影响了他们的生活品质和社会心态，焦虑感、疲惫感、仇富情绪和愤世嫉俗困扰着部分在大城市中漂泊的年轻人。北京作为发展机遇最多的特大城市之一，吸引了来自全国的青年人才在此寻梦，同时高昂的房价带给青年人的烦恼和压力也最为突出。为了深入和全面了解北京青少年的生活和就业状况以及组织行为和社会态度，北京团市委于2014年开展了"北京青少年发展状况调查"，对31070位16~35岁青年就业人员进行了问卷调查，住房状况是其中的一个调查主题。此数据充分反映了北京青年就业人员的住房现状、住房困难、住房问题带来的压力和困扰，为政府部门制定相关政策提供了基础信息，同时这些信息也有助于相关专家寻求进一步解决问题的方案。

---

[*] 李春玲，中国社会科学院社会学研究所研究员，博士生导师，青少年与社会问题研究室主任；李雪红，北京团市委研究室主任，北京青年研究会秘书长；李海娟，时任北京团市委权益部部长。

青年就业人员来源地的多元化：多数人才
不是北京人，购房落户需求大

根据北京市统计部门提供的数据，近4年来北京市青少年人口数量持续增长，而增加的人数主要来源于外地来京人员。表1的数据显示，本地户籍青少年人口数量在2012年之后开始下降，而外地户籍青少年数量则持续增长，从2012年开始，外地户籍青少年比例超过本地户籍青少年比例，并且外地户籍青少年占所有青少年的比例逐年上升，这一比例在未来几年还可能进一步上升。这意味着，超过半数的北京青少年来自外地，他们不仅需要就学和就业机会，也需要安身落脚之处，而这一需求会逐年增加。

表1 北京市6~35岁常住青少年人口变化情况

单位：万

年份	常住青少年人口数	京籍	非京籍	非京籍(%)
2013	990.46	456.02	534.44	53.96
2012	930.16	458.54	471.62	50.70
2011	909.78	457.42	452.36	49.72
2010	910.17	461.39	448.78	49.31

表2列出了北京青年就业人员中本地人和外地人的比例分布。从户口所在地来看，超过半数的管理人员、专业技术人员和蓝领工人持有外地户口，办事人员中持外地户口的比例略低于持本地户口的比例，绝大多数农民持有本地户口。毕业学校所在地的分布与户口所在地相似，超过半数的管理人员、专业技术人员和蓝领工人毕业于外地学校，毕业于外地学校的办事人员的比例低于毕业于本地学校的比例，大多数农民毕业于本地学校。出生地为外地的比例更高，绝大多数的白领就业人员（包括管理人员、专业技术人员和办事人员）都出生于外地，多数的蓝领工人也出生于外地，只有农民绝大多数出生于北京。从青年就业人员来源的地域分布来看，北京绝对是一个移民城市，绝大多数人出生于外地，后来迁移到北京，一部分人由于就学和就业而获得北京户口，但多数人仍保持外地户口，不论他们是否获得北京户口，他们都需要在北京购买或租住房屋。

表2 16~35岁北京青年就业人员的地域来源

单位：%

	户口所在地		毕业学校		出生地	
	北京	外地	北京	外地	北京	外地
管理人员	39.1	60.9	45.1	54.9	19.1	80.9
专业技术人员	44.0	56.0	44.1	55.9	17.5	82.5
办事人员	55.7	44.3	54.9	45.1	17.4	82.6
蓝领工人	38.6	61.4	43.7	56.3	34.7	65.3
农民	91.2	8.8	64.2	35.8	85.0	15.0

以往人们的印象是，流动人口主要集中于蓝领工人群体以及某些领域的低层白领群体（办事人员），然而，表2的数据显示，在青年就业人员中，多数的中高层白领（管理人员和专业技术人员）也是由外地移民而来的。部分来自外地的蓝领工人和低层白领，有可能因北京房价过高或其他原因而最终"逃离北京"选择在外地购房落户。但是，绝大多数中高层白领不会愿意放弃发展机会而离开北京，他们需要在北京购置永久住房。

上述青年人口的构成情况和变化趋势，意味着北京住房需求在未来数年还会保持旺盛，因为大量的由外地移民而来的青年人口以及由少年步入青年的人口都需要居住场所。

租房族是青年就业大军中的主体：蜗居、合租与搬家成为常态

尽管每一个年轻人都梦想在北京拥有自己的住房，但梦想与实现的差距还是很大的。图1显示，绝大多数北京青年就业人员住在出租房屋或集体宿舍中，居住于自有房产的比例较低。大约1/3中高层白领从业者居住于自有房产中——管理人员略超1/3、专业技术人员接近1/3，这两个群体中的多数成员租房居住。农民和办事人员中居住于自有房产的比例较高，这可能是由于这两个群体的成员中本地人比例较高，他们可以居住、继承父母房产，或父母帮助其购买房产，超过半数的农民和2/5的办事人员居住于自有房产中，但同时还是有半数的办事人员和2/5的农民租房居住。蓝领工人居住于自有房产的比例最低——仅有不到1/4的人，而3/5的人

租房居住，另有接近 3/20 的人住集体宿舍。总体而言，除了农民青年群体，其他所有职业群体的青年大多数都租房居住，甚至一些已经购房的青年人还是选择租房居住，一部分是由于经济能力有限只能购买价格相对较低的偏远地段的住房，但随后发现上班时交通十分不便，只好另租交通便利之处的房屋。另一部分是出于子女上学因素，租住学区房。目前，仅有约 1/3 的青年就业人员居住在自有房产中，而接近 2/3 的人只能租房居住，他们成为青年就业人员的主体大军。

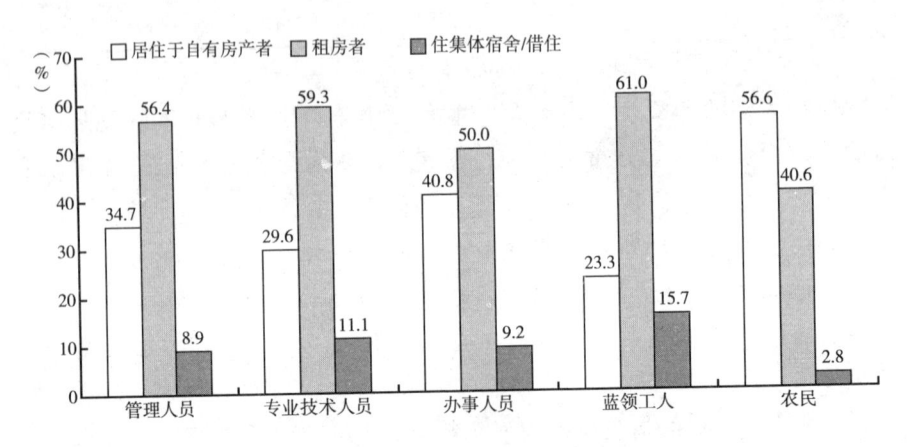

图1　16～35岁北京青年就业人员的住房类型

数量庞大的租房青年群体以及他们的生活境遇构成了北京人生活形态的一个重要组成部分。大街小巷里多如牛毛的房屋中介机构里，进出着繁忙的房屋中介人员（他们本身也是青年人）和行色匆匆的租房青年，网络和媒体上充斥着房屋租售信息以及关于房客、房东和中介的纠纷事件的新闻，甚至连骗子都想到假冒房东给房客发诈骗短信。几乎每一个租房青年都有一段租房境遇的血泪史，房屋中介的欺瞒行为、房东不断涨房租的要求、居住条件差、与合租者的矛盾争吵等等，是他们生活中挥之不去的阴影。这些青年人抱怨最多的是恶劣的居住环境和居住条件。

表3列出了各职业群体的目前住房类型。除了农民，绝大多数青年就业人员居住于楼房，包括自购楼房和租住楼房。管理人员居住于楼房的比例为66.4%，其中的51.5%是租房，48.5%是自购；专业技术人员居住于楼房的比例为69.2%，其中60.3%是租房，39.7%是自购；办事人员居住于楼房的比例为70%，其中46.9%是租房，53.1%是自购；蓝

领工人居住于楼房的比例为49.2%，其中62.8%是租房，37.2%是自购。

表3　16~35岁北京青年就业人员的住房状况

单位：%

	管理人员	专业技术人员	办事人员	蓝领工人	农民
平房合租	3.6	3.8	3.3	7.9	4.7
平房独租	8.4	5.5	4.1	9.8	11.4
楼房合租	20.9	28.4	22.2	22.5	2.6
楼房独租	13.3	13.3	10.6	8.4	3.1
地下室合租	0.6	0.7	0.6	1.9	0.2
地下室独租	2.5	1.4	1.2	2.8	0
自购平房	2.5	2.1	3.6	5.0	48.3
自购楼房	32.2	27.5	37.2	18.3	8.3
单位房租住	4.9	3.9	3.2	4.6	0.7
集体宿舍	7.4	8.2	5.4	12.8	1.5
借住	1.5	2.9	3.8	2.9	1.3
其他	2.3	2.2	4.7	3.0	17.9
合　计	100	100	100	100	100

楼房是租房青年的首选，但仍有许多青年居住于平房和地下室。图2显示，在租房青年就业人员中，农民青年租住平房和地下室的比例极高，其比例接近3/4，这是由于大多数农民青年居住于城市郊区，他们绝大多数租住平房。蓝领工人租住平房和地下室的比例也比较高，其比例略高于2/5，蓝领工人由于收入较低，所能承受的房租较低，租住平房和地下室的可能性较大。此外，接近1/3的管理人员和1/5的专业技术人员和办事人员也租住地下室和平房。令人比较意外的是，管理人员租住地下室和平房的比例明显高于专业技术人员和办事人员。这可能是由于管理人员的工作地点大多在城市中心地带，他们的工作节奏较快而不愿意居住在远离上班地点的郊区，但就近楼房租金较高，其中部分管理人员只能选择房租略低的平房和地下室。

图2显示青年的合租是十分普遍的现象，除了农民以外，其他职业群体的青年就业人员选择合租的比例都比较高，尤其是楼房合租现象更为普遍。约半数的管理人员、3/5的专业技术人员、办事人员和蓝领工人都是合租。合租是租房青年的主流形式。

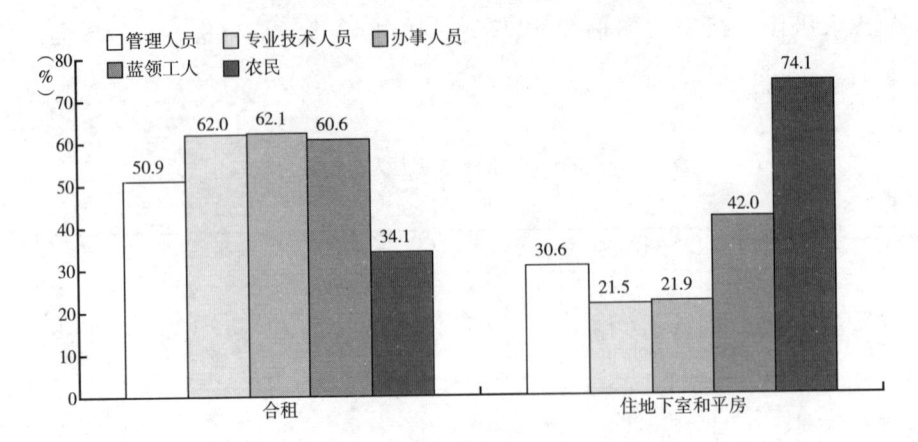

图 2　租房族中合租及住地下室和平房的比例

表 4　16~35 岁北京青年就业人员的住房面积

单位：%

住房面积	管理人员 合计	管理人员 租房	专业技术人员 合计	专业技术人员 租房	办事人员 合计	办事人员 租房	蓝领工人 合计	蓝领工人 租房	农民 合计	农民 租房
5 平方米以下	1.7	1.3	2.5	1.4	2.1	1.6	4.3	3.3	1.3	3.0
5~10 平方米	11.1	15.2	15.5	19.9	11.5	18.7	20.6	27.6	5.2	9.0
11~20 平方米	23.2	37.6	24.1	37.3	20.5	36.9	26.8	37.9	9.0	17.3
21~40 平方米	11.3	15.1	14.1	17.6	11.1	16.8	12.1	14.1	8.7	17.3
41~70 平方米	17.8	16.4	18.3	15.6	20.4	16.4	13.4	9.6	14.8	22.6
71~90 平方米	15.9	7.9	13.0	4.7	15.8	5.0	10.8	4.4	23.2	14.3
91~140 平方米	15.3	5.3	9.8	2.7	14.4	3.9	8.4	2.1	22.9	12.0
141 平方米以上	3.7	1.2	2.7	0.8	4.2	0.6	3.6	1.0	15.0	4.5
合　计	100	100	100	100	100	100	100	100	100	100

与合租相关联的一个现象是群租，即在面积较小的房屋中多人居住。一些房屋中介机构和房东或二房东在原有房屋中打上隔断，租给多人居住，以便多收租金，而租房青年也可降低个人的租金。出于对安全问题的考虑，相关政府部门曾禁止群租和打隔断行为，但群租现象屡禁不止。不过，由于"群租"的界定模糊不清，对于到底人均多少平方米以下算是"群租"缺乏明确的说法，因此禁止群租的规定难以操作。更为重要的一点是，群租在低收入和刚入职的青年就业人员中受到欢迎，虽然他们也不满意群租的居住条件，但这可能是他们为了留在北京而不得不接受的现实。表 4 列

出了青年就业人员目前的居住面积。在租房青年中，除了农民，其他职业群体的租房青年的住房面积在 11~20 平方米的比例最高，37%~38% 的管理人员、专业技术人员、办事人员和蓝领工人居住于这一面积的房屋，11~20 平方米的房屋可以满足单身青年的基本需求，但对于同居的男女朋友或青年夫妻则较为拥挤。20 平方米以上的房屋可以为年轻人提供较为舒适的生活环境和齐全的生活设施（如卫生间和厨房等），大约 2/5 的管理人员、专业技术人员和办事人员以及接近 1/3 的蓝领工人居住于 20 平方米以上的房屋。居住于 11 平方米以下的房屋会令人感到拘促，如果还是合租的形式，就有群租之嫌了。蓝领工人中居住于 11 平方米以下房屋的比例最高，接近 1/3 的蓝领工人住在如此狭小的房屋里，1/5 的专业技术人员和办事人员住在 11 平方米以下的房屋，农民和管理人员住这类房屋的比例略低，12% 的农民和 16.5% 的管理人员住在 11 平方米以下的房屋。从青年租房者的合租比例和面积狭小的房屋居住比例来看，群租现象在北京并非个别现象。结合表 6 列出的青年就业人员的月收入水平和目前北京房屋租金价格，可以容易地估计出群租是北京青年较为普遍的居住形式。

表 5　租房者最近 3 年的搬家次数

单位：%

搬家次数	管理人员	专业技术人员	办事人员	蓝领工人	农民
没搬过	22.6	19.2	22.0	24.2	63.0
搬过 1 次	21.2	26.7	27.3	25.6	17.0
搬过 2 次	26.4	27.6	27.5	26.6	7.4
搬过 3 次	20.2	16.3	14.9	13.7	6.7
搬过 4 次及以上	9.5	10.3	8.4	9.9	5.9
合　计	100	100	100	100	100

纠缠租房者的另一个烦恼是频繁搬家，它导致青年人处于生活不安定状态。表 5 列出青年租房者最近 3 年的搬家次数，除了农民搬家频度较低，其他职业群体青年搬家的比例都比较高。大约 1/5 的白领（管理人员、专业技术人员和办事人员）和约 1/4 的蓝领工人最近 3 年没有搬家，他们的居住状态比较稳定。其余的 4/5 的白领和 3/4 的蓝领工人都有过搬家经历。接近半数的管理人员以及超过半数的专业技术人员、办事人员和蓝领工人搬过 1~2 次家。而频繁搬家（3 年时间搬家 3 次及以上）的比例并不低，大约 1/4 的白领和蓝领在频繁搬家。北京市青年租房者平均每 7.2

个月搬一次家。租房市场缺乏规范，房屋中介机构鱼龙混杂，房东与房客间缺乏诚信以及不遵守租住房屋道德行为准则等，使租房生活既不安定也不愉快。

北京团市委的调研还发现，租房者的合法权益难以得到保障。在受访的租房青年中，仅有26.31%表示在租房过程中未遇到权益受损问题，有33.3%的人表示自己曾经遭遇房东临时清退，且无补偿的情况，有41.3%的人表示自己曾遇到租金不按合同，随意上涨的情况，更有43.8%的人表示自己曾遭遇过黑中介克扣甚至骗取中介费的情况，54.1%的人认为租房信息不对称、租房难。面对租房市场的种种乱象，有59.3%的青年赞同"租房是其了解社会阴暗面的第一课"，这凸显出租房市场中存在的一系列侵权问题，已给青年人才带来了极大的困扰，甚至在某种程度上影响了他们对社会的认知和体悟。

住房是经济压力的主要根源：不论买房还是租房都需要承受巨大的经济压力

承受租房之痛苦的青年就业者迫切期望能够拥有自己的房产，实现他们个人的"中国梦"。然而，大多数青年就业者目前的收入水平无法帮助他们实现梦想，除非依靠父母的经济资助，只有少数人能够凭借自身能力在北京购房。表6列出了5类青年就业人员的平均月收入、平均月支出、平均月结余以及购房者和租房者每月的房贷或房租费用，房贷或房租占收入比例。对比这些数据，我们毫不意外地发现，房贷或房租是青年最大的一笔支出。管理人员、专业技术人员和蓝领工人收入的2/5用于房贷或房租，而办事人员和农民的房贷或房租费用占其收入的比例更高，他们收入的半数都用来支付房贷或房租。表7数据也反映出，47.7%的管理人员、55.9%的专业技术人员、41.7%的办事人员和39.1%的蓝领工人认为"房贷或房租"是他们日常开支中最大的一笔支出；2/3的管理人员和专业技术人员，超过半数的办事人员和蓝领工人，把"房贷或房租"排在日常开支的前三位。如果不考虑住房支出，北京青年就业人员的平均月收入水平并不低，管理人员高达6668元，专业技术人员5475元，办事人员4505元，甚至蓝领工人的平均月收入都达到了3809元。但是排除了住房费用，其收入就极大地缩水了。同样，单看北京青年就业人员的平均月支出也不算低，尤其是三个白领职业群体，月支出分别为4306元、3634元和3396元，这样的月支出水平应该可以维持相当不错的生活水准。但排除了房贷或房租费用，这三个职业群体的平均月支出分别只有约1700元、1400元、1100元。在北京这样的高生活成本的特大城市，如此的支出数额要维持白领青年的体面生活确实有难度。许多购了房但还处于还贷期的青年夫妻感叹，他们的生活费用只够维持基本生活。与房贷重压下的购房者相比，租房青年更为焦虑，在支付了房租和日常生活开支之后，看着所剩无几的余款，哀叹要积攒到何时才能凑够购房首付款。

表6　16~35岁北京青年就业人员的收入与支出

单位：元，%

	月收入	月支出	月结余（收入减支出）	购房/租房者每月房贷/房租费用	房贷/房租占收入比例
管理人员	6668	4306	2362	2622	39.3
专业技术人员	5475	3634	1841	2279	41.6
办事人员	4505	3396	1109	2291	50.9
蓝领工人	3809	2682	1127	1525	40.0
农民	2428	1469	959	1148	47.3

注："购房/租房者每月房贷/房租费用"和"房贷/房租占收入比例"排除没有房贷/房租的人。

表7　16~35岁北京青年就业人员日常开支中花费最多的三个方面
（选择"房租或房贷"的比例）

单位：%

	第一位	第二位	第三位	三项合计
管理人员	47.7	11.3	6.0	65.0
专业技术人员	55.9	7.7	4.0	67.6
办事人员	41.7	7.7	4.0	53.4
蓝领工人	39.1	11.9	5.6	56.6
农民	7.9	3.7	2.3	13.9

在沉重的房贷、房租和积攒购房首付的经济压力之下，青年就业人员只能尽力压缩其他日常开支。2014年10月29日召开的国务院常务会议上，指出消费是经济增长的重要"引擎"，是我国发展的巨大潜力所在，国务院总理李克强提出要推进消费的扩大和升级，升级旅游休闲消费和提升教育

文体消费等是要重点推进的消费领域。北京等特大城市的青年就业人员应该是推进这些领域消费的引领者和主力军，但是他们目前的收入、支出和住房经济状况，使他们有愿望而无能力承担这一角色。图3列出了北京青年就业人员的收入与支出的平衡状况，依据个人的月结余水平（月收入减去月支出之后剩余的钱数）区分了经济状况不同的四类群体：富余者、小有结余者、月光族和"负翁"。经济状况不佳的青年就业人员——月光族和"负翁"，在管理人员中的比例为19%，专业技术人员中的比例为22.4%，办事人员中的比例最高，为30.7%，蓝领工人中的比例为25%，农民青年的比例较低，为15.3%。总体而言，大约1/4的北京青年就业人员处于"月光族"和"负翁"状态。不过，处于小有结余状态的青年就业人员占绝大多数，他们的月收入排除月支出能剩余100~4999元，2/3的白领和接近3/4的蓝领工人处于此种状况。月结余在5000元以上的富余者所占比例很低，大约1/7的管理人员和1/10的专业技术人员的月结余在5000元以上，而办事人员、蓝领工人和农民中的富余者比例极低。富余者和小有结余者是提升消费水平的潜在人群，但是这些富余和小有结余者绝大多数还未购房，只有38.9%的富余者和28.2%的小有结余者居住在自有房屋中，而其余的大多数人还在努力存钱凑首付购房款，也就是说，即使每月有所结余，他们也不能消费，而是储蓄为未来购房。处于如此经济状况的北京青年为扩大内需所做的贡献也非常有限。

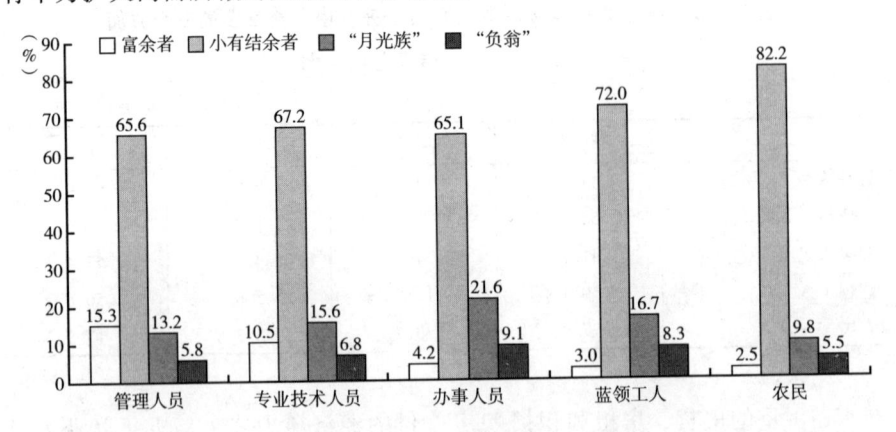

图3 16~35岁北京青年就业人员的收入与支出平衡状况

注：富余者月结余5000元及以上；小有结余者月结余100元至4999元；"月光族"月结余99元至负499元；"负翁"月结余负500元以上。

住房是烦恼之首：租房生活影响个人的自我评价和社会满意度

住房问题毫无疑问是当前青年人的烦恼之首。在回答"您现在最主要的一个困难是什么"的问题时，大约1/4的管理人员、办事人员和蓝领工人以及1/3的专业技术人员把"住房困难"列为他们最大的困难。而租房者的这一选择比例更高，大约2/5的白领和1/3的蓝领工人认为"住房困难"是他们现在最主要的困难。比例第二高的选项——"经济困难"，在某种程度上与"住房困难"相关，因为住房问题是导致经济困难的主要原因。

表 8　面临的最主要困难

单位：%

	管理人员		专业技术人员		办事人员		蓝领工人		农民	
	合计	租房者	合计	租房者	合计	租房者	合计	租房者	合计	租房者
住房困难	25.5	36.6	33.0	44.7	25.9	40.3	24.0	31.8	15.1	27.6
经济困难	21.4	21.4	22.8	22.0	25.2	23.6	29.7	29.7	30.6	30.6
发展提升困难	17.1	13.0	19.5	14.1	18.3	12.7	15.8	12.9	13.6	7.5
就业困难	6.9	7.5	3.1	3.9	5.2	6.2	8.4	9.1	17.7	18.7
其　他	29.1	21.5	21.6	15.3	25.4	17.2	22.1	16.5	23.0	15.6

注："其他"项包括"学习困难""婚恋困难""就医困难""子女教育困难"和"没有困难"。

除了经济压力之外，住房问题也给青年人的心理带来负面影响，尤其是租房居住的不稳定生活状况，对青年人的自我评价和社会满意度的负面影响更为明显。表9比较了租房者与住自购房者的心态状况，表中的8个态度测量题充分显示出两个群体的自我评价差异。8个态度测量题都是5分制选项，比如，"个人状况的总体评价"中，"非常不满意"为1分，"不满意"为2分，"一般"为3分，"满意"为4分，"非常满意"为5分，五个职业群体的租房者和住自购房者的平均得分列于表9。除了"感受压力程度"这一题外，其他7题的得分判断是：平均得分3分表明中间状态，3分以上为正面状态（如满意），3分以下为负面状态（如不满意）。"感受压力程度"的正负状态与之相反,3分以上表示压力较大,3分以下表示压力较小。对于"个人状况的总体评价",租房者和住自购房者的评价都较为正面,但租房者的得分低于住自购房者。对于"个人社会地位评价",租房者和住自购房者的得分都比较接近3分,但住自购房者的得分基本都在3分及以上(除了蓝领工人),而租房者基本都在3分以下(除了管理人员)。对于"个人生活环境评价",住自购房者的评价较为正面,而租房者的评价略显负面(除了农民)。对"感受压力程度",租房者和住自购房者都感受到较大的压力,但租房者的压力程度明显大于住自购房者。对于测量个人生活未来预期的两道题——"我的家庭会过得越来越好"和"我的生活会越来越好",租房者和住自购房者都表现出明显的乐观预期(得分都在4分以上),但住自购房者的乐观程度明显高于租房者。对于北京的喜欢程度和未来的发展预期,租房者和住自购房者显示出较强的正面评价,但住自购房者的得分明显高于租房者。综合8道态度测量题目的得分,住自购房者对于个人评价和社会评价都高于租房者。这充分说明,缓解青年住房压力,改善其住房条件,是提高青年社会满意度和个人幸福感的有效手段。虽然不太可能让所有青年都拥有自己的房产,但逐步改变租房青年的窘迫生活状态,应该是地方政府能够为之的。

表9 租房者与住自购房者的社会态度和自我评价差异

	个人状况的总体评价		个人社会地位评价	
	租房者	住自购房者	租房者	住自购房者
管理人员	3.39	3.63	3	3.22
专业技术人员	3.28	3.4	2.88	3
办事人员	3.31	3.43	2.95	3.02
蓝领工人	3.27	3.44	2.84	2.97
农民	3.31	3.5	2.89	3.05
	个人生活环境评价		感受压力程度	
	租房者	住自购房者	租房者	住自购房者
管理人员	2.94	3.23	3.57	3.36
专业技术人员	2.86	3.06	3.6	3.43
办事人员	2.95	3.21	3.49	3.29
蓝领工人	2.93	3.31	3.47	3.31
农民	3.13	3.25	3.01	2.93

续表

	个人生活环境评价		感受压力程度	
	租房者	住自购房者	租房者	住自购房者
	我的家庭会过得越来越好		我的生活会越来越好	
	租房者	住自购房者	租房者	住自购房者
管理人员	4.3	4.42	4.3	4.41
专业技术人员	4.27	4.33	4.28	4.31
办事人员	4.25	4.43	4.25	4.4
蓝领工人	4.24	4.42	4.23	4.39
农民	4.36	4.4	4.23	4.39
	你是否喜欢北京		北京未来发展会越来越好	
	租房者	住自购房者	租房者	住自购房者
管理人员	3.23	3.54	3.93	4.12
专业技术人员	3.22	3.58	3.84	3.99
办事人员	3.21	3.69	3.86	4
蓝领工人	3.19	3.69	3.89	4.05
农民	3.73	3.89	4.38	4.39

注：表中所有问题的测量都为5分制量表。

小 结

住房是当前青年人面临的一个最大的问题，这一点在北京这样的特大城市中表现得更为突出。这一问题严重影响了青年人的生活状况，给他们带来了巨大的经济压力和心理压力，对青年人的社会心态也产生了负面影响。北京外来青年人数逐年增长，他们将逐步成为北京青年的主体部分，这意味着青年人的住房需求还将继续增长，如果没有相应的社会政策加以应对，青年人的住房困难还会变得更加严重，同时也会导致房价和房租上涨或维持高位，反过来又进一步增加青年的住房困难。

北京高房价的现实使绝大多数青年就业者不得不选择租房居住，而从其他国家中心大城市的普遍情况来判断，租房居住将会成为北京青年就业人员的主流居住模式。只有部分事业发展较好的青年和父母能够提供较多经济资助的人才有能力在市区购房，其他人将在郊区和卫星城购房居住，但购房的年龄将会推迟。也就是说，大多数青年就业人员将在相当长的时期里租房居住，并且在出租房中建立家庭和生育子女。租房族必然构成青年就业人员的主体部分，并且其中一部分新入职场的低收入者必然无力承受高昂的房租。目前房屋租赁市场仍不成熟，法规和管理都落后于市场需求的快速增长，导致租房青年处于恶劣境遇，引发他们的不满情绪，进而更强化他们的购房欲望。大量低收入的职场新人不能承受正规租赁市场的租金，只能转向非正规市场寻求低租金房源，从而导致群租和黑中介现象屡禁不止。

目前解决北京青年就业人员住房问题的关键是改善租房青年的生活状态，提高其租房生活的满意度。一方面，规范房屋租赁市场，严惩违法欺诈行为，提高房屋中介机构的诚信水平和服务质量，中介应提供更多的居住条件良好、租金价格稳定、能长期租用的房源，使青年人愿意在较长时间内以租房的方式解决自己的居住需要，从而缓解青年人急于购买自有住房的焦虑心态，降低对购房的刚性需求。另一方面，应推出青年公租房和廉租房计划，这既可解决新入职场的低收入青年的住房困难，也可在一定程度上平抑房屋租金上涨。此外，也可采取某些措施，鼓励拥有闲置房产的个人和机构出租房屋，增加出租房屋的供应量。北京目前存在一定数量的空置房产，房产拥有者出于各种原因不愿出租空置房屋（特别是富裕阶层人员），如果能使这些空置房屋进入市场，也有可能平抑租金上涨，增加租房者的选择。

北京青年收入状况研究报告

朱 迪[*]

为贯彻落实习近平总书记关于"共青团组织深入研究当代青年成长的新特点和新规律"的讲话精神,共青团北京市委于2013年10月启动了"青年群众"大调研活动,以"分层抽样+随机抽样+等距抽样"方式为主、以"滚雪球"方式为辅的调查方法,对青少年进行了全维度的系统调研,按1%的抽样比例,共计完成问卷10万余份,首都1%的青少年成为调研对象。调查群体不仅包括按照从业状态划分的全体青年,也包括特征及新兴青年群体。

本报告关注首都就业青年的收入状况,包括收入分布、稳定性、满意度、收入分配状况以及不同收入群体的生活状况和对未来的计划。在劳动力市场的现有研究中,"人力资本和社会资本"是一个重要的理论框架。陈海平(2005)通过2004年在湖南的抽样调查发现在高校毕业生的收入水平影响因素中,人力资本中的生源地、职业技能(资格证书)、工作能力(包括普通话证书、是否学生干部)、政治面貌影响显著,社会资本中的原始社会资本(强关系)——人情关系,或者说关系亲密、交往频繁的关系——影响显著。王晓焘(2008)使用了2004年和2006年关于12座城市在职青年的追踪调查数据,发现性别、是否独生子女在职业收入增长上不

---

[*] 朱迪,中国社会科学院社会学研究所助理研究员。

存在显著差异，而是否居住东部城市、所处行业、青年自身文化程度以及参加工作的时间对于职业收入增长有显著影响。根据这一框架，本报告将从性别、年龄、工作单位类型、户籍、受教育程度等方面分析首都就业青年的收入差异。

一 青年的收入具有一定的稳定性，但是对于收入的满意度较低

青年群体近一年的平均月收入为4543元，最高月收入达到80000元。按收入分组看，如图1，青年的月收入集中在4001～5000元、3001～4000元和2001～3000元，分别占总体的19.2%、18.7%和19%，其次是5001～6000元收入组，占9.1%；月收入高于4000元的青年人占51.1%，而高收入群体——月收入高于10000元的只占3.7%。

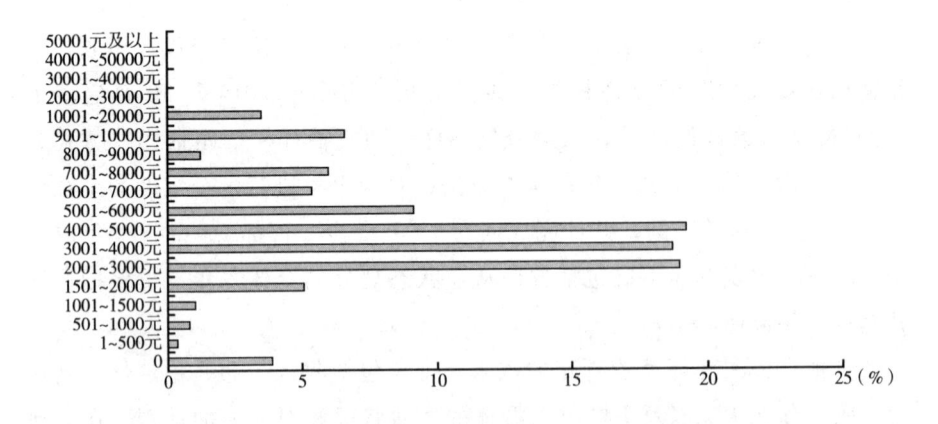

图1 青年群体近一年的月平均收入分布

样本中青年的年龄平均26岁，16～22岁的占29.8%，23～30岁的占48.7%，31～35岁的占21.6%。从分组来看，青年的收入随着年龄的增长而增加。如表1所示，16～22岁青年的平均月收入为3095.8元，23～30岁青年的平均月收入为4504元，31～35岁青年的平均月收入为6122.3元。研究发现随着年龄的增长，青年的工作和收入都逐渐稳定，收入水平逐渐提高。

表 1 不同年龄组青年的收入差异

单位：元

年龄组	均值	标准差
16~22 岁	3095.8	1980.1
23~30 岁	4504.0	2771.8
31~35 岁	6122.3	4017.2
总　　计	4542.8	3143.6

青年人的收入具有一定的稳定性。78.1%的青年与单位签了合同，另有6.9%的青年属于自雇或者劳务派遣，只有15%的青年没有与单位签合同，这说明大部分青年的收入比较有保障。自2011年以来，60.7%的青年没有换过工作，还有28.1%的青年换过1~2次工作，这说明大部分青年的工作流动并不频繁，收入有一定稳定性。

54.4%的青年比较满意或者非常满意目前的工作，这说明大部分青年对目前的工作还比较满意。但是对收入的满意度却较低，只有18.3%的青年对自己经济收入状况满意或非常满意，49.4%的青年表示一般，不满意或非常不满意的比例则达到32.3%。分析发现，工作给青年人提供了很多机会和成就感，使得他们比较满意现在的工作，但是同日益攀高的日常生活费用乃至买房、买车等开销相比，这些收入远不能使他们过上较体面的生活，因而对收入的满意度较低。

二 男女同工不同酬的现象依然存在，对于高学历者收入的性别鸿沟需要引起重视

样本中男性占52.1%，女性占47.9%。男性平均月收入为4794元，女性平均月收入为4264元，男性月收入的标准差为3388元，而女性月收入的标准差为2821元，因而男性在收入上的内部差异更大。

由图2的收入金字塔我们可以看到，5000元以下收入组中，女性的比例较高，而5000元以上组中，男性的比例较高，经过卡方检验，收入的性别差异显著。具体来说，女性中收入在5000元以下组的比例为74%，男性的该比例为61%。高收入组的性别差异尤其显著。女性中收入在7000元以上组的比例为12%，而男性的该比例达到23%。

图 2　青年收入的性别差异

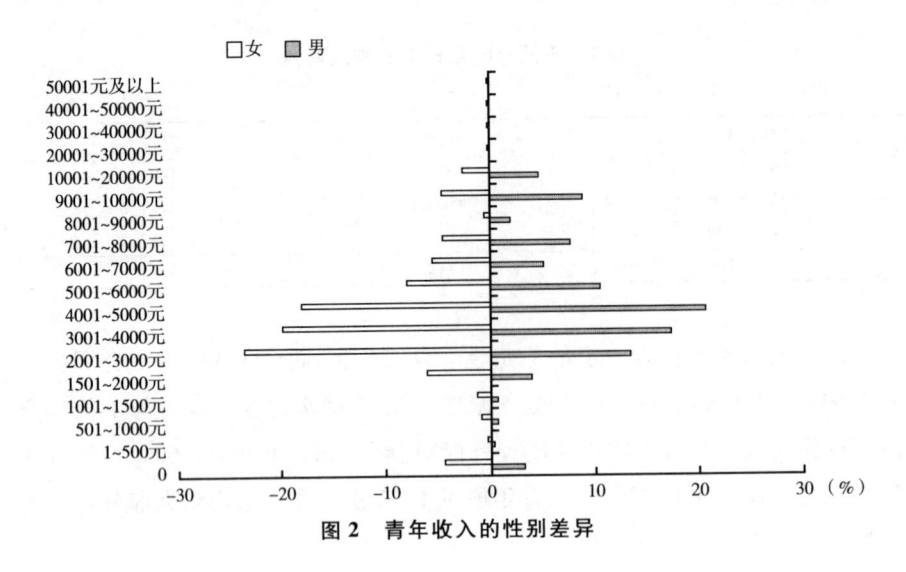

即使在同级别的职位，数据也显示男性和女性的收入有一定差异。如图 3 所示，从中层管理人员到一线工作人员，女性的收入都比同等职位的男性低，而且总体呈现管理权限越高、性别差异越显著的趋势（单位负责人这一职位除外）。在中层管理人员和办事人员两类管理权限较高的职位中，女性月收入分别占男性月收入的 84% 和 85%；而在强调技术的专业技术人员职位中，女性月收入占男性月收入的 90%。而在较低层次的职位中，女性月收入逐渐接近男性月收入，同为一线工作人员，女性收入占男性的 93%，同为临时工作人员，女性收入占男性的 97%。这说明，在北京的青年群体中，男女同工不同酬的现象依然显著。

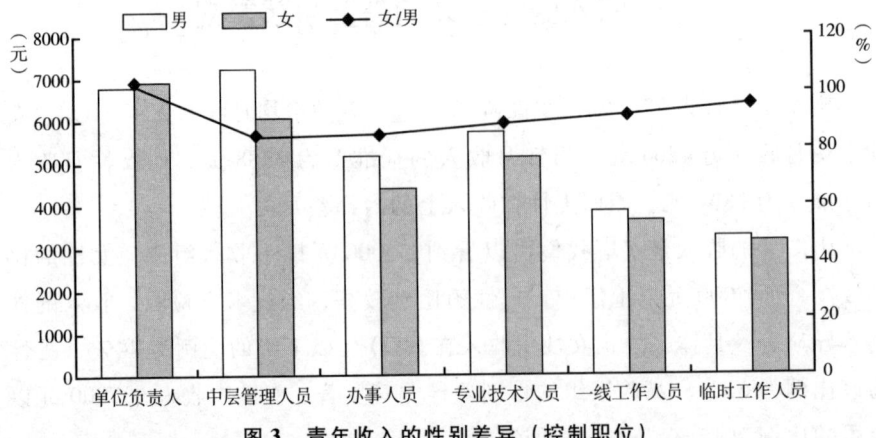

图 3　青年收入的性别差异（控制职位）

如果接受了更高程度的教育，是否有助于跨越收入差异的鸿沟呢？数据表明并非如此。图4显示，在受教育程度高于小学的人群中，女性的收入都低于男性。在受教育程度最低的人群中，女性收入与男性收入处于同等水平，但是，随着学历的提高，女性的收入逐渐落后于男性。受教育程度为初中的女性收入占同等受教育程度男性收入的92%，受教育程度为高中（包含职高中专技校）的女性收入只占同等受教育程度男性收入的90%，受教育程度为大专（包含高职）的女性收入占同等受教育程度男性收入的83%。在高等教育阶段，收入的性别差异稍有缓和。受教育程度为本科（包含双学位）的女性收入占同等受教育程度男性收入的85%，受教育程度为研究生的女性收入占同等受教育程度男性收入的87%。总体来讲，随着受教育程度的提高，收入的性别差异逐渐凸显。高等教育阶段的性别差异尤其值得政策制定者深思：因为学历的提高伴随着年龄的增长，是否受过高等教育人群在收入上的性别差异同就业歧视有关，比如对于孕期或生育适龄女性的就业歧视？

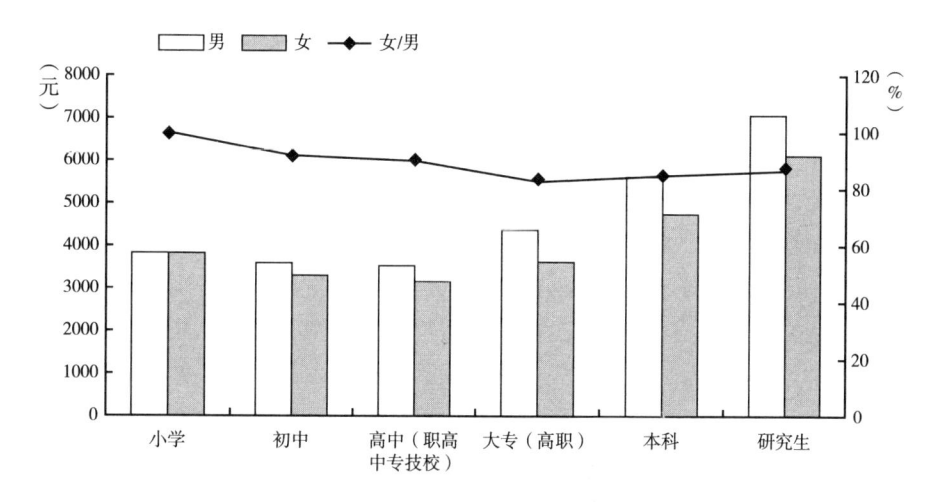

图4　青年收入的性别差异（控制受教育程度）

三　不同青年群体之间存在收入差异

样本来自多种企事业单位类型和职业身份，具体如表2所示。非公经济就业青年所占比例最高，为53.3%，其次是公有经济就业青年（含中央企业），占 26.5%，中央党政机关和事业单位青年占 2.7%，市级党政机关和事业单位青年占 2.9%。

表 2 青年群体所属的体制分类

单位：%

分类	百分比
中央党政机关和事业单位青年	2.7
中央社会组织青年	0.1
市级党政机关和事业单位青年	2.9
公有经济就业青年（含中央企业）	26.5
非公经济就业青年	53.3
社会组织就业青年	0.8
农业青年	1.2
大学青年教师中小学青年教师	1.0
大学生	11.5
合 计	100

在各种体制和所有制的单位中，大中小学青年教师和中央社会组织的就业青年的收入最高，平均月收入分别为5076元和5048元，如图5所示。公有经济（含央企）和中央国家机关的就业青年收入也高于北京青年的收入平均线，公有经济就业青年的平均月收入为4947元，中央党政机关和事业单位就业青年的月收入为4663元。相对而言，非国有单位的就业青年收入较低，并且都低于北京青年的收入平均线。其中，非公经济的就业青年平均月收入4399元，社会组织的就业青年平均月收入3765元，农业从业青年平均月收入2838元。可见，非国有单位的青年由于非正式就业、单位实力参差不齐等原因而待遇水平较低；国有单位青年的待遇普遍较好，但其中学校和中央社会组织的就业青年的收入较高，市级党政机关和事业单位的就业青年的月收入仅为4089元。

若我们将中央党政机关和事业单位、中央社会组织合并为中央国家机关，将非公经济和农业合并为非公经济，则能更进一步看出青年收入的体制差异。青年教师、公有经济就业青年和中央国家机关就业青年排到收入榜前三强，平均月收入分别为5076元、4947元和4681元。其次是非公经济就业青年。位列收入榜最低的是市级机关的就业青年和社会组织就业青年，政府部门应当改善这两类青年的生活状况，稳定这两类就业，提高其收入水平。

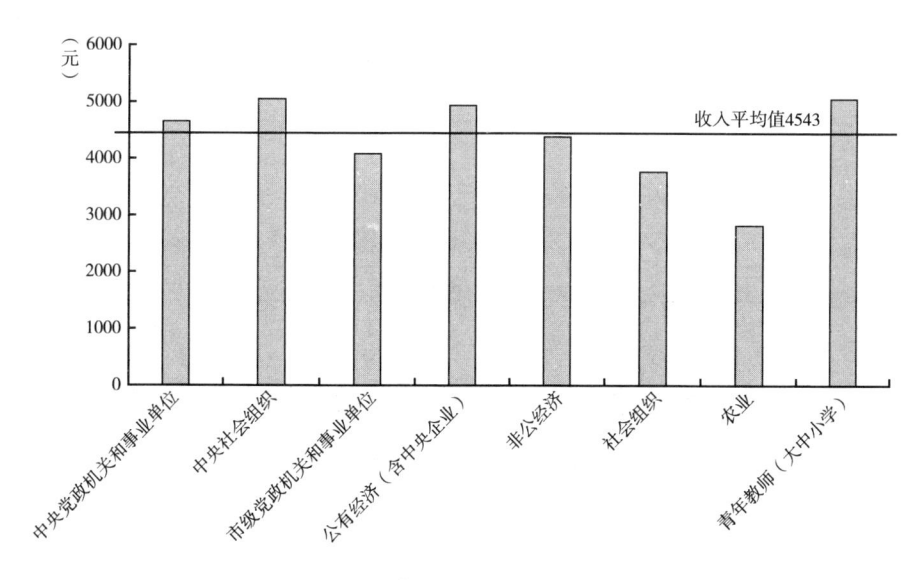

图 5　青年收入的体制差异

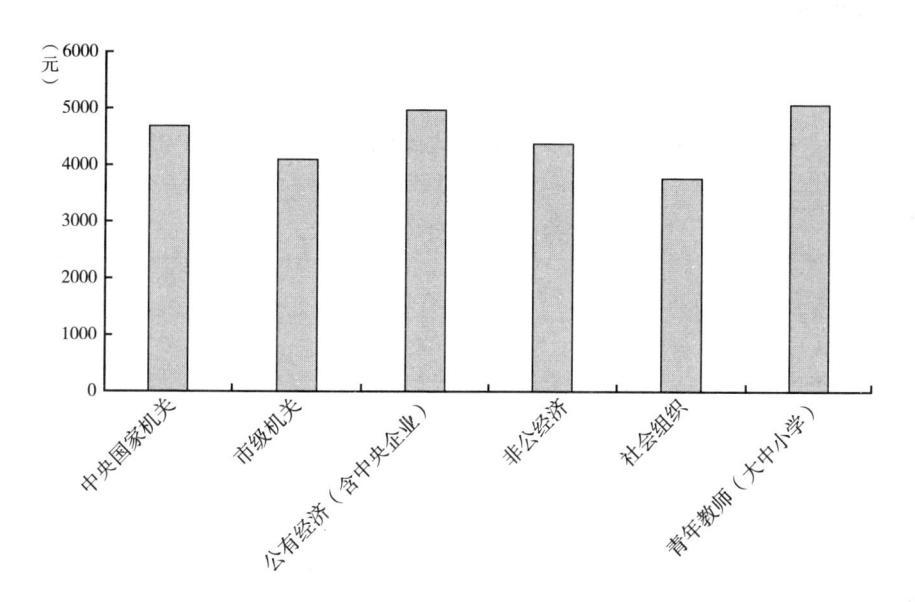

图 6　青年收入的体制差异

在企业领域，青年收入在不同类型企业中也存在差异。如表 3 所示，收入最高的是国有企业，就业青年的月平均收入为 4947 元，其次是外国企业，就业青年的月平均收入为 4798 元，收入最低的是民营及其他企业，就业青年的月平均收入仅为 4340 元，低于北京青年群体的月平均收入水平。

表 3　不同类型企业的青年收入差异

单位：元

企业类型	均值	标准差
国企	4947.404	3227.078
外企	4797.765	3640.055
民企及其他	4340.392	3085.708
总　计	4578.615	3196.323

四　收入差异主要存在于城乡户籍，京籍青年未有明显收入优势

样本中北京户籍青年占28.5%，其中非农业户籍占25%、农业户籍占3.5%；外地户籍占71.5%，其中非农业户籍占42.4%、农业户籍占29.1%。青年群体的收入有显著的户籍差异。如表4所示，显著的收入差异主要存在于城乡户籍之间。非农业户籍青年的收入显著较高，外地非农业户籍青年的平均月收入为5086元，北京非农业户籍青年的平均月收入为4850元；农业户籍中，外地青年和北京青年的平均月收入分别为3688元和3605元。

表 4　不同户籍类型的青年比例和收入差异

户籍类型	人口比例(%)	月收入(元)
北京非农业户籍	25.0	4850.1
北京农业户籍	3.5	3604.5
外地非农业户籍	42.4	5086.0
外地农业户籍	29.1	3688.0
合　计	100.0	4558.3

收入水平依赖于就职单位的规模、单位性质、工作职位等，而找工作的过程和结果很大程度上依赖于社会资本——社会关系和社会网络，所以本地人在找工作方面具有很大程度的优势，但是我们的数据显示，本地青年在收入方面并无优势。除户籍指标之外，我们也选择是否出生于本地的指标来测量是否本地人。分析显示，21.9%的青年出生于本地，被定义为本地人，78.1%的青年非出生于本地，被定义为外地人。外地青年的收入显著较高，月收入平均为5604元，本地青年的月收入平均为4231元。

收入水平同受教育程度有直接关系，我们也通过控制受教育程度考察不同

户籍带来的收入差异。如表5所示，北京非农业户籍的收入优势主要体现在低教育群体中，在小学文化程度的青年中，北京非农业和农业户籍青年的收入都较高，月收入分别为5111.87元和4201.49元；而在其他较高文化程度的群体中，北京户籍青年的收入都较外地户籍青年低。这反映了北京青年群体在劳动力市场的自由竞争比较充分，主要依靠自身的能力和资质，受户籍等制度因素的影响较小。

表5 不同户籍青年的收入差异（控制受教育程度）

学历 \ 户籍	北京非农业户籍 均值	北京农业户籍 均值	外地非农业户籍 均值	外地农业户籍 均值
小学	5111.87	4201.49	4193.87	3549.35
初中	2861.66	3169.61	3730.97	3482.30
高中（含职高中专技校）	2934.55	3469.41	3664.37	3327.84
大专（含高职）	3665.11	3496.80	4352.62	3862.39
本科（含双学位）	4860.91	4099.25	5620.53	4553.84
研究生	6794.89	4902.89	6957.68	4516.10

五 高学历青年的收入更高，京属高校毕业生的收入优势不明显

青年的收入与受教育程度呈正相关关系，而且差异显著。大专及以下学历的青年的收入低于北京青年的收入平均水平，到了本科及以上学历，青年的收入有了质的提升。表6显示，学历为本科（含双学位）的青年的月收入平均为5168元，学历为研究生的青年的月收入平均为6601元。

表6 不同学历青年的收入差异

单位：元

学历	均值	标准差
小学	3842.3530	2382.48532
初中	3511.5503	2630.14555
高中（含职高中专技校）	3382.0590	2513.08243
大专（含高职）	4009.5714	2789.35451
本科（含双学位）	5168.3711	2998.90539
研究生	6601.3289	4013.78264
总 计	4542.2452	3133.63951

京内外生源是否会影响青年的收入水平呢？数据显示，差异并不明显。表7显示了不同高校类型和是否在京高校的青年之间的收入差异。毕业于北京地区高等院校的青年的收入稍高于毕业于北京以外高等院校的青年的收入，分别为5846元和5794元，二者都高于高校毕业生的月收入平均值5461元。毕业于国外院校的青年的月收入平均为5458元。而毕业于民办高校和大专以下院校的青年的月收入都低于高校毕业生的月收入平均水平；在民办高校层次，毕业于北京高校的青年稍占优势，而在大专以下院校层次，毕业于北京以外院校的青年更占优势。因此，大学毕业生的收入差异主要在于高校类型——高等院校的毕业生收入水平更高，而是否毕业于在京高校的差异并不显著。

表7 不同毕业院校青年的收入差异

单位：元

毕业院校	均值	标准差
北京地区高等院校	5846.0453	3594.92240
北京地区民办高校	3791.1108	2160.74742
北京地区大专以下院校	3026.6776	2966.53422
国外院校	5457.9380	3452.50130
北京以外高等院校	5793.5976	3189.76647
北京以外民办高校	3147.1523	1427.45397
北京以外大专以下院校	4766.1254	3153.24887
其他	2636.8464	1665.36185
总计	5461.1692	3389.87941

六 青年住房支出压力较大，中等收入和高收入青年的工作和通勤时间都较长

我们将收入分组为低收入组（月收入2000元及以下）、中低收入组（月收入2001～5000元）、中等收入组（5001～8000元）、高收入组（8001元及以上）。样本中低收入组占11%，中低收入组占57%，中等收入组占21%，高收入组占11%。从支出状况来看，青年的支出随着收入的增长而增加。从表8可以看到，8001元及以上的高收入组每月平均支出8420元，中等收入组每月平均支出5148元，中低收入组每月平均支出3268元，低收入组每月平均支出1776元。可见青年的生活支出占收入的比例很高，生活开销比较大。

表8 不同收入青年近一年的每月平均支出

单位：元

收入组	均值	标准差
2000元及以下	1776.07	1144.602
2001~5000元	3268.44	1997.222
5001~8000元	5148.20	3022.446
8001元及以上	8419.71	8622.973
总　计	4164.74	4068.273

就支出压力来看，住房支出普遍给青年带来相当大的压力。除了低收入组的青年之外，其他收入组的青年都认为房租或房贷是日常开支中花费最多的。如表9所示，46.1%的中低收入组青年、62.2%的中等收入组青年和71.9%的高收入组青年都认为房租或房贷是开销最高的支出，而且收入越高，选择居住为开销最高的支出的比例越高。此外，对于低收入组青年来讲，我们看到吃和住是开销最高的日常支出。29.7%的低收入组青年选择吃饭为开销最高的支出，27%的低收入组青年选择房租或房贷为开销最高的支出，这说明低收入组青年的生活水平还普遍处于满足基本生存需要的边缘，吃饭仍是开销最高的支出。

表9 不同收入青年开销最大的方面

单位：%

您认为自己日常开支中花费最大的三个方面	低收入组 2000元及以下	中低收入组 2001~5000元	中等收入组 5001~8000元	高收入组 8001元及以上	合计
吃饭	29.7	18.5	10.2	5.0	16.5
水电气及日常用品	5.0	2.9	2.3	0.8	2.7
房租或房贷	27.0	46.1	62.2	71.9	50.3
交通	4.8	2.5	2.7	1.2	2.7
医疗	1.5	0.6	0.1	0.2	0.5
抚养子女	7.4	6.7	10.5	9.5	7.9
赡养老人	1.5	1.9	0.8	1.4	1.6
学习培训	5.6	3.8	1.1	0.5	3.1
社交应酬、娱乐等	4.1	6.0	3.3	3.9	5.0
通信和上网	0.1	0.4	0.1	0.1	0.3

续表

您认为自己日常开支中花费最大的三个方面	收入分组				合计
	低收入组 2000元及以下	中低收入组 2001~5000元	中等收入组 5001~8000元	高收入组 8001元及以上	
购置衣物（如化妆品、衣服等）	13.1	10.3	6.2	5.1	9.1
其他	0.1	0.3	0.4	0.5	0.3
合 计	100.0	100.0	100.0	100.0	100.0

青年群体中，住房支出（房租或房贷）随着收入的增长而增加。如表10所示，低收入组青年的住房支出只有1983.4元，中低收入组则增长至2533.1元，中等收入组的住房支出则增长至3680.3元，而高收入组的住房支出则达到5289.5元。其中，中等收入组和高收入组青年的住房支出都超过了北京青年的住房平均支出3177.6元。房租或房贷在青年日常生活开支中的地位和花费反映了住房/居住给青年带来的生活压力较重。

表10 不同收入青年的住房开支

单位：元

收入组	均值	标准差
低收入组 2000元及以下	1983.4	1781.8
中低收入组 2001~5000元	2533.1	2063.4
中等收入组 5001~8000元	3680.3	3925.0
高收入组 8001元及以上	5289.5	3792.5
总 计	3177.6	3072.3

除居住支出之外，本报告也从居住面积和搬家次数考察青年的居住状况。总体上，收入越高的青年居住面积越大。如表11所示，低收入组青年的居住面积集中在11~20平方米，占该收入组青年的23.6%；中低收入组青年的居住面积集中在41~70平方米和11~20平方米，分别占该收入组青年的19.5%和19.7%；中等收入组青年的居住面积则显著集中在41~70平方米，占该收入组青年的28.9%；而高收入组青年的居住面积则集中在41~70平方米和71~90平方米，分别占高收入组青年的25%和20.5%。

表 11 不同收入青年的居住面积

单位：%

居住的房屋面积	低收入组 2000元及以下	中低收入组 2001~5000元	中等收入组 5001~8000元	高收入组 8001元及以上	合计
5平方米以下	6.3	3.2	0.5	0.1	2.6
5~10平方米	9.1	16.6	6.2	4.3	12.2
11~20平方米	23.6	19.7	14.2	12.9	18.2
21~40平方米	9.8	11.1	11.8	12.3	11.2
41~70平方米	15.7	19.5	28.9	25.0	21.7
71~90平方米	14.7	15.1	16.8	20.5	16.0
91~140平方米	14.4	12.1	17.4	18.9	14.2
141平方米以上	6.3	2.6	4.2	6.0	3.8
合计	100.0	100.0	100.0	100.0	100.0

搬家次数在很大程度上反映了生活的流动性。数据显示，中等收入组和高收入组青年的搬家次数相对更多。如表12所示，中等收入组和高收入组青年没搬家的比例仅分别为36.8%和38%，而搬过1次家的比例分别为22.2%和24.9%，搬过2次家的比例也达到17.5%和15.2%。相对而言，低收入组和中低收入组青年的搬家次数较少，分别有59.9%和45.3%的低收入组和中低收入组青年没搬家过，搬过1次、2次和3次家的比例都低于

表 12 不同收入青年的搬家次数

单位：%

自2011年1月1日以来，在北京的搬家次数	低收入组 2000元及以下	中低收入组 2001~5000元	中等收入组 5001~8000元	高收入组 8001元及以上	合计
没搬过	59.9	45.3	36.8	38.0	44.3
搬过1次	19.4	24.9	22.2	24.9	23.7
搬过2次	9.2	13.9	17.5	15.2	14.3
搬过3次	8.0	8.8	14.0	13.3	10.3
搬过4次及以上	3.5	7.1	9.5	8.5	7.4
合计	100.0	100.0	100.0	100.0	100.0

中等收入组和高收入组青年。中等收入组和高收入组青年搬家更频繁，可能是由于工作和家庭的变动，这虽然在一定程度上反映了生活的不稳定性，但是也可能是由于中等收入组和高收入组青年对于生活有着更高的追求，随着收入的增长，更倾向于改善自己的居住条件。

青年目前面临的主要困难也集中在经济和住房方面。表13显示，2000元及以下的青年中，经济困难是最主要的困难，占28.6%，而在其他收入组中，住房困难则是青年最主要的困难，分别占2001～5000元收入组的33%、5001～8000元收入组的33.9%、8001元及以上收入组的35.5%。这些研究发现也再次指向经济和住房的压力，这是目前困扰不同收入组青年的两个最重要的问题。在经济和住房困难之外，发展提升困难也是目前青年最主要的一个压力，并且在中高收入组中更为显著。月收入5001～8000元的群体中有23.9%的青年、月收入8001元及以上的群体中有22%的青年都认为目前最主要的困难是发展提升困难。

表13　不同收入青年目前面临的最主要的困难

单位：%

收入分组	没有困难	住房困难	就业困难	经济困难	学习困难	发展提升困难	婚恋困难	就医困难	子女教育困难	受到歧视	其他	合计
2000元及以下	11.2	21.8	7.8	28.6	7.2	11.5	5.7	0.8	4.0	0.1	1.3	100.0
2001～5000元	8.6	33.0	2.0	22.9	3.1	16.5	6.5	1.5	3.8	0.5	1.6	100.0
5001～8000元	4.0	33.9	1.0	17.2	1.8	23.9	5.3	1.2	10.4	0.1	1.3	100.0
8001元及以上	3.2	35.5	2.3	9.2	4.1	22.0	7.3	0.9	12.8	0.0	2.4	100.0
合计	7.3	32.2	2.5	20.8	3.4	18.1	6.3	1.3	6.3	.3	1.6	100.0

时间分配也是生活状况的重要指标之一。如表14所示，青年平均每天工作时间为8.4小时。总体上，青年的收入越高，工作时间越长。低收入组青年的每天工作时间为7.8小时，但是内部差异在不同收入组青年中是

最大的，标准差为2.3小时。中低收入组、中等收入组和高收入组青年的每天工作时间分别为8.4小时、8.5小时和8.6小时。研究发现，收入越高，青年的工作压力越大。

表14　不同收入青年上周平均每天工作时间

单位：小时

收入组	均值	标准差
低收入组2000元及以下	7.8	2.3
中低收入组2001~5000元	8.4	1.4
中等收入组5001~8000元	8.5	1.5
高收入组8001元及以上	8.6	1.2
总　　计	8.4	1.6

青年群体的上班通勤单程时间大都集中在1个小时以内，占青年群体的70.8%。相对来讲，收入越高的青年，通勤时间越长，如表15所示。就0.5小时内的最短通勤时间来讲，低收入组和中低收入组青年的比例显著较高，两个收入组各有38.7%的青年通勤时间在单程0.5小时内。中等收入组和高收入组青年的通勤时间则集中在单程0.5~1小时，分别有44.4%的中等收入组和40.7%的高收入组落在此类别。中等收入组和高收入组青年的单程通勤时间在1~1.5小时的比例也较高，分别占25.6%和24.4%。

表15　不同收入青年上班单程所需时间

单位：%

上班时单程所需时间	收入分组				合计
	低收入组2000元及以下	中低收入组2001~5000元	中等收入组5001~8000元	高收入组8001元及以上	
0.5小时内	38.7	38.7	24.9	29.6	34.8
0.5~1小时	36.7	32.0	44.4	40.7	36.0
1~1.5小时	18.2	21.2	25.6	24.4	22.2
1.5~2小时	4.7	6.5	3.7	4.4	5.5
2小时以上	1.6	1.5	1.6	0.9	1.4
合　计	100.0	100.0	100.0	100.0	100.0

青年群体在工作之余的每周读书学习时间集中在 1~2 小时和 1 小时以内，分别占 26.7% 和 24.4%。总体来讲，收入越高，青年的读书学习时间越长，但是差异并不明显。从表 16 可以看出，中等收入组和高收入组青年在每周读书学习时间 2~3 小时上的比例稍高，分别占 19.3% 和 16%，另外在每周读书学习时间 5 小时以上的比例也较高，分别占 18.2% 和 18.9%。

表 16 不同收入青年每周读书学习的时间分配

单位：%

工作之余每周读书学习的时间	低收入组 2000 元以下	中低收入组 2001~5000 元	中等收入组 5001~8000 元	高收入组 8001 元以上	合计
从不	9.0	5.4	4.2	3.7	5.3
1 小时以内	24.0	25.0	22.9	24.6	24.4
1~2 小时	25.5	28.1	22.0	28.8	26.7
2~3 小时	14.6	15.8	19.3	16.0	16.4
3~5 小时	14.5	10.3	13.4	7.9	11.1
5 小时以上	12.4	15.5	18.2	18.9	16.1
合计	100.0	100.0	100.0	100.0	100.0

团组织在青年中的覆盖率较高。无论哪个收入群体，所在单位（学校里）有共青团组织的比例都超过了 70%，大体上呈现出收入越高的群体团组织覆盖率越高的趋势。表 17 显示，收入在 2000 元及以下的青年所在单位或学校有团组织的比例为 71.5%，而收入在 8001 元及以上的青年所在单位或学校有团组织的比例则达到 94.9%。

表 17 不同收入青年的团组织覆盖率

单位：%

收入分组	所在的单位(学校)里是否有共青团组织			合计
	没有	有	不知道	
2000 元及以下	10.1	71.5	18.4	100.0
2001~5000 元	6.3	87.7	6.0	100.0
5001~8000 元	2.0	95.7	2.3	100.0
8001 元及以上	2.7	94.9	2.4	100.0
合计	5.4	88.4	6.2	100.0

七 青年留京倾向较强，对北京的感情"又爱又恨"

分析发现，不论收入情况如何，青年人都更倾向于留在北京发展。如表18所示，高收入组的64.8%、中等收入组的57.4%、中低收入组的55.3%和低收入组的45.9%都选择"继续在北京上学（工作）"。也有一部分青年显示出犹豫的状态，高收入组的18.9%、中等收入组的22.8%、中低收入组的21.7%和低收入组的21.8%选择"看情况再定"。一部分低收入组青年尤其呈现出迷茫的状态，10.2%的低收入组青年对于未来的计划"没有想过"。

表18 不同收入组青年对未来五年的计划

单位：%

收入分组	没有想过	继续在北京上学（工作）	回家乡上学（工作）	到境外学习（工作）	在北京创业	到别的城市发展	看情况再定	其他	合计
2000元及以下	10.2	45.9	0.8	1.5	17.4	0.6	21.8	1.8	100.0
2001~5000元	7.4	55.3	1.9	3.1	8.1	1.7	21.7	0.9	100.0
5001~8000元	7.7	57.4	1.1	2.7	5.5	2.2	22.8	0.5	100.0
8001元及以上	3.7	64.8	1.8	5.0	3.2	1.4	18.9	1.2	100.0
合 计	7.3	55.9	1.5	3.1	7.9	1.7	21.6	0.9	100.0

青年留在北京的倾向与他们对于北京发展的信心有很大关系。表19显示，在北京的发展会越来越好的看法方面，47.7%的高收入组青年、44.1%的中等收入组青年、40.7%的中低收入组青年和39.4%的低收入组青年表示同意。低收入组和中低收入组青年尤其表现出对北京发展抱有很强的信心，分别有39.3%的低收入组青年和35.5%的中低收入组青年非常同意"北京的发展会越来越好"。

青年的留京倾向也与他们对北京的感情有关。无论收入高低，都有超过1/3的青年表示"比较喜欢"北京。如表20所示，38.6%的高收入组青年、39.8%的中等收入组青年、37.4%的中低收入组青年和38.9%的低收入组青年都表示比较喜欢北京。在表示"非常喜欢"的北京青年中，收入越低越倾向于非常喜欢，17.9%的低收入组和14.1%的中低收入组青年

表19　不同收入组青年对北京发展的预期

单位：%

收入分组	对于北京发展的预期					合计
	非常不同意	不同意	一般	同意	非常同意	
2000元及以下	0.8	3.6	16.9	39.4	39.3	100.0
2001~5000元	1.2	3.1	19.6	40.7	35.5	100.0
5001~8000元	1.0	2.3	23.6	44.1	29.0	100.0
8001元及以上	1.7	3.2	19.6	47.7	27.5	100.0
合　计	1.2	3.0	20.1	42.0	33.7	100.0

表示非常喜欢北京。研究发现这在很大程度上反映了青年总体上对于北京的归属感较强，而且收入越低的青年归属感越强。但是，也有1/3左右的青年态度比较模糊，35.5%的高收入组青年、34.5%的中等收入组青年、32.6%的中低收入组青年和30.4%的低收入组青年对于北京的喜欢程度表示"一般"，而且这种模糊的态度随着收入的增长而更加明显。可能的原因是北京虽然生活方便、发展机会多，但是生活开销和工作压力也比较大，从而让青年有一种"又爱又恨"的感情。

表20　不同收入青年对北京的喜欢程度

单位：%

收入分组	喜欢北京的程度					合计
	非常不喜欢	不太喜欢	一般	比较喜欢	非常喜欢	
2000元及以下	3.4	9.5	30.4	38.9	17.9	100.0
2001~5000元	3.5	12.4	32.6	37.4	14.1	100.0
5001~8000元	2.5	13.2	34.5	39.8	10.0	100.0
8001元及以上	2.7	14.2	35.5	38.6	8.9	100.0
合　计	3.2	12.5	33.0	38.2	13.1	100.0

虽然一部分青年对于未来在哪里发展以及归属感的认知比较模糊，但是青年总体上对自己的生活预期比较乐观。如表21所示，44.4%的高收入组青年、43.8%的中等收入组青年、50%的中低收入组青年和58.9%的低收入组青年都表示非常同意"我的生活会越来越好"，另有46.8%的高收入组青年、44.7%的中等收入组青年、37.9%的中低收入组青年和30.3%

的低收入组青年表示同意"我的生活会越来越好"。对于未来生活预期不乐观的青年只占很少一部分。

表21 不同收入青年对自己生活的预期

单位：%

收入分组	以下说法你是否同意:我的生活会越来越好					合计
	非常不同意	不同意	一般	同意	非常同意	
2000元及以下	0.7	1.5	8.5	30.3	58.9	100.0
2001~5000	0.7	0.7	10.8	37.9	50.0	100.0
5001~8000	0.3	0.3	10.9	44.7	43.8	100.0
8001元及以上	0.9	0.8	7.1	46.8	44.4	100.0
合计	0.6	0.7	10.1	39.4	49.1	100.0

八 政策建议

根据数据分析，本报告提出以下政策建议。

（一）重视就业中的性别和年龄歧视现象，完善就业与保障制度

就业歧视不仅是市场选择的经济行为，也同制度、习俗的区别对待造成的不平等有关（卢汉龙、朱迪，2005）。比如，对于孕期或生育适龄女性青年的就业歧视，这些歧视或者体现在招聘中，或者体现在职场晋升中。在尊重市场经济原则的基础上，政府应当规范相关立法、调节市场关系、合理分配利益、完善公共福利，在整个社会建立起反歧视、公平对待就业者的共识。

（二）完善公务员和事业单位员工的工资增长机制

收入透明公开、打击灰色和腐败收入是我国收入分配制度改革的明确方向。同时，政府也应当努力实现公务员和事业单位员工的收入逐步增长，增强他们的工作积极性，提高他们的生活福利，这也是防止腐败和权力滥用的有效手段之一。

（三）扶持民营企业和中小企业，增加就业岗位，提高员工收入水平

民营企业和中小企业能够提供大量的就业岗位，包括服务业、商业、生产制造业等多种岗位，而且就业机制灵活、多样，适应青年人群的生活方式。政府应当扶持民营企业和中小企业，通过税收、优惠政策等多种手段鼓励科技创新和体制创新，从而增加青年人的就业岗位，提高其收入水平。

（四）开展普遍的职业培训，让更多的新生代农民工成为中等收入者

中等收入群体的扩大，在很大程度上依赖于把我国约 2.6 亿农民工，特别是新生代农民工转变为中等收入者。从已有的经验研究成果看，影响农民工收入水平的最主要因素是农民工的人力资本，也就是其受教育水平和职业技能。要完善职业教育和技术培训体系，实施大规模的职业培训计划，采取各种激励措施，鼓励农民工通过提高生产技能增加收入，使80%的新生代农民工在未来能够进入中等收入者的行列。

（五）进一步促进大学毕业生就业创业，保证绝大多数大学毕业生成为中等收入者

高校应当以就业和为经济社会发展服务为导向进一步加大教育课程的调整力度，加强就业指导。要抓住我国产业结构调整和服务业快速增长的有利时机，创造更多的适合大学生就业的岗位。要引导大学毕业生合理选择职业、行业和就业地区，鼓励大学生自主创业，保证今后每年800万～900万的大学毕业生绝大多数最终能够跻身中等收入者行列。

（六）完善社会保障体系，提高青年人的生活满意度

研究发现，青年人的住房开支压力较大，工作压力也较大，从而在对北京的归属感和生活满意度方面体现出了"又爱又恨"的特征。缓解青年人群的生活压力，一方面需要稳定物价特别是房价、发展多种形式的保障性住房，并且规范住房租赁市场，使得青年人以多种形式安居乐业；另一方面需要完善住房、养老、医疗、子女教育等社会保障体系，

解决青年人在职业发展和改善生活质量方面的后顾之忧，提高他们的生活满意度。

参考文献

陈海平，2005，《人力资本、社会资本与高校毕业生就业——对高校毕业生就业影响因素的研究》，《青年研究》第 11 期。

卢汉龙、朱迪，2005，《社经视野下的就业歧视》，《社会观察》第 7 期。

王晓焘，2008，《城市在职青年的职业收入变化及其原因分析》，《青年探索》第 2 期。

郑洁，2004，《家庭社会经济地位与大学生就业——一个社会资本的视角》，《北京师范大学学报》（社会科学版）第 3 期。

北京青年压力状况研究报告

李 涛[*]

  青少年是发展我国社会主义事业的重要力量，其成长和发展对国家的未来起到至关重要的作用。近年来，在我国经济高速发展和社会转型的背景下，青少年群体面临的压力不断增加，这已成为促进社会健康发展不可回避的重要问题。基于北京团市委"2014年北京市青少年发展状况"调查数据，本报告首先概述北京市青少年目前面临压力的总体状况，之后分别从性别、年龄、学历、户籍、职业等角度分析不同群体对压力的不同反馈，最后提出政策性建议。

  报告认为，北京青少年总体压力较大，但大部分受访者表示可以承受和排解这些压力；北京青少年面临的压力主要源自经济方面和工作方面，面对的最大困难在住房方面和经济方面，因此他们最需要在提高收入、稳定的生活和就业信息方面获得帮助；而面对这些压力，北京青少年主要是通过"运动健身""读书"或"与他人交往"等方式来排解；从性别分类角度来看，超过一半的男性感觉压力较大或非常大，四成女性认为压力适中，男性的自感压力总体大于女性，在承压能力和压力来源结构上男女性相似，男性更倾向于"身体运动型"减压方式，而女性更倾向于"心理放松型"；从年龄来看，北京青少年的自感压力随年龄增长而不断增加，而承压能力则随着年龄增长反而降低，因此对于30岁和33岁这批北京青少年中自感压力最大的年龄群体应给予高度重视；从学历分类角度来看，高学历者主要面对的困难集

---

  [*] 李涛，中国社会科学院社会学研究所助理研究员。

中于住房、发展以及婚恋，而低学历者的诉求则集中于经济和就业层面，同时前者更需要发展和精神层面的帮助，后者则更需要生存和物质层面的帮助；从户籍分类角度来看，持非农户籍者所受压力大于持农业户籍者，而持外地户籍者所受压力大于持北京户籍者，在承受压力的能力方面，压力较大的人群对压力的承压能力也普遍较强，在压力来源结构方面，持外地户籍者偏重于经济和学习，而持非农业户籍者则偏重于工作；从职业分类角度来看，中层管理人员和专业技术人员的自感压力强度最大，而单位负责人认为压力适中的比例最高，中层管理人员的承压能力较强，而单位负责人、临时工作人员和其他人员的承压能力较差。鉴于此，报告提出，在明确北京市青少年总体压力的状况下，政府应在住房、就业、稳定生活、提高收入以及减压方式上采取积极措施，具体实施减压工作；同时针对北京市青少年内部立体化的复杂压力特征，应根据群体内不同层次和不同类型的压力状况开展有效的针对性减压工作。

第一部分：总体情况

本部分从青少年的自感压力大小、对压力的承受能力、压力的来源、面临的困难、希望获得的帮助和减压的方式等几个方面出发，观察北京市青少年压力的总体情况。

自感压力是指青少年对自身感到压力大小的界定。从统计结果来看，当前北京青少年自感压力总体较大。在数据的五个类别中，自感"压力较大"和"压力非常大"的比例达到47.4%，占近五成，感觉压力适中的比例为38%，感觉没有压力或者较小压力的比例为14.6%。

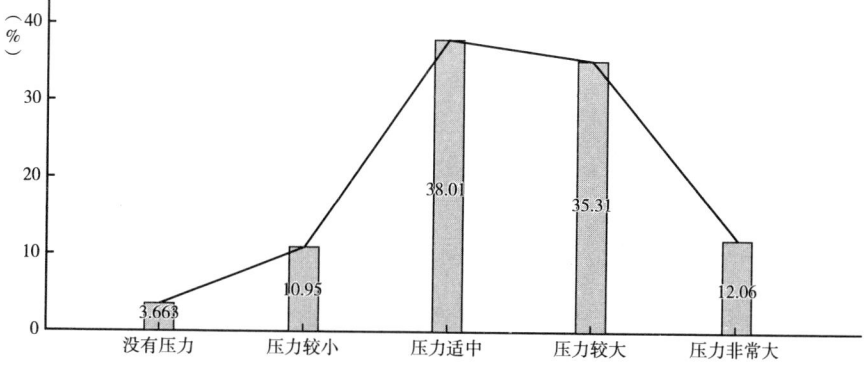

图1 压力分布情况

没有压力 3.668
压力较小 10.95
压力适中 38.01
压力较大 35.31
压力非常大 12.06

注：按W加权的案例。

面对这些压力，北京市青少年压力承受能力情况良好，在不同程度上能够承受压力的比例达到90.58%，不太能承受和根本承受不了的比例为9.4%，近一成的此类青少年值得重点关注。

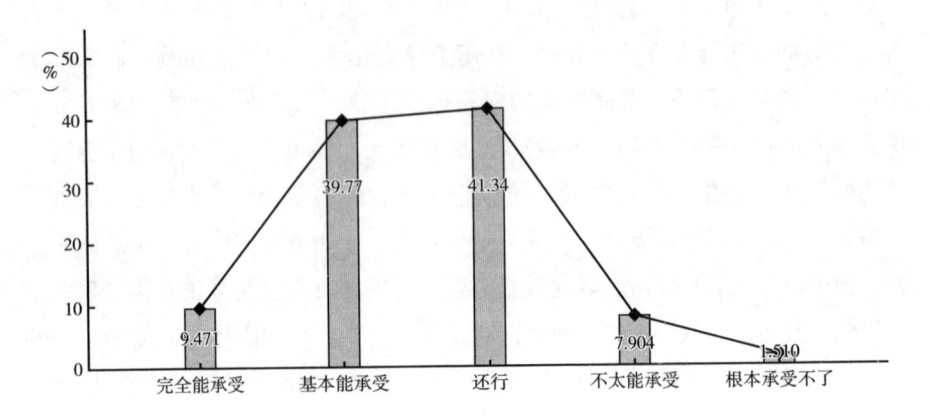

图2 青少年承压情况

注：按W加权的案例。

数据显示，这些压力最多源自经济方面，选择这一因素的调研者占总数的38.87%，其次为工作方面占24.62%，生活/保障方面占13.15%和学习方面占8.431%。而源自公平发展、环境/安全和身体方面因素的压力所占比例较小，分别为2.268%、2.265%和1.082%。

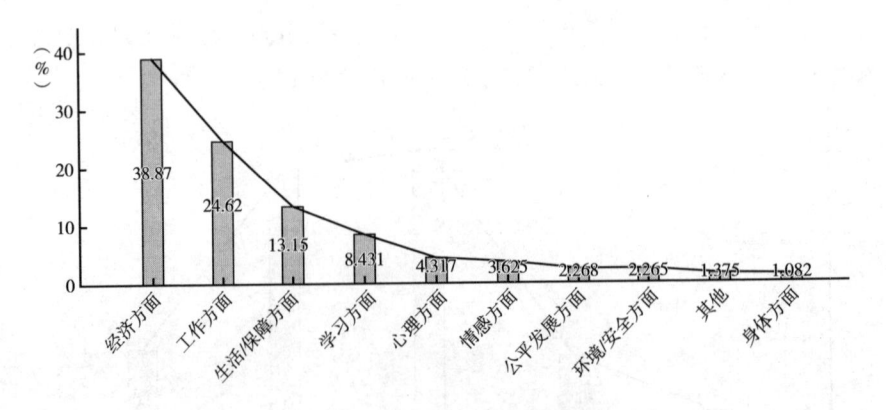

图3 所承受压力的最主要来源

注：按W加权的案例。

与压力来源相似，当前北京青少年群体面临的最主要的一个困难的前四名排序依次为住房、经济、发展提升和就业困难，七成以上的被调研者选择了该四项困难中的一项作为自己所认为的当前最主要的一个困难，其中住房困难和经济困难的选择比例高达24.8%和24.3%，发展提升困难、就业困难则分别占16.7%和7.9%。

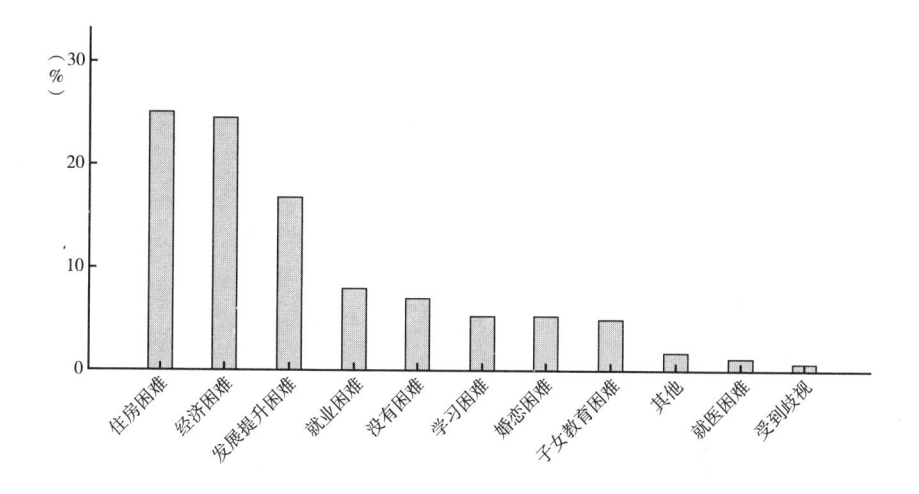

图4　青少年面临的主要困难

北京市青少年最需要从四个方面获得帮助，依次为提高收入、稳定的生活、丰富的就业信息和公平的教育机会。其中，提高收入方面的帮助需求占34.5%，稳定的生活方面的帮助需求占17.1%，丰富的就业信息方面的帮助需求占7%，公平的教育机会方面的帮助需求占5.8%，前四项帮助需求占总体需求的64.4%。

需要格外指出的是法律援助在北京青少年的帮助需求量中所占比例最低，但这并不意味着青少年在合法权益受到损害时会主要采取非司法途径去解决。相反，法律援助的需求量小可能与北京青少年能够获得比全国其他地区更为便利的司法服务有关，同时也与青少年权利损害率相对较低有关。事实上，当青少年权益受到损害时，他们的首选仍然是通过法院、检察院和公安等司法机构维权，其次是找本单位（学校）领导、家人朋友、本地政府等展开维权。特别需要注意的是，青少年在权益受损时选择通过工会、共青团、妇联等群众性组织维权的比例极低，因此该类群众性组织亟须加快职能转变、丰富服务内涵，通过深化改革真正发挥其在青少年中的社会功能。

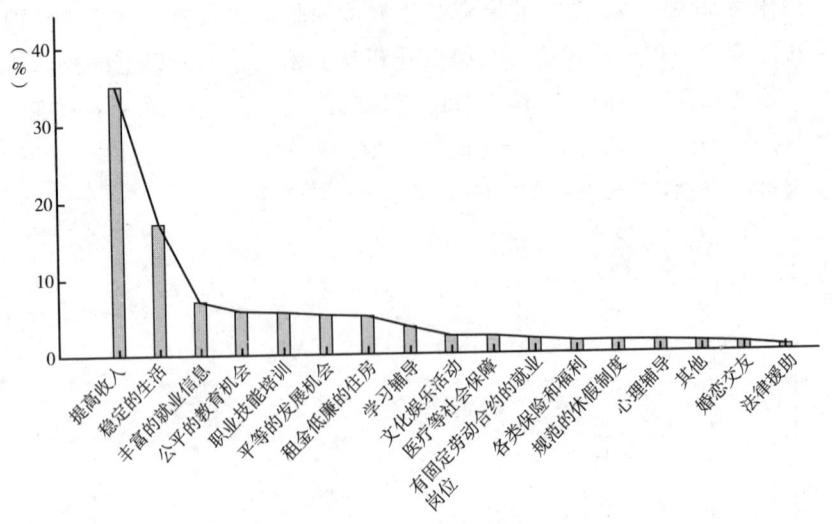

图 5　青少年最希望得到的帮助

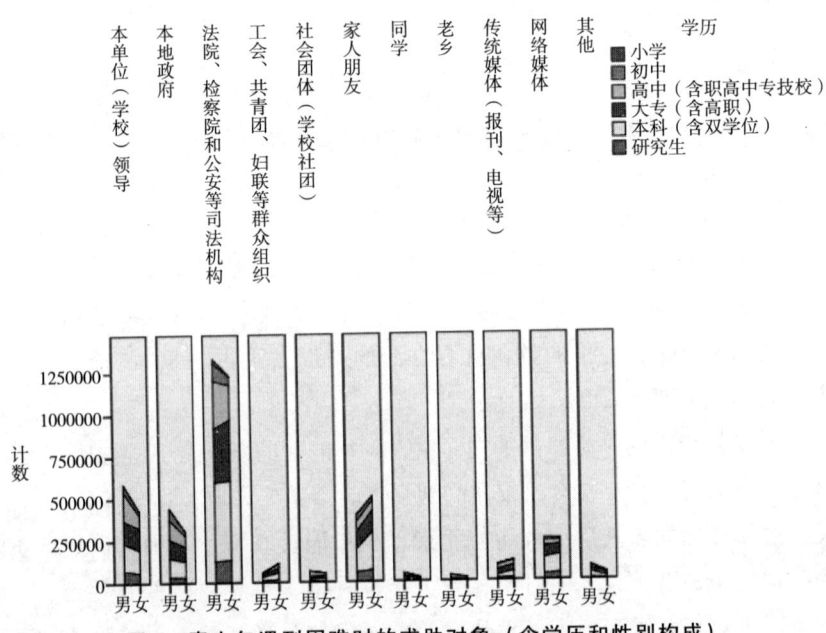

图 6　青少年遇到困难时的求助对象（含学历和性别构成）

注：按 W 加权的案例。

北京市青少年喜好的减压方式由高到低依次是：运动健身、读书（听歌或看电影）等、与他人交流或参与社交活动、参与旅行（登山）等户外活动、上网（玩电脑游戏）、医学治疗（针灸、按摩、药物治疗）等、其他（如睡觉、写论文、逛街、发呆、吃东西、到其他城市感受生活等等）、参与蹦极（跳伞）等激烈运动、书画（演奏、表演）等文艺创作。

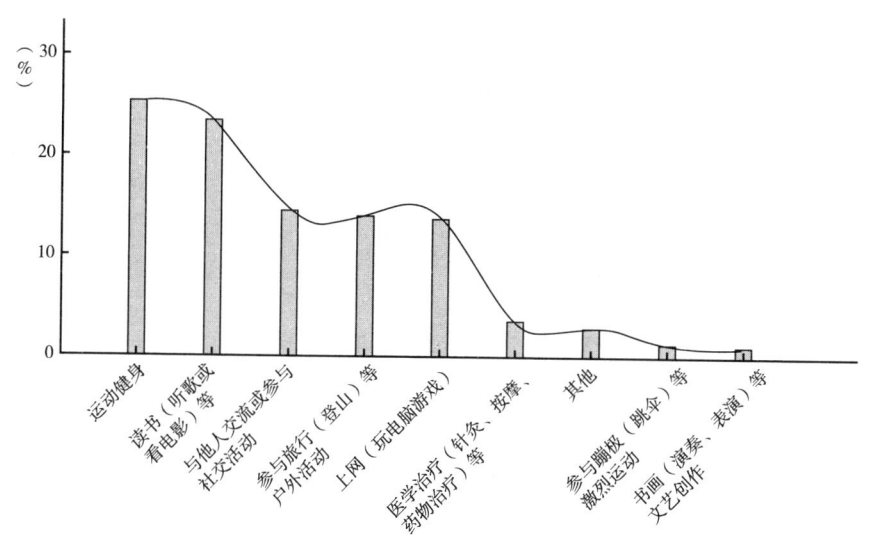

图7 青少年喜欢的减压方式

注：按 W 加权的案例。

第二部分：分类情况

一 北京市青少年压力状况：性别视角

男性和女性的在社会分工和社会期盼上存在一定差异，因此不同的性别可能会面临着不同的压力状况。本节主要从自感压力大小、承压能力、压力来源、面临的主要问题、需要获得的帮助和减压方式几个方面进行讨论。

（一）从性别角度来看，男性的自感压力总体大于女性

男性压力总体大于女性压力，认为压力较大和非常大的男性比例超过一半，达51.7%，比女性高出（42.6%）近10个百分点。女性较男性更感觉到压力适中或压力较小，其中达四成的女性认为压力适中，比男性高近7个百分点，一成的女性认为压力较小，比男性高3个百分点。男性和女性选择没有压力的比例差异较小，分别为3.9%和3.4%。

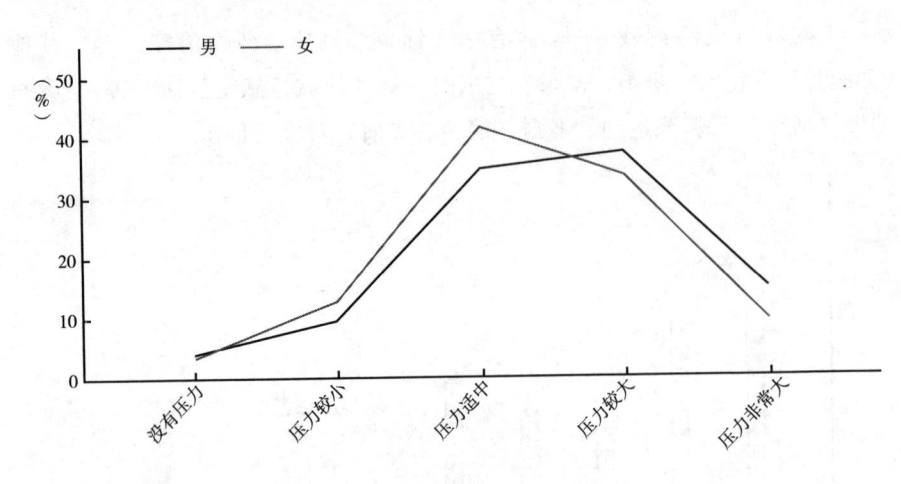

图 8 不同性别青少年自感压力情况

表 1 目前自感压力情况

单位：%

性别	没有压力	压力较小	压力适中	压力较大	压力非常大
男	3.9	9.5	34.8	37.2	14.5
女	3.4	12.5	41.5	33.2	9.4

表 2 Pearson 卡方检验

性别		自感压力情况
	x^2	89073.651
	df	4
	Sig.	.000

（二）北京男性和女性青年在承压能力上区别不大

尽管男性较女性更感到压力较大或非常大，但承受能力与女性相比并无显著差异。认为不太能承受压力和根本承受不了的男性仅占一成（10.4%），九成以上的男性能够不同程度地承受压力而不会感觉到超负荷，其中，近八成（79.3%）的男性认为基本能承受和还行，近一成（10.2%）的男性可以完全承受压力。8.3%的女性认为不太能承受压力或根本承受不了，91.7%的女性能够不同程度地承受压力而不会感觉到超负荷，其中，83%的女性认为基本能承受和能承受压力，8.7%的女性完全能承受压力。经过卡方检验，男性和女性在承受压力方面的差异并不明显，考虑到男性较女性自感压力总体更大（高出近10个百分点）的现状，可见，男性的心理承受能力更强，当然这与社会性别分工和社会性别期待有关系，值得进一步研究。

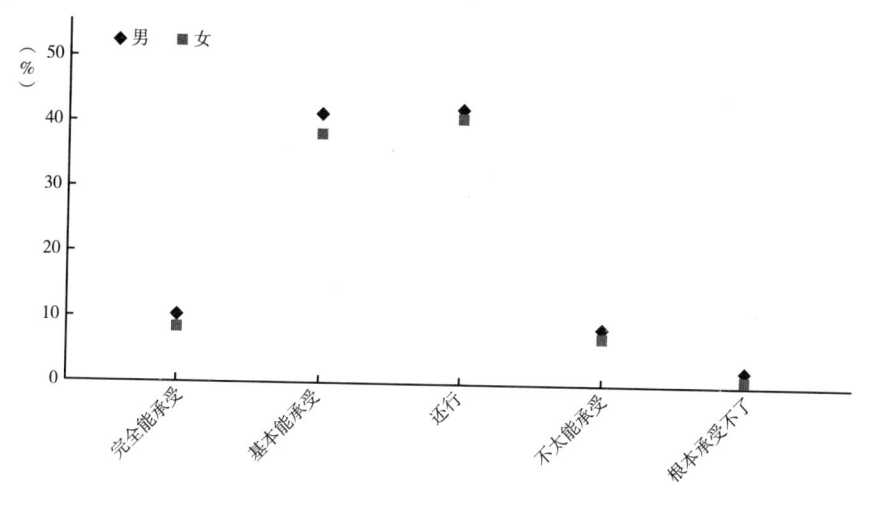

图9　不同性别青少年的承压情况

（三）男性和女性的主要压力来源结构相似，按照从大到小依次为经济方面、工作方面、生活/保障方面和学习方面，占压力来源的八成以上

既然男性和女性自感的压力程度不同，那么这种程度的不同是否由男性和女性的主要压力来源结构差异所导致的呢？从图10可见，男性排名前四位的主要压力来源与女性排名前四位的主要压力来源完全相同，依次为经济方面、工作方面、生活/保障方面和学习方面，四个方面的累积占比分别为男性压力来源的86.9%和女性压力来源的83%，可见，男性和女性的主要压力来源结构一致。除四项主要压力来源以外，男性和女性的次要压力来源结构表现出了差异性。男性的次要压力项分别是情感方面、心理方面、公平发展方面、环境/安全方面和其他，而女性则分别为心理方面、情感方面、环境/安全方面、公平发展方面和其他。可见，男性较女性在

情感方面和公平发展方面感受到压力，而女性较男性在心理方面和环境/安全方面更感受到压力，这种差异可能与性别的社会职业分工和性别的处事差异有关。中国男性在婚恋市场中被社会集体赋予了更多的"主动性"和"开放性（包容性）"，因此会更多地凸显"外向型"的压力特征，而女性则被社会集体赋予了更多的"被动性"和"规训性（排他性）"，因此会更多地凸显"内向型"的压力特征，故在出现情感困扰时女性较男性更多地转化为心理障碍。传统"男主外、女主内"的中国性别分工模式使男性较女性平时更多地参与到社会公共事务之中，因此难免更多地感受到公平发展方面的压力，而女性则更多地关注日常家庭生活，故对环境/安全方面的压力颇为敏感。由此可见，主要压力来源结构以外的其他压力来源具有性别差异，这更凸显了四项主要压力来源作为共性矛盾亟待化解的紧迫性。

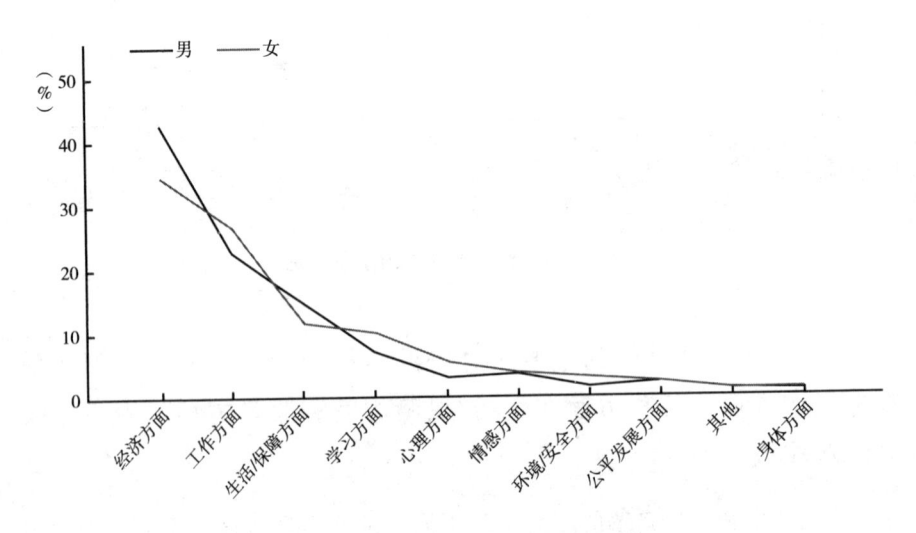

图 10　不同性别青少年的压力来源情况

（四）七成男性和六成女性的最主要困难是经济困难、住房困难和发展提升困难

与压力来源相似，男性与女性所面临的主要困难也并无太大区别。研究发现，男性认为最主要的困难由高到低依次排序为：经济困难、住房困难、发展提升困难、就业困难、学习困难、子女教育困难、婚恋困

难、其他困难、就医困难和受到歧视；而女性相应的排序则为：住房困难、经济困难、发展提升困难、就业困难、婚恋困难、学习困难、子女教育困难、其他困难、就医困难和受到歧视。经济困难、住房困难和发展提升困难累计达男性最主要困难的69.6%，占近七成的比重；女性该比例也达到了62.7%，占据六成以上比重。男性和女性尽管在排名第一的最主要困难上有所差异，前者是经济困难，后者为住房困难，但这并不表明二者有质性差异，因为二者的核心本质仍然是经济水平，其次才是"户口"等制度性因素的限制问题。研究还表明，女性较男性更多地认为自己没有困难，但总体比重仍然偏小，前者为8%，而后者仅为5.9%。另外，值得强调的是，相较于其他更为实在的"生存性困难"，对"受到歧视"等"精神性困难"的关注度并不高，数据表明男性仅为0.8%，而女性仅为0.4%，但这并不表明社会歧视问题已被良治，只是相比其他更为紧迫的生活困难，反对歧视等更高位的需要并不紧迫而已。同时，子女教育困难、就医困难之所以并非紧迫，这与青少年所处的年龄段相关，大多数青少年尚未步入子女就学和需要更多医疗资源的阶段。

（五）六成以上的男性和女性最需要获得提高收入、稳定的生活、丰富的就业信息、公平的教育机会四个方面的帮助，对法律援助和婚恋交友方面的帮助需求最低

既然已经明确了经济困难、住房困难和发展提升困难是当下北京市青少年的主要困难，那么他们又最需要获得什么样的帮助呢？数据表明，男性需要获得帮助的排序依次为：提高收入、稳定的生活、丰富的就业信息、公平的教育机会、平等的发展机会、租金低廉的住房、职业技能培训、医疗等社会保障、有固定劳动合约的就业岗位、各类保险和福利、心理辅导、其他、规范的休假制度、婚恋交友、法律援助；女性需要获得帮助的排序依次为：提高收入、稳定的生活、丰富的就业信息、公平的教育机会、职业技能培训、平等的发展机会、租金低廉的住房、医疗等社会保障、有固定劳动合约的就业岗位、规范的休假制度、各类保险和福利、心理辅导、婚恋交友、其他、法律援助。男性和女性的帮助需求具有相似性，前四位帮助需求都是提高收入、稳定的生活、丰富的就业信息、公平的教育机会，该四项帮助需求占男性帮助需求的66.8%，占女性帮助需求的 63.3%。男女性仅在职业技能培训、规范的休假制度、平等的发展机会、其他帮助等少数几项帮助需求中有差异。研究发现男性较女性更急于在平等的发展机会和其他方面获得帮助,而女性更希望在职业技能培训、规范的休假制度等方面获得帮助,在法律援助和婚恋交友方面的帮助需求最低。

(六)"心理放松型"的减压方式总体上多于"身体运动型"的减压方式,男性比女性更偏好"身体运动型"减压,女性比男性更偏好"心理放松型"减压

面对男性、女性具有共性的主要压力来源和不同的困难选择,男女性在减压喜好方式方面是否存在差异?研究发现,男女性减压喜好方式大致相似,但稍有差异。根据减压喜好方式降序排列,男性依次为运动健身、读书(听歌或看电影)等、上网(玩电脑游戏)、参与旅行(登山)等户外活动、与他人交流或参与社交活动、医学治疗(针灸、按摩、药物治疗)等、其他、参与蹦极(跳伞)等激烈运动、书画(演奏、表演)等文艺创作;女性依次为读书(听歌或看电影)等、运动健身、与他人交流或参与社交活动、参与旅行(登山)等户外活动、上网(玩电脑游戏)、医学治疗(针灸、按摩、药物治疗)等、其他、参与蹦极(跳伞)等激烈运动、书画(演奏、表演)等文艺创作。其中,"身体运动型"〔包括"运动健身""参与旅行(登山)等户外活动""参与蹦极(跳伞)等激烈运动"三项因子〕的减压方式占男性减压喜好方式的 43.%,占女性的 37.4%,"心理放松型"〔包括"读书(听歌或看电影等)""上网(玩电脑游戏)""与他人交流或参与社交活动""书画(演奏、表演)等文艺创作"四项因子〕的减压方式占男性减压喜好方式的 50%,占女性的 56.3%,"医学干预型"〔包括"医学治疗(针灸、按摩、药物治疗)等"一项因子〕的减压方式占比总体较低(占 3.5%),男性为 3.7%,女型为 3.4%。

总体而言,男性和女性在面临压力的大小上有较大的不同,但在承压能力、压力来源、面临的问题及对帮助的需求方面差异不大,在次要方面存一定差异。在减压方式上,男性更倾向于"身体运动型"的减压方式,而女性的减压方式更倾向于"心理放松型"。

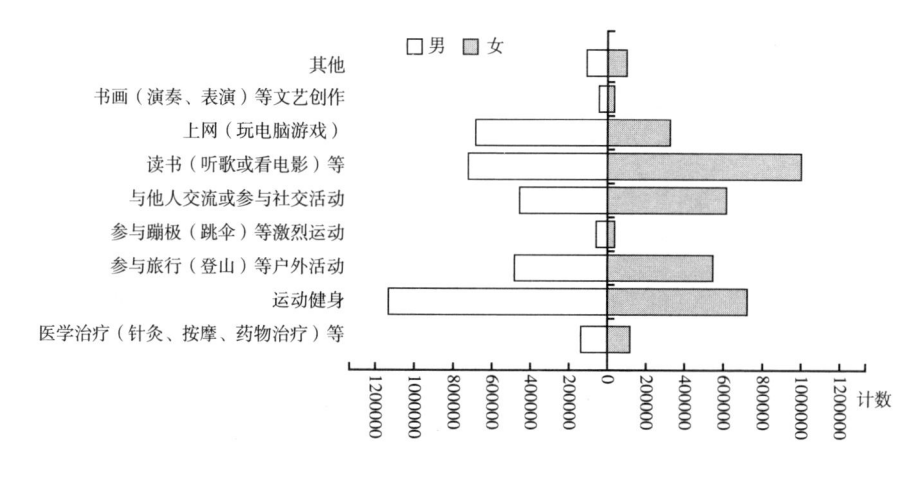

图 11　不同性别青少年的减压方式

二　北京市青少年压力状况：年龄视角

不同年龄阶段的青少年往往面临着不同的外部环境，因此年龄阶段也是考察不同青少年压力状况的重要因素。

（一）从年龄层次来看，自感压力强度总体随年龄递增而加大，30 岁和 33 岁青年是整个青少年群体中自感压力最大者，值得引起重视

从数据总体来看，北京青少年中自感压力非常大和较大者的组内占比随着年龄的降低而逐年递减，1981 年和 1984 年出生者在所有年龄段中自感压力非常大和较大的组内占比最高，分别达到 61.6% 和 60.1%，1998 年出生者自感压力非常大和较大的组内占比最低；自感没有压力和压力较小者的组内占比随着年龄的降低而平缓提高，在 1998 年出生者处达到峰值，比例达到 45.7%，而 1981 年和 1984 年出生者自感没有压力和压力较小的比例最低，仅有 30% 和 31.6%。自感压力适中者比例随年龄的增加而下降，1997 年出身者自感压力适中者比例最高，1979 年、1981 年和 1984 年出生者自感压力适中者比例最低。由此可见，30 岁和 33 岁北京青年群体是整个青少年群体中自感压力最大者，这与北京青年平均的结婚年龄和生子年龄大致吻合，也与 "三十而立" 的社会观念相关，值得引起高度关注。

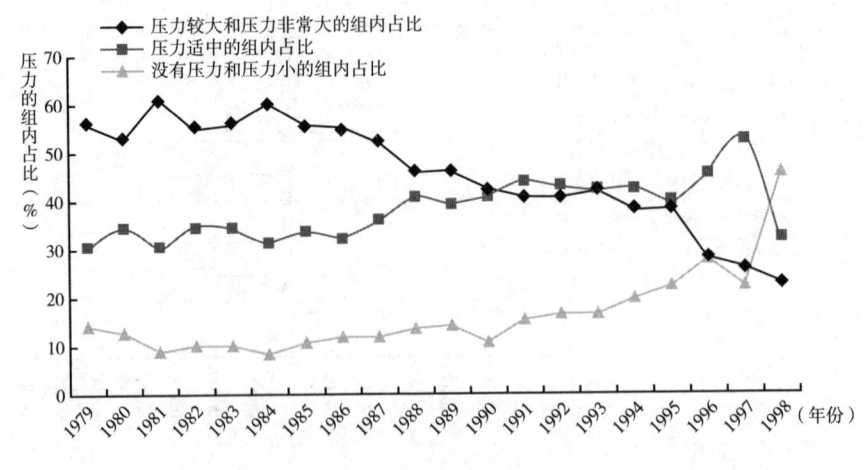

图 12　不同年龄段青少年自感压力分布

（二）北京青少年能承受压力普遍随着年龄增加而降低

从数据可见，"80 后"不太能承受和根本承受不了压力的总体比例普遍在 10% 以上，而"90 后"该比例则普遍降低至 8% 左右，但特别值得注意的是 1998 年龄段的北京市青少年不太能承受和根本承受不了压力的比例则高达 15.5%，是所有年龄段中承受压力能力最低的群体，该群体正处于备战高考的初始期，而处于高考备战末期和后高考时期的 1997 年龄段群体的这一数据则明显下降到 3%，可见压力承受强弱性与特定年龄群体之间呈现出明显的结构性和阶段性特征。另外，数据证明，越是年龄小，基本能够承受和完全能承受压力的总体比例越高，总体呈逐年递增趋势，1998 年龄段北京青少年基本能承受和完全能承受压力的总体比例（60.3%）高于 1980 年龄段（43.6%）近 17 个百分点。可见，有关部门特别应该采取积极措施重点用于提高高年龄段青少年的压力承受能力，同时对特定应考年龄群体采取常规性和固定性的心理减压调适措施。

（三）"80 后"北京青少年群体的压力主要来自经济、工作和生活/保障方面，"90 后"北京青少年的压力主要来源于学习、情感和心理方面

从年龄层面来看，经济方面的压力来源比重以 1985 年段和 1987 年段为双高点向两端递减分布，"80 后"在经济方面的压力来源比重较"90 后"总体偏

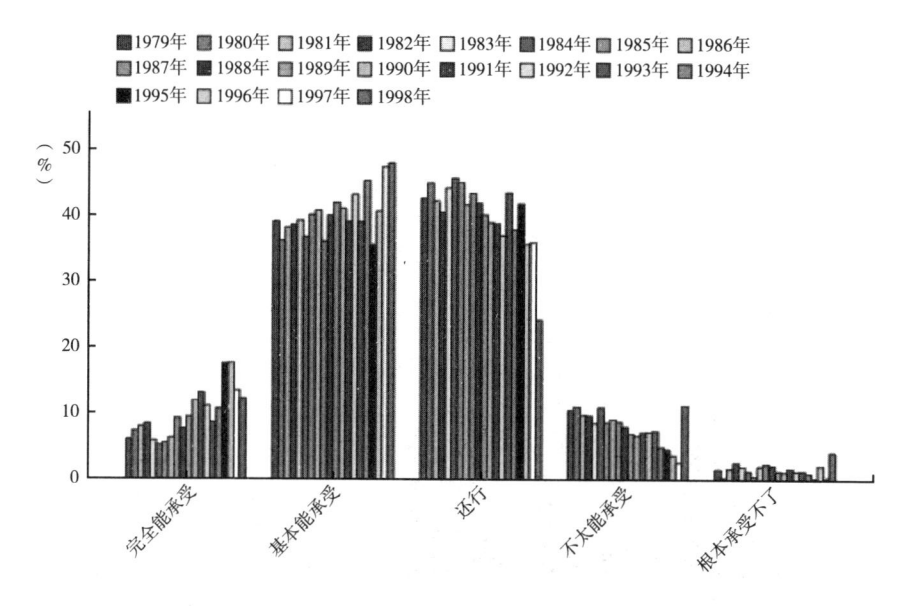

图13 不同年龄段青少年的承压情况

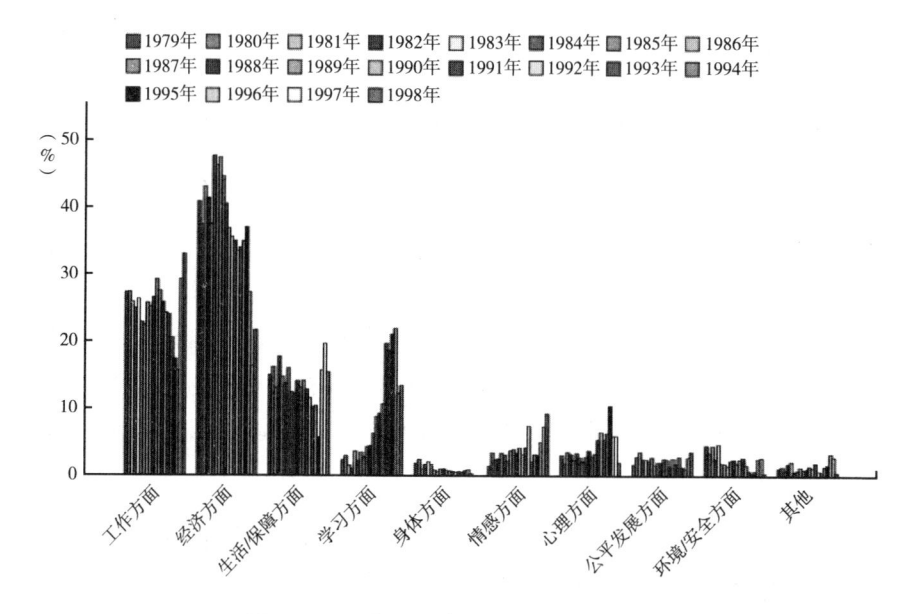

图14 不同年龄段青少年的压力来源情况

高;在工作方面和生活/保障方面,各年龄段总体上该两项压力来源比重状况相似,除1997年、1998年龄段群体外,"80后"工作压力来源比重总体较"90

后"高；在学习方面，则明显呈现出随着年龄递减，压力来源比重递增的趋势，"90后"学习压力来源比重远高于"80后"。需要值得注意的是，在情感方面和心理方面的压力来源方面，"90后"明显高于"80后"北京青少年群体。

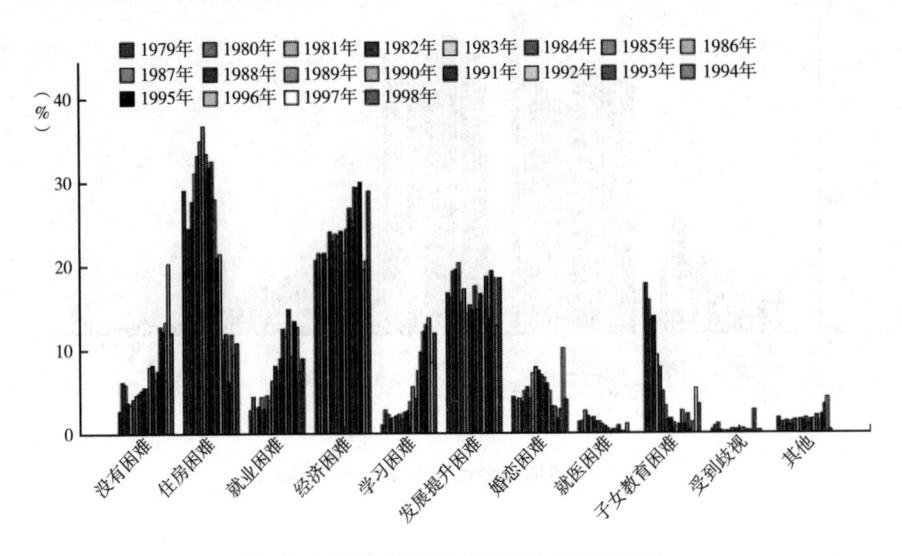

图15 不同年龄段青少年面临的主要困难

（四）"90后"低年龄段面临的困难主要集中于就业和学习，"80后"高年龄面临的困难则主要集中于婚恋、子女教育和就医，住房困难在1987年龄段达峰值呈两端递减

从数据来看，1987年龄段将住房作为一个主要困难选择高点，以1987年龄段为中心点住房困难选择向两端呈递减分布，就业困难和学习困难的选择主要集中在"90后"群体中，经济困难和没有困难的选择项随年龄降低总体呈递增趋势。值得注意的是，婚恋困难、子女教育困难和就医困难选择则主要聚集于高年龄段。

（五）在提高收入、医疗与社会保障、租金低廉的住房方面，北京青少年群体中的"80后"比"90后"更需要获得帮助；在稳定的生活、丰富的就业信息、学习辅导以及职业技能培训方面，北京青少年群体中的"90后"比"80后"更需要获得帮助

从年龄结构来看，提高收入、稳定的生活、丰富的就业信息以及职业

技能培训是各年龄段中需要获得帮助比例总体较高的几项。其中，"80后"明显比"90后"在提高收入方面最需要获得帮助，以1984年龄段和1987年龄段对提高收入方面的需求比重为最高峰值逐步向两端递减，1998年龄段的北京青少年将该项列为最需要获得帮助的比例最低，这也间接说明当前北京青少年在收入方面的紧迫性与年龄之间密切相关，以1984年、1987年龄段为代表的"80后"群体在经济收入方面的帮助需求明显大于"90后"群体；"90后"群体相较于"80后"群体更需要在稳定的生活、丰富的就业信息、学习辅导以及职业技能培训方面获得帮助，"80后"群体则在医疗与社会保障、租金低廉的住房等方面较"90后"群体更需要获得帮助。

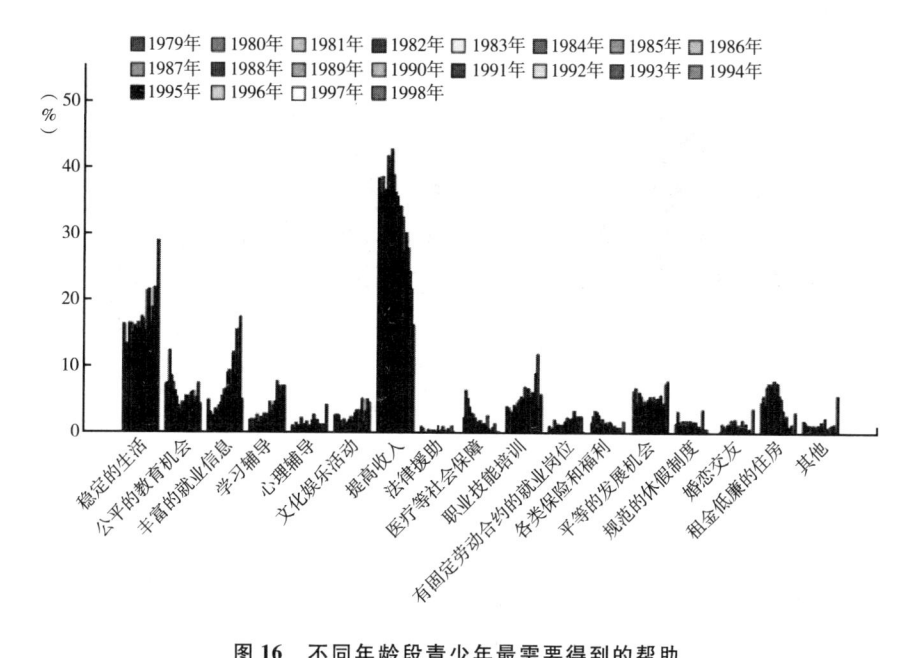

图16　不同年龄段青少年最需要得到的帮助

（六）"80后"和"90后"在减压方式的选择上存在差异："80后"较"90后"更多地选择旅行（登山）等户外活动、与他人交流或参与社交活动方面的减压方式，而"90后"较"80后"更多地选择读书（听歌或看电影）等、上网（玩电脑游戏）以及参与蹦极（跳伞）等激烈运动方面的减压方式

"80后"和"90后"在运动健身、书画（演奏、表演）等文艺创作以及其他等减压方式上的差异不大,而在参与旅行(登山)等户外活动、与他人交流或参与社交活动方面,"80后"明显较"90后"比重更高,相反,"90后"在读书(听歌或看电影)等、上网(玩电脑游戏)以及参与蹦极(跳伞)等激烈运动方面较"80后"选择比重更高。可见,在减压方式的选择上也体现出"80后"和"90后"之间的某些差异。

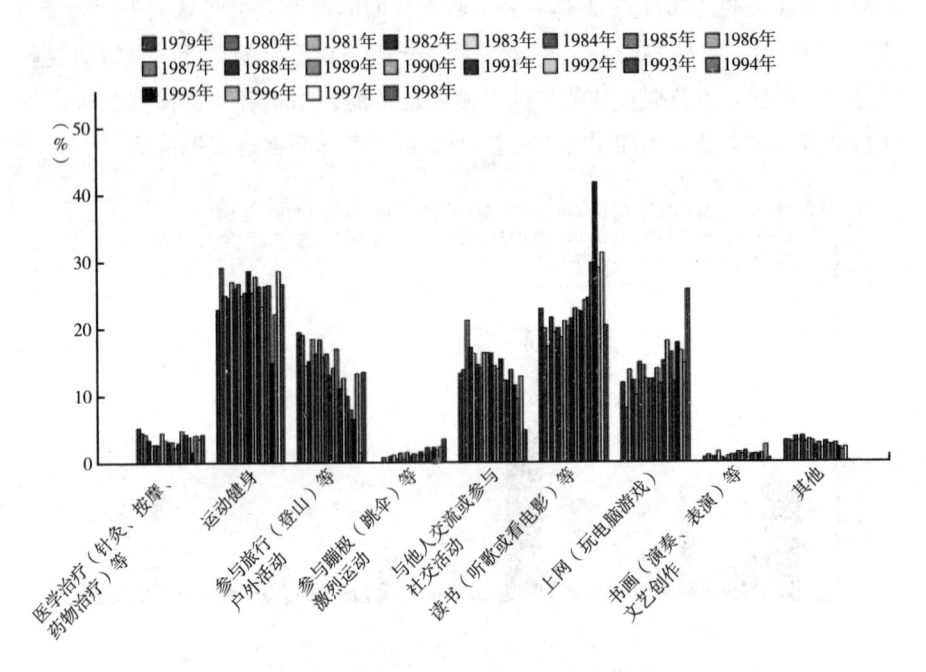

图17 不同年龄段青少年减压方式

整体来看,不同年龄阶段群体的压力状况有一定区别。随着年龄的增长,北京青少年的自感压力强度也不断增大,30岁和33岁是自感压力最大的群体。同时,对压力的承受能力则普遍随着年龄增加而降低,因此对于高年龄段青年的压力状况应当给予重视。"80后"北京青少年群体的压力主要来自经济、工作和生活/保障方面,"90后"北京青少年群体的压力主要来源于学习、情感和心理方面。"90后"群体面临的困难主要集中于就业和学习,"80后"群体面临的困难则主要集中于婚恋、子女教育和就医,也在住房这方面需要更多的帮助。在排解压力的方法上,"80后"较"90后"更多地选择参与旅行(登山)等户外活动、与他人交流或参与社交活动方面的减压方式,而"90后"较"80后"更多地选择读书（听歌或看电影）等、上网（玩电脑游戏）以及参与蹦极（跳伞）等激烈运动方面的减压方式，两者之间存在着一定差异。

三 北京市青少年压力状况：学历视角

持有不同学历的人面对压力时的感受、承受压力的能力、压力的来源、面对的困难、希望得到的帮助以及排解的方式是本部分关心的重点。

（一）从学历层次来看，以初中为中界，压力强度呈两端递增趋势，初中学历者自感压力强度最小，研究生学历者自感压力强度最大

研究发现，分别高达52%的本科（含双学位）学历者、52.9%的研究生学历者、46.9%的大专（含高职）学历者、47%的高中学历者和49.3%的小学学历者自认为压力较大和非常大，而只有39.3%的初中学历者自感压力较大。初中学历者自感压力适中的占比最高，高中学历者自感压力适中的占比最低。研究生学历者自感压力较小和没有压力的比例最低，仅为10.1%，低于本科学历者（11.2%）、大专学历者（14.4%）、高中学历者（17.2%）、初中学历者（21.2%）和小学学历者（12.2%），其中初中学历者认为压力小和没有压力的比例最高。

（二）研究生和本科生不能承受压力的比例最高，而小学学历者和初中学历者能够承受压力的比例最高

由数据可见，北京青少年的总体趋势是学历越高，不能承受压力的比重越大，如本科学历者（含双学位）和研究生学历者的不太能承受压力和根本承受不了压力的比重分别达到10.5%和11.2%，高于小学6.4%的比重；小学学历者基本能承受和完全能承受压力的比重最高，占该群体的58.3%，而本科和研究生学历者的该比例则只占各自群体的47.8%和47.9%。这很可能与他们的年龄阶段和面对的问题有直接的关系。故高学历者往往更需要积极的压力疏导和心理调适，特别是高学历者中存在一成不太能承受和根本承受不了压力的群体。

（三）不同学历层面的北京青少年在经济方面、工作方面、生活/保障方面、学习方面的压力来源比重各不一样

从学历层面来看，北京市青少年小学、研究生、大专（含高职）、本科

（含双学位）、初中、高中（含职高中专技校）不同学历者经济方面的压力负担来源比重由低到高依次递增；在工作方面，高中、初中、大专、本科、研究生、小学的压力负担来源比重由低到高依次递增；在生活/保障方面，研究生、初中、小学、高中、大专、初中学历者压力负担来源比重由低到高依次递增；在学习方面，研究生、小学、本科、高中、大专、初中学历者压力负担来源比重由低到高依次递增。

高学历者困难诉求度最高的集中领域为住房、发展提升、婚恋和子女教育方面；低学历者困难诉求度最高的集中领域为经济和就业方面。

北京市青少年中的研究生和本科学历者在住房方面的困难诉求度较高，研究生和本科学历者将住房困难列为最主要困难的比例高达36.6%和32.5%，这远远高于小学学历者的20.2%；在经济困难被列为主要困难的选项中，小学学历者依次高于高中、大专、初中、本科和研究生学历者，其中小学学历者的比例达38.4%，研究生的比例仅为16.7%；在发展提升方面，研究生和本科学历者的困难诉求度最高，小学和高中学历者的困难诉求度最低；在就业方面，初中和小学学历者将之列为最主要困难的比例较高，为10.1%和9.6%，而研究生和本科学历者该项的比例仅为3.2%和2.8%。另外值得注意的是，婚恋和子女教育方面也是研究生和本科学历者困难诉求度很高的方面。

（四）不同学历者在最需要的帮助方面具有明显差异，高学历者的帮助需求多集中于发展和精神层面，低学历者的帮助需求多集中于生存和物质层面

不同学历者在最需要的帮助方面具有明显差异：如初中学历者对稳定的生活、公平的教育机会、丰富的就业信息以及职业技能培训方面的需求都不同程度地高于其他学历者，对文化娱乐活动、提高收入、平等的发展机会、婚恋交友以及租金低廉的住房方面的需求又不同程度地低于其他学历者；小学学历者较其他学历者更希望在提高收入、职业技能培训、有固定劳动合约的就业岗位、医疗、法律援助等方面得到帮助；高学历者，如研究生学历者则在租金低廉的住房、平等的发展机会、规范的休假制度、婚恋交友、心理辅导、文化娱乐活动等方面较其他学历者拥有更多的需求。

（五）不同学历者有不同的减压方式偏好：高学历者较其他学历者更喜欢选择通过运动健身、与他人交流或参与社交活动的方式减压；低学历者，更喜欢通过参与旅行（登山）等户外活动、上网（玩电脑游戏）、医学治疗（针灸、按摩、药物治疗）等方式减压

不同学历者有不同的减压方式偏好，高学历者，以研究生为例，较其他学历者更喜欢通过运动健身、与他人交流或参与社交活动的方式减压，他们更少通过上网（玩电脑游戏）、参与蹦极（跳伞）等激烈运动和其他的减压方式减压，而低学历者，如小学学历者则更喜欢通过参与旅行（登山）等户外活动、医学治疗（针灸、按摩、药物治疗）等，初中学历者更喜欢通过上网（玩电脑游戏）和其他方式减压。

数据显示，初中学历者压力感强度最小，研究生学历者压力感强度最大，而研究生和本科学历者对压力的承受力也最差。相比来讲，高学历者面对的困难集中于住房、发展以及婚恋，而低学历者的诉求则集中于经济和就业层面，同时前者更需要发展和精神层面的帮助，后者则更需要生存和物质层面的帮助。就减压方式而言，高学历者更喜欢通过运动健身、与他人交流或参与社交活动的方式减压，低学历者则更偏向于户外活动、上网或医学治疗的方式。

四 北京市青少年的压力状况：户籍视角

在诸多区分不同青少年压力状况的视角中，户籍视角呈现出的差异性最大。

（一）首先持非农业户籍者压力大于持农业户籍者，持外地户籍者压力大于持北京户籍者

近五成（49.58%）的持外地非农业户籍者自感压力较大和非常大，持外地农业户籍者自感压力较大和非常大的比例次之，占47.08%，持北京非农业户籍者占45.18%，持北京农业户籍者所占比例最小，为38.83%。持北京农业户籍者自感压力为适中的比例最高，为42.9%，其次为持北京非农业户口者（39.36%），再次为持外地农业户籍者（37.99%），自感压力

适中比例最低的是持外地非农业户籍者（36.74%）。同样，持北京农业户籍者自感压力较小和没有压力的比例最高（18.28%），其次为持北京非农业户籍者（15.46%），再次为持外地农业户口者（14.94%），自感压力较小和没有压力比例最低的是持外地非农业户籍者（13.69%）。由此推断，北京青少年自感压力强度由高到低排序依次为持外地非农业户籍者、持外地农业户籍者、持北京非农业户籍者、持北京农业户籍者，其背后是"户口"和"土地"对北京青少年压力自感强度测量产生影响的结果。

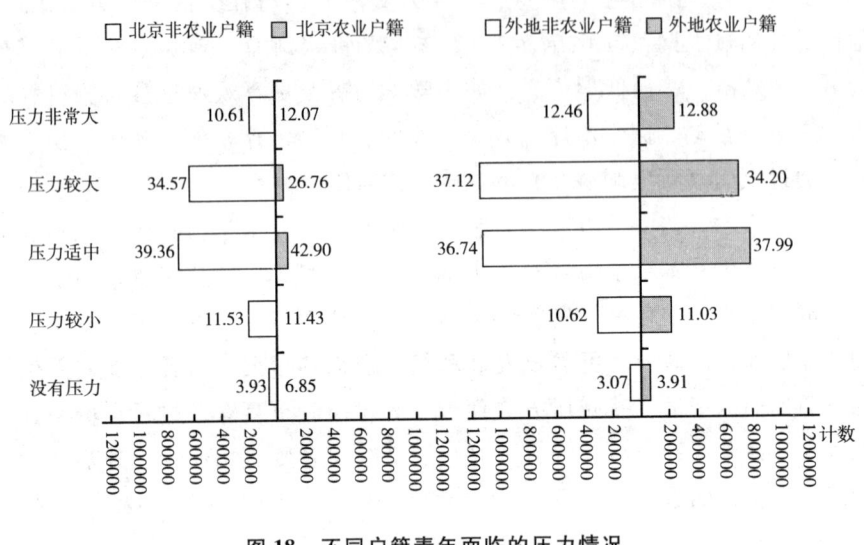

	北京非农业户籍	北京农业户籍	外地非农业户籍	外地农业户籍
压力非常大	10.61	12.07	12.46	12.88
压力较大	34.57	26.76	37.12	34.20
压力适中	39.36	42.90	36.74	37.99
压力较小	11.53	11.43	10.62	11.03
没有压力	3.93	6.85	3.07	3.91

图 18　不同户籍青年面临的压力情况

（二）尽管持北京农业户籍者自感压力最小，但不太能承受和根本承受不了压力的比例却最高，持北京非农业户籍者自感压力最大，但九成以上能够承受压力

在持有不同户籍的北京青少年中，持外地农业户籍者能够承受压力的比例最高，达到91.7%，其次是持北京非农业户籍者（90.5%），再次是持外地非农业户籍者（90.3%），最后是持北京农业户籍者（88.5%）。可见，尽管持北京非农业户籍者自感压力最大，但九成以上能够承受压力，且处于所有户籍类型中的偏上水平。持北京农业户籍者自感压力最小，但仍有11.4%的持北京农业户籍者自感不太能承受和根本承受不了压力，且是所有户籍类型中比例最高的。

北京青年压力状况研究报告

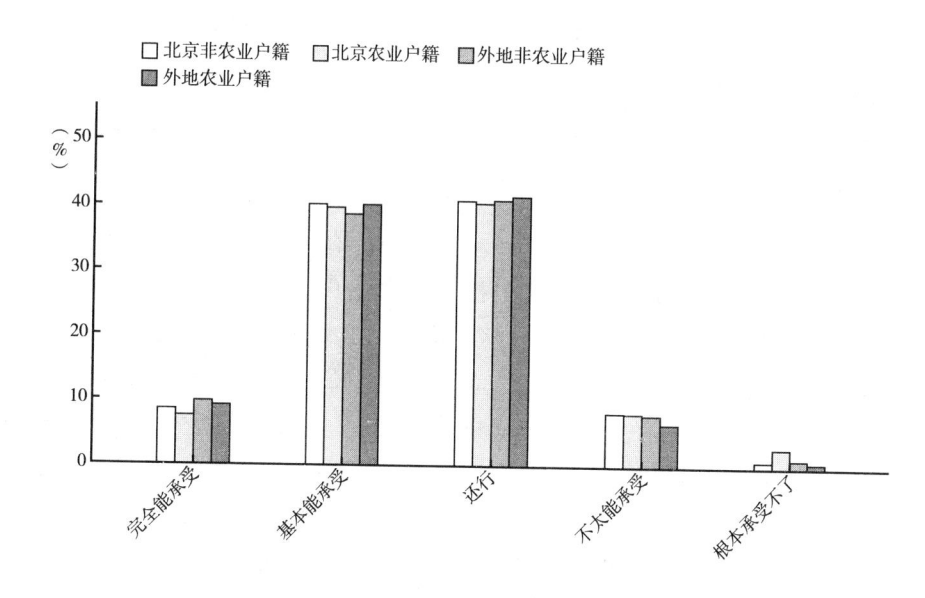

图 19 不同户籍青年的承压情况

表 3 当前压力的承受能力

单位：%

户籍分布	完全能承受	基本能承受	还行	不太能承受	根本承受不了
北京非农业户籍	8.7	40.6	41.2	8.3	1.2
北京农业户籍	7.8	40.0	40.7	8.2	3.2
外地非农业户籍	10.1	39.1	41.1	8.1	1.6
外地农业户籍	9.6	40.4	41.7	6.9	1.3

表 4 Pearson 卡方检验

户籍分布		对当前这些压力的承受能力
	x^2	13085.245
	df	12
	Sig.	.000[a,b]

（三）持有不同户籍的北京市青少年压力来源结构具有差异，在经济和学习方面，持外地户籍者的压力高于持北京户籍者；在工作方面，持非农业户籍者高于持农业户籍者；在生活/保障方面，则兼具地域和户籍类型的混合性

从压力来源最靠前的四个方面来看：①持有不同户籍青少年的压力来源的三成以上是经济方面，其中持外地农业户籍者的经济方面压力比重（42%）依次高于持外地非农业户籍者（39%）、持北京农业户籍者（37.3%）、持北京非农业户籍者（34.7%）；②工作方面的压力也占持有不同户籍青少年压力来源的两成以上，其中，持北京非农业户籍者的压力来源比重依次高于持外地非农业户籍者、持外地农业户籍者和持北京农业户籍者，分别占27.5%、24.3%、22.8%和21.8%；③一成以上的压力来源发端自生活/保障方面，其中，持北京农业户籍者的该压力来源比重最高，达14.8%，其他依次为持外地非农业户籍者（14.3%）、持外地农业户籍者（13.3%）和持北京非农业户籍者（10.6%）；④学习方面的压力也几乎占持有不同户籍青少年压力来源的一成左右，其中，持北京农业户籍者和持北京非农业户籍者在此方面的压力来源比重一致，均为10.5%，高于持外地非农业户籍者的8%和持外地农业户籍者的7.7%。

（四）当前最主要的困难选择，持外地非农业户籍者选择住房困难的比例最高，持外地农业户籍者选择经济困难的比例最高，而持北京非农业户籍者和持北京农业户籍者则分别在发展提升和就业方面的选择比例最高

从户籍角度看，在选择住房困难方面，持外地非农业户籍者所选比例最高，达到29.5%，依次为持北京非农业户籍者（22.3%）、持外地农业户籍者（22.1%），持北京农业户籍者在住房方面的困难度最低，为13.32%；在选择经济困难方面，由持外地农业户籍者（30.7%）、持北京农业户籍者（30.6%）、持北京非农业户籍者（21.7%）和持外地非农业户籍者（21.3%）依次递减；在选择发展提升困难方面，比重由持北京非农业户籍者、持外地非农业户籍者、持外地农业户籍者、持北京农业户籍者依次递减；持北京农业户籍者选择就业方面作为最主要的困难的比例最

高，达13.2%，其次为持外地农业户籍者、持外地非农业户籍者和持北京非农业户籍者。

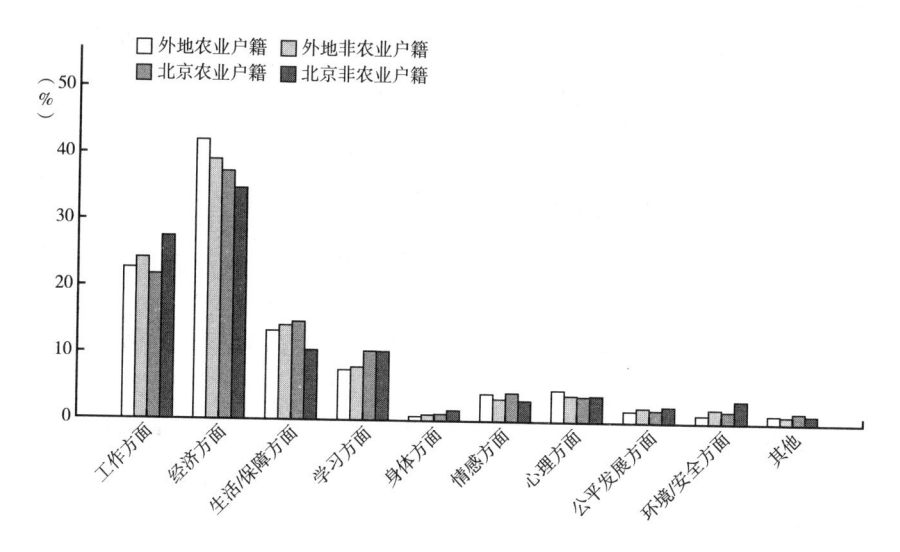

图20 不同户籍青年的压力来源

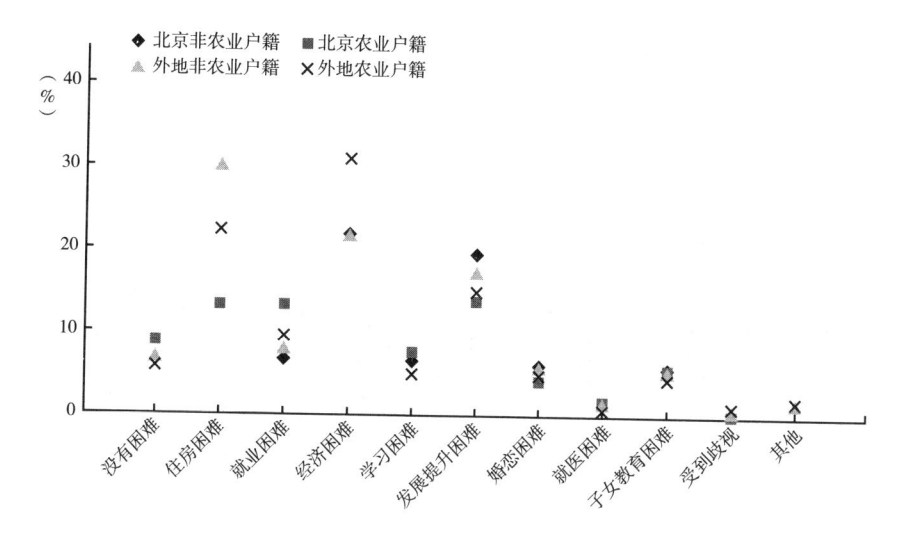

图21 不同户籍青年面临的主要困难

（五）持北京非农业户籍者较持其他户籍者更希望获得提高收入和获得平等的发展机会方面的帮助，持北京农业户籍者则多选择稳定的生活；持外地非农业户籍者较其他户籍持有者最紧迫的帮助需求是公平的教育机会和租金低廉的住房，持外地农业户籍者则在职业技能培训方面的帮助需求比其他群体更为迫切

从户籍角度来看，北京青少年中持北京非农业户籍者在提高收入、平等的发展机会以及规范的休假制度方面的帮助需求大于持北京农业户籍者、持外地农业户籍者和持外地非农业户籍者，持北京农业户籍者在稳定的生活、丰富的就业信息、心理辅导、有固定劳动合约的就业岗位、法律援助以及医疗等社会保障方面所需要的帮助比其他户籍拥有者更迫切，持外地非农业户籍者较其他户籍持有者最紧迫的帮助需求是公平的教育机会和租金低廉的住房，持外地农业户籍者则在职业技能培训方面的帮助需求比其他群体更为迫切。

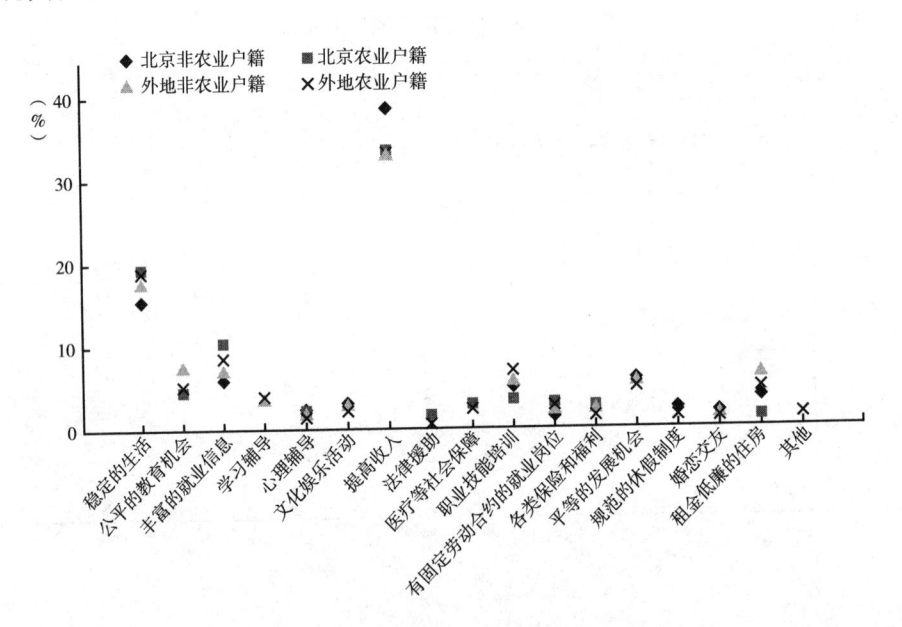

图 22　不同户籍青年最需要得到的帮助

（六）不同户籍拥有者有不同的减压方式，持北京非农业户籍者中选择运动健身的比例最高，偏好性的减压方式体现出外地农业户籍者"最宅"

持北京非农业户籍者较其他户籍拥有者更多地选择了运动健身、参与旅行（登山）等户外活动、与他人交流或参与社交活动的减压方式，他们最少选择参与蹦极（跳伞）等激烈运动和其他方面的减压方式；持北京农业户籍者较其他户籍拥有者更多地选择了上网（玩电脑游戏）、参与蹦极（跳伞）等激烈运动的减压方式，他们最少通过读书（听歌或看电影）的方式减压；持外地非农业户籍者选择医学治疗（针灸、按摩、药物治疗）等和其他方面的减压方式减压，该比例较其他户籍拥有者更高，通过上网（玩电脑游戏）减压的比例最小；持外地农业户籍者选择读书（听歌或看电影）减压的比例远远高于其他户籍拥有者，他们更愿意通过书画（演奏、表演）等文艺创作减压，该群体最少通过运动健身、与他人交流或参与社交活动、参与旅行（登山）等户外活动的方式减压，事实上，从减压方式的偏好可以看出他们是北京青少年所有户籍持有者中"最宅"的群体。

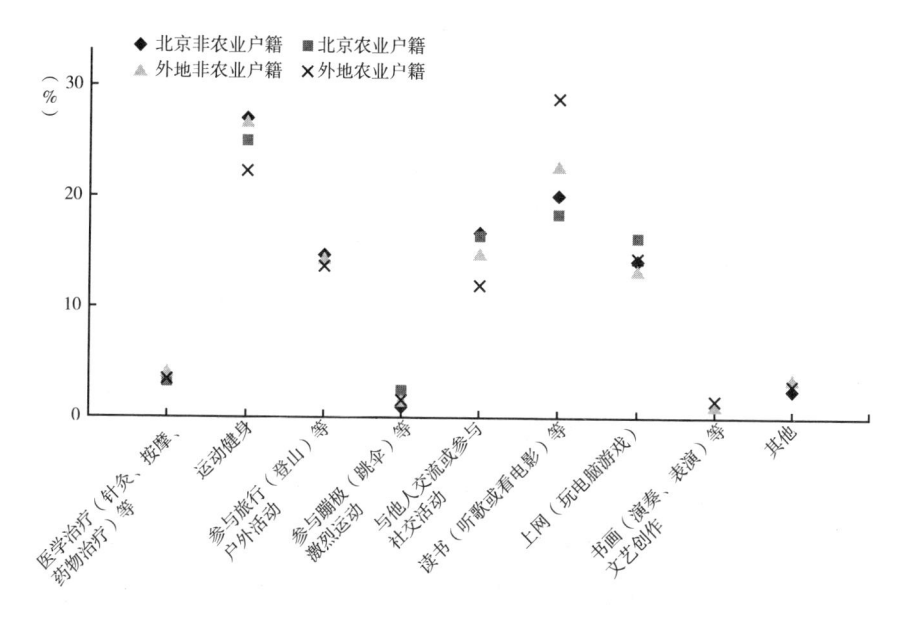

图 23　不同户籍青年的减压方式

按户籍分析，持非农户籍者所受压力大于持农业户籍者，而持外地户籍者所受压力大于持北京户籍者；在承受压力的能力方面，压力较大的人群对压力的承压能力也普遍较强；在压力来源结构方面，持外地户籍者偏重于经济和学习，而持非农业户籍者则偏重于工作；在当前最主要的困难选择中，持外地非农业户籍者、持外地农业户籍者、持北京非农业户籍者和持北京农业户籍者分别侧重于住房困难、经济困难、发展提升困难和就业困难，同时各人群希望获得的帮助也与他们当前主要的困难基本对应。持北京非农户籍者最喜欢通过运动健身方式排解压力，而持外地农业户籍者则更加倾向于通过读书（听歌或看电影）、书画（演奏、表演）等文艺创作排解压力，这很可能与其在京缺少人际网络有关。

五　北京市青少年压力状况：职业视角

最后，职业也是区分不同青少年压力状况的重要因素。

（一）中层管理人员和专业技术人员的自感压力强度最大，单位负责人认为压力适中的比例最高

研究发现，自感压力大的职业群体由高到低排序为：中层管理人员（54.8%）、专业技术人员（54%）、办事人员（48.9%）、一线工作人员（48.3%）、临时工作人员（43.7%）、单位负责人（40.2%）、其他（36.6%）。可见，中层管理人员和专业技术人员是所有调研职业群体中自感压力较大和非常大比例最高的群体，达到五成以上，高于职业群体均值（48.8%），其他职业群体是自感压力较大和非常大比例最低的。压力适中的职业群体比例由高到低排序为：单位负责人、办事人员、其他、一线工作人员、临时工作人员、专业技术人员和中层管理人员，其中，超过四成的单位负责人认为压力适中。其他职业群体自感压力较小或没有压力的比例最高，达25%，专业技术人员的该比例最低。

（二）各职业类型群体压力承受能力的结构总体类似，中层管理人员完全能承受和基本能承受压力的比重最高，单位负责人不太能承受压力的比重最高，其他和临时工作人员根本承受不了压力的比重最高

各职业类型群体压力承受能力的结构总体类似，没有特别明显的差异，

临时工作人员和其他人员根本承受不了压力的比重最高，分别为2.9%和2.8%，而单位负责人根本承受不了压力的比重最低，为0.2%，但不太能承受压力的群体比重中单位负责人最高，达9.6%，临时工作人员和其他人员的比重较低，分别为7.6%和5.4%。中层管理人员完全能承受和基本能承受压力的比重最高，为54.2%，一线工作人员该比重最低，仅为45.1%。

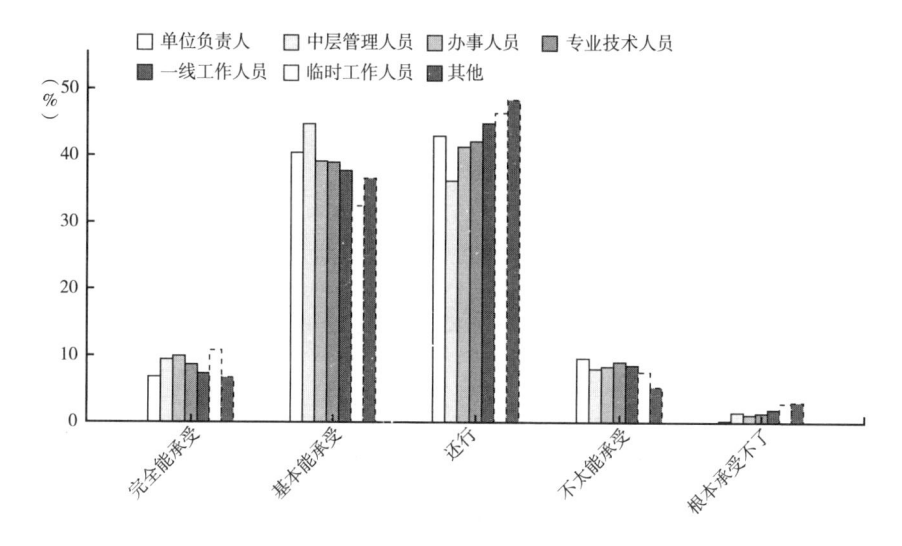

图24　不同职业青年的承压情况

（三）单位负责人的经济方面的压力来源比重低，但在工作方面和生活/保障方面的压力来源比重高；临时工作人员和其他人员在学习方面的压力来源比重高，必要的学习压力强度对于中层管理人员而言是必要的

从职业层面来看，单位负责人的经济方面的压力来源比重远低于其他职业群体，一线工作人员和专业技术人员的经济方面的压力来源比重最高；单位负责人工作方面的压力来源比重最高，不仅高于该职业群体内部的其他压力来源项，而且还远高于其他职业群体，其他职业群体依次为中层管理人员、办事人员、专业技术人员、一线工作人员、临时工作人员和其他人员；在生活/保障方面单位负责人的压力来源比重最高，而临时工作人员在生活/保障方面的压力来源比重最低，这与生活/保障方面的高质量要求

相关；而临时工作人员和其他人员在学习方面的压力来源比重较高，这与临时工作人员和其他人员所处的工作状态有关，只有不断提高学习水平和综合能力才能使他们逐渐摆脱高压和不安定的工作状态，而中层管理人员在学习方面的压力来源比重最低，必要的学习压力强度对于该职业群体而言是必要的。

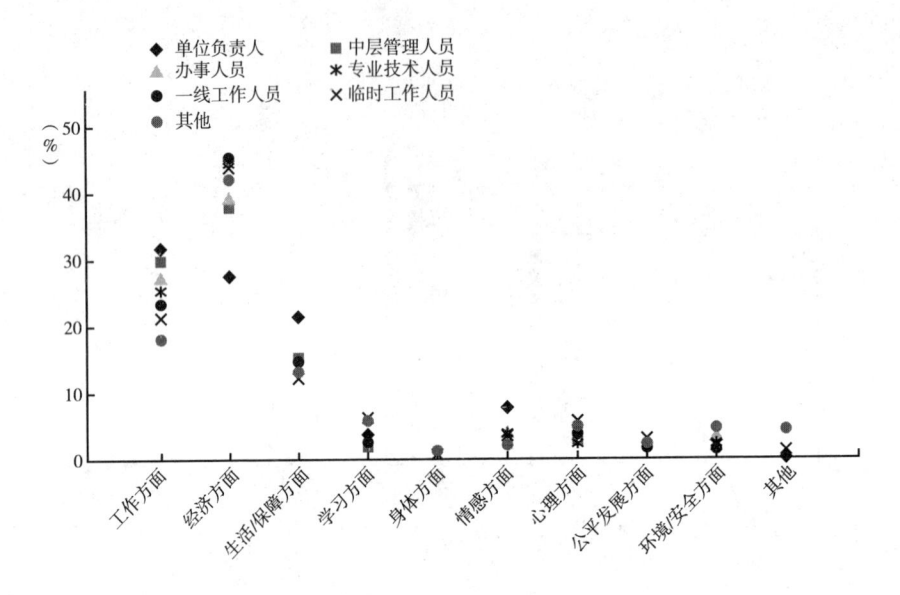

图 25　不同职业青年的压力来源

（四）临时工作人员和一线工作人员的困难集中于经济和就业层面，专业技术人员集中于住房和发展提升方面，单位负责人在婚恋和子女教育方面较其他职业群体困难集中度更高

在住房方面，临时工作人员的困难诉求最少，他们最大的困难集中于就业和经济方面。专业技术人员在住房方面的困难诉求最多，在就业困难方面诉求最少，仅有2.8%的人将之作为当前面临最主要的一个困难，有19.5%的专业技术人员选择了发展提升方面的困难，这也高于其他职业群体。一线工作人员当前最主要的一个困难选择集中在经济困难，其比例达到31.1%，仅次于临时工作人员在此选择项上的比例（31.2%）。单位负责人在婚恋和子女教育方面的困难较其他职业群体更集中。

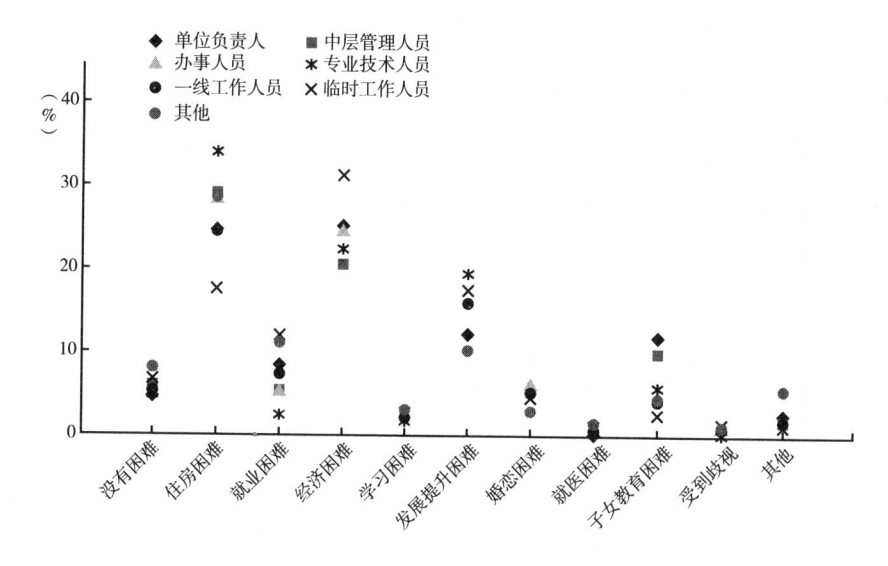

图26 不同职业青年面临的主要困难

（五）不同职业类型具有明显不同的帮助需求强度：临时人员最需要的帮助需求更直接地与工作岗位和劳动相关；专业人员则在日常生活方面的需求较多；管理者和领导者在社会保障和个体发展方面的需求最多

从不同的职业类型来看，单位负责人在提高收入方面的帮助需求较其他职业类型者少，但在公平的教育机会、医疗等社会保障以及法律援助方面的帮助需求较其他职业类型者多；办事人员在稳定的生活方面的帮助需求最少，但在提高收入、职业技能培训、文化娱乐活动以及婚恋交友方面的帮助需求较其他职业类型群体多；专业技术人员在丰富的就业信息方面的帮助需求最少，但在租金低廉的住房和提高收入方面的帮助需求较其他职业类型群体多；一线工作人员较其他职业类型群体最需要在平等的发展机会和规范的休假制度方面获得帮助；临时工作人员和其他人员具有总体的相似性，他们较其他职业类型群体更需要在稳定的生活、丰富的就业信息、有固定劳动合约的就业岗位等方面获得帮助；中层管理者较其他职业群体而言其各种帮助需求类型都处于中间水平。

（六）不同的职业类型具有不同的减压偏好，单位负责人较其他职业类型群体更多地选择医学治疗（针灸、按摩、药物治疗）等和参与蹦极（跳伞）等激烈运动方式减压；临时工作人员则较其他职业类型群体更多地选择通过读书（听歌或看电影）的减压方式

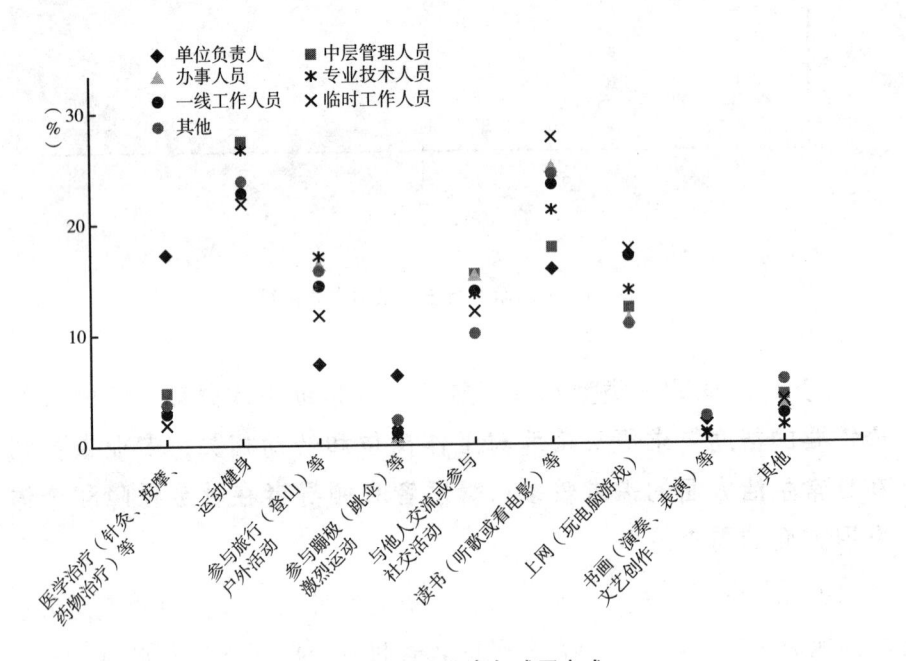

图 27 不同职业青年减压方式

单位负责人通过医学治疗（针灸、按摩、药物治疗）等减压和参与蹦极（跳伞）等激烈运动方式减压的比例远远高于其他职业类型群体，他们是所有职业群体中最少通过参与旅行（登山）等户外活动、读书（听歌或看电影）减压的群体；中层管理人员和专业技术人员通过运动健身减压的比例最高，另外，专业技术人员还是所有群体中通过参与旅行（登山）等户外活动减压比例最高的；临时工作人员是其他职业类型群体中通过读书（听歌或看电影）减压比例最高的；办事人员的各项减压方式的比例都处于职业类型群体中的中间位置。

从职业类型的角度来看，中层管理人员和专业技术人员的自感压力强度最大，而单位负责人认为压力适中的比例最高；在压力承受能力方面，中层管理人员的承压能力较强,而单位负责人、临时工作人员和其他人员的承压能力较差;在压力来源方面,单位负责人的压力主要来自工作和生活/保障,临时工作人员和其他人员则主要来自学习;在当前最主要的困难选择中,临时工作人员和一线工作人员集中于经济和就业,专业技术人员集中于住房和发展,而单位负责人则集中于在婚恋和子女教育,各职业类型群体需要的帮助也基本与他们面临的主要困难相对应。从排解方式上看,单位负责人较其他职业类型群体更多地选择医学治疗(针灸、按摩、药物治疗)等和参与蹦极(跳伞)等激烈运动减压;临时工作人员则较其他职业类型群体更多地选择通过读书(听歌或看电影)的方式减压。

第三部分:政策建议

在明确北京市青少年总体压力的状况下,政府应在住房、就业、稳定生活、提高收入以及减压方式上采取积极措施,具体开展明确的减压工作。

针对当前北京市青少年总体压力主要源自经济方面和工作方面,面临的最大困难在住房方面和经济方面,最需要在提高收入、稳定的生活和就业信息方面获得帮助的现状,政府应将对北京青少年减压工作的重点明确聚焦到与经济、工作方面相关的帮助,采取具体措施:如在住房方面,提供数额更为充足的经济适用房和廉住房、降低租房价格、提供必要的政府性租房补贴;在就业方面,通过强化政府监管,降低市场成本,开发成本更低的就业信息网络和平台服务于青少年就业者,积极鼓励技术创新,创造更多的适合北京青少年就业的岗位,在提高青少年整体收入水平的同时严控通货膨胀;在稳定生活方面,应进一步规范劳动用工制度、建立覆盖面更广和更为灵活的社会救济和社会援助平台、不断拓展北京共青团组织和社会公益组织面向青少年日常生活的减压覆盖面,特别是面向高年龄段青少年群体的减压覆盖面,另外提供更多的公共健身场所(需要配备高覆盖率的专业指导)、公共图书馆(建立多元化的学习型社区)和社交网络(通过政府购买服务培育更多的社会性学习圈和兴趣组)以满足青少年喜好的减压方式需求。

针对北京市青少年内部立体化的复杂压力特征,应根据群体内不同层次和不同类型的压力状况开展有效的针对性减压工作。

从性别来看,超过一半的男性感觉压力较大或非常大,四成女性认为压力适中，男性的自感压力强度总体大于女性，在承压能力和压力来源结构上男女性相似，男性更倾向于"身体运动型"减压方式，而女性更倾向于"心理放松型"。因此，针对男女性的减压方式应该有所区别。

从年龄来看，北京青少年的自感压力强度随年龄的增长而不断加大，而承压能力则随着年龄的增长反而降低，因此对于30岁和33岁这批北京青少年中自感压力强度最大的年龄群体，政府应给予高度重视，将更多的减压工作重点转到对这个年龄段的关注上。

从学历来看，高学历者主要面对的困难集中于住房、发展以及婚恋，而低学历者的诉求则集中于经济和就业层面，同时前者更需要发展和精神层面的帮助，后者则更需要生存和物质层面的帮助。就减压方式而言，高学历者更喜欢通过运动健身和与他人交流或参与社交活动的方式减压，低学历者则更偏向户外运动、上网或医学治疗的方式。因此，政府对于不同学历层次的青少年所采取的减压工作重点需要有所区分，其中高学历者往往更需要积极的压力疏导和心理调适。

从户籍来看，它是北京青少年群体中压力特征差异性最大的分类指标，如持外地户籍者的压力来源偏重于经济和学习，而持非农业户籍者则偏重于工作；持非农业户籍者所受压力大于持农业户籍者，而持外地户籍者所受压力大于持北京户籍者，持北京非农业户籍者最喜欢通过运动健身的方式排遣压力，而持外地农业户籍者则更加倾向于读书（听歌或看电影）等、书画（演奏、表演）等文艺创作等方式排解压力，由此可见，政府对于不同户籍者需要采取不同的政策关注，例如对于持外地非农业户籍者需要给他们提供公平的教育机会和租金低廉的住房，对于持外地农业户籍者则需要在职业技能培训方面提供更多的帮助，通过建构都市熟人网络等使其摆脱单调的减压方式。

从职业来看，中层管理人员和专业技术人员的自感压力强度最大；在压力承受能力方面，中层管理人员的承压能力较强，而单位负责人、临时工作人员和其他人员的承压能力较差；应该采取更多的措施帮助临时工作人员和其他人员克服在学习方面的困难，他们最需要的帮助更直接地与工作岗位和劳动相关，中层管理人员则需要必要的学习压力强度；对于专业人员则应该在日常生活方面给予更多的帮助，而对管理者和领导者则需要政府在社会保障方面提供更多的支持。

北京青年团组织覆盖状况研究报告

田　丰[*]

　　青年是推动中国现代化经济建设和社会发展的新生力量和主力军，青年群体的成长与发展一直是党和国家以及社会各界关注的重要问题。中国共青团是中国共产党领导的青年群众组织，是中国共产党的得力助手和可靠后备军，作为中国共产党和政府联系青年群众的桥梁与纽带，在历史上发挥了重要作用。但随着经济转型、社会转轨，在市场化、工业化、城镇化的推动下，面对全球化背景下社会思潮的多元化发展趋势，共青团组织面临着各种各样的现实困难和未来挑战。从现实工作的角度来看，共青团基层团组织出现空壳化趋势，对青年群体的组织覆盖面趋于减小，团组织的凝聚力减弱，对社会以及对青年群体的影响力式微，组织、服务和团结青年的手段相对滞后等。其原因在于在经济社会快速发展的过程中，传统的依托计划经济组织单位的共青团职能定位已经滞后于经济社会发展的需求，难以适应新时期青年发展的需要，原有的组织、服务和引导青年群体的职能难以发挥。因此，在社会转型期对共青团组织重新定位，推进团组织的职能转变、战线转移、组织转化，增加新时期团组织自身的凝聚力，重塑新时期共青团形象，是当前共青团组织最为迫切的重要任务。本研究正是在此背景之下，针对团组织的职能转变、战线转移、组织转化的议题，使用北京市青年大调查数据，对北

---

[*] 田丰，中国社会科学院社会学研究所副研究员，青少年与社会问题研究室副主任。

京市青年人口的团组织覆盖现状和问题的研究分析，进而提出相应的对策建议。

一　团组织覆盖的现状和问题

根据北京市青年大调查的问卷设计，有两道题目可以用于分析青年团组织的覆盖状况，其中第一道题是："您所在的单位（学校）里有没有共青团组织？"选项有三个，分别是"有""没有"和"不知道"。第二道题是："您参加过团组织的活动吗？"选项有三个，分别是"经常参加""偶尔参加"和"没有参加过"。根据这两道题，本研究分析北京市青年群体中的团组织覆盖状况。

（一）团组织总体覆盖率比较高，但组织活动参与率偏低

从北京市青年大调查的数据分析结果来看，单位或者学校中有共青团组织的比例比较高，有64.16%的被调查青年的单位或者学校有共青团组织，只有22.52%的被调查青年的单位或者学校没有共青团组织，还有13.32%的被调查青年不知道自己所在的单位或者学校是否有共青团组织。考虑到调查组织实施的方式主要是依靠团组织系统执行，从调查设计的角度看，既然是团组织依靠团系统进行的调查，那么所有的被调查青年应该都是团系统能够接触到的人，因而，64.16%这个数值具有比较特殊的意涵。一方面从现实状况来看，这个数值可能与真实的团组织覆盖情况有所偏差，比真实的团组织覆盖率要更高；另一方面，确实是团组织影响力偏低的结果，其原因在于团系统组织的调查中应当所有的被调查青年都与团组织能够接触到，应该是100%都知道团组织的存在，而调查结果却只有64.16%，这意味着被调查青年已经被团组织的调查者接触了，却不知道团组织的存在，这也说明新时期团组织在覆盖方面所呈现的问题。

虽然从调查的团组织覆盖率来看是比较高的，但从参与团组织活动的情况来看，参与率却是相对比较低的，被调查青年中只有16.72%的人经常参加团组织活动，有39.94%的人偶尔参加团组织的活动，有43.34%的人没有参加过团组织活动。团组织活动的参与率明显低于团组织的覆盖率，这里有两种可能：一种可能是没有团组织或者团组织没有组织活动，青年也就无从参与，另一种是团组织组织了活动，青年不愿意参与。这两种可

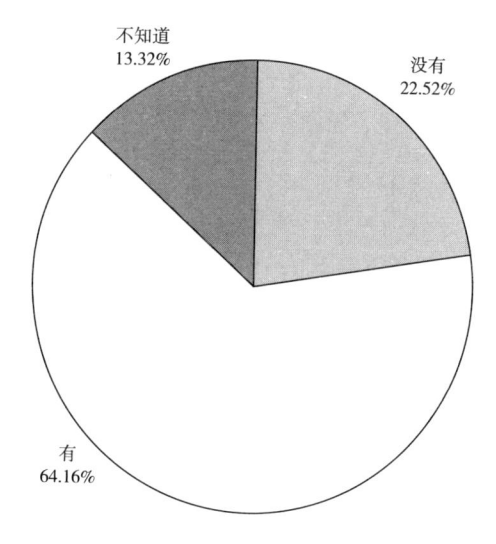

图1 对单位（学校）共青团组织的了解情况

能背后的逻辑是组织覆盖率与活动参与率的关系，直白地讲就是组织能否带动青年参与活动。但无论是哪一种可能性，都是团组织激发青年参加活动能力下降的印证。

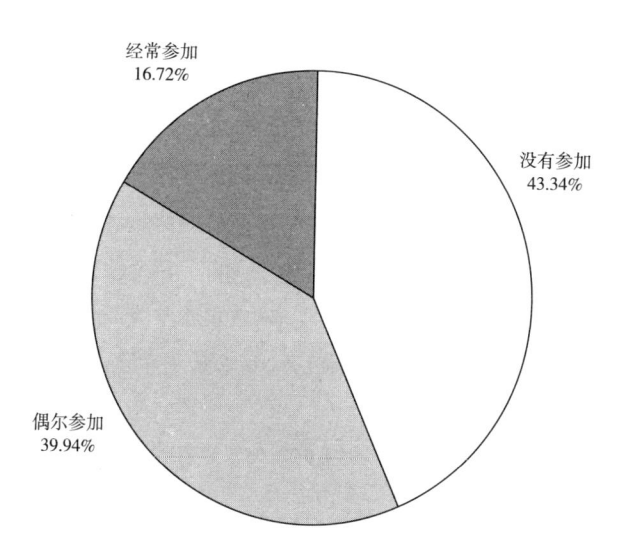

图2 团组织活动的参与状况

从组织存在与活动参与的关系来看，单位或者学校中有团组织覆盖的被调查青年参与组织活动的可能性要大很多。所在单位或者学校中有团组织的被调查青年经常参加团组织活动的比例为 34.9%，而所在单位或者学校中没有或者不知道是否有共青团组织的被调查青年经常参加团组织活动的比例分别为 1.6% 和 3.7%，这意味着团组织的覆盖能够带动青年参与活动。但从另外一个方面来讲，即便是有团组织，也有 23.7% 的被调查青年没有参加过团组织的活动，有超过一半即 51.5% 的被调查青年只是偶尔参加团组织的活动。这说明事实上上述两种可能是同时存在的，一方面团组织覆盖不足，导致青年没法参与活动；另一方面，即便是有团组织，青年也没有积极地参加互动。从此角度来看，组织覆盖与活动参与应该是相互促进的关系。

表1 团组织覆盖与参与活动之间的关系

单位：%

所在的单位(学校)里是否有共青团组织	参加团组织的活动情况		
	没有参加	偶尔参加	经常参加
没有	78.9	19.5	1.6
有	23.7	51.5	24.9
不知道	77.5	18.8	3.7
总体	43.3	39.9	16.8

（二）团组织覆盖率稳定，但活动参与率随年龄的增长趋于下降

从调查结果来看，北京市青年团组织的覆盖状况在各个年龄组之间的差异不大，在 16~19 岁年龄组的覆盖率最高，达到 66.2%，在 20~24 岁年龄组、25~29 岁年龄组和 30~35 岁年龄组的覆盖率都超过了 62%，与最高组差异不大。从组织覆盖的角度来看，年龄组之间的差异可以忽略不计，这说明北京市团组织覆盖面兼顾了各个年龄组的青年人群。

表2 不同年龄组的团组织覆盖状况

单位：%

年龄组	没有	有	不知道
16~19 岁	22.9	66.2	10.8
20~24 岁	22.3	64.8	12.9
25~29 岁	22.8	62.6	14.6
30~35 岁	22.4	64.2	13.4

根据以往的研究经验，随着青年人群年龄的增加，团组织活动参与率趋于下降，北京市青年大调查的数据分析结果也证明了这一点，16~19岁年龄组没有参与团组织活动的比例最低，为37.9%；20~24岁年龄组没有参与团组织活动的比例为40.0%；25~29岁年龄组没有参与团组织活动的比例为43.6%；30~35岁年龄组没有参与团组织活动的比例最高，为49.1%。与团组织在各个年龄组之间的覆盖率几乎没有差别相比，不同年龄组参与团组织活动的差异是明显的，呈现出随着年龄的增加而不断下降的趋势。其中的原因显然与团组织的覆盖没有关系，而是与大龄青年自身的状况有关。大龄青年团组织活动参与率低的原因一方面是由于工作和生活的原因减少了参加团组织活动的时间；另一方面可能是团组织活动本身也与青年发展的需求出现了不一致的状况。

表3 不同年龄组的团组织活动的参与状况

单位：%

年龄组	没有参加	偶尔参加	经常参加
16~19岁	37.9	44.8	17.3
20~24岁	40.0	42.0	18.0
25~29岁	43.6	39.5	16.9
30~35岁	49.1	36.2	14.7

（三）机关事业单位覆盖率高，非公单位青年处于工作盲区

由于受到经济转轨和社会转型的影响，非公单位成为青年就业的主渠道，而传统的计划经济时代中以公有制单位为依托的团组织覆盖模式很难直接套用到非公单位中去，因此从组织覆盖率来看，公有制单位的组织覆盖率明显要高，中央党政机关和事业单位青年、大学青年教师和中小学青年教师、大学生的团组织覆盖率均超过了93%，而市级党政机关和事业单位青年的团组织覆盖率略低，但也接近90%。公有经济从业青年（含中央企业）的团组织覆盖率为80.2%。而非公经济从业青年的团组织覆盖率明显偏低，中央社会组织青年的覆盖率为59.8%，社会组织青年的覆盖率为62.9%，农业青年的覆盖率为68.2%，非公经济从业青年的团组织覆盖率仅为46.0%。由此可见，从团组织的覆盖率来看，公有制单位比非公有制单位要高，机关事业单位比企业单位要高，其特

点与计划经济时代组织的保留程度相关，保留程度越好的单位，团组织的覆盖率就越高。

表 4　不同单位类型的青年团组织覆盖率

单位：%

单位类型	对所在的单位（学校）里是否有共青团组织的认识情况		
	没有	有	不知道
中央党政机关和事业单位青年	2.5	94.5	3.0
中央社会组织青年	29.0	59.8	11.2
市级党政机关和事业单位青年	5.4	89.6	5.0
公有经济从业青年（含中央企业）	10.7	80.2	9.1
非公经济从业青年	35.2	46.0	18.8
社会组织从业青年	26.4	62.9	10.7
农业青年	17.9	68.2	13.9
大学青年教师、中小学青年教师	3.7	93.2	3.1
大学生	2.5	93.9	3.6

团组织活动的参与率情况与组织覆盖情况比较相似，国家机关和事业单位的青年参与团组织活动的比例较高，而企业青年参与团组织活动的比例较低，公有制单位的青年参与团组织活动的比例极高，而非公有制单位的青年参与团组织活动的比例较低。但需要注意的是，即便是在北京市青年大调查中团组织覆盖率最高的单位类型中，经常参与团组织活动的青年群体比例也不过是1/3左右，比如大学生、中央党政机关和事业单位青年等等，这说明团组织虽然能够提高青年参与活动的比例，但是提高的程度是相对有限的。再考虑到一些单位中参与团组织活动带有一定的强制性，比如大学生，那么团组织的活动对青年人群的吸引力显然是相对较弱的，或者说，即便有团组织，其能力也呈现出明显的不足。

表 5　不同单位类型的青年团组织活动参与状况

单位：%

单位类型	是否参加过团组织的活动		
	没有参加	偶尔参加	经常参加
中央党政机关和事业单位青年	18.7	50.0	31.3
中央社会组织青年	46.5	41.1	12.4
市级党政机关和事业单位青年	22.0	47.8	30.1
公有经济从业青年（含中央企业）	32.6	46.8	20.6

个宏观层面的变量，比如是否在一个单位中建立团组织往往不是个人意志所能够决定的，而是机构与组织之间协调的结果，因此，对团组织覆盖的分析实际上与个人之间的分析关系并不紧密，而北京市青年大调查数据是个案数据，使用个案数据来分析团组织覆盖进行多元影响因素可能导致一个学理上的错误，也就是通常所说的层次谬误，即使用低层次变量来解释高层次的现象，因此，使用北京市青年大调查数据对团组织覆盖状况进行多元影响因素分析从因果关系和层次设定上是不合适的。

而团组织活动参与状况则是多方面影响因素的选择结果。第一是在组织层面上，北京市青年参与团组织活动受到团组织建设的影响，在有团组织的地方，参与活动的可能性更大。第二是在制度层面上，户籍制度和单位制度也会影响到青年参与团组织活动的可能性，北京市户籍的青年和公有制单位的青年更有可能参与活动。第三是在个体层面上，个人的属性也直接影响参与活动的概率，比如随着年龄增加，青年人口参与团组织活动的可能性在下降等等。综合上述三个方面，本研究在多元模型的设定方面将北京市青年团组织活动参与状况作为因变量，自变量包括三个层次的变量：①组织层次上考虑团组织的覆盖状况；②制度层次上主要考虑户籍制度和公有制制度；③个体层次上主要考虑性别、政治身份、年龄、学历等信息。在模型选择上，采用了两套不同的方案：一是把参与情况视为一个定序变量，等级分为经常参与、偶尔参与和没有参与三个选项，使用定序回归的方法。二是把参与情况视为一个二分变量或者定性变量，把经常参与和偶尔参与都视为参与团组织活动，把没有参与视为没有参与团组织活动，使用二变量logistic回归分析法。

按照第一套方案，笔者使用定序回归的方法，主要有以下几点发现。

1. 从组织层面来看，团组织覆盖对青年参与活动有非常显著的影响，在控制其他变量的情况下，单位有团组织的青年参与活动的可能性是没有团组织的8.74倍。

2. 从制度层面来看，户籍制度和单位制度的影响也是非常显著的。在控制其他变量的情况下，有北京市户籍青年参与活动的可能性比非北京市户籍青年高35.6%。在控制其他变量的情况下，非公经济从业青年参与活动的可能性只有大学生的61%。

3. 从个体特征来看，党员、团员参与团组织活动的可能性要比群众高95%和51%。学历为大专和本科的青年参与团组织活动的可能性要比研究生学历高18.5%和6.4%,而学历为小学、初中和高中的青年参与团组织活动的可能性为研究生学历的57.8%、93.9%和90.1%。从性别来看,男性参与团组织活动的可能性要比女性低3.1%。而年龄每增加一岁,参与团组织活动的可能性下降2.7%。

表12 团组织活动参与的定序回归分析结果

	回归系数	标准误	显著性	发生概率
截距1	.466	.010	.000	
截距2	2.883	.011	.000	
年龄	-.027	.000	.000	0.973361
政治身份(以群众为参照组)				
共产党员	.669	.002	.000	1.952284
共青团员	.413	.002	.000	1.511345
民主党派	.190	.018	.000	1.20925
无党派	.177	.006	.000	1.193631
学历(以研究生为参照组)				
小学	-.549	.009	.000	0.577527
初中	-.063	.005	.000	0.938943
高中	-.104	.004	.000	0.901225
大专	.170	.003	.000	1.185305
本科	.062	.003	.000	1.063962
单位团组织覆盖(以不知道为参照组)				
单位没有团组织	-.068	.003	.000	0.93426
单位有团组织	2.168	.003	.000	8.740785
户口性质(以非北京市户籍为参照组)				
北京市户籍	.305	.002	.000	1.356625
性别(以女性为参照组)				
男性	-.032	.002	.000	0.968507
青年类型(以大学生为参照组)				
中央党政机关和事业单位青年	-.088	.008	.000	0.915761
中央社会组织青年	-.570	.022	.000	0.565525
市级党政机关和事业单位青年	-.137	.008	.000	0.87197
公有经济从业青年(含中央企业)	-.216	.007	.000	0.805735
非公经济从业青年	-.484	.007	.000	0.616313
社会组织从业青年	-.009	.011	.415	0.99104
农业青年	-.562	.010	.000	0.570068

按照第二套方案,本研究以是否参与团组织活动为因变量,包括经常参与和偶尔参与。通过 logistic 模型分析笔者主要有以下三方面发现。

1. 从组织层面来看,团组织覆盖对青年参与活动有非常显著的影响,在控制其他变量的情况下,单位没有团组织的青年参与活动的可能性只是单位有团组织的 10.9%。

2. 从制度层面来看,户籍制度和单位制度的影响也是非常显著的。在控制其他变量的情况下,有北京市户籍的青年参与活动的可能性要比没有北京市户籍的青年高 27.7%。在控制其他变量的情况下,非公经济从业青年参与活动的可能性只有大学生的 63.6%。

3. 从个体特征来看,党员、团员参与团组织活动的可能性要比群众高 72.5% 和 60.4%。学历为大专和本科的青年参与团组织活动的可能性要比研究生学历高 23.8% 和 2.4%,而学历为小学、初中和高中的青年参与团组织活动的可能性为研究生学历的 51.0%、93.4% 和 92.9%。从性别来看,男性参与团组织活动的可能性要比女性低 4.3 个百分点。而年龄每增加 1 岁,参与团组织活动的可能性下降 3.0%。

表 13　团组织活动参与的 logistic 回归分析结果

	回归系数	标准误	显著性	发生概率
单位团组织覆盖(以有团组织覆盖参照组)				
单位没有团组织覆盖	-2.216	.002	.000	.109
性别(以女性为参照组)				
男性	-.044	.002	.000	.957
户口性质(以非北京户籍为参照组)				
北京户籍	.244	.002	.000	1.277
年龄	-.031	.000	.000	.970
青年类型(以大学生为参照组)				
中央党政机关和事业单位青年	.056	.011	.000	1.058
中央社会组织青年	-.422	.026	.000	.656
市级党政机关和事业单位青年	-.033	.011	.003	.967
公有经济从业青年(含中央企业)	-.160	.010	.000	.852
非公经济从业青年	-.452	.010	.000	.636
社会组织从业青年	-.008	.014	.576	.992
农业青年	-.358	.013	.000	.699
政治身份(以群众为参照组)			.000	

续表

	回归系数	标准误	显著性	发生概率
共产党员	.545	.003	.000	1.725
共青团员	.473	.002	.000	1.604
民主党派	.166	.020	.000	1.180
无党派	.223	.006	.000	1.249
学历（以研究生为参照组）			.000	
小学	-.673	.010	.000	.510
初中	-.068	.005	.000	.934
高中	-.073	.004	.000	.929
大专	.213	.004	.000	1.238
本科	.024	.003	.000	1.024
常数项	1.781	.013	.000	5.934

根据上述两个模型的分析，可以看到结果是比较一致的。从团组织活动的参与可能性来看，相对参与率较低的群体特征是没有组织覆盖、体制外、非北京市户籍、低学历和政治身份属于群众的青年群体。而参与率相对较高的群体特征是有组织覆盖、体制内、北京市户籍、专科以上学历和政治身份属于党团员的青年群体。如果考虑到青年群体的经济社会地位以及社会保障和福利的分化，可以看到经济社会地位比较高、社会保障和社会福利比较好的青年群体参与团组织活动的可能性更大，综合起来看形成了一个"马太效应"。由此，结合北京市青年组织工作的现状，本研究认为，在社会转型期对共青团组织重新定位，推进团组织的职能转变、战线转移、组织转化，增强新时期团组织自身的凝聚力，重塑新时期共青团形象的关键是在于如何凝结当前参与团组织活动可能性较低的青年群体，比如体制外、非北京市户籍、低学历和非党团员的青年群体。这部分青年群体在北京经济社会地位相对较低，且可能面临更多的生活困难和成长压力。因此，共青团组织可以针对这部分青年群体的特征，有的放矢地开展工作，推动团组织的职能转变、战线转移、组织转化，避免陷入成为弱势青年群体无法参与的社会组织，与经济社会发展脱节，无法发挥其应有的职能。

三 在新形势下推进团组织战线转移的对策建议

中共中央在《关于加强和改进党的群团工作的意见》中提出了在新形

势下加强和改进党的群团工作的重要性和紧迫性,科学地概括了中国特色社会主义群团发展道路,对加强和改进党对群团组织的政治领导、思想领导、组织领导,发挥群团组织作用、推动群团组织改革创新提出了明确要求和一系列政策举措,意见指出必须更好地发挥群团组织作用,把广大人民群众更加紧密地团结在党的周围。因此,推进团组织战线转移是当前北京团市委亟须开展的重点工作。根据上述分析,笔者在此提出以下几点对策建议。

(一) 发挥组织和动员优势,广泛团结青年群体

共青团组织作为群团组织,其涵盖人群是以年龄为特征的,比如按照团章的规定,团员年龄在 14~28 岁,这就意味着从团的纲领性文件来看,团组织的工作不应该区分青年群体的特征,无论其是在体制内就业还是在体制外就业,无论其是北京市户籍还是非北京市户籍,无论其是在政府机关事业单位工作还是在企业工作,都不应该予以区分。而目前的状况是,北京市团组织的覆盖和青年参与活动具有典型的群体性特征,不同青年群体的覆盖率和参与率存在显著的差异。因此,为了把广大人民群众更加紧密地团结在党的周围,团组织必须加快战线转移,整体提高各类青年群体的组织覆盖率和活动参与率。

提高各类群体的组织覆盖率和活动参与率的关键在于发挥团组织现有的组织和动员优势。一般来讲,团组织依靠政府提供的支持和保障,能够在多方面开展工作,团组织在政府机关事业单位和公有制企业中都有其相应的组织存在,与其他社会组织相比,团组织的资源、行政和动员能力都更强。只有充分发挥团组织既有的组织和动员优势,才有可能带动所有的青年群体参与团组织的活动,才能实现团结各类青年群体的目的。

(二) 寓服务于管理,深入拓展团组织工作

共青团组织的工作主要是承接党和政府团结青年、组织青年的工作,但团结青年和组织青年的工作是从上而下,从党和政府的要求出发,而不是从青年群体的需求出发,因此在实际工作中就出现党和政府的要求与青年实际需求结构性错位的状况。从青年的角度来看,在当前的社会环境下,尤其是政府职能缺位和社会服务市场化的客观条件下,其面临着很多方面的困难,青年有需求,社会没服务,市场价格高,青年的需求很难通过社

会和市场两个方面得到满足，比如说，非北京市户籍青年和非公有制单位就业青年的婚恋、教育、休闲、住房、医疗、社会保障等是直接影响青年人生存、生活和发展的重大问题。

针对北京市青年的需求状况，团组织应当主动作为，承担转移政府工作职能的重任，寓服务于管理，在政府有管理要求，市场无合理服务，青年有迫切需求的情况下，以服务带动管理的方式，开展青年工作，协助政府拓展公共服务的工作领域，协同各个政府部门解决青年困难，并真真切切地把公共服务送到青年群体身边。以服务的方式实现管理的职能，弥补以前工作中的薄弱环节，把为党和政府服务和为青年群体服务有机地结合起来。

（三）以维护青年权益为抓手，引进社会公益性组织，提供服务

团组织是党和政府联系青年群众的桥梁和纽带，需要增强群众观念，多为青年群众办好事解难事，维护青年群众利益，不断增强自身影响力和感召力。维护青年群众利益的核心是保障青年的权益，通过数据分析不难看到，北京市青年中体制外、非京籍、低学历的青年群众的团组织覆盖率和参与率都比较低，而这些恰恰是相对弱势的青年群体，他们的权益更有可能需要得到保护，因而，保障青年权益需要以健全工作机制为重点，探索共青团在表达利益、反映诉求、协调矛盾、维护稳定等方面发挥作用的渠道，针对青年权益典型案件和热点事件，积极稳妥地发出团组织的"声音"，表明态度，提出建议。注意利用媒体和网络，借助专家力量，对舆论进行必要的引导。

维护青年权益不能只依靠团组织自身的力量，需要借助外力，引入社会公益性组织，尤其是社会工作服务组织，在青年服务组织和机构开发设置社工岗位，将其纳入专业技术岗位管理范围。组织开设培训课程，对青年事务社会工作从业人员、志愿者进行大规模培训，同时可以通过购买服务的方法大力引进社会公益性组织来协助工作，形成一支由"专职团干部＋专职社工＋社会公益性组织＋志愿者"组成的工作队伍，做实青年权益的保障工作。

研究发现青年群体之间的异质性在增强，团组织覆盖率和活动参与率差异较大，造成这种现象的关键原因一方面是经济社会的转型，另一方面是团组织工作依然拘泥于传统的工作模式和工作思路。因此在团组织工作

战线转移的过程中，一定要抓住工作重点群体，比如说，提高非北京市户籍、非公有制单位、低学历青年人口的活动参与率可能就是未来团组织工作的重点内容。

针对重点群体开展工作，前提是要了解和分析这类青年群体的现状、特点、问题和发展趋势。因此在工作开展之前，关键是开展以群体为单位的各类研究，借助"外脑"，广开言路，组织科学、严谨的系统性研究工作，然后再根据研究结果，探索针对各个青年群体的工作方法、工作路径以及相应的服务模式和服务内容。

总的来看，北京市团组织推进工作战线转移的关键是要变革团组织的管理思路，完善团组织的组织方式和管理方式，建立科学的研究机制和协商对话机制，要积极促进服务于青年公益性社会组织的发展。通过这些措施，共青团组织在理念、组织、服务、工作内容上获得青年群体的认同，带动青年群体参与活动的积极性，推进共青团适应时代变化，成功转型为符合政府要求和青年需求的现代性社会组织。

青年自组织现象及其对社会态度的影响

——基于 2014 年北京青年 1% 抽样调查

李春玲[*]

人是社会性生物,有社会交往和社会参与的需求。当今青年人的社会交往需求更为强烈,社会参与愿望也不断增强,参与社会组织和团体生活的积极性较高。而与此同时,人们的生活方式、生活内容和日常时间分配,随着社会经济发展水平的提高也在变化,工作以外的休闲时间不断延长,休闲生活日益丰富。虽然许多人习惯于与家人一起度过休闲时光,但还有一些人——尤其是年轻人,更倾向于参与社会交往活动,作为休闲生活的主要部分,他们热衷于参与各种形式的社会组织和团体活动。另外,在社会经济快速变迁的当今中国社会,人口流动十分频繁,尤其是青年人口的流动率更高,许多青年人离开家乡和父母,前往陌生的大城市上学或就业。在北京这样的超大城市,聚集着大量来自外地的青年人,他们远离父母、亲朋,更加渴望通过组织和团体参与活动,寻求归属感和认同感。

共青团组织是我国规模最大也是影响最大的青年组织,青年人加入团组织的比例极高,各地各级党政部门也投入许多资源吸引青年人加入共青团组织,扩大团组织在青年人中的影响力。但是,由于当今青年群体内部分化,需求也多样化,共青团组织并不能充分满足青年人的组织参与需求,尤其是在共青团工作较薄弱的领域。相对而言,学校共青团工作力度较强,

---

[*] 李春玲,中国社会科学院社会学研究所研究员,博士生导师,青少年与社会问题研究室主任。

而对于离开学校走入社会的青年群体，共青团的吸引力明显弱化；在离校已就业的青年群体中，体制内单位就业的青年人加入共青团的比率较高，而体制外就业的青年人团组织加入率大大下降。在这种情况下，青年人自发的正式或非正式组织和团体迅速发展起来，这些组织满足青年人不断增长的组织参与需求。这一现象引起共青团组织及相关部门领导的关注，早在2007年，共青团中央书记处第一书记胡春华同志在共青团十五届六中全会上就提出了"青年自组织"概念，表明了政府决策部门对这种现象的关注。不过，迄今为止，政府部门对于青年参与非官方性社会组织和团体的情况，了解得还不够全面；对于青年参与自发性组织和团体的政治影响，研究得不够深入；对于青年团组织参与行为与其他社会组织参与行为之间的作用关系，也缺乏深入的认识。这既不利于共青团组织制定相应的对策促进团组织发展，也不利于政府决策部门制定相关的青年政策。

本文基于2014年北京青年1%抽样调查数据，对北京市青年就业人员组织参与行为及其影响因素进行深入分析，重点考察青年社会组织行为对团组织参与和主流意识形态认同的影响，并提供相关政策建议。

一　北京就业青年的人口和社会构成

北京就业青年以外地来京人员、非公经济就业人员、较高文化水平的低层白领和蓝领从业者为主，预示着较强的社会组织和团体参与需求。

北京就业青年的人口和社会构成特征代表了当今中国特大城市青年就业者的普遍状况，具体参见表1。第一，绝大多数青年就业人员来自外地，其中73%持非京籍户口，78.6%出生于外地，55.7%毕业于外地及国外学校。第二，绝大多数青年就业人员在体制外就业（61.7%），其中52.7%就业于私营企业。需要注意的是，本文所用调查数据的样本只包括单位就业者而未包括无单位的就业者（即自雇就业者和非正规就业者），如果加上无单位的就业者，体制外就业者占青年就业者总体的百分比有可能超过70%。第三，绝大多数青年就业者受过高等教育（72.3%），其中46%拥有本科及以上文化水平。如果加上文化水平较低的无单位就业者，受过高等教育的人的比例会下降一些，但应该不会低于60%。第四，多数青年就业者从事低层白领和蓝领工作，其中42.3%是蓝领工人，31.9%是办事人员（低层白领），只有约1/4的青年就业者是中高层白领（管理人员和专业技术人员）。这表明，多数青年就业者处于职业等级阶梯的中下端，具有职业发展的需求。这样的人口和社会构成特征，预示着青年就业者有较强的社会组织和团体参与需求，团体活动能够提供给他们社会支持、同辈交流、心情愉悦、身份认同和社会归属感，可以使他们在竞争激烈的大城市生活中更健康、更顺利地成长发展。

北京就业青年在政治面貌方面的特征也很突出，略超过半数的青年是党团员，其中，22.4%是党员，32.3%是团员，这一比例明显高于大多数城市的就业青年，这说明党组织和团组织在北京就业青年中还是有相当好的基础，这为共青团组织在北京就业青年中的发展提供了先决条件。

表1　北京就业青年的人口和社会构成（N=29565）

单位：%

变量	百分比	变量	百分比	变量	百分比
性别		**户口**		**受教育水平**	
男	52.4	京籍非农	23.7	小学	1.1
女	47.6	京籍农业	3.3	初中	6.7
合计	100	非京籍非农	42.8	高中、职高、中专	19.9
年龄		非京籍农业	30.2	大专、高职	26.3
16~20岁	12.6	合计	100	大学本科	34.4
21~25岁	31.1	**出生地**		研究生	11.6
26~30岁	32.5	北京	21.4	合计	100
31~35岁	23.8	外地	78.6	**就业单位**	
合计	100	合计	100	党政机关、事业单位	8.4
民族		**毕业学校地**		公有企业	29.9
汉	91.8	北京	44.3	私有企业	52.7
少数民族	8.2	外地	51.3	外资企业	7.7
合计	100	国外	4.4	农村青年	1.3
政治面貌		合计	100	合计	100
党员	22.4			**职业**	
团员	32.3			管理人员	8.9
民主党派	0.2			专业技术人员	16.4
群众	45.1			办事人员	31.9
合计	100			蓝领工人	42.3
				农民	0.5
				合计	100

二 就业青年的团组织参与状况

团组织在北京就业青年中的覆盖率高,但实际参与状况并不理想;"社区青年汇"有助于提升团组织活动的参与率。

表2显示了目前北京就业青年的组织参与情况。正如前文所说,党团组织在北京就业青年中具有较好的基础,超过半数的就业青年是党团员,60.2%的北京就业青年所在单位有团组织。不过,虽然团组织在北京就业青年中的覆盖率高,但实际参与状况并不理想,"经常参与"团组织活动的比例仅为14.4%,"偶尔参与"的比例为38.9%,46.7%的人则声称"没有参与"过团组织活动。需要注意的是,本文所用调查数据的样本只包括单位就业者而未包括无单位的就业者(即自雇就业者和非正规就业者),如果加上无单位的就业者,团组织的覆盖率和参与率会明显下降,因为绝大多数自雇就业者和非正规就业者缺乏参与团组织活动的渠道。

表2 北京就业青年的团组织活动参与情况 (N=29565)

单位:%

党团员比例		54.7
单位团组织覆盖率		60.2
团组织活动参与情况	经常参与	14.4
	偶尔参与	38.9
	没有参与	46.7
听说过"社区青年汇"		27.7

目前,就业青年主要通过工作单位的团组织参与团组织活动,而单位没有建立团支部的就业青年缺少参与团组织活动的渠道。为了解决这个问题,北京团市委在部分青年人口较为集中的社区建立"社区青年汇"活动中心,吸引青年人,尤其是流动人口青年,使其参与团组织活动。表2数据显示,27.7%的就业青年听说过"社区青年汇"。表3数据则进一步显示"社区青年汇"对提升就业青年团组织参与率的作用。在工作单位没有团组织的就业青年中,有21.8%的就业青年听说过"社区青年汇",而听说过"社区青年汇"的人,"偶尔参与团组织活动"的比例大幅提高,其

比例比没有听说过的人高12.2个百分点。这说明"社区青年汇"有助于工作单位中没有团组织的就业青年接触团组织。

表3 "社区青年汇"对就业青年团组织活动参与的影响（N = 29565）

单位：%

北京就业青年			单位中没有团组织的就业青年			
单位中有没有团组织	听说过"社区青年汇"	没听说过"社区青年汇"	是否听说过"社区青年汇"	经常参加团组织活动	偶尔参加团组织活动	没有参加团组织活动
有团组织	30.7	69.3	听说过	3.0	28.8	68.2
没有团组织	21.8	78.2	没听说过	2.2	16.6	81.2

三 就业青年自组织参与状况

在北京就业青年的组织参与中，团组织与青年自组织各占"半壁江山"；青年自组织类型多元化，以同学组织和兴趣类组织为主；丰富业余生活是青年参与自组织的主要动机，而权益维护是青年自组织无法完成的使命。

北京就业青年中团组织覆盖率虽然较高，但只有约1/7的人经常参与团组织活动，很显然，团组织不能充分满足青年人对于社会交往和社会参与的需求。在这种情况下，各种类型的青年自组织迅速发展起来，越来越多的青年基于共同的兴趣爱好、互助互惠、公益慈善、价值情趣等，相互建立联系，定期开展交往活动，逐渐形成许许多多的非正式的社会组织或社交团体，这满足了青年人不断增长的社会交往与社会参与的需求。这些非正式的社会组织或社交团体被称为"青年自组织"，其主要特征是自发性、自愿性、成员规模较小或数量不稳定、组织形式较为松散、组织结构扁平化、持续时间长短不一。

表4数据显示，北京就业青年参与非正式组织与团体的比例为52.9%，这一比例与"经常参与"和"偶尔参与"团组织活动两项之合的比例十分接近。这说明，在北京就业青年的组织参与中，团组织与非正式组织和团体各占半壁江山。

青年参与的非正式组织和团体的类型多种多样，其中，基于同学交往而建立的团体比例最高（21.1%），这反映出当代青年人社会关系网的一个突出特征。当今青年人成长过程中的大多数时间是在学校中度过,同学之间的频繁互动易于建立相互信任和具有共同价值情趣的网络,在步入社会的初期,新的业缘关系还未充分发展,参与同学组织活动成为青年社会交往生活中最重要的一个部分。就业青年参与比例第二高的非正式组织和团体是兴趣类组织,这也是当今青年组织活动的一个突出特征,显示出当今青年的娱乐化倾向和对休闲生活的追求。另外,网络组织所占比例为10.4%,排在第三位。互联网社交的迅速发展,将使网络形式的青年组织和团体进一步增加。

表4 北京就业青年自组织参与状况

单位:%

青年自组织参与比例 N = 29565		参加活动的频次 N = 15640		组织或群体活动最常用联络方式 N = 15640		参加这些组织或群体最主要的原因 N = 15640	
自组织参与比例	52.9	很少参加	4.0	电话	24.0	经济利益	4.0
其中:网络组织	10.4	偶尔参加	57.3	短信	8.8	社会支持	9.5
兴趣类组织	17.9	每月1次	13.9	QQ	32.9	精神寄托	17.7
同乡组织	6.8	每月2次	6.9	微信和飞信	30.4	权益维护	2.7
同学组织	21.1	每周1次	7.1	人人网	1.1	丰富业余生活	63.7
行业组织	8.4	经常参加	10.8	微博	1.1	其他	2.5
宗教组织	1.5	合计	100	其他	1.6	合计	100
公益组织	10.1			合计	100		

在参与频繁程度方面,17.9%的北京就业青年每周一次或超过一次参与这些组织和团体活动,20.8%的就业青年每月参与活动1~2次。这意味着,参与非正式组织和团体活动的就业青年中,接近2/5的就业青年较为频繁地参与非正式组织和团体活动,另外的3/5参与度较低。QQ、微信和飞信、电话是这类活动参与者最主要的三种联系方式,其比例分别为32.9%、30.4%和24%。青年人参与自组织活动的最主要的动机是"丰富业余生活"(63.7%),其次是"精神寄托"(17.7%)和"社会支持"(9.5%)。这表明,青年自组织主要满足青年人的休闲娱乐和精神慰藉需求。想通过自组织活动来谋求经济利益的人比例极低,仅为4%。而希望通过自组织来进行"权益维护"的比例也极低,仅为2.7%。承受着激烈就

业竞争和巨大生存压力的青年人，对"权益维护"具有极大的需求，但青年自组织显然没能发挥这方面的作用。

四 就业青年组织参与综合状况

就业青年组织参与状况呈现多元化特征；团组织活动与非正式组织和团体活动相互并不排斥；接近1/3的就业青年两种类型的组织活动都参与；单位是否有团组织是影响就业青年参与组织活动的最重要的因素；持有北京非农业户口、受过高等教育、公有企业就业、从事低层白领工作的青年更可能只参与团组织活动或两类组织活动都参与；持有外地户口或北京农业户口、非公企业就业、从事中高层白领工作的青年则更可能只参与自组织活动或两类组织活动都不参与。

根据青年人组织参与状况可以区分出四个群体。第一类群体是既不参与团组织活动也不参与自组织活动，这类人群所占比例为25.5%；第二类群体是只参与自组织活动，比例为21.5%；第三类群体是只参与团组织活动，比例为21.3%；第四类群体是人数最多的群体，既参与团组织活动也参与自组织活动，这类人群所占比例达到31.7%。这充分表明，团组织与青年自组织不是相互竞争、排斥的关系，青年人不会因加入自组织而抵触团组织，同样，也不会因加入团组织而排斥自组织。

表5 就业青年组织参与状况的四种类型 （N = 29565）

单位：%

根据组织和团体活动参与情况区分的四类青年比例			
既不参与团组织活动也不参与非正式组织和团体活动	只参与非正式组织和团体活动	只参与团组织活动	两者都参与
25.5	21.5	21.3	31.7

表6列出了四类青年群体的人口和社会特征。就业青年在组织参与偏好方面的性别差异不大，略微的差异表现在：女性参与团组织的比例略高于男性，而男性参与自组织的比例略高于女性。组织参与偏好的年龄差异表现得比较明显，年龄最大的群体（31～35岁）组织活动参与热情最低，既不参与团组织活动也不参与自组织活动的比例明显高于年纪较轻的群体。虽然31～35岁就业青年只参与团组织活动的比例略高于年轻组，但这主要

是因为工作单位团组织要求他们参与，就其自身来说，参与团组织和自组织的热情都低于年轻组。最年轻组（16~20岁）就业青年的团组织和自组织都参与的比例明显高于较年长组，而只参与团组织的比例明显低于较年长组。最年轻组就业青年大多数未接受高等教育，是就业青年中文化水平最低的一个青年群体，他们大多是初中毕业或高中毕业后，离开学校进入劳动力市场就业，所就业的单位往往没有建立团组织，或者建立了团组织但他们不是团组织重点关注的对象。不同文化水平的就业青年群体的比较也显示了这一特点，低文化水平的就业青年参与团组织活动的比例较低，只参与自组织的比例较高；受过高等教育的就业青年参与团组织活动的比例明显高于未受高等教育的就业青年，同时，两种组织都参与的比例也比较高。

表6　不同组织参与状况青年的人口社会特征（N=29565）

单位：%

		两者都不参与	只参与非正式组织和团体活动	只参与团组织活动	两者都参与	合计
性别	男	25.5	22.4	20.3	31.8	100
	女	25.4	20.4	22.5	31.7	100
年龄	16~20岁	25.9	22.2	14.5	37.4	100
	21~25岁	23.8	21.4	19.9	34.9	100
	26~30岁	23.7	21.9	23.2	31.1	100
	31~35岁	29.8	20.6	24.1	25.5	100
户口	北京非农户口	19.7	15.4	30.3	34.6	100
	北京农业户口	29.0	21.1	19.6	30.3	100
	外地非农户口	27.1	22.9	19.8	30.2	100
	外地农业户口	28.9	25.4	14.8	30.9	100
教育	小学	23.7	42.4	11.1	22.8	100
	初中	38.7	25.1	16.3	19.8	100
	高中、职高、中专	32.3	23.2	16.7	27.7	100
	大专、高职	24.3	21.5	19.0	35.2	100
	本科	22.3	20.3	25.5	32.0	100
	研究生	18.5	17.6	26.0	37.9	100
职业	管理人员	27.4	26.5	16.1	30.0	100
	专业技术人员	24.3	25.5	17.0	33.2	100

续表

		两者都不参与	只参与非正式组织和团体活动	只参与团组织活动	两者都参与	合计
	办事人员	19.5	16.8	27.2	36.5	100
	蓝领工人	30.0	22.4	19.6	27.9	100
	农民	26.6	16.1	23.8	33.6	100
单位	党政机关、事业单位	13.7	9.3	38.2	38.8	100
	公有企业	14.4	18.2	27.3	40.1	100
	私有企业	33.0	24.7	15.7	26.7	100
	外资企业	30.0	26.3	18.4	25.3	100
	农村青年	24.8	17.6	22.5	35.1	100
单位是否有团组织	有	13.8	11.8	29.5	44.9	100
	没有	37.1	41.3	8.4	13.3	100

户口身份对组织参与状况有明显影响，京籍非农就业青年与其他户口身份的就业青年差异十分明显。京籍非农就业青年参与团组织活动的比例远远高于其他户口身份的就业青年，他们同时参与两类组织活动的比例也高于其他户口身份青年，但只参与自组织的比例则低于其他户口身份的青年。与此同时，外地农业户口就业青年两种组织活动都不参与的比例则远远高于京籍非农就业青年。

在职业差异方面，低层白领（办事人员）只参与团组织活动和两类组织活都参与的比例明显高于其他职业从业者；中高层白领（管理人员和专业技术人员）只参与自组织活动的比例较高；蓝领工人则是两者都不参与的比例最高。工作单位的差异也十分明显，在公有企业（党政机关、事业单位、公有企业）就业的青年，只参与团组织活动和两者都参与的比例远远高于私有和外资企业就业青年，而私有和外资企业就业青年只参与自组织或者两者都不参与的比例明显高于公有企业的就业青年。不过，对就业青年组织参与状况影响最大的因素，是工作单位是否建立团组织。单位有团组织的青年，只参与团组织和两者都参与的比例大大高于单位没有团组织的青年，两者差距分别为21个百分点和32个百分点；单位没有团组织的就业青年只参与自组织和两者都不参与的比例远远高于单位有团组织的青年，两者差距分别为30个百分点和23个百分点。

总体而言，持北京非农户口、受过高等教育、公有企业就业、从事低层白领工作的青年更可能只参与团组织活动或两类组织活动都参与；持外地户口或北京农业户口、非公企业就业、从事中高层白领工作的青年则更可能只参与自组织活动或两类组织都不参与。

五 就业青年组织参与的影响因素

根据表7所列logistic回归模型的分析结果，可以进一步分析青年组织参与活动的影响因素，深入了解为什么有些青年选择两种组织活动都不参与或都参与，而另一些青年选择只参与团组织或自组织活动。

（一）哪些青年最可能两种组织活动都不参与

年龄偏大、文化水平较低、持外地非农户口、在私营和外资企业就业、蓝领工人，具有上述特征的人最有可能两种组织活动都不参与。

年龄越大的就业青年越可能两种组织活动都不参与，这可能是由于随着年龄的增长，家庭负责和职业压力增大，个人休闲时间减少，从而参与组织和团体活动的热情下降。

持外地非农户口的就业青年最有可能两种组织活动都不参与，而持北京非农户口、北京农业户口和外地农业户口就业青年之间则没有明显差异，这是一个比较奇怪的现象，如何进行解释有待进一步的分析。文化水平较低的就业青年比高文化水平就业青年更可能两种组织活动都不参与，这类就业青年参与团组织活动的渠道较少，自身的就业状态和经济状况不稳定，发展青年自组织的可能性较小。蓝领工人和农民比白领更可能两种组织活动都不参与，其原因同上。

私营和外资企业就业青年比公有企业就业青年更可能两种组织活动都不参与；单位没有团组织的就业青年比单位有团组织的青年更可能两种组织活动都不参与。公有企业基本建立了团组织，在此就业的青年有更好的条件开展组织活动；而私营和外资企业中团组织并未普及，在此就业的青年往往工作压力较大，收入和工作缺乏稳定性，参与组织活动的积极性受到影响。

综合来说，年龄偏大、文化水平较低、持外地非农户口、私营和外资企业就业、蓝领工人是这类人群的突出特征。

表7 青年组织参与行为的影响因素（二元 logistic 回归分析）

自变量＼因变量	两者都不参与	只参与非正式组织和团体活动	只参与团组织活动	两者都参与
性别（参照组：女）男	-.036	.094	-.088	.022
年龄	.043	.006	.025	-.070
户口（参照组：外地农业）外地非农	.140	-.076	.187	-.205
北京农业	.011	-.146	.246	-.058
北京非农	-.035	-.287	.542	-.243
教育（参照组：小学和初中）高中	-.058	-.097	-.137	.349
大专	-.409	-.062	-.160	.715
本科	-.363	.067	-.102	.523
研究生	-.446	.030	-.340	.825
职业（参照组：工人和农民）管理人员	-.303	.160	-.301	.413
专业技术人员	-.229	.199	-.404	.362
办事人员	-.236	-.050	-.077	.275
单位（参照组：私企和农民）党政机关和事业单位	-.271	-.553	.534	-.077
公有企业	-.549	.117	.364	.046
外资企业	-.061	.183	.029	-.105
单位有没有团组织（参照组：没有）有	-1.372	-1.367	1.223	1.820
常量	-.955	-.790	2.940	-.768
-2 对数似然值	28551.77	26883.21	26410.85	30543.18
N	29565	29565	29565	29565

（二）哪些青年最可能只参与自组织活动

持外地户口、就业于体制外、中高层白领最可能只参与自组织活动。

男性比女性更可能只参与自组织活动；持外地户口和北京农业户口的就业青年比持北京非农户口就业青年更可能只参与自组织活动；中高层白领（管理人员和专业技术人员）青年比低层白领和蓝领工人更可能只参与自组织活动；在不同单位类型方面，外资企业就业青年最可能只参与自组织活动，其次是公有企业就业青年，再次为私营企业就业青年和农民，党政机关和事业单位就业青年最不可能只参与自组织活动；单位没有团组织的青年更可能只参与自组织活动；不同文化水平就业青年之间没有差异性。

综合来说，持外地户口、就业于体制外、中高层白领青年最可能只参与自组织活动,这一群体有较高的社会组织参与热情,但团组织对他们的影响较弱,因此,他们选择只参与自组织的可能性较大。

(三) 哪些青年最可能只参与团组织活动

年纪较长、持北京非农户口、公有企业就业、蓝领工人和低层白领最可能只参与团组织活动。

女性比男性更可能只参与团组织活动;年龄较长的就业青年比年纪轻的群体更可能只参与团组织活动;户口因素显示出等级性差异,持北京非农户口的就业青年最可能只参与团组织活动,其次是持北京农业户口就业青年,再次是持外地非农户口就业青年,可能性最小的是持外地农业户口就业青年;文化水平的差异比较复杂,也较难以解释,文化水平较低(小学、初中和高中)的就业青年和大学本科文化水平的就业青年最可能只参与团组织活动,其次是大专文化水平的就业青年,可能性最小的是研究生文化水平的就业青年;在职业差异方面,蓝领工人、农民和办事人员最可能只参与团组织活动,管理人员次之,专业技术人员可能性最小;在单位差异方面,党政机关和事业单位就业青年最可能只参与团组织活动,其次是公有企业就业青年,外资企业和私营企业就业青年以及农民的可能性最小;单位有团组织的就业青年比单位没有团组织的就业青年更可能只参与团组织活动。

综合来说,年纪较长、持北京非农户口、公有企业就业、蓝领工人和低层白领最可能只参与团组织活动。这一群体的突出特征是,其就业单位有团组织,但自身对社会组织活动参与积极性不太高,或者较少机会接触青年自组织。

(四) 哪些青年最可能两种组织活动都参与

年纪较轻、持外地户口、文化水平较高、中高层白领最可能两种组织活动都参与。

年纪较轻的就业青年比年长的就业青年更可能两种组织活动都参与;持外地户口的就业青年比持北京户口的就业青年更可能两种组织活动都参与;文化水平显示出等级性差异,研究生文化水平就业青年最可能两种组织活动都参与,其次是大专文化水平就业青年,再次是大学本科水平就业青年,随后是高中文化水平就业青年,小学和初中文化水平就业青年的可能性最小；职业差异也显示出等级性，管理人员最可能两种组织活动都参与，其次是专业技术人员，再次是办事人员，蓝领工人和农民的可能性最小；不同单位之间没有差异；单位有团组织的就业青年比单位没有团组织的就业青年更可能两种组织活动都参与。

综合来说，年纪较轻、持外地户口、文化水平较高、中高层白领最可能两种组织活动都参与。这一群体的突出特征是，参与社会组织活动的需求强烈，既有机会参与团组织活动，也有热情组织和参与自发性的团体活动。

六 组织参与行为与主流意识形态的认同度

前面的数据分析表明，从就业青年本身来看，参与团组织活动与参与自组织活动之间并不冲突，只是由于群体特征不同，人们对组织参与的需求和选择会有所不同，从而导致不同的组织参与状况。也就是说，青年自组织的发展并不必然降低团组织对青年人的吸引力。不过，从政策决策角度出发，我们还需要进一步深入考察，参与青年自组织活动会对青年的思想态度产生什么影响。共青团作为党的助手，其主要功能之一就是增强青年人对主流意识形态的认同，提升青年对党和政府的支持度和信任度。青年人参与团组织活动越频繁，对主流意识形态的认同率就有可能越高。青年参与自组织活动是会产生同样的作用，还是会产生相反的作用？

图1列出组织参与状况不同的就业青年对主流意识形态的认同程度。"作为中国人非常自豪""中国梦一定能够实现""没有共产党就没有新中国""共产党一定能够带领中国走向强大"，这四个观点是目前意识形态宣传中最为常用的语句。调查问卷列出五个选项，让被调查者进行选择："非常不同意""不同意""一般""同意""非常同意"，这五个选项分别为1~5分，得分越高表示认同度越高。图1非常明显地显示出，组织参与状况不同的就业青年态度有所差异，既参与团组织活动也参与自组织活动的就业青年，对主流意识形态的认同度最高，其次是只参与团组织的就业青年，再次是只参与自组织的青年，而两者都不参与的就业青年对主流意识形态的认同度最低。

图2列出不同组织参与状况就业青年的个人满意度。问卷调查列出五

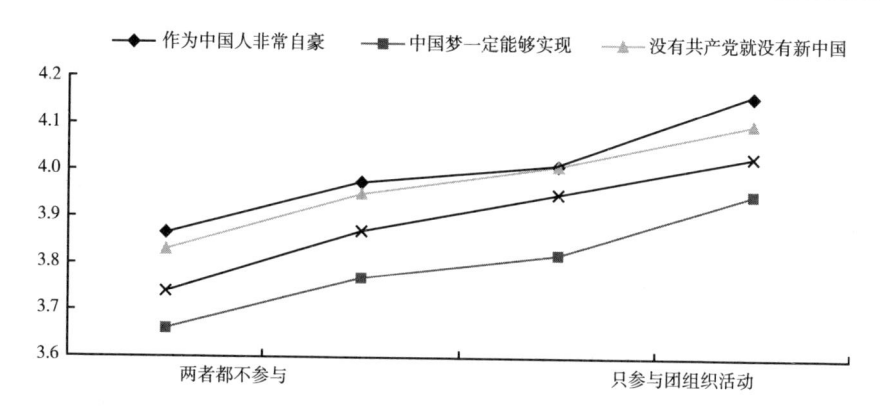

图 1 组织参与状况与主流意识形态认同

个选项:"非常不满意""不满意""一般""满意""非常满意",要求被调查者对 9 个方面的状况进行评判,五个选项分别为 1~5 分,得分越高表示越满意。对于个人总体状况,两类组织活动都参与的就业青年满意度最高,其次是只参与团组织活动,再次是只参与自组织活动,两者都不参与的就业青年满意度最低。其他 8 个方面的满意度也显示出同样的趋势,两类组织活动都参与的青年满意度最高,而两类组织活动都不参与的青年满意度最低。

由此我们发现,参与团组织活动和参与自组织活动,都有助于增强对主流意识形态的认同,提高个人满意度,而两类组织活动都参与的青年,认同度和满意度都是最高的。

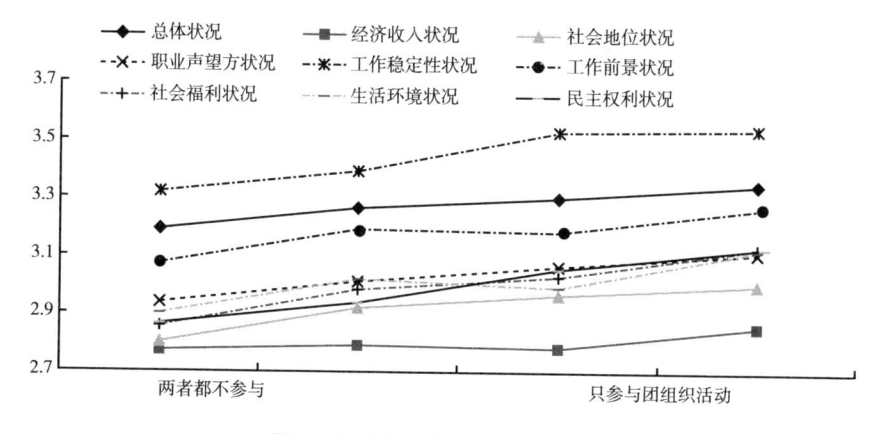

图 2 组织参与状况与个人满意度

七 结论与政策建议

今后应适应青年自组织发展趋势，使团组织与青年自组织相互促进、共同发展，满足青年人不断增长的社会交往和参与需求。

团组织与青年自组织不是相互竞争与排斥的关系，相反，两者可以协调发展，相互促进。青年自组织既可以解决因团组织发展滞后导致的青年社会交往与参与需求未充分满足的问题，又可以解决目前团组织未能延伸到的人群和领域中存在的社会组织空缺问题。研究结果显示，不同的青年群体对社会交往与参与的需求是有所差异的，团组织与青年自组织共同发展可以满足不同青年群体的多样化需求。同时，青年自组织也助于增强青年人对主流意识形态的认同，提高青年人的满意度。数据分析充分证明，在没有渠道参与团组织活动的情况下，参与自组织活动的青年比没有参与自组织活动的青年，对主流意识形态的认同度更高，对个人生活和工作的满意度更高；在有机会参与团组织活动的情况下，同时参与自组织活动的青年比没有参与自组织活动的青年，对主流意识形态的认同度更高，对个人生活和工作的满意度更高。不过，团组织与青年自组织的主要功能是不同的，数据分析显示，青年自组织对青年人的主要吸引力是"丰富业余生活"，团组织则应该满足青年人更高层次的需求或者自组织无法满足的需求，这样才能具有更大的吸引力，而不应只停留在提供文化娱乐活动方面。比如，目前青年自组织给青年人提供"权益维护"的帮助，但不能在青年人就业和职业发展方面提供有效帮助，团组织应该重点发展这些方面的服务，从而增强对青年人的吸引力，扩大影响力。

图书在版编目(CIP)数据

北京青年社会结构变化与共青团工作改革/共青团北京市委员会,中国社会科学院社会学研究所,北京青年研究会编.—北京:社会科学文献出版社,2016.2
ISBN 978 - 7 - 5097 - 8199 - 9

Ⅰ.①北… Ⅱ.①共… ②中… ③北… Ⅲ.①青年工作 - 研究 - 北京市 ②中国共产主义青年团 - 基层组织 - 共青团工作 - 研究 - 北京市　Ⅳ.①D432.6 ②D297

中国版本图书馆 CIP 数据核字(2015)第 249318 号

北京青年社会结构变化与共青团工作改革

编　者 / 共青团北京市委员会
　　　　中国社会科学院社会学研究所
　　　　北京青年研究会

出 版 人 / 谢寿光
项目统筹 / 谢蕊芬
责任编辑 / 胡　亮

出　　版 / 社会科学文献出版社·社会学编辑部(010)59367159
　　　　　地址:北京市北三环中路甲29号院华龙大厦　邮编:100029
　　　　　网址:www.ssap.com.cn
发　　行 / 市场营销中心(010)59367081　59367018
印　　装 / 三河市尚艺印装有限公司
规　　格 / 开　本:787mm × 1092mm　1/16
　　　　　印　张:32　字　数:537千字
版　　次 / 2016年2月第1版　2016年2月第1次印刷
书　　号 / ISBN 978 - 7 - 5097 - 8199 - 9
定　　价 / 99.00元

本书如有印装质量问题,请与读者服务中心(010 - 59367028)联系

版权所有 翻印必究